А・И・ザーイツェフ著
一柳俊夫訳

古代ギリシアの文化革命

風行社

А. И. ЗАЙЦЕВ
Культурный переворот в Древней Ґреции
VIII-V вв. до н. з.

Изданце 2-е,
цсправленное и дополненное

Под редакцией Л. Я. Жмудя

〔目　次〕

《凡例》

一　本訳書は、訳者の遺稿をほぼそのまま刊行するものである。刊行にあたって、若干の表現の変更や固有名詞表記の統一等を行なった。

二　文中、訳者挿入部分は［　　］で示した。

三「訳者あとがき」は完成稿ではないが、敢えてそのまま掲載した。

編者まえがき

A・И・ザーイツェフとその『文化革命』

本書の初版は一五年前、まだいかなる変化の前ぶれもなかった一九八五年に出版された。本書は、権力の特別な信任をあたえられていない学者の主著にあっては普通のことであったが、長い間非常に苦労してようやく自費出版された。もっとも、特にザーイツェフが幼年時代および青年時代に体験せざるを得なかったことを背景にして、外見上の障害を誇張してはならない。公然たる、また、目に見えない嫌がらせとの闘争の五年間、編集者によって「掲載不可」と考えられるテクストの一部、引用文、人名の削除、別の引用文や別の人名の挿入、ザーイツェフが否認するつもりがない一連の鋭い洞察力を持った観念論的理論の排除、――これらすべてはソビエトの基準によると約三〇年間構想が練られ、約一〇年間かけて執筆された著作に対する法外な犠牲であるとは考えられていない[1]。

その後の運命では『文化革命』にいくらかより好意的になった。本書は大学賞を受賞し、反響もかなり多く現れ、一九八七年にザーイツェフはそれにより博士論文の審査に合格した。予定されていたイタリア語への翻訳と、ほとんど準備態勢のととのっていたハンガリー語への翻訳は全然出版されなかったが（後者の場合、ロシアの学問への関心をハンガリー人から奪った「ビロード革命」が妨害した）、一九九三年にコンスタンツァ大学で、ザーイツェフの理論を外国の専門家たちにわかるようにした、拡充されたドイツ語の翻訳が出版された[2]。しかしながら、外国の専門家たちはロシアの教授の考えを直ちに理解しようとはしなかった。ドイツ語版への唯一の批評は、ロシア語版へのポーランド人の批評と同様に、それを何も理解しようと思わない人によって書かれたのである。[3]ロシアの批評家たちはより好意的であったが、[4]それでもこれまで『文化革命』の受け止め方は、古典古代に関するロシアの学問も世界の学問も、このすぐれた学問的労作の有意義性とあまり合致していないと認めなければならない。

ザーイツェフが発表した全著作のほぼ三分の二が、『文化革命』の出版後の五年間と重なる。約五〇編の論文、二冊の新著、デモステネス、ディオニュシオス・アレオパギトス、クリメントス・アレクサンドロス、ルキアノスの翻訳および翻訳校閲がそれである。研究や教育、門下生や同僚たちの研究活動に関わってきわめて多忙であったにもかかわらず、ザーイツェフは『文化革命』と関係のあるテーマから注意をそらすことはなかった。数年前に彼はその再版の準備をし、その中で初版のいくつかの欠点を是正するつもりであった。しかし、多くの約束を一つも断ることを望まず、彼が晩年に屈せずに闘った重病は、著書を再版する仕事を深く進捗させてくれなかった。二〇〇〇年一月二一日ザーイツェフは永眠した。

＊　＊　＊

自叙伝（私が見ることができた最も短いもの）の中でザーイツェフはこう書いている。

「私は一九二六年に生まれ、一九四五年に、われわれにレニングラード大学と呼ばせた大学の古典文献学科に入学した。その時から今日まで私の全人生はこの大学とかかわりをもつことになった。まず最初になすべきこととして教えることを常に研究していた。学問的仕事に関しては、私は言語、宗教、文学、政治史という古代ギリシアの歴史と文化のさまざまな面に注意を払うことに務めている。著書『前八―前五世紀の古代ギリシアにおける文化革命』〔本訳書の原題〕（レニングラード大学出版所、一九八五年）および『古代ギリシアの六韻脚長短短格の詩行の形成』（サンクト・ペテルブルグ大学出版所、一九九四年）を執筆し、また、シリーズ『古代文学遺産』の中のH・И・グネーディチ訳の『イーリアス』（一九九〇年）の出版を準備した」。

この短い資料に補足を加えることにしよう。ザーイツェフの父イオシフ・ミハイロヴィチ・ザーイツェフ（一八八八―一九三七年）は、ヴィリニュス県のポーランド人農民の出であった。まだ子供の時に母と一緒にペテルブルグに来てから、彼は中等程度の技術的知識を得ることができ、電気工として働き、革命前すでに小企業の共有者であった。一九一九年にИ・M・ザーイツェフは、ボリシェヴィキの党に入り、かなり重要なポスト、特にレニングラード中央地区の執行委員会議長に就任した。一九二四年に彼はギタ・ボリソヴナ・ハラブコフスカヤ（一八九三―一九八八年）と再婚した。ギタ・ボリソヴナはネヴェルの中産階層のユダヤ人商人の家庭で生まれた。中学校を卒業後、彼女はペテルブルグへ来て、そこで一九一三年から一九一五年まで女子医学専門学校の養成所で学び、歯科医として働き、革命後は口腔病学の高等専門学校で教えていた。

ザーイツェフは一九二六年五月二一日にレニングラードで生まれ、家庭では一人っ子であった。子供時代の彼のことはあまり知られていない。まさに当時彼に、後になっても変わらぬ関心や執着――古典古代への愛着（まだ学童でありながら彼はラテン語とギリシア語に取り組んでいた）と共産主義的権力への根強い拒絶感――ができていたことだけは明らかである。彼の政治的世界観の形成は、家庭内の悲劇によって強制的に早められた。一九三六年にイオシフ・ミハイロヴィチは解雇され、一九三七年七月に逮捕され、一九三八年二月に最高裁判所軍事法廷での判決により銃殺刑に処せられた。一ヶ月経ってギタ・ボリソヴナが拘留され、「人民の敵の家族の一員」として「三人委員会」によって収容所に八年という刑を宣告された。彼女はペチョラの収容所でその刑期を終え、一九四四年末に期限前に釈放されて、一九五三年までルーガ付近で働いていた。イオシフ・ミハイロヴィチとギタ・ボリソヴナは一九五六年に名誉を回復された。

最初に父を、続いて母を失って一一歳のアリク・ザーイツェフは伯母マリーヤ・ボリソヴナの後見下に置かれたが、父の母である祖母アガータと暮らした。戦争が始まった時、彼らはすぐに避難できず、レニングラードで最初の、最も危険な封鎖の一年を過ごした。祖母は彼に自分のパンを譲って、一九四一—一九四二年の冬に飢え死にした。一九四二年夏にアリクは伯母とカザフスタンへ避難させられ、そこからウファの親戚のところへ移住した。ここでザーイツェフは学校を「優」で終え、「人民の敵」の息子であることを調査書では隠して、レニングラード大学の試験を受けた。

一九歳のアレクサンドル・ザーイツェフは、大学の多くの卒業生よりもずっと優れた古代ギリシア・ローマ文化の知識をもつ一人前の人間として古典文献学講座に入学した。その期間他の教師たちと同様に、[5]彼が非凡の人物であることに気づいた講座指導者О・М・フレイデンベルグの記録が、学生ザーイツェフに関する明白な証拠になる。

「私のところに学生ザーイツェフがいた。まったくまれに見る少年であった。〈…〉彼の知識は無類のものであった。深く、真に教養のある彼は、古典古代、古代東方の領域のすべての言語で記されたすべての主要な文化のすべての学術文献をことごとく知っていた。しかし、哲学が彼の魂であった。彼はそれを自己の人生で優位の意義があるものと見なした。プラトンは彼の理想であった。彼と論争して耐えられる教授はひとりもいなかった。〈…〉この眼鏡をかけた素直な眼差しの、どことなく弱々しく、やせ細った脚で立ち流行遅れのフロックコートを着た、青ざめたぱっとしない若者は、その外貌だけでも目立っていた。彼の性格の諸特徴は人を驚かせた。彼は「不屈」であり、自分の理想を求めてまったくたゆみなく、誠実で、厳しいまでに正直であり、考えは高遠であり、非常に高潔であった。〈…〉ザーイツェフが学校を終えて大学の第三教程にまで辿りついたのは、もっぱらそのまれに見る知識、能力、ならびに、彼にソビエトの生ける牢獄を奇跡的にくぐり抜けさせた、すべてに打ち勝つ道徳的な力によるものであった。〈…〉私は彼を第二教程から第三教程へ進級させた。三日間で彼は欠落していた全科目に五（優）の成績で合格した。〈…〉若者の道徳的個性は私を感嘆させ、私の知的感情とはかなり異質の学問的思想よりも多く私に響くものがあった。厳格主義、偏執、非妥協、極端な論証的判断――これらを私は生理的に好きになれなかった。

同時に、ザーイツェフと一緒の授業は、私が文字通り冷や汗をかくほど緊張させられた。〈…〉彼は議論し、容赦なく質問をし、観念論を貫き通すことを恐れず、われわれのすべての「弁証法的唯物論者たち」よりもよく知っていた唯物論の認識論的な根拠薄弱を明らかにすることを恐れなかった。だが私は彼の単刀直入に提起された諸問題にまったく答えることができなかった。一〇人の学生のうち四―五人はまちがいなく諜報工作員であった。〈…〉

ザーイツェフは勉学および知識への愛着心をずっともち続けていた。彼はみすぼらしい学生用の安宿で食事をしていたが、図書館で過ごし、あるいは、彼に関心をもたせたさまざまな講義に出席して、食事のことを忘れた。〈…〉世界のどんな国でもこのような少年は抜きん出るであろう、彼を誇りとするであろう。彼は最高の大学者になるであろう。ある日、五（優）で試験に合格した直後にザーイツェフは消えた。彼は投獄された」[6]。

ザーイツェフの学友の回想によれば、彼は同志との対談でも党史のゼミナールでも、自己の見解をあまり隠さなかった。スターリンを「人非人」と呼ぶことを恐れなかった人が大学で三学期学ぶことができたことは奇蹟と思われる。彼は反ソビエト的煽動の罪によりドブロリューボフ通りの学生寮で一九四七年一月二一日逮捕され（刑法第五八条第一〇項）、同年九月にレニングラード市裁判所の判決により、収容所ではなく、悲しいことに、有名な国家保安省のカザン刑務精神病院へ送られた。

ザーイツェフは、カザン刑務精神病院のことを回想することは家庭でさえ好まなかった。語ったとしても、多くの書物を読んだこと、ドイツ語の磨きをかけたこと、そこに投獄されていたファシストも含めて、関心を引く人々に出会ったことぐらいであった。(7) 運命の急変にもかかわらず、ザーイツェフがカザンにいたことについては、興味深い文書資料が残った。それはベロルシア共産党中央委員会の第一書記の息子ウラジミール・グサーロフのものであるにもかかわらず、刑務精神病院の板寝床で見つかった。

「ペルミの私共が住んでいるところにソ同盟科学アカデミー副総裁И・П・バルディーンが一週間逗留した。私が間違っているかも知れないが、彼をアレクサンドル・イオシフォヴィチ・ザーイツェフに紹介したならば、彼は血の気を失なったと思われる。カザンにはかなり多くの知識人や、立派な本の著者がいたけれども、ザーイツェフほどの人はいなかった。物理学者、科学者、医師、技師たちが、彼［ザーイツェフ］がまさに彼らの分野のエキスパートであるかのように、彼の意見を求めた。どんな言語で問いかけられても、円形にいつまでも歩き回ることを止めないで、彼は即座にいともやすやすと答えた(8)」。

わかるように、カザンの囚人たちは、レニングラードの教授たちと同様に、若者の知識と才知に感服した。これらの資質は、決していつも特別な共感を呼んだわけではないと言わなければならないが、ザーイツェフは、それらの資質をもっていなかった人にも反感を抱かせなかったほど、それらの資質を役立てることができた。グサーロフの帳面は、人を煙に巻き、冗談を言う傾向があったといわれるザーイツェフのもう一つの特性を明るみに出してくれる。グサーロフは、彼［ザーイツェフ］が亡命中の陸軍大佐ザーイツェフ公爵（！）の家庭で生まれた、ウィーンの中学校およびガルバルト大学を終えた、フランスでドイツ人と格闘した、その後ボリシェヴィズムとの闘いに一身を捧げる決心をした、そして、アメリカの諜報機関の指令によってモスクワへ送り込まれたが、しばらくして「装填されたブローニング銃をポケットに」入れていてレニングラードの秘密アジトで待ち伏せに会った、というような、ザーイツェフのまったく空想的な伝記を伝えている。訊問ではザーイツェフはボリシェヴィキ派を罵倒し、「ああ、王を守り給え！」と繰り返すのみで、そのためカザンの精神病院にぶち込まれた。おそらくグサーロフはそれを額面通りに受け取って、ザーイツェフが多分内心楽しみながら自分の同房者、彼の告白によれば軽率で口の軽い人に打ち明けることにした作り話を、二〇年経って潤色して伝えたのであろう。(9)

七年以上拘禁状態にあったザーイツェフは一九五四年春に釈放され、同年大学に復帰した。(10) レニングラードに戻って彼は、その交流は彼らの学問の取組み方における根本的相違を緩和しなかったが、当時すでに職を解かれていたО・М・フレイデンベルグを訪れた。大分経って、史学部古典古代講座の学生科学協会会議でのフレイデンベルグの創造活動の討議に参加してザーイツェフは次のように述べた。

「私はオーリガ・ミハイロヴナを忘れていない。私は彼女のところで学習を始めた。当時彼女の考えは私を本当にためらわせた。私は、どうしてこのような思考体系に至ることができるのか、まったく理解できなかったからである。間もなく、その時何があったのかがやっと私に明らかになった。まったく正しくС・С・アヴェーリンツェフはフレイデンベルグを、ある文化思潮に自己の時代を合わせる解釈者、主として古典古代の解説者であると特徴づけている。彼女の研究では、その言葉の本来の意味での証拠のことは話題にもならないのである」。

フレイデンベルグの豊かな創造的想像力を正当に認めつつ彼は、彼女の業績の評価に多くの修正を加えることができるであろう、当時未発表であった彼女のパステルナークとの往復書簡を指摘した。実際、この往復書簡、そしてさらに多くのフレイデンベルグの手記は、スターリン時代の知識人の衝撃的な記録である。

一九五六年にザーイツェフは、円熟した著作である卒業論文『サテュロス劇（P. Oxy. Vol. XX, N2245）』を書いて、古典文献学の講座を終えた。一九五六―一九五九年に彼は、Я・M・ボローフスキーの指導の下、講座の大学院で学び、そこで卒業論文も書き、卒業して、大学での四〇年の教師生活を始めた。すでに彼は結婚していたが（一九六五年）、一九六九年に修士論文『ディオスクーロイ讃歌　アルクマーンとその叙事詩資料』の公開審査に合格し、一九七二年には助教授に選出された。

ザーイツェフの講座計画に初めて『文化革命』のテーマが現れた一九七六年頃彼は全体的に特殊な性格をもつ約一〇篇の論文を発表した。多分これらの著述のいくつかにおける民俗学的、フォークロア的類例の豊富さのみが、それを書いた著者を際立たせたのは問題の文献への完璧な通暁およびテクストの巧みな解釈のみでは決してないことを示すことができたであろう。ザーイツェフが六〇―八〇年代に文献学者、歴史家および哲学者たちのために行った次のような講義コースやゼミナールの記録（おそらく完全ではないであろう）が、彼の学問的関心や仕事のはるかにずっと正確な状況を教えてくれる。――古典古代の社会発展の理論、古代ギリシアにおける政治的理論の発生、古拙期アテナイ、ギリシアの神話と宗教、オイディプース神話、古典文献学入門、ギリシア語およびラテン語の韻律論、古代ギリシア語の歴史的文法、ラテン語文体論（ラテン語訳）、古典古代文学史――すべてこれらは、もちろん、古典的作品をもつ数多くの古典古代の著述家たちを読むことのほかにである。

コースの一部はゼミナール向けのものであり、別のコースは数年続いた。プラトンの『法律』に関する非公式な土曜日のゼミナールが長命のチャンピオンであった。それはほとんど二五年間延々と続き、その多くの面――テクストの批評から哲学史まで――で数世代の参加者たちにとって Altertumswissenschaft の真の学校となった。[11] ほとんど各コースが重要なモノグラフィのための基礎となり得た。それらのうちのあるものは、学問に真の成功をもたらした。なぜザーイツェフは、それらの一つも出版しなかっただけでなく、テーマ的にそれらと関連のある論文の発表を極力抑制さえしたのか？ 彼は「常に教えることを最重要な義務と考えており」、図書を書くに十分な時間と力がなかったというだけのことなのか？ 彼はこれらのコースをまったく独創的なものでないと考えていたのか、それとも、それらをより複雑な課題を解決する準備と思っていたのか？ 現在の答えはすべて推測にしかならない。一点だけは今もって確かである。それは、彼が教えたことと、彼が公表するに値すると認めたものとの方法論的区別が、その上に彼の全人生が築かれたところの、多くの確固たる原則の一つであったということである。

彼の講義やゼミナールの聴講生たちは、自己の百科事典的知識をデモンストレーションする気がまったくないザーイツェフが常にそれらを分かち合う気持ちをもっていたことを何度も確信することができた。すべてを知っている人の名声は、すでに青年時代にそれを得るに値し、後に彼の対談者がその時点で関心をもっていたことを解明しようと不断に準備することによって不動のものとなる。[12] きわめて広範な認識的関心、判断の自主性と、自己の知識を伝える際の完全な対応とのまれに見る結合は、ザーイツェフを彼よりずっと有名な同時代人――教養のある人々にヒッタイト神話、インド哲学および皇帝の寵を失ったロシアの詩人たちからの引用句で味付けされた、流行の西欧の理論からなる記号論的スープを一〇年食べさせた、その時代のロシアの「ポリマート」および強い影響力をもつ人――と決定的に区別させた。さらに大きな対照性を指摘しよう。すなわち、その時期のザーイツェフの大学における授業はその諸論文に僅かしか反映されず、一方、彼が教えたことは自身が研究したすべてでは決してなかったのである。『文化革命』を執筆していた時期のものである彼の週報には、彼の科学的授業の時間割が、その回数も記入されて含まれている。この時間割には二つのリストがある。「長い」リストには言語学、インド・ヨーロッパ語比較言語学、ギリシアの宗教および科学、フォークロア、歴史、マグネシア、エジプト、洞窟壁画、『法律』、オルペウス、『文化革命』、ホメロスと韻律構造が入っている。これらのテーマにザーイツェフは、エジプト、アッカード、ヒッタイトの数学、聖書、梵語とギリシア語を含む「短い」リストの対象よりも全体として多くの時間をついやした。「長いリスト」はザーイツェフの公表された著作になんらかのかたちで反映されたが、彼の多年にわたるエジプトおよび古代ヘブライのテクストの連続講座のことは、彼の同僚のうちのごく僅かな人しか知らなかった。

すべてこれらの事柄は、彼がその人生の大部分をついやして『文化革命』に解決を見出した問題の解決のために何をもたらしたか？　独自の価値をもつ、それゆえに獲得に値するすべての知識を考慮しつつザーイツェフは、同時に、解決可能な諸問題に集中することが自身にでき、また、他人にそれを教えた。専門家の大部分によって解決可能なものとして一般的にはおそらく受け取られていなかったほどこの問題が複雑であることは、全然別問題である。

実際、「ギリシアの奇蹟」の謎解きをしたがった者は、最低限、ギリシアの科学、哲学、文学および技術が、それより以前の創造的活動形態、すなわち古代東方や無文字社会における形態と異なるものであることをはっきりと認識するべきであった。そして次に、どのようにまた何故、それらがギリシアでほとんど同時的に発生し、ギリシアと同時代の他の文明では発生せず、あるいは発生はしたがそれほど発展性のあるものにはならず、その結果世界文化に結局ほとんど影響をあたえなかったのか（たとえばインド文学や中国哲学）、を明確に説明しなければならなかった。数多くはないが、包括的にこの問題を解決しようとする論拠に乏しい試み（著者前書き参照）は、すぐさま反駁され、その問題自体が、本文の中でよりも序文の中で言及されるほどのレベルのものにされていることは、驚くに当たらない。いずれにしても、最も洞察力があり深みのある研究者たちが、このテーマの個別的な観察以上に出なかったことは特徴的である。他方、彼らのより「厳密な」仕事仲間は、より仔細な検討により、問題に関係のない、または不十分な要素（東洋の影響、アルファベット文字、ポリス的民主制）に説明を見出そうとした。

成功のチャンスがごく僅かしか残っていなかったこのような状況を、ザーイツェフは問題の解決へのその連続的な前進によって、停止させなかった。ギリシア文学の端緒を開いたホメロスの叙事詩のどこがユニークなのかを明らかに理解するため彼は、それに関する膨大な学術文献とともに叙事詩自体も、それ以前のギリシアおよび原初インド・ヨーロッパの民俗的伝承も（ついでに全体としてフォークロア研究も）研究し、そしてまた、ホメロスと対比できる近東の「口承文学」の型も研究した。彼にとっては、ギリシアの数学が何でなかったかを知るために、エジプトおよびバビロニアの数学テクストを独立して検討することが重要であった。現代の数学史家の解釈がしばしばアナクロニズムに満ちていたからである。かくして彼にとって、文字以前の古代東方の伝統は、ギリシア人の成果がそれを土台にして独自の真の有意義性を得た不可欠の文化的環境であった。

これまで必然的なものについてのみ言及されてきたのに対し、前八—前五世紀のギリシアにおける創造活動の未曾有の高揚をもたらした過程の原因—結果的説明において、一体何が十分なものになるのか？ 概して「ギリシアの奇蹟」の問題は、そのあらゆる重要な表明において古典古代に関する総合的科学としての Altertumswissenschaft の権威に頼ることになるのか？ このことについて、ザーイツェフ自身はその著『文化革命』［本書］の成果を示しつつ、こう述べている。

「私は三〇年以上このことを深く考えてきたが、何らかの一般的意義のある結論が得られる可能性について真剣に考えたことは一度もなかった。窮地に立って私は、私自身驚いたことだが、解決に近づくことができるという確信に達して、古典古代世界に関する諸科学も含む多くの学問分野の成果に基づいた、諸事件の図式的説明を提示することを決意するに至った。」(三〇九頁)。

もっとも、本書の注意深い読者はこの示唆がなくとも気づかれるであろう。本書はその資料を、ザーイツェフの多年にわたる古典古代のテクストとの接触および歴史―文献学的方法のすぐれた駆使に負っているけれども、ある構想をもつその骨組みは、より広い、理論的な性格をもっている。遺伝学、心理学、人類学、社会学および科学研究論――最も基礎的で、最も一般的な傾向のみをそう名付けるならば――の知識と関係のある多数の知識および方法の批判的習得が、意識的に中立的な「多くの学問分野の成果」という表現を得るに値する。

ロシアで古典文献学をその伝統的理解で保持するために彼の世代の他のある者よりも多くのことをなしたザーイツェフが、「ギリシアの奇蹟」をいかなる一般的な法則性からもはみ出している稀有な事件というよりは、類似した文化的および社会的進歩の鎖の輪と考えていたことをパラドックスとは考えるべきではあるまい。彼が教育された(より正確には、自分を教育した)思考の場では、古典古代への愛着自体でさえ、類似の条件の下での類似の原因は類似の結果をもたらすという古い決まりを破棄することはできなかった。古代文明の比較史的研究は、一九世紀にすでに驚くべき類似性に注目していた。すなわち、前一千年紀の中頃の特徴は、新しい宗教形態が出現し(ユダヤの倫理・道徳的な一神教、ペルシアのゾロアスター教、インドの仏教、中国の道教および儒教)、哲学(ギリシア、インド、中国)、文学(ギリシア、インド、中国)および科学(ギリシア)が発生したことであった。世界史的見地から見れば、ヘブライの預言者、ソローンとタレス、ゾロアスターと釈迦、孔子と老子は、カール・ヤスパースが「基軸時代」と呼ぶ、同じ時代に生きていた。彼らおよび彼らの同時代人によって創り出されたことは、現在存在する文化の大多数の歴史的自覚における基準点となっている。

したがって、「ギリシアの奇蹟」の問題は二段階で解決された。第一に、「基軸時代」に関係をもつとされたすべての文明に共通の起因を見つけることが必要であった。それらの間に何らかの固い接触および生じた進歩の同期性がなければ、各個の場合における多様な、だが単方向性の諸要素の動きと同様に、相互影響は実際には排除されるからである。第二に、なぜギリシアではこの起因が「基軸時代」のほかの文明におけるように宗教―倫理的革命をもたらさず、現代世界でも変形したかたちをとって優位を占める社会的および文化的形態、すなわち民主主義と科学の発生をもたらし、そのほか不朽の哲学および文学、劇場、建築および彫刻の創造をもたらし、合理的な医学、歴史学、政治理論および多くのものの創造をもたらしたか、を説明しなければならなかった。

「基軸時代」の構造的進歩に刺激をあたえた一般的起因としてザーイツェフは、前一〇―前七世紀に、考察されている全文明に浸透して経済の躍進をもたらした――次には逆に、社会的不安定化と伝統的生活形態の破壊をもたらした――鉄の普及を検討するよう薦めた。この見地からすれば、前一千年紀半ばの新しい倫理的宗教および哲学的教説は、全体として、変化した世界の意味を見つけ、そこにおける人間の地位を決定する試みである。

このような仮説をソビエト時代末に提起するには、かなり大きな知的勇気が必要であった。インテリゲンチャの見るところでは、マルクス主義はすでに完全にその権威を低下させており、外見だけでも経済決定論、下部構造、上部構造などを思い出させるものすべてが、知的動機が感情的動機と交じり合った、積極的な不容認にぶつかった。鉄のような荒い物質的産物とギリシア哲学の間に原因―結果の関連があるという考えは、多くの人によって「マルクス主義にとって」侮辱的なものと思われたであろう。他方、文化をそれ自体によって――カーニバル、対話主義、構造、カテゴリー、原型、神話的思考によって――説明する試みはずっと好意的に受け入れられた。

一方、鉄は石器時代、青銅器時代、鉄器時代という伝統的な考古学上の区分と同様な関係をマルクス主義に対してもっている。問題になっているのは、遠大な社会的・文化的結果を招来する直接的な科学技術革命のことであるが、しかしその結果の中にはマルクス主義的図式が求めたもの——生産様式の変化はなかった。それ以前には見たこともなかった可能性を開いたこのような科学技術革命に含まれるのは、新石器時代における動物の家畜化および農業への移行、古代東方における銅器および車輪、中世後期における火器、ルネッサンス時代における印刷術の発明である。ザーイツェフの論文や草稿で構想が描かれた『文化革命』の四類型——「新石器時代革命」、シュメールおよびエジプトにおける国家および文字の発生、「ギリシアの奇蹟」およびルネッサンス——が、相応する科学技術的進歩と直接に関係があるのは偶然ではない（三六三—三六四頁）。技術的—経済的領域を人類の進化の主体的な要素として認めることを経済決定論と見なしてはならない。それは、その主要な、唯一の原動力でさえあると強く主張するものである。

問題の第一の部分に対してザーイツェフが出した答えは、西欧における「基軸時代」の問題に対するすでに出来上がっていた扱い方とも矛盾するものであった。アルフレット・ヴェーバーの著作でも、ヤスパース自身の考え方でも、関係文化の最もすぐれたエキスパートが参加した『Deadalus』誌によって催された討論でも、唯一の科学技術的要因の影響について示唆さえもない[13]。しかしながら、一方の、鉄製の道具と武器の普及、労働の生産性の向上と個々の農民経済の役割の増大、中流農民でさえ重武装の容易なこと、これにもとづく重装歩兵の密集方陣とポリス的民主政の発展との間に因果関係が存する領域があることは、すでにずっと以前に専門家たちには明らかであった[14]。しかし、「ギリシアの奇蹟」の中心的な様相の一つが直接に鉄と関係があるならば、それと他のものも、特に同じポリス的民主政を用いて関係をつけることはできないであろうか？

このような説明は、決して新しいものではないと即座に指摘しよう。自主管理される市民共同体としてのポリスの形成および民主政へのその発展と、哲学および科学の発生、技術および文学の最盛期とは結びついていた。自著の第一章で「鉄時代」の条件の下でのポリスの形成について、短いが内容のある概要を述べてザーイツェフは、国事の決定への市民の制度的参加と精神領域における積極的な創造活動の強い躍動との間の依存関係を、根拠の薄弱なものとして、明瞭に拒否した。古典古代ポリス自体は、それを創り出すことはできなかった。典型的なポリスであったローマは、すでに出来上がっていたギリシアの様式を借用するまでは、文化に何ももたらさなかったからである。ギリシアのポリスは、決して直ちに、また、どこでも民主政的なものになったのではなかった。詩歌（前八―前七世紀）、哲学および科学（前六世紀初め）は民主政以前に生じたものであった。古典古代と現代の共通の体験は、文化の最盛期への民主政の特に肯定的な影響というテーゼと矛盾する。君主政、貴族政あるいは僭主政は、ホメロスとシェークスピア、ピタゴラスとデカルト、アルキメデースとニュートンの才能の出現を妨げなかった。そのことからギリシアのポリスは、国家権力形態としてではなく、個人の創造的な潜在能力の発揮を妨げることが他よりも少なかった社会的組織形態として『文化革命』に関係をもっていたということになる。

ここでわれわれは、『文化革命』のギリシア的変形だけではなく、それ自体のメカニズムの説明における基本問題に取りかかる。何が創造活動を生み、何がそれを奨励し、何がそれを妨げるのか？　これらの問題は文化史的研究の専門外なので、ザーイツェフの提起した説明は、自然科学および社会科学によって研究される法則性を論拠とする。このメカニズムの個々の部分は本書の諸章で、具体的資料がその後に続く簡潔な理論的テーゼとして、著者によって論述される。重要な規定の一部は「付録」に入れられた彼の論文、報告および草稿で展開されるが、その中にはソビエト時代の条件下でははっきり言い表せなかったようなものもある。それらをまとめ、研究の根底にある全体的モデルを述べることにしよう。しかし、初めに二つの意見を述べる。

小冊であり、理論的内容のものであるにもかかわらず、本書は事実を示す資料で一杯であり、それであふれているようにもしばしば思える。諸例の記録は、時には数頁を占めて、後から後へと続く。――生まれ故郷の都市の外で創作するすべての詩人、音楽家、哲学者、競技者の栄誉賛美のあり得るすべてのケース、詩人たちの間の競演のすべての例がそれである。時には淀みなく読むことを困難にする、これほどの自己の考えの余すところなき例証の必要はどこにあるのか？　実は、われわれの前にあるのは、ザーイツェフにおいてはまったく控え目な（sapientisat!）個々の考えの例証ではなく、理論的規定の根拠づけがその充実と適合次第である統計的資料なのである。ザーイツェフの手元には母国でも外国でも自分で創作をしたギリシア文化の活動家たちの既成の統計があるので、「水平的可動性」の個々の事例にのみ言及することができたに違いない。もっとも、古典古代の史料の性格も研究されている問題の特殊性も、名称や状況を無視して数字によって限定してはならない[15]。

二番目の意見は、本書の方法論および科学者としてのザーイツェフ自身にひとしく関係がある。科学、それは以前は一つの、あるいは単に一望できるもの、それゆえに一人の（才能のある）人間によって習得の容易なものと思われていた。科学は、ただ三つの互いに相互関係のある自然科学、社会科学および人文科学の分野の専門化および区分によって進歩した。ザーイツェフは決して科学の一体性について、いわんや学際的研究の恩恵について語らなかったが、彼自身は科学間にハードルがないものとして生き、行動した。たとえ相対的なものであっても、われわれを真実へ導くことができる科学的方法は単一であるという彼の理論的確信の背後には、程度の違いはあるけれども、三分野すべて――自然、社会および文化――には法則性が存在するという信念、つまりただ一つの事実の真実を得ることができるのは人文科学的知識だけではないという信念がある。それは明らかにされた法則性を基礎にして、成功へのチャンスが大きければ大きいほどますます堅固に、他の科学によって明らかにされた、より一般的で確実な法則性の中に根づく理論的モデルを構築することができる。私は、この信念は単にザーイツェフが人類の過去、現在および未来を方法論的に解明することを助けただけではなく、科学的著作の「まえがき」では書かなかった他の信念とともに、二〇世紀半ばの恐怖の世界に生き延びることを助けたと考える。

人間の行動様式を支配する主要な心理学的メカニズムは、すでに上部旧石器時代に形成され、その時代から人間の本性は変わっていないという理解が、ザーイツェフの著書の理論的規定の中で最も基本的なものである。歴史は不変でありながら、それにもかかわらず、それは特に創造活動に関することではきわめて多様に現れる。文化の高揚、最盛、衰退および停滞における変遷に反映され、また、種族グループによる創造過程への参加の程度のきわめて大きなばらつきに反映される、文化の時空間的な進化に存する一目瞭然の不均等の原因はどこにあるのか？　遺伝学および心理学の資料は、創造活動能力さえも、任意の社会的集団に属する諸個人間で非常に不均等に分かれているが、諸民族の諸世代において創造活動および認識活動への性向を遺伝的にもつ人々が大体同じパーセント現れると確信させてくれる。このようにして、存在する創造的能力の発揮における差異は社会的性格をもつ。

創造活動の本性についてザーイツェフは、それが遊びの精神生理学的メカニズムにもとづく人間の生物学的進化過程において発生したという見解を堅持していた[16]。しかし、一万年の間に成人の圧倒的大部分の生活は、生き残るという目標に従属せしめられ、それゆえ遊びよりは創造活動と非功利主義的認識のための時間が残されることはさらに少なくなった。生活はあらゆる新しい試みに敵意をもつ伝統で支えられ、所定の行為規準からのあらゆる重大な逸脱は、もちろん、それが明白なメリットをあたえない限り全集団に脅威をもたらした。その結果、圧縮されたばねに常に圧力をかける圧縮機――その際、ばねは何らかの原因によって圧力が弱るといつでも伸びるに十分な弾力がある――にたとえることができるような社会的なものと創造的なものとの相関関係が形成される。ザーイツェフは、このような隠喩に傾かなかったが、その考えには比喩的な誇張の跡がある。

「……多少とも正常に機能している社会はすべて、何らかの実際に役立つ目的と関係のないどのような精神的創造活動も妨害し、そうすることによって文化の発展を妨害する。この理由によって文化の完全な開花が生ずることはきわめてまれであり、正にそれゆえに、それは、あまりにも急速な刷新から社会を保護するシステムの一時的な弱化といつも相関関係になければならない」(三四六頁)。

事物を悲観的に見ないとしても、芸術的および科学的創造活動が内面的にもっている反功利主義的目標は、社会の安定を守る力と方向性の点で対立することは認めなければならない。ザーイツェフは伝統、より正確には伝統性——無文字社会の大多数の生活に浸透し、どんな全体主義的体制よりもずっと効果的に人間の行動を管理するところの——をそのような力のうちで最も重要なものと考えた。伝統的社会は最も安定しているが、刷新されることが最も少なく、一方、生活および世界観の伝統的形態の打破の時期には、新しいものを受け入れようとする気運が急激に高まる。「進歩の要因としての社会的崩壊」——未完のまま残されたザーイツェフの著作『歴史的過程の理論と文化的爆発』のテーゼの一つはこのようなものであった。

もちろん、問題になっているのは社会的諸制度の部分的な崩壊のことであって、完全な崩壊のことではない。後者は歴史上幾度も見られたが、どこでも文化の最盛期をもたらさなかった。ギリシアではミケーネ文明の滅亡後、崩壊はきわめて由々しいことになった。国家とその諸制度は消え、文字と高度な文化は消え、社会は氏族生活形態へ投げ捨てられた。その際にギリシア人は征服されず、同化されなかったのであって、このことが彼らに新たな出発を可能ならしめた。「暗黒時代」からの変化の波は再び伝統的社会になることを許さず、次々とギリシアに押し寄せてきた。経済的発展をもたらした鉄の普及、住民の急激な増加、数度の連続的な植民地化のかたちでの領土的拡張、さまざまな民族および文化との接触の増大、さらにポリス的生活形態の形成が、この転換をダイナミックなものにした。

こうしてギリシアではまさに、ザーイツェフが伝統的な社会構造および規範の打破という条件下での創造の始まりの現れ——経済、定住および知識水準の急速な進展——を必須条件に入れた過程が見られた(三六三頁)。同様の過程は、新しい文化形態に現れる可能性をあたえた「基軸時代」のすべての文明で生じた。社会的紛争の激化、結局、新しい倫理・道徳的宗教を生んだ広範な大衆の苦悩と退廃が、不安定な条件の下での急速な進歩の裏側であった。「基軸時代」への誘いに対するギリシアの回答は、根本的に異なるものであった。伝統的な宗教はここでもその地位を失うが、それらを借用しようと努めるディオニュソス的および秘儀的な宗教は、全体として地方的現象として残る。ギリシア人は新しい宗教を創らず、文学や哲学と違って歴史の過程で一度だけ生まれた科学を創り出した。すでにこの事実は、ギリシアでは『文化革命』が異例な集中的な性格をもっていたことを示す。

これに対する説明をザーイツェフは、第一に、創造的能力の現れが他よりも制約されることが少なかったこと、第二に、明白にそれを奨励した社会生活形態に求めた。もう一度強調しよう。――彼は、ギリシア文化の発生と発展を社会的および社会心理的法則性の術語で説明し、それゆえに、「説明されるもの」が文化の領域にあれば、「説明するもの」は、ほとんどいつもその外にあった。[17] このような「社会学的還元主義」は、ザーイツェフが文化から変動を奪ったり、あるいは、文化の諸要素の間の法則的な相互関係を否定したことを意味しない。科学の累積的発展と芸術的創造活動および技術の周期的発展との根本的相違を強調しつつ（後者の場合、ザーイツェフはヴォーリフリンの著述を引用していた）、全般的構想では彼は、クローベルによって明瞭にえぐりだされた文化の発展の周期的性格を認めた。しかしながら、彼に関心をもたせた文化の爆発は例外であって、正常なものではなく、それゆえに普遍的な法則性にのみ帰着させることはできなかった。同様に、彼はギリシアの『文化革命』にも他のそれにも適用される平均的共通性のモデルの構築に注意を向けた。このようなモデルでは、革命に先行する文化の特殊性は、決定的な役割を果たすことはできなかった。これらの文化は、明らかに異なるものであったからである。

個人の創造的素質の発揮を促進するギリシア社会の諸特徴は、ユニークなものではない。それらの相互関係、幾倍にも高まった最終的効果は、独特のものであったが、それでもやはりユニークなものではなかった。それらの特徴のうち最も重要なものに、ザーイツェフはつぎのような概念によって表される社会的諸現象を入れた。すなわち、個人的自由、「垂直的」および「水平的」な可動性、限定された楽天主義、誇示的な消費、アゴーン的社会、「恥の文化」、「罪の文化」および名誉欲である。それらのおのおのの『文化革命』における役割を簡単に述べよう。

J・S・ミルが導入し、アイザイア・バーリンが発展させた個人的自由と政治的自由の区分は、個人の創意を、それを圧迫する枷から解放するに当たってのポリスの役割を理解するために特に重要である。それは、国家は限られた範囲でのみ個人の行動を管理することができ、その他のことは社会的規範や制度が調整するということから生じている。ローマおよびスパルタの例が教えてくれるように、国家の統治に参加する可能性は決して常に、許されること許されないことの社会的管理の弱化を招来するわけではない。「民主制以上」は「個人の自由以上」を意味しない。一方、確立した形態や伝統を生産的に破壊する可能性としての創造活動の自由は、個人の自由、各人が望ましいと思うように生活する権利と直接に結びついている。ザーイツェフは、ギリシアのポリスは、民主制的であろうとそうでなかろうと関係なく、市民のみならずメトイコイ（在留外国人）にも、古代東方いわんや「原始民主主義」の時代ではなおさら考えもつかなかったほどの個人の自由を通常あたえていたことを説得的に教えてくれる。このことは、僭主やペルシアのサトラップがイオニアの諸ポリスを統治していた前六世紀においても、ヘレニズム時代の君主政においても、帝政時代においてさえも勿論のことである。社会生活のすべての面の非常に進歩的な変化の過程におけるギリシアのポリスの発生の社会的諸条件や具体的な歴史的状況は、このようにして、以前に知られていたすべての社会よりも「開かれた社会」としてポリスをその存立の最後まで残らせることになったのである。[18]

その時代のギリシア社会も含めて、ダイナミックに発展しつつあるすべての社会に特徴的な高度の「垂直的」および「水平的」な可動性が、この重要な指標である。П・ソローキンの古典的著書で述べられた社会的可動性は、非特権的社会層の代表者たち（ヘシオドス、サッポー、イソップ）およびギリシア＝「バルバロイ」出身の人々（タレス、ステーシコロス、アンティステネス）を『文化革命』に参加させた。ザーイツェフの言によれば、水平的な可動性は、同時に「文化的閉鎖性の伝統の弱化の証拠でもあって、それ以後の崩壊の道具でも」あった。本書で引用されている文化の活動家の旅と移住（自由意思による、また必要に迫られた）に関する広範な言い伝えは、才能のある人がギリシア世界の全地域で自己の真価を発揮することができ、広く一般に認められることができたことを教えてくれる。別の居住場所を選ぶことができること、そして、新しい場所で成功した文化的適応性を得ることは、パピルス紙が新しい思想や形態の唯一の普及手段であった時、特にギリシアのポリスの政治的分割と地理的散在の条件の下では、文化的進歩を促す最も重要なものの一つであった。

移動できる社会の人間は、ずっと容易に新しいものに慣れ、古いものと別れ、社会的偏見に縛られることが最も少なく、他の意見や価値に対してより寛大である。移動できる社会は思想の循環を早め、新しい発見を促す。それらのおのおのが、別の場所では出会うこともできなかったであろう思想を連結するからである。社会的な可動性は、すべての知的生活および創造生活の集中性を高めるが、同時にそれは懐疑論をもたらし、伝統的価値の相対化をもたらし、そして社会的道徳の崩壊をもたらす。基本的には近代の資料にもとづいてソローキンが述べたこれらの結論は、古典期のギリシアにも等しく適用される。

これまでわれわれは、個人の創造的潜在能力の実現過程の障害物を排除する社会的メカニズムに言及してきた。今度は直接に創造活動を活性化したものに取り組むことにしよう。経済の躍進と後に続く社会─政治的発展の重要な結果、大きな楽天主義に有利な社会的気運の変化が生じた。ザーイツェフは、その時代の楽天主義を、人間の全生活面の不断の改善への確信と結合した、より近代的な形態と区別して、「限定的─プラグマティックな」ものと呼んだ。このような楽天主義のための基盤はギリシア人にはなかったが、生活の改善と自己の前に置かれた具体的な目標の達成が原則的に可能であるという確信のための基盤はあった。結局ギリシア人は、社会的現象としての楽天主義的な世界認識への、それが全体として厭世主義的気分を帯びたままであったとしても、非常に大きな一歩を進めた。近代の楽天主義は、きわめて深刻な変化の数世紀後、一八世紀—一九世紀の変わり目にようやく形成されたが、一方、古代東方の世界観は一般に楽天主義のことを語るいかなるきっかけもあたえてくれないことを忘れてはならない。

もちろん芸術的および科学的創造活動は、個人のレベルでは任意の悲観的人生観と、特にそれが大分前にでき上がっていた伝統の軌道にあるならば、十分に両立する。しかし、その形成期において、人間はその先人よりも多くのことを獲得することができるという確信は、他の社会環境の中ではほとんどなにも達成できない人間、あるいは、概して無意味なことには努力をしようとしない人間、このような人間の力を飛躍的に高める刺激物の役割を果たしている。このような確信がなければ、非常に才能のある人でさえその創造活動は、シムプリキオスあるいはホン・パノポリタンのホメロスの「抜粋集」におけるように、古代人への注釈の形をとる。年とともにザーイツェフは、この要素にきわめて大きな意義を付け加えていった。そして、それは経済の後退によってようやく獲得した自由がもたらしたものを葬り去る危険にあったロシアで起こっていた変動に基づいていた。一九九四年の報告で彼が文化革命完成の主要因としてあげているのは、「原則的に自分にとって達成可能であることを自分自身の努力で達成することができる人間への確信」（三五〇頁）の喪失であった。

「有閑階級」（アメリカの社会学者T・ウェブレンが取り入れた用語）の典型的な代表者としてのギリシアの貴族階級に特有の誇示的消費が、部分的な、しかしその社会的結果の点では重要な『文化革命』の要素の一つであった。このような生活様式の最大の特徴——それは、上流階級が社会意識における特別な支配的地位を確実なものにする宴会、競争および狩猟である。ギリシアで運動競技という現象を生んだ競争には、われわれは再び戻るであろう。歌い手がその不可欠な参加者であった宴会はどうかというと、ザーイツェフは叙事詩の早期のプロ化の条件を築く上でそれは重要な役割を果たしたと考えた。彼の論証過程はこうである。ギリシア文学が古代東方の「口承文学」と根本的に異なる点は、前者における苛酷な状況の必然性からの離脱と、美的な独自的価値への志向にある。このことはとりわけ、文学が成長するギリシアのフォークロアでは、創造的発意のための場がはるかに少ない儀式的あるいは宗教的ジャンルではなく、美的作用を唯一の存在価値とする英雄叙事詩が優勢であったがゆえに、可能となった。英雄叙事詩は、他のすべての成功したフォークロアのジャンルに創造活動の自由とプロ化の可能性とを結合させることができる。歌い手たちはまず宴会で貴族階級を楽しませ、彼らの要求に応じたので、日々の糧の心配をせず詩の創作活動に専念することができた。

「古代ギリシア文学がこの時期に展開した方向は、他の全ジャンルに影響を与えた最初のジャンルが、フォークロアを記述文学から離脱させる歴史のはざまですでに前例を見ないほど開花を遂げていた叙事詩であったということによって、多くの点で決定された。」（二四六頁）。

スポーツ競技も詩歌の競演も、誇示的欲求のいっそう重要な要素であった。すでにホメロスによって記述されている詩作のアゴーンは、詩人業のプロ化によって促進された歌い手たちの間の競争の雰囲気を反映している。歌い手のパトロンたちは、スポーツのアゴーンでは、自己の富（馬具とか競技であたえられた賞品とかのかたちで）と、勝利をもっぱら保証する長期トレーニングのために必要な余暇を誇示した。社会的制度としてのアゴーンおよび社会心理的志向としてのアゴーン主義が『文化革命』のメカニズムにおいて中心的役割を果たしている以上、それらをより詳細に述べなければならない。

ザーイツェフが重要視した概念「アゴーン精神」は漠然としたものに見えるので、本書の読者を「鉄」——それのもつ荒い実利主義のゆえ——に劣らず困惑させた。それにもかかわらず、ザーイツェフが社会学から得た他の説明用モデルと違って「アゴーン精神」が、つとにブルクハルトの時代から、特にドイツの古代学においてギリシアの社会および文化の特徴の一つとして現れていることは逆説的である。「精神」の語の背後に非常に大きな重要性をもつ社会的現象を見てとることができなかった人、あるいは、フーコーやブルディエ・ブルクハルトの時代にすでに非現実的であると考えている人と論争することは、おそらく無意味であろう。ザーイツェフによってまとめられた、多くの点で所与の社会の性格とその文化的達成レベルを決定する競争主義の段階づけをさらによく分析して見よう。

直接的な生活財貨を獲得するための競争は、生物学的存在、社会的存在としての人間に固有なものであるが、しかし、その集中度は本質的に変化する。成功を得るため競争や闘争が一般に認められた行為規範である社会は競争社会に入る。紀元一八—一九世紀のアメリカがその例となり得る。功利主義的な利益とまったく関係がない活動分野にも競争原理を持ち込んだアゴーン的社会は、競争社会の特別な場合である。

「[アゴーン社会では、]各人の顕著な成果がそれを凌駕したいという欲求を起こさせるが、その成果または他のあらゆる成果が社会にもたらすであろう利益の問題がまったく提起されない」(三四七頁)。

このようにして、鉄の普及がもたらした進歩は、高度な個人の自由と限定された楽天主義をもつ、移動の自由な社会、創造的発意が伝統的な規範や価値のかたちをとった不可抗な障害にもはやぶつからぬ社会を創設させたが、この社会のアゴーン的性格は、重要な反功利主義的要素としてザーイツェフによって検討された。このような強力な要素の存在それ自体は疑いがない。反功利主義、美的および認識的な自己価値は、ギリシアの文学、芸術、哲学および科学の最大の特徴であるからである。問題は、この傾向をどう説明するかということだけである。まったく、束縛する伝統の枷から逃れて創造活動の自由を得ることであるにせよ、人間は無駄なことをやる必要はないのである。「基軸時代」にアッシリア人は軍事的技術を一層改良し、リュディア人は貨幣を発明し、フェニキア人はアルファベットを発明し、そして、バビロニア人は、地球で起こることへのその影響を予測しようと努めて天体の動きの最も複雑な公式を作り上げた。もちろん、東方よりも多い創造活動の自由は、実際に直径は円を半分に割るかという問題をタレスに研究させ、どんな形を地球はもっているかという問題をアナクシマンドロスに研究させたと言うことはできる。しかし、問題は、孤立した天才的な人間および彼らの独創性にあるのではなく、このような人々の評判を高めさせた普通の同時代人にある。その際に彼らの同胞の大多数は、このような仕事に寛大であり、少数の有力者は彼らを全世界に宣伝して、堅固な知的伝統を築いた。

ザーイツェフの考えによれば、すでに前文字時代にでき上がり、最初は知的活動とまったく関係がなかったギリシア社会のアゴーン的性格が、このことに対して重要性を持っていた。それはまず第一に、運動競技特に全ギリシア的な競技会のかつてない発展として現れ、その主要なものであるオリュムピア競技会は、指標として年代が記される最初のギリシア史上の事件となった。これらの制度は、それが物質的満足をもたらすかどうかに関わりなく、貴族階級――彼らに特有の、首位の座とそれと結合した名誉を求める志向とともに――のアゴーン精神をますます強めた。結局ギリシアの支配層は、まったく功利性に縁がないことのために膨大な骨折り、資金および時間を犠牲にする心構えを植えつけられていった。生物学的類似に目を向けるならば、何らかの分野における首位の座を名誉獲得の十分な根拠にしたアゴーンは、独特の、非常に適応したメカニズムであったと言うことができる。それはギリシア人が功利主義的目的のない創造活動の結果を肯定的に感受する心を育てたが、自己の内的な自尊心のゆえに、あらゆる競争での勝利に伴う世間の定評を求めることができるのである。

貴族階級と並んで文化の創造に参加した新しい社会層は、その基本的な価値と制度を取り入れただけではなく(このことはオリュムピア競技者の異例な人気が証明する)、他の生活分野、貴族階級との競争がスポーツにおけるよりも将来性があると思われた精神的創造活動においても、それらを広めた。多数の詩や劇のアゴーン、手仕事の技能および舞踊における競演、男や女の美のコンクール、宴会でのぶどう酒飲みくらべ、そこでの詩作の腕くらべ、訴訟手続きでの争い、雄弁術教師の自己礼賛、それによる競争者への中傷、不断の論争、理論および学派の争いに、権威および大衆の意見への論難、首位の座への強い野心および盗作の弾劾に表れた哲学、科学、さらに医学さえもがもつアゴーン的性格――ここにあるのは、どれほどアゴーン的志向が全ギリシア文化に浸透していたかを示す最も明瞭な痕跡にすぎない。

「罪の文化」と異なる「恥の文化」という行動タイプが、ギリシア人の首位の座および名誉への欲求を強化する補足的動機づけの一つであった。「恥の文化」は、自己の行為が外部から賞賛されるか非難されるかということを、「罪の文化」は、自己の行為が内面的な価値体系と一致するかどうかということを、人間の最も重要な行動指針とすることを意味する。この概念はアメリカの文化人類学者ルース・ベネディクトによって研究されたが、最初に古典古代の、特にホメロスの資料に適用したのはE・ドッズであった。実を言えば、ホメロスの英雄たちの名誉欲、「勇敢な者」として知れ渡るために命を犠牲にする心構え、社会における地位の同等な者の意見に従う態度――すべてこれらは、社会心理学によらなくても明らかである。社会心理学は、「英雄に関係のある」コンテクストからこの志向を導き出して、ある者の行為形態が他の者のそれよりも常に良いとされるメカニズムとして、日常的な見通しの中で再現するために必要である。名誉が人生で最も望まれるものであるならば、戦場や競技場でそれを得ることができない者は、絵画であろうと幾何学であろうと、あるいは詩歌であろうと、自分のやっていることで優位に立とうと努めるであろう。その際彼らは、自己の仕事における首位の座が実際に彼らに名誉をもたらし、おそらく、誰よりも遠くに円盤を投げる者や誰よりも早く走る者の名誉より安定したそれさえもたらすという確信を、堅固なものにすることができる。

「アゴーン精神」および「恥の文化」は、自分と同等の技芸をもつ者との競争を自分の生き方とする者たちの創造的エネルギーを相互に高めて、明瞭な補足的性格をもっている。他の要因と結合して、それらは、以前にはなかった作者つきの文学を生んだ。詩人、続いて散文作家も、個人的人気を得ることを望んで、自分の名前を著作の初めに記し、学者や哲学者は、彼らの思想が他の誰かのものにされないように留意する。ザーイツェフが、第一に創作に対する内面的——科学の場合は真理に対する——欲求を、第二に自己の成果が社会的に認められることに対する欲求を、創造活動への主要な心理的動機づけと考えたことに注目しよう。名誉への欲求がソポクレースおよびトゥキュディデースとヘロストラトスおよびアルキビアデースとを一つにまとめることについて、いかなる錯覚もあってはならない。他方、たとえば学者に真理への渇望のみに心を燃やすよう求めることは危険である。その時彼は、他人とそれを共にする欲求をまったく感じなくなるおそれがあり、それは彼自身および全知の神にのみ知られたものになるからである。

概略すれば、必然的に低俗化する『文化革命』のメカニズムはこのようなものである。それを構成しているものの多くには具体的な作者がいるので、ザーイツェフ自身が書いたとされていることは、時として先入観のない資料の分析から必然的に生じるような明瞭なものに思われる。このような複合性の理論および説明力が古典古代に関する科学の中でユニークであり、全体としての文化についやされた研究の中で似たものが非常に少ないことも、同様に明瞭である。ザーイツェフは、何かを学ぶことのできるすべての人から学んだ。すでに挙げた名前にマックス・ヴェーバー、ヴィルフレド・パレート、アーノルド・トインビー、カール・ポパー、ヨハン・ホイジンガーを加えよう。ザーイツェフにとって劣らず重要な教師を、読者は著書自体で見出すであろう。本質的に社会学的な自己の構想のためにザーイツェフは、彼らのおのおのから自分自身に必要なことのみを、彼の最初の諸仮説を発展させ、資料によって確認され他の前提と矛盾しないもののみを、借用した。彼は、そのために必要な判断力（Urteilskraft）と独立性を――それなしでは古典古代の資料が保存の意義と生命を充実させることが不可能となる、文献学者や歴史家の洞察力と同様に――完全にもっていた。

彼の構想の各個の有意的な要素は互いに独立しているが、それらの相互関係は累積効果をあたえ、構想自体は、古典古代のみならず、はるかによく知られたルネッサンスの文化も、資料による点検と不可欠な修正がし易いように立てられた。これらの特質は、真の科学的理論がどうあるべきかについてのザーイツェフの理解から直接に出ている。

同時に、自己の生活の中で名誉よりも真実をはるかに多く求めて彼は、理論の科学性はまだ、その真実であることを保証しないことをはっきり理解していた。そのほかに、『文化革命』において考察される過程や現象は、ひとりの人間が創ることのできる、それらを説明するいかなる理論よりもはるかに複雑である。このことは、本書の個々の部分は異なる運命を待っていることを意味する。――ある部分は著しく発展し、他の部分は補足され、また別の部分は重要性を失い、または否定されるであろう。もっとも、すべてこのことは、全体の意義を変えるものではない。『文化革命』は、まだ一〇〇年は読まれ、研究されるであろう。すぐれた古典古代研究者ゲルマン・ディールスについてのO・レーゲンボーゲンの言葉を言い換えて、結論として述べよう。――ザーイツェフが科学で成し遂げたことは、いつか過去の世代の一つに数え入れられることから彼を守り、どんな未来も彼をその同時代人にする。

＊　＊　＊

われわれにはさらに、新版のあるテクスト・クリティーク的側面を解明することが残されている。印刷されるテクストの基礎となっているのは、ハンガリー語訳およびドイツ語訳のためにザーイツェフによってなされた補足および訂正が書き加えられた初版である。その図書見本の中の書き込みも、また、準備中の再版のために彼がなすことができた二、三のことも考慮された。テクストは文体に微小な修正が加えられ、古典古代の著述家および科学的文献からの引用が整理され、基本的参考文献、略号一覧表、人名索引が加えられている。参考文献には、たとえば、一九八五年以後に出版された外国図書のロシア語訳が補充されている。「付録」では、われわれは『文化革命』に関するザーイツェフの六著述を載せたが、それらは、彼の構想をその発展の中で明らかにしつつ、全体的に明確にし補完するものである。

(1)著書の最初の考察を予告する、一九八〇年の古典文献学講座での報告。『いわゆる「ギリシアの奇蹟」の問題』という表題のついた原稿は、ザーイツェフの私的資料コレクションに保管されている。出版準備の際にそれは、次の報告との重複を避けるために、また、首尾一貫したテクストの復元が成功しなかった場合には、少し短縮された。本原稿および他の原稿でザーイツェフが書き落とした言葉は内容に合わせて書き入れられ、角括弧がつけられている。(2)古代ギリシアおよび古代ローマ史講座での報告は、一九八一年に史学部における著書の新しい考察の過程で読み上げられた。著者の資料コレクションの中にある原稿は表題をもっていない。(3)一九八五年にИ・Д・ロジャーンスキーのモスクワのゼミナールで読み上げられ、同じく彼の監修による選集で公表され、[19]この著書のテクストに従って印刷されている。(4)ベルリンでのヘレニズムに関する研究討論会における報告は、一九九四年三月に彼の資料として出版された。[20]本テクストのロシア語異本は発見されていないが、多分それは無かったのであり、それゆえそれはわれわれのドイツ語からの翻訳として印刷されているのである。(5)コンスタンツァ大学古典古代史講座での報告(一九九四年一二月)は、一部は前報告と似ているところがある。著者の資料コレクションからのドイツ語原稿に従い、われわれの翻訳で公表されている。表題はわれわれがつけた。(6)『歴史的過程の理論と文化的爆発』という名称をつけられたファイルの中の資料は、一九八一年と年代づけられる少数の断片と、『第一草案』と名づけられたより長いテクストから成っている。印刷を予定していなかったこの草案をザーイツェフは、彼の印刷された著述のみ知っている人には思いがけない歴史ソファーとして提供している。将来の社会的・文化的「安定化」への楽天主義とはほど遠い展望も含む、いくつかの兆しから判断すれば、それは一九八五年以前に書かれた。

終わりに私は、本版の出版を促進してくれたすべての人に衷心から謝意を述べるであろう。О・И・ザーイツェフとВ・В・イオーフェは、この論文集の経歴部分を書く際に大いに援助してくれた。Т・М・アンドローネンコ、З・А・ボルザーフ、Ю・В・ギドューリヤノヴァ、Е・Л・エルモーラエヴァおよびН・А・パヴリチェーンコは、А・И・ザーイツェフの資料コレクションの整理の面倒な仕事を引き受けてくれた。О・В・アンドレーエヴァ、Л・В・ケーイエルおよびА・В・コーガンは、「付録」のコンピューターによる植字に参加してくれ、А・Л・ヴェルリンスキーは、テクストを読み上げ、訂正してくれた。

Л・Я・ジムーディ

注

(1) 一九九四年ベルリンでの報告でザーイツェフは、「私の図書の出版自体でさえも、私がその完成をもっと後に延期することを余儀なくされるような困難に私を直面させた」と指摘した。また、『文化革命』についての有力な証言――「……本書のロシア語初版の準備の際にその著者は、これが原因で彼に対して公然と突きつけられた、マルクス主義を失墜させるものだとの非難にぶつからなければならなかった。非常に苦労して清算されたこのスキャンダルは、かつてソ同盟におけるイデオロギー的状況がまだ一九八五年頃にどのようなものであったかを教えてくれる」(Э・Д・フローロフ『古典古代に関するロシアの科学歴史編纂的概観』サンクト・ペテルブルク、一九九九年、四二三頁)と対比せよ。

（2）Zajcev A. Das griechische Wunder. Die Entstehung der griechischen Zivilisation. Konstanz, 1993.
（3）Guyot P.// Klio. 1996. Bd. 78. S. 232-233; W. L.// Przeglad Historyczny. 1986. T. 77. S. 413-414.
（4）И・А・マーイゼリ『自然科学と技術の歴史の諸問題』一九八七年、第二号、一五三—一五五頁、Ю・В・アンドレーエフ『古代史通報』一九八八年、第三号、一六一—一六七頁、А・Н・チャーヌィシェフ「哲学の起源から」『国立モスクワ大学紀要』一九八八年、第五号、六六—六八頁、М・С・コズローヴァ『哲学』一九八八年、第四号、一一七—一一九頁、Ф・Х・ケシディ、В・В・スタロヴォイトフ// 同所、一一九—一二四頁。
（5）自己の最初の学生時代の教師の中でザーイツェフは、С・Я・ルリエー、Я・М・ボローフスキー、И・М・トローンスキー、Б・В・カザーンスキーおよびО・М・フレイデンベルグの名を挙げていた。
（6）О・М・フレンデンベルグ「モスクワのニュールンベルグはあるか？（一九四六—一九四八年の手記から）」『シンタクス』一九八六年、第一六号、一五六—一五八頁。
（7）当時カザンの精神病院でザーイツェフが会うことができた人々の中には詩人ナウム・コルジャーヴィン、数学者レヴォリート・ピーメノフおよびエストニアの前大統領コンスタンチン・パッツがいた。
（8）В・Н・グサーロフ『私のパパはミホエールスを殺した』フランクフルト・アム・マイン、一九七八年、二四〇頁。
（9）この、人を煙に巻いたことは、グサーロフの話をいくらかでも真面目に受け取れないならば、重要視するに値しない。たとえばА・ポドラービネク（『懲罰精神医学』ニューヨーク、一九七八年、二七頁）は、グサーロフを引用して、カザンの刑務精神病院の六〇〇人の囚人のうち二人だけが第五八条を適用する根拠があった。「スパイА・И・ザーイツェフと破壊工作者イゴリー・ストレリツェフ」がそれであると書いている。
（10）ザーイツェフの名誉回復の書面は一九九一年にようやく提出され、同年九月に名誉を回復された。
（11）八〇年代に『法律』および『法律以後』を終えてからザーイツェフは、同様に急がずにアリストテレスの『政治学』、その後ピンダロスの読書に移った。
（12）答えを得ることを熱望する人の数が年とともに非常に増えたので、一九八〇年頃ザーイツェフは助言指導のため水曜日に約四時間から八時間の特別な時間を選んだ。この時間に自分の順番をまつ学生＝歴史家、あるいは哲学者（古典学者は順番なしで入った）は、アテナイの経済体制あるいはビザンティンの音楽について少なからず興味あることを聞くことができた。

(13) 同時に一九七五年に出版されたこの討論の資料は、多分ザーイツェフが著書の仕事に着手する際に促進的役割を果したであろう。

(14) Heichelheim Fr. Wirtschaftsgeschichte des Altertums. Leiden, 1938.「鉄器時代」の歴史的意義については、Mann M. The sources of social power. Vol. 1. Cambridge, 1986. P. 179ff. 参照。

(15) ザーイツェフが文化の歴史社会学で目標としていたP・ソローキンとA・クレーベルの著作も同様な資料で満たされていることは特徴的である（Sorokin P. Social and cultural dynamics. Vol. 1-4. New York, 1937-1941; Kroeber A. L. Configuration of culture growth. Berkeley, 1944）。ソローキンでは統計的計算がずっと多いが、ここでは彼の職業的訓練のみならず、具体的資料を探し、数える協力者の存在も述べられている。

(16) 遊びは人間にも多くの哺乳動物にも、特に幼年期が割合に長かった種に固有なものである。遊びは、厳しい行為基準から多くの可能性のある方への——将来、個体およびすべての種に新しいものに適応できるすぐれた点をあたえるところの——一時的離脱を可能にする。遊びと創造活動の多くの特質は一致する。——あからさまな功利主義的機能がないこと、なんらかの活動による没頭、それらによって得られる満足（Play — its role in development and evolution/ Ed. By J. S. Brunner. New York, 1976; Dansky J. L. Play// Encyclopedia of creativity/ Ed. By M. A. Runco. Vol. 2. San Diego, 1999. P. 339-408）。

(17)『文化革命』の方法論に対する若干の説明をザーイツェフはコンスタンツァ大学での講演でしている（三五五頁以下）。

(18) ザーイツェフは、「暗黒時代」すなわちミケーネ崩壊後でいまだ国家が形成される前のギリシア種族における、前文字民族で社会的・イデオロギー的分野に通常生ずるよりも弱い無慈悲の程度を、その前提条件と考えた。

(19)「文化革命の過程の古代ギリシアにおける科学の発生の全史的意義」『Mathesis. 古典古代の科学と哲学の歴史から』（И・Д・ロザーンスキー責任編集、モスクワ、一九九〇年、二四—二八頁）。

(20) Das《griechische Wunder》und sein Ende im Hellenismus// Hellenismus. Akten der Internationalen Hellenismus-Kolloquiums/ Hrsg. Von B. Funk. Berlin, S. 693-699.

まえがき

「ギリシアの奇跡」の問題

ギリシア文明の開花は、人間の歴史における稀有の出来事であった。前七世紀から始まるギリシアにおける前例のない政治的諸形態（国事の決定への市民集団の制度化された参加、すなわち民主政。合目的性の原則にもとづいて国家機構の根本的諸問題を解決する試み）、結局それと結合した、体系化された知識の特殊な形態としての科学と哲学の誕生、フォークロアや文学以前の形態の記述文学とは質的に異なる文学の誕生、そのほか、造形芸術分野における革新――すべてこれらは、エルネスト・ルナン[1]に続いて、何度も、そしてまったく正当に、「ギリシアの奇跡」[2]と特徴づけられている。もちろん、すでにルナン自身、この歴史的革命の超自然的性格ではなく、ユニークな、説明するのが難しい性格を言おうとしていたのである。もちろん我々とて、それが奇跡ではなく、独自の自然的諸原因をもつ画期的な事件であったことを精力的に論証するアンドレ・ボナールに同調することができるだけである。[3]

ヘレネス文化は三―四世紀にわたって形成されたが、近現代にとってのその意義を認めることについて、ルネサンス期以来、歴史家にも哲学者にも社会評論家にも、誰にもおそらく異論はないであろう。[4]我々には、「ギリシアの奇跡」は、全人類にとって意義がある点ではヨーロッパのルネサンスと比較できる文化革命を意味していたように思われる。[5]この問題分野に取り組むほとんどすべての人が、古代ギリシアの文化革命の何らかの説明を求める必要性を感じていたのはまったく当然のことである。[6]

本書の最初の三章のテーマは、あれほど多くの、あれほど多種多様で画期的と思われる人間の文化の成果が、一民族の、しかも世界史的規模できわめて短い期間に、活動の成果となったことを、いかなる諸要因が促進したかという問題を考究することである。第四章と第五章では、ギリシア科学とギリシア文学の第一歩に対するこれらの要因の影響が考察され、しかもこれらのギリシア文化の諸分野は、一般的な法則性を例証するために選ばれる。なぜならば、科学の発生においてはこのような法則性が最も明瞭に現れるからであり、他方、ギリシア文学は本書の著者の学問的仕事の分野に最も近いからである。

もちろん古代ギリシアにおける「文化的爆発」は、人類のきわめて不均等な文化的発展の一般的法則性の非常に特殊な現れにすぎない。少なくとも後期旧石器時代から始まって現代に至るまで、[7]我々は、あるいはある民族や交際する民族グループで、あるいは沈滞、しばしば衰退によって交替する他の民族で、全人類的意義をもつ文化の激しい高揚に出会う。この人類の文化的発展の不均等はすでにずっと以前に、とりわけヘーゲル、シュペングラー、トインビーらの構想の自由奔放な哲学的‐歴史的体系の礎石になった。

人類の文化的発展の動態に関する膨大な資料の経験的な総合も試みられた。そのうちA・L・クローベルの研究が最も興味深いものであり、その研究からは、相対的な沈滞ないし退歩の時期と交替する文化の不均等な発展は、これまで世界の諸民族の歴史において普遍的な現象であったことが特に明白に分かる。[8]クローベルの体系をCh・E・グレイが修正した。[9]A・トインビーやその他の者は、文化分野における前進を助ける歴史的諸条件とその進歩を阻止する諸要因を指摘して、文化的発展のこの法則性を説明する多くの試みに取り組んだ。[10]

人類の歴史における最も重要な文化的進歩の一つ――「ギリシアの奇跡」――の具体的‐歴史的研究は、人類の歴史にとっての直接的意義のほかに、その社会的必然性としての文化的進歩の全歴史的法則性を明らかにするためにも不可欠な条件である。

一方、国内の学術文献でも外国の学術文献でも、「ギリシアの奇跡」の特殊な歴史的前提を発見することを目的とする研究はこれまで現れなかった。問題に関する文献は、古典古代文化に関する著述や、より広範な文化史的あるいは哲学的コンテクストの中の、このテーマに対するばらばらな、多少とも詳しい説明的な意見に限られる。提起されている「ギリシアの奇跡」の説明の中で我々は、ギリシア人の並外れた特別な天賦の才能を引証しているのにしばしば出会う。[11]このことが、歴史的存在のある時期にギリシア人が創造的才能に恵まれた非常に多数の人々を生み出し、広範な住民層が、生まれつつある多様な文化的価値に対するまれで豊かな感受性を誇示していたという事実を意味するものであったならば、それに反論することはできない。いわゆる民族的性格の引証も合法則的である。[12]何らかの才能のさまざまな発展の程度も、この民族的性格の現れに含めることができる。[13]しかしながら民族的性格自体が説明を必要とするのであって、それゆえ、それを引証しても「ギリシアの奇跡」の謎を解決してくれない。

さらに先に進んで、古代ギリシア人の特別な才能について何らかの明確な説明を与えようとする意図について言えば、まず第一に我々は、彼らの人種的属性によって決定された遺伝子型の特性によって彼らの並外れた創造的才能を説明する、しばしば行われてきた試みを拒否しなければならない。この考えを初めて詳細に展開し、どれほどそれが遺伝性と人間の人種別区分に関する当時の知識水準において一般的に可能であったかを論証しようと試みたのはゴビノーであった。[14]

一八六九年に出版された、知能の遺伝的継承の問題への学問的アプローチを初めて試みた有名な著書『天才と遺伝』（Hereditary genius）の中でフランシス・ガルトンは、さまざまな民族の人的構成の中の非凡な人間の割合を計算して、アテナイ人は並外れた遺伝性の才能を持つという結論に達した。[15]後にそのような見解は再三、最も多くはドイツの学者たちによって述べられたが、[16]理由のある反論も多かった。[17]このことについては後述する。

後のギリシア人の祖先の遺伝子型が、彼らがバルカン半島に到来した頃すでに、人類の文化的進化におけるギリシア人の特別な役割を決定づけもした何らかの固有の特性をその特色としてもっていたという仮説が、「ギリシアの奇跡」の人種的説明の最も単純な異説である。知的能力や才能の本質的な相違が人種には一般に存在するという考えが、この仮説の不可欠な前提である。このような相違が証明されたかどうかという問題の解決は、心理学者や人類の遺伝学専門家の専門領域に属するが、彼らはこれに対して否定的に答えている。[18]

さまざまな人種の代表者たちが歴史的に生じた相互にはっきり異なる文化的環境の中で生活していた間に現れた知的水準の大きな相違は、何らかの原因（移住あるいは歴史的進歩）によって類似の状況下で増大した新しい世代が成長すると、文字通りみるみる消えてゆく。[19] 遠く離れた人種の間でも、その知的水準に、ごく僅かにせよこれまで証明されていない[20]遺伝的に決定された相違を認める傾向は、我々が関心を持つ分野の専門家のごく一部にあるだけで、しかも、より正しく言えば、何らかの特別な能力についてだけの話である。[21] それどころか、現存する全人類は一つの個体群から出たという人類一祖発生説の理論の正しいことが明らかになった今日、さまざまな人種の知的能力における、遺伝によって受け継がれる本質的相違の存在は、理論的に信じ難いものになった。自然淘汰が支配する中での人種の形成過程の至るところで、あらゆる人間社会にとって同程度に有益な資質を確立したに違いなかったほどの、共通の精神的活動の前提条件が、遺伝的に決定されたものとなったのである。[22]

人類を区分する大きな人種的諸集団でさえ事態は同じである。ヨーロッパ型人種［白色人種］の下位区分の間の遺伝的に決定された心理的相違についての仮説に関して言えば、それは容易に直ちに論駁できる。北欧、アルプス、地中海沿岸地方の人類学的な諸集団の代表者たちはヨーロッパで類似の文化的状況の中で暮しており、心理学的調査のデータはこの場合直接的に比較できるからである。しかるべき研究が行われ、もちろんさまざまな民族の代表者たちの十分に明確な相違が明らかにされたけれども、これらの異なる人類学的な諸集団の代表者たちの間の顕著な相違を明らかにすることはできなかった。[23] 他方、この一〇〇年の間にようやく消えてきたさまざまな民族の文化的発展における大きな相違が、そのしかるべき説明のために彼らの生来の才能の相違を必要とすると考えるいかなる根拠も我々にはない。

たとえば、最も困難な状況の中で生活し、おそらく全体として地球上で最も低い発展水準にあったオーストラリア原住民は、ブーメランの発明は言うまでもなく、豊富で多様な神話を創造し、親族関係の特徴に合わせた最も複雑な社会的結合形態を作り上げた。[24] すべてこれらのことは、大陸の至るところで代々現れる膨大な数の諸個人の創意なしでは不可能だったであろう。研究者たちの見るところでは、今世紀の初めからオーストラリア原住民の間で新しい祭祀が広まり始めているが、その中で最もよく知られ、他よりも西洋の影響が少ないのは、中央砂漠から北部および北西部へと広まり、伝統的な信仰との絶縁と、オーストラリアにとっては異常な魔術の役割を特徴とするクランガラの祭祀である。[25] オーストラリア人の創造的素質は、独特な絵画でも現れた。心理学者たちの研究はオーストラリア人の一定の心理的諸特徴を明らかにしたが、それらの諸特徴は、遺伝子型とではなく発生する問題を集団的に解決する伝統と結びつけられている。まさにそのために、オーストラリア人は個人に対するテストという状況で問題を解決する際に、余計な苦労を味わったのである。[26] オーストラリア人は、この場合例外ではなかった。多様な革新者的傾向をもつ諸個人は、さまざまな無文字社会で数多く見られるのである。[27]

このようにして我々は、ギリシア人の特殊な遺伝性の才能という仮説が、人類学と人間の遺伝学の一般的法則性を論拠にすることができないことを知る。次に、どの程度この仮説がギリシアの具体的資料と一致するかという問題を検討しよう。

古代ギリシア住民の遺骨についての人類学的研究は、前一九世紀頃にギリシア人が現れる前およびその後でも（現在に至るまで）、インド‐ヨーロッパ民族が移住した他の地域でも見られるようなヨーロッパ型人種のすべての基本的亜類型が存在していることを教えてくれる。[28] その上ギリシア住民はミケーネ時代（先行する諸時代は、判断のための資料を十分に与えてくれない）以来、異常な人類学的不均質をその特徴とする。[29]

前三千年紀末から前二千年紀末まで、すなわちギリシア民族の形成時代におけるギリシア住民の人類学的タイプの進化は、[30] その構成における外来者分子——これらの外来者の一部を構成したインド・ヨーロッパ人（ギリシア語祖語の保持者）も含めて——の数的優勢をまったく証明しない。[31] 言語学的データは間接的にこの結論を裏づける。すなわち、ギリシア語の中に多数の非インド－ヨーロッパ語の語彙が混ざっていることは、[32] 前文字時代におけるバルカン半島のギリシア先住民とギリシア人の活発な混合を物語っている。すべてこれらのことは、遺伝によって特別に天賦の才能に恵まれた種族がギリシア民族の構成に入っていたことが「文化革命」において重要な役割を果たしたという推測と矛盾する。

その上、考察されている仮説はギリシア文化をその発展の動態の中で説明することができない。[33] ギリシア人はバルカン半島に、将来のギリシアの領土に前二千年紀の初めに現れた。[34] さらにこの時期から、我々が文化革命の時期と呼ぶ時代まで一〇〇〇年経過した。もちろん、この時代について我々が知っていることは前一千年紀のギリシアについてよりはるかに貧弱であるが（クレタ、ペロポンネソスおよび中部ギリシアのアカイア人国家の崩壊の直前の時代——およそ前一五－前一三世紀——は、線文字Bテクストのおかげで比較的に良好に文書によって裏づけられる）、前九世紀に至るまでのギリシア人が、文化の発展水準の点でそれと相応する古代東方の民族と何か根本的な差違があったと考えるいかなる根拠も我々は持っていない。[35] いわゆる幾何学様式期になってようやくギリシア独自の発展の始まりが見られる。[36] 研究者たちが指摘するミケーネ・ギリシアの社会制度の特徴の数々は、[37] それ自体はギリシア人の特別な才能についてまだ何も語ってはくれず、「ギリシアの奇跡」の最初の前提条件であるにすぎない。[38]

このようなわけで、検討されている仮説は、ギリシア人の遺伝子型の特徴が何故彼らがバルカン半島に現れてから一〇〇〇年経ってようやくハッキリ現れたかを説明してくれない。他方、文化革命が始まって五〇〇年経った前三世紀頃から、革命の影響を最も強く受けた精神的活動の分野は停滞と衰退の徴候を次々と示し始める。このこともやはり検討されている仮説と一致しない。

ギリシア人の諸種族やポリス間における文化的な積極的活動の分布もそれと矛盾する。[39] 一方では、小アジアの非ギリシア住民と強く混合したイオニア人が、他方では、すべてのことから判断するに混合されることがずっと少なかったアテナイ人が、「ギリシアの奇跡」で主導的役割を果たした。[40] すでに幾何学様式のアテナイの芸術（まず第一にディピュロンの壷）は、文化革命の先触れと見なすことができる。アテナイ人と同様比較的純粋なギリシア人と見なすことのできるスパルタ人は、血縁的には彼らと同族の小アジア、南部イタリアやシシリアのドーリア人と違って、文化革命にほとんど参加しなかった[41]（テュルタイオスがアテナイ出身であるという伝説[42]とアルクマンがリュディアからやって来たという伝説[43]が誤っているならば、おそらくそのスタートの段階を除いて）。北ギリシアの中央地域の住民とペロポンネソスのアルカディア人がヘラス人の精神的生活に積極的に参加することは、古拙期と古典期のその政治史におけるように、ほとんどなかった。彼らについては、原初の種族的純粋性の根本的破壊を推測するいかなる根拠も我々は持っていない。ところが一方、提起されている仮説は、ギリシア人出身である人びとの純粋性と精神的活動分野における成果との肯定的な相互関係を前提としているのである。

純ギリシア出身でない人々が文化革命で果たした重要な役割も、その仮説にとって有利な証拠とはならない。混血の出身（純「バルバロイ」――カリア人か、より確かではないがフェニキア人――でなければ）であることが、ミレトス人タレスについて確証されており（Hdt. I, 170）[44]、キュロスのペレキュデスについてはその可能性がきわめて高く[45]、テオポンポスによればピュタゴラスもそうであったとされていた（FgrHist 115 F 72; Aristox. fr. 11 Wehrli）。哲学者アンティステネスの母親はおそらくトラキア人であった（D. L. II, 31: VI, 1, 4; Sen. Dial. II, 18, 5）。ハリカルナッソス出身でヘロドトスの親戚である叙事詩人は、パニアッシスという典型的なカリア人の名前を持っていた。[46]『マルギテス』と『バトラコミュノマキア』の著者をめぐる複雑な伝承から我々は、いずれにしても、クセルクセスの遠征に参加したアルテミシア女王の兄弟であるカリア人ピグレスが、ギリシア人の詩人として知られていたという事実を引き出すことができる。アルキロコス自身、自分がおそらくギリシア出身ではない女奴隷の息子であったと(クリティア、88B 44Dk)、その詩の中で語っていた。[47] 古代にアルクマンがリュディア出身であるという伝承が残ったが、実際にはサルディス生まれであったとしても、彼は出身はギリシア人であり得た。[48] 傑出した三兄弟――詩人ステシコロス、幾何学者マメルコス(マメルティノス)、立法家ハリアナクス――の母親は、おそらくイタリア出身であった。[49] イソップは、プリュギア人系かトラキア人系の奴隷であった。[50]

歴史家ヘロドトスは、父の名(Λύξης)[51]と先程挙げた伯父か従兄弟のパニアッシスの名前から判断するに、カリア人出身であった。トゥキュディデスは、トラキア王オロルスの曾孫であった(Marcell. Vit. Thuc. 16-18)。おそらく、デモステネスは母方にスキュタイ人の先祖を持っていた(Aeschin. III, 172)。同じくここで我々は、文化革命の時代と合致した新しい理念を生活にもたらした政治家テミストクレスの名前も挙げることができる。彼の母親はトラキアかプリュギアの出身であった(Plut. Them. I, Nep. Them. I, 2; Ath. 576 c-d)[52]。

ギリシア文化をギリシア人種族の人種的特徴から導き出す理論構成が恣意的であることは、正反対の方向での同様に薄弱な論証の試み――ヘレネス文化の根源を古い地中海的な基層、すなわちギリシア人より前にバルカン半島と島嶼部に住んでいた諸民族に探し出す試み――が再三企てられたという事実によってはっきり確証される。[53]

要するにギリシア人の並外れた生来の素質自体ではなく、ギリシア人種族と地方住民との混交の特別な好結果であるという考えが、「ギリシアの奇蹟」の「人種 - 遺伝的」説明の第二の異説である。[54]

実際にギリシアの住民は、少なくともミケーネ時代から著しい人類学的不均質性をその特徴としていた。[55] 古拙期と古典期に、他民族との混交過程がギリシア世界全体として著しく緩慢であったと考える根拠はない[56]。しかし人間の遺伝学はこれまで、何らかの人種の混交の特別に好ましい結果も、特別に好ましくない結果も発見していない。逆に雑種の知的発達が、彼らが育った環境に依存しているということを直接に教えてくれるものがあり[57]、それゆえに、この生物学的説明の異説にも理論的根拠は存在しない。我々の資料も、ギリシア人の外来者と我々によく知られていない民族の遺伝的特質の何か特別有益な結合に文化革命にとっての重要性を付与する根拠を、与えてはくれない。ギリシア本土の多くのポリス、小アジアの植民市、大ギリシア［マグナ・グラエキア］の植民市のギリシア人が、文化革命に積極的に参加した。これらの各地域でギリシア人は、地中海沿岸地方で一般に生じた限りでは、人種的構成においても異なるさまざまな民族と出会ったのである[58]。

特に、ヘルムート・ベルフェが行ったように、条件付きでミノア文化の保持者と呼ぶ「カリア人」との同タイプの人種的混合の特徴にもとづいて、方言の点でもまたある程度は心理的性格の点で近い関係にあるアテナイ人と小アジアのイオニア人とを統合することはできない[59]。いずれにしても今や我々は、ギリシア人が小アジアで多くのインド－ヨーロッパ系の民族——リュディア人、リュキア人、プリュギア人、カリア人——と出会ったことを知る。したがって、初期ヘラディック文化期のギリシアについて、前二千年紀と前一千年紀の境目の小アジア住民と遺伝的に同等の住民がいたと推測することはまったくできないであろう。

どのような人種的混合でも、特別なことではない好影響の問題は事態がやや異なる。すでに述べたように、ローレンス・エンジェルはギリシア住民の遺伝的な不均質性が異常に高い水準にあることを指摘して、それが「ギリシアの奇跡」と因果関係にあるとした[60]。雑種の生活機能の向上は、植物界および動物界の多くの種において証明されていると言わなければならない。それは人間にとっても多くの人体計測学上の特徴によって明らかにされている。しかし、ヘテロシス［雑種強勢］と呼ばれるこの現象のメカニズムは、生物学者たちに十分明らかではない[61]。それゆえ我々は、この現象の検査済みの理論ではなく、いくつかの経験的な一般的結論に頼ることができるだけである。互いに遠く離れている人種的グループの代表者の混交の影響の研究は、心理の範囲ではヘテロシスの現象を探し出せなかったということなのである。[62] 人種の遺伝子型における相違が比較的に小さいところでヘテロシスが現れるかどうかを調べることは実際には非常に困難だが、遺伝的諸要素の影響を選び出すことが容易な身体的諸特徴に関しては、住民の混合が最大限のレベルではなくある程度適正なレベルのときに、ヘテロシスがより強く現れることを示すデータが現れた。[63] 結局、ギリシアにおける文化的爆発に対するヘテロシスの影響についても、我々は生物学者からも心理学者からも何ら肯定的なデータを得ることができないのである。

人種の混合は、そして一般にヘテロシスの原因となる族外婚が優勢な時期は、人類の歴史において移住、侵略、植民地化などの諸過程の進展の中で多く生じたが、「ギリシアの奇蹟」と対比できる事件といえるのはヨーロッパのルネサンスだけであり、したがって我々としては、文化的過程を促進する要因としてのヘテロシスはいずれにしても重要性を失わざるをえないことを確認できるのみである。

任意のギリシア人種族の族外婚および非ギリシア人との婚姻は、任意の場所で、一般に経済的、政治的、文化的結合が強ければ強いほど広範囲に生じた。一方、後述するように外的結合のあらゆる様相における拡大は、当該ポリスの文化革命への参加を決定する重要な要因であった。

文化革命へ導く歴史的諸事件によってそれ自体促進されたヘテロシスの疑わしい影響を、人間、商品、思想の増大しつつあった活動性の疑う余地のない刺激的影響と区別することは、統計資料のない、我々が関心を持つ時代にとっては可能と思われない。人類学者のL・エンジェルでさえも結局は、ギリシア人自身の間の精神的な相互富化は、文化の開花にとって遺伝的不均質性よりも重要であったという結論に達した。[64] 一般的に、人間の歴史におけるギリシア人の特別な役割を生物学的に説明するいかなる異説も、満足できるものではないことが分かる。

ギリシア人特に小アジアのイオニア人植民者が、西方と東方の間の中間すなわち文化的影響の十字路に位置したことが、ギリシア文化の開花への刺激になったと多くの人が書いている。[65] ギリシア人は、人間社会の発展にとって地理的環境の果たす重要な役割を、もちろん多くの場合その影響のメカニズムをとてもナイーブに想像していたのではあるが、すでに見抜いていたと言わなければならない。[66] とりわけアリストテレスは、北ヨーロッパの気候とアジアの気候との中間の気候で暮しているギリシア人は、世界における指導的地位を彼らに保障した気候の好影響を知っていると考えた（Pol. 1327b 20sq.：［Pl.］Epin. 987d と比較せよ[67]）。

ギリシアの地理的位置は明らかに一定の役割を果したに違いなく、借用も含む多くの重要な多数の実証的要因を具体的に追跡することができる。たとえばすでに青銅器時代に、銅の産出地であるキュプロスと、現在のチェコスロヴァキア領土、イベリア半島、ブリテン諸島といった想定される錫の産出地との中間にギリシアが位置していたことは、青銅の生産と、遠隔諸国とのそれも含む交易を促進したに違いない。[68] 文化革命期に東洋から直接受けたさまざまな重要な影響はよく知られており、[69] 我々は後にその多くについて具体的に述べるであろう。しかし、地理それ自体が他の諸民族の歴史的運命を説明できないのとまったく同様に、ギリシアの地理的位置の特殊性は文化革命の動態を説明できない。[70]

I・テーヌが、地理的環境と気候的条件が彼のいう「バルバロイ」状態にある民族に特に強い影響を与えたということを引証している点は、[71] ギリシア人が、特に際だった発展を示す徴候もまったくないまま、まさにその状態でヘラスの領土に一〇〇〇年の間住んでいたという事実によって弁駁されている。ギリシアの地理的位置を重要視したV・エーレンベルク自身、人間だけでなく地理的空間自体も彼らの歴史的必然性として認識しなければならないとまったく正当に指摘した。[72]

ミケーネ時代にすでにギリシア人は、前方アジア文化圏の周縁という有利な位置を利用していた。文化的交流の過程はマケドニアのアレクサンドロスの侵略後に強まって、前四世紀でも途切れなかった。パルティア王国次いでササン国家の誕生はこのような交流を根本的に絶つことはなく、ビザンツ帝国の東の国がイスラム教化するに至ってようやくそれ［交流］は著しく困難となった。それにもかかわらず、西と東の文化の接点というギリシア人の地理的位置は、今世紀［二〇世紀］の初めまで続いた。

我々はギリシアと東方の文化的接触が、ミケーネ時代から二〇世紀まで自然地理的舞台の安定という状況の中で独自の複雑な歴史を持っていたことを知っている。地理的要因が促進した東方との文化的交流が前八―前五世紀に特別な役割を果たしたとすれば、その証拠として何らかの歴史的原因を探すことが必要となる。しかもその役割が全体として媒介機関としてのそれに限られていたリュディア、プリュギア、さらにはペルシアの歴史の中ではなく、また、バビロニアの天文学の発達を考慮しなければ前一千年紀が停滞か衰退の時期でさえあったエジプトと両河地方の文化の中でもなく、ギリシア自体の中でそれを探さなければならないのである。

E・ハンティントンは、ギリシアの恵まれた地理的条件という一般的見解に加えて、歴史の原動力に対する自己の総括的な考えに従って、ギリシアの経済的、政治的、文化的興隆を促進した根本的要因は、前八〇〇年、特に前六〇〇年から前三〇〇年まで続いた多年にわたる激しい気候サイクルの位相の到来にあるとした。(73) かつてハンティントンの見解全般は、歴史家からも気候学者からも批判を招いた。我々にとっては、本質的に異なる気候的状況にあったミレトスからタレントゥムに至る多くの都市における類似した文化的進歩の動態と、類似した気候的状況にあった諸ポリス間たとえばアテナイとメガラの間の明確な相違が、ハンティントンの仮説を信じ難いものにするということが重要である。

すでに紀元一世紀にストラボンは、ヘラスにおける文化の発展の特異性は歴史的諸条件によって説明されなければならないと考え、さまざまな民族に対する気候の影響に関するポセイドニオスの主張との論争の中でこの考えを述べた（II, 3, 7, p. 103)。

オーブリー・ディーラーの次の約言は、我々にもまったく正しいと思われる。

「ギリシア文明の偉大さの主要原因は、ギリシアの文化的または人種的な前史にではなく、歴史時代に直接に機能した具体的要因に求めなければならない[74]」。

この歴史的原因を求めてしばしば、ギリシアにあってはすでに最古の時代から知識というものが文化の進歩に関心のない神官たちによって独占されていなかったことが指摘されているが[75]、これはまったく正しい。しかし神官による知識の独占は中国でもローマでも存在しなかったし、また、エジプト文字、アッシリア－バビロニア文字が解読されていなかった時代から今でも広まっている認識に反して、エジプトでも古代メソポタミアでも存在しなかった。それにもかかわらず、これらの諸国のいずれにおいてもギリシアにおける革命のような文化の発展は生じなかったのである。

古拙期はギリシアにとって急速な技術的進歩と経済的躍進の時代であったが[76]、（哲学や「ギリシアの奇跡」の他の要素はいうまでもなく）科学の誕生さえも、発展しつつある生産と交易の直接的・技術的ニーズによっては満足のいくように説明できないことが分かる。実際に、ギリシアの科学の成果はほとんどあまり実用的に利用されなかった。現代の研究は、この大分前から知られた状況の正しさを完全に確証した[77]。現存する例外は原則を確証するだけである[78]。実用的ニーズの充足を目指す知識の自然的発展過程がどのようなものであったかは、実効的な経験的定式を選ぶことを目標とする後期バビロニアの天文学が十分に示している。

古代の中国やインドにおける「特別な社会組織化と結合した……内向的思考[79]」を引証しても、なぜギリシアでだけ科学が誕生したかという問題は解決されない。問題は、ギリシアの奇跡後二〇〇〇年もの間、古代だけでなく中世でも、他のすべての場所で科学の誕生を妨げてきた思考タイプが、どのようにして、そしてなぜ、まさにギリシアでは克服されたかということである。しかも、科学の誕生を妨げる思考タイプは、決して必ずしも内向的なものではない。ローマ人はきわめて活動的であったが、彼らも科学を創り出さなかった。[80]

領土的および年代的に制限されたより特殊な過程を、特に前五―前四世紀のアテナイにおける文化的開花をギリシア文化の歴史の内部から抜き出して、たとえばG・グレーヴが行っているように[81]一国家の枠内での比較的短期の文化の隆盛という一般的類型に依拠して、その特別な説明を求めようとする一部の研究者たちの試みも、「ギリシアの奇跡」の謎を解決することはできない。

チャールズ・エドワード・グレイは、ギリシア・ローマ文明全体の発展と衰退という大きなサイクルの中で四つの周転円――古拙的、アテナイ的、ヘレニズム的、ローマ的（それぞれ独自の躍進、隆盛、衰退の段階をもつ）――を見つけた。[82]前五二五年に続く一〇年間に彼が見出した文化的低下は、古拙的周転円の内的構造と多分実際に関連があるが、外的要因――ペルシア人による小アジアのギリシア都市の隷属化――の役割もまったく否定することはできない。[83]

本研究のテーマは、イオニア、アテナイ、あるいはプトレマイオス期エジプトにおける文化的興隆の固有の法則性ではなく、「ギリシアの奇跡」全体、すなわち少なくとも前二世紀までの人間の歴史にとってユニークな、ギリシア文化の全般的発展過程を生じさせた諸要因の作用である。多世紀にわたって作用したに違いないこれらの諸要因が、衰退と、ヘラスのある地域から他の地域への文化的主導権の移動の全時期を通じて進歩の連続性を保障した、古拙期と古典期の文化的発展の全般的特徴を作り上げたのであった。

すでに最も一般的な考え方が、ギリシアにおける文化革命は全世界史的脈絡の中で検討しなければならないことを我々に教えてくれている。確かに、ヨーロッパが古代インドや古代中国の宗教的‐哲学的思想の最も重要な古文献を知ってから間もなく、我々が文化革命と呼ぶギリシアの諸事件は、前一千年紀なかばの東方における多くの思想的運動と対比されるようになった。

たとえば一八五六年にすでに、E・フォン・ラソールは、ペルシアのゾロアスター、インドの釈迦、中国の孔子、聖書の預言者たち、ギリシアの最初の哲学者たちの活動がおよそ前六〇〇年のことであることを驚嘆の念をもって指摘した[84]。老子の哲学を研究した中国学者ヴィクトル・シュトラウスは、この傑出した宗教‐哲学改革者も活動したのがおよそ同じ時期であることに注目した[85]。

ルドルフ・オットーは、「世界宗教」がほとんど同時に出現したことを指摘して、要するに「宗教史における平行の法則」を述べた[86]。一九二七年にG・サルトンは、前六世紀のギリシア、ユダヤ、バビロニア[87]、インド、中国における知的エネルギーの爆発について書き、そこに認められる同時代性にとまどいを見せた[88]。同様な考えを彼は、古代科学史に関する自己の最新の総括的な著作でも述べた[89]。

一九三五年にアルフレッド・ヴェーバーは、前九―前六世紀の前方アジア‐ギリシア圏、インド、中国における宗教的‐哲学的運動の同時的始まりに注意を向けたが[90]、彼は、馬を飼育する遊牧民による新しい文化の創造における「存在への悲劇的な見方と存在の意味の悲劇的な解釈」とむしろ隠喩的に呼んだものの出現の原因を推測するつもりであった[91]。前一千年紀における思想的進歩を、J・マーフィーは人種の広範囲な混合によって説明しようと試みた[92]。

ドイツの哲学者カール・ヤスパースは、我々が関心をもつ時代[93]について「基軸時代」(《Achsenzeit》)という名称を提起して[94]、人間の歴史におけるその役割についての自己の考えを、未来に向けた、きわめて漠然とした自己の哲学史的構想の礎石の一つにした[95]。彼の先駆者たちが指摘していたことに加えてヤスパースは、インドにおける仏教だけではなく、ヒンズー教的哲学派の出現、ウパニシャッドの登場をも挙げた。ヤスパースの注目の中心にあるのは宗教的‐哲学的領域の現象であり、彼は科学の誕生した年代を大体において近代の初期としているとはいえ、[96]「基軸時代」の特徴的な人物として彼はギリシアの悲劇作家も、トゥキュディデスも、アルキメデスも挙げている。[97]ヤスパースは、「基軸時代」の思想上の進歩自体のユニークさだけを強調しているのではなく、世界史的規模で時代を判断するならば、その進歩がほとんど同時に、独立的に発展しつつある文化の中で生じ、それゆえに近隣諸国では一般に、生じつつある精神革命のことは知られてもいなかったことの特異性と不可解さをも強調している。[98]ヤスパースは、特に中国、イスラエル王国、ユダヤ王国における宗教的新発見と部分的には哲学的新発見とを遊牧民の侵入からいかに不自然に導き出しているかを指摘しながら、[99]アルフレッド・ヴェーバーの仮説に対して正当に反論し、そして、我々が思うには、「基軸時代」のイデオロギー的変容の必然的な、不完全ではあるけれども歴史的な前提条件をも正しく指摘している。

「精神的創造にとって好適な〈…〉一般的な社会的条件――多数の小国家と小都市。政治的に分裂し、至るところで闘争している時代。全面的、完全な崩壊はどこにも生じなかったゆえに、平穏と並んで戦争と革命の結果たる貧困。完成された生活諸形態は疑問視される[100]」。

前一〇―前三世紀のギリシアと中国における社会的諸条件とそれらのイデオロギー的結果の類似を、中国学者のЛ・С・ヴァシーリエフが認めている。[101]

一九七五年にアメリカの《Daedalus》[ダイダロス]誌の特別号が、人類史における前一千年紀の意義を取り上げている。同号の論文の執筆者たちは、この時代を前進突破の時代とか「超越の時代」(《the age of transcendence》)

とか言っている。[102] 基本的には、検討されている運動が相互に独立して発生したという見解の正しさを認めながらも、彼らはその原因については何らかの明確な意見を述べようとはしない。

前一千年紀の至るところにおける思想上の進歩の解明において重要な第一歩を進めたのはアメリカの文化人類学者ジュリアン・スチュワードであったと思われる。彼はこの進歩を、都市と国家の発生に導く人間の経済的、社会的進歩によって説明し、また、この進歩が、苛酷な社会的政治的構造を持つK・ヴィットフォーゲルのいわゆる「水利文明」[103]の範囲を越える領土へと広まったことによって説明している。[104]

しかし我々は、前二千年紀と前一千年紀の境目の時代に経済的進歩という概念を使用するのであれば、この時代にとって決定的な技術‐経済革命、すなわち鉄の普及に触れないわけにはいかない。それゆえ、多くの研究者が「ギリシアの奇跡」とりわけ哲学の誕生を「鉄器時代」の始まりと関連して取り上げているのは、まったく当然のことである。[105] いずれにしても、鉄の拡散、鉄器時代への移行が、十分ではないとしても最重要で必然的な、のちに前一千年紀なかばの新しい思潮を生んだ、社会的大変動の前提条件であったように思われる。

一般に拡散による説明は、類似の現象が短期間のあいだに異なる文化的伝統を持ち異なる発展水準にある諸民族に及ぶ場合には、正しいとされる可能性が大きい。「基軸時代」の革命がまさにこのような場合であることは、まったく疑いない。しかし、思想の拡散はそれを説明することが明らかに不可能であるので、社会的、イデオロギー的進歩にとっての物質的前提の拡散という問題が必然的に生じ、鉄の普及の最重要な役割という仮説が妥当なものとなるのである。

たとえば、なぜ鉄の普及が、インドや中国では社会的大変動によって新しい宗教や哲学を出現させたが、[106] エジプト、アッシリア、バビロニアの文化では根本的な変化をもたらさなかったのかという問題の検討は、古代東方、インド、中国を研究する歴史家たちにゆだねよう。我々の方は、ギリシアの文化革命の歴史における鉄の拡散の役割と、それと結びついた社会的進歩について述べることに集中しよう。

注

（1）Renan E. 1) Souvenirs d'enfance et de jeunesse. Paris, 1884. P. 59-60; 2) Vingt-cinquième anniversaire de l'association pour l'encouragemennt des études grecqes: Discours de M. Ernest Renan// REG. 1982. T. 5. P. III. Cp.: Seznec J. Renan et la philology classique// Classical influences on Western thought: A. D. 1650-870/ Ed. by R. R. Bolgar. Cambridge, 1979. P. 349-362と比較せよ。

（2）Jardé A. La formation du peuple Grec. Paris, 1923. P. 2 sv.; Révész G. Talent und Genie: Grundzüge einer Begabungspsychologie. Bern. 1952. S. 254; Starr Ch. G. The origins of Greek civilization（1100-650B. C.）. New York, 1961. P. 186, 190, 382. Taylour, Lord W. The Mycenaeans. New York, 1964. P. 22; Finley M. I. Early Greece: The Bronze and Archaic Age. New York, 1970. P. 146; И・M・ヤグローム『数学的構造と数学的モデル化』モスクワ、一九八〇年、二〇―二一頁。――ギリシア文学の発生の場合では、C・C・アヴェーリンツェフの断言的に述べて正しい要約（C・C・アヴェーリンツェフ「ギリシア『文学』と近東の『記述文学』」『古代世界の文学の類型と相関』モスクワ、一九七一年、二〇六―二六六頁）と比較せよ。

（3）A・ボナール『ギリシア文明』第一巻、モスクワ、一九五八年、四一頁以下、第二巻、モスクワ、一九五九年、六九頁。

（4）たとえば、Die Gegenwart der Griechen im neueren Denken: Festschrift H.-G. Gadamer. Tübingen, 1960; E・M・シタェルマーン「現代西欧の歴史哲学理論における古典古代」『古代史通報』一九六七年、第三号、三―二四頁、Antikerezeption, deutsche Klassik und sozialistishe Gegenwart/ Hrsg. Von J. Irmscher. Berlin, 1979; Bolgar. Op. cit.; C・C・アヴェーリンツェフ「二〇世紀の西欧文化における古典古代像――若干の見解」『現代古典文献学における新しいもの』モスクワ、一九七九年、五―四〇頁を参照。

（5）「ギリシアの奇跡」とルネサンスとの比較は再三なされた。すでにJ・ブルクハルトは、ギリシアにおける文化革命の時期との類似点を見つけさせるイタリアの文芸復興の多くの特徴を指摘している。すなわち、多様な生活面に現れる画一的な行動形態の崩壊と個性の形成、人間の活動の最重要な動機としての名誉欲、組織化された競技会で表現された競争心がそれである（Burckhardt J. Die Kultur der Renaissance in Italien. 10. Aufl. Bd. 2. Leipzig, 1908. S. 142ff., 152ff., 173ff., 222ff.）。類似の現象が強く目についたので生物学者J・マーフィーは、両時代の類似性を人種の類似の混合過程によってまったく間違った説明さえ提言した（Murphy J. Racial crossing and cultural efflorescence// Man. 1941. Vol. 41. N2. P. 6-10）。Arieti J. From primary process to creativity// JCB. 1978. Vol. 12. N4. P. 245と比較せよ。

（6）たとえばB・ラッセル『西欧哲学史』モスクワ、一九五九年、二一頁以下、ボナール、前掲書、第一巻、四一頁、Jaeger W. Paideia: Die Formung des griechischen Menschen. 4. Aufl. Bd. 1. Berlin, 1959. S. 3ff.; Weil E. What is a breakthrough in history?// Wisdom, revelation and doubt: Perspectives on the first millennium B. C. (=Daedalus. 1975. Spring). P. 21-36; Geschichte des wissenschaftlichen Denkens im Altertum. Berlin, 1982. S. 12（F. Jürss).

（7）C・H・ザムヤートニン「旧石器時代文化における地域的差異の発生について——人間の起源と人間の移住」『ソ同盟科学アカデミー民族誌学紀要』第一六巻、モスクワ、一九五一年。

（8）Kroeber A. L. Configuration of culture growth. Berkeley, 1944. Kroeber A. L. Gray's epicyclical evolution// Am. Anthr. 1958. Vol. 60. P. 31-38と比較せよ。

（9）Gray Ch. E. 1) An analysis of Graeco-Roman development: The epicyclical evolution of Graeco-Roman civilization// Ibid. P. 13-31; 2) An epicyclical model for Western civilization// Ibid. 1961. Vol. 63. P. 1014-1037; 3) A measurement of creativity in Western civilization// Ibid. 1966. Vol. 68. P. 1384-1417.

（10）A・トインビーの「挑戦—応答」の概念は、明らかな、偏見にとらわれた観念の付加物にもかかわらず、少なくとも、観察されている法則性の一面を正しく反映している（Toynbee A. A study of history. V. 1-13. London, 1934-1961）。また、重大な外的脅威の克服と関連のある社会の変容に決定的意義を与えて片寄ったものになっているH・グレーヴェの著作（Graeve H. Gesellschaft und Kreativität: Entstehung, Aufbau und Gestalt von Kulturblüten. München. 1977）参照。

（11）Burckhardt J. Griechische Kulturgeschichte. 3. Aufl. Bd. 2. Berlin,1898. S. 31; Weber A. Kulturgeschichte als Kultursoziologie. Leiden, 1935. S. 108 ff.

（12）Linton R. The cultural background of personality. New York, 1945; Anastasi A. Differential psychology. 3rd ed. New York, 1958. P.593-598; Dijker H. C, Frijder H. C. National character and national stereotypes. Vol. 1. Amsterdam, 1960; И・С・コン「民族的性格の問題によせて」『歴史学と心理学』モスクワ、一九七一年。

(13) Ю・B・ブロムレーイ『人種と民族誌学』モスクワ、一九七三年、八八―九〇頁。

(14) Gobineau J. A. de. Essai sur l'inégalité des races humaines. T. 1-3. Paris, 1853-1855.

(15) Galton Fr. Hereditary genius: An inquity into its laws and consequences. London, 1925. P. 329-331.

(16) たとえば、Beloch K. J. Griechische Geschichte. 2. Aufl. Bd. 1. Straßburg, 1912. S. 66ff.; Jaeger. Paideia. Bd. 1. S. 9; Wirth Fr. Der nordische Charakter des Griechentums// Mannus. 1938. Bd. 30. S. 222-246; Kraiker W. Nordische Einwanderungen in Griechenland// Die Antike. 1939. Bd. 15. S. 195-230; Berve H. Griechische Geschichte. 2. Aufl. Bd. 1. Freiburg im Br., 1951（S. 75の最も明瞭な個所）参照。「ギリシアの奇跡」の科学的説明の探求は、ギリシア人の人種的優越性の支持者たちにおいては、固有の排他的な愛国主義的偏見を合理化する試みと奇妙にからみ合っている。グンテルの著書（Günter F. K. Rassengeschichte des hellenischen und des römischen Volkes. München, 1929）は、傾向性がまったく支配的な見本である。

(17) たとえば、Starr. Origins. P. 69ff. 参照。

(18) Dobzhansky Th. The genetic nature of differences among men// Evolutionary thought in America/ Ed. By S. Persons. New Haven, 1950. P. 86-155; David P. R., Snyder L. N. Genetic variability and human behavior// Social psycholigy at the crossroads. New York, 1951. P. 53-82; Keiter Fr. Humann genetics and the theme patterns of human life// Genetic diversity and human behaviour/ Ed. By J. N. Spuhler. New York. 1967. P. 217-225; Race, culture and intelligence. London, 1972; B・M・ルサロフ『個人心理学的差異の生物学的基礎』モスクワ、一九七九年、四三頁――シカゴでの討論におけるジュリアン・ハックスレイとクライス・クラッホーンとの間の反論の交換を断言的に述べて非常に示唆的である（Evolution after Darvin/ Ed. By S. Tax and Ch. Callender. Vol. 3. Chicago. 1960. P. 220）。

(19) Joe E. S. Negro intelligence and selective migration: A Philadelphia test of the Klineberg hypothesis// Am. Soc. Rev. 1951. Vol. 16. P. 227-237; Anastasi. Op. cit. P. 584-588; A・P・リューリヤ『認識過程の歴史的発達について――実験心理学的研究』モスクワ、一九七四年；M・コウル、C・スクリブネル『文化と思惟――心理学的概説』モスクワ、一九七七年。

(20) Ehrmann L., Parsons P. A. The genetic of behavior. Sunderland（Mass.）, 1976. P. 298.

(21) たとえば、Schwidetzky I. Das Menschenbild der Anthropologie. 2. Aufl. Stuttgart. 1971. S. 143-146; Vandenberg St. G. Hereditary factors in psychological variables in man, with a special emphasis on cognition// Genetic diversity and human

behaviour. P. 99-133（P. 124-125 参照）参照。

（22）Etkin W. Social behavior and the evolution of man's mental facilities// Am. Nat. 1954. Vol. 88 P. 129-142; Dobzhansky Th. The biological concept of heredity as applied to man// The nature and transmission of the genetic and cultural characteristics of human populations. New York, 1957. P. 11-19.

（23）Klineberg O. A. study of psychological differencies between《racial》and national groups in Europe// ArPsych. 1931. N 132; Anastasi. Op. cit. P. 588-590.

（24）Childe V. G. Der Mensch schafft sich selbst/ Übers. von W. Martini. Dresden, 1959. S. 52ff.; Eliade M. Australian religions: An introduction. Ithaca; London, 1973; B・P・カボー「オーストラリアの共同体」『過去および現代のオーストラリアおよびオセアニア』モスクワ、一九七九年、一三九—一七一頁参照。Balandier J. Anthropologiques. Paris, 1974. P. 181 と比較せよ。

（25）Petri H. Kurangara: Neue magische Kulte in Nordwestaustralien// Z. Ethn. 1950. Bd. 75. S. 43-51; Eliade. Op. cit. P. 172-185.

（26）Porteus S. D. The psychology of primitive people: A study of the Australian aborigine. New York, 1931.

（27）Boas Fr. The mind of primitive man. New York, 1938. P. 135-137.

（28）Luschan F. von. Beiträge zur Anthropologie von Kreta// Z. Ethn. 1913. Jg. 45; Fürst C. M. Zur Anthropologie der praehistorischen Griechen in Argolis// Lunds universitets Årsskrift. 1930. Bd. 26. N8; Angel J.-L. A racial analysis of the Ancient Greeks: An essay on the use of morphological types// Am. J. Phys. Anthr. 1944. Vol. 2. P. 329-376; Charles R.-P. 1) Étude anthropologique des nécropoles d'Argos// BCH. 1958. T. 82. P. 268-313; 2) Le peuplement de l'Europe méditerranéenne pendant les III et II millénaires av. J.-C. Paris, 1960. P. 128-133. ——アフリカからの人口移動の痕跡もギリシアで発見されている。

（29）Angel. Racial analysis. P. 373.

（30）Ibid. P. 361-366.

（31）Charles. Peuplement. P. 129-133.

（32）広範な資料および諸問題の批判的解明は、Furnée E. J. Die wichtigsten konsonantischen Erscheinungen des Vorgriechischen: Diss. The Hague; Paris, 1972. また、Chadwick J. The Mycenaean world. Cambridge, 1976. P. 3 と比較せよ。

（33）どのような民族にせよ、歴史を決定するものとして人種的および遺伝的要因を研究するすべての試みは、同じような困難にぶつかる。たとえば、M・レイリー『人種問題と社会』フランス語からの翻訳、モスクワ、一九五七年、一九―七五頁（六〇―六三頁参照）; Toynbee. Op. cit. Vol. 1. P. 227-249; Boas Fr. 1) Primitive man. P.116-158; 2) Race, language and culture. New York, 1940. P. 11ff.; Kroeber. Configurations of culture growth 参照。

（34）Haley J. B., Blegen C. W. The coming of the Greeks// Am. J. Arch. 1928. Vol. 32. P. 141-154; Dow St. The Greeks in the Bronze Age// XIe Congrès International des sciences historiques. Stockholm, 1960. P. 1-34（= The language and background of Homer/ Ed. by G. S. Kirk. Cambridge, 1961, P. 140-173）; Starr. Origins. P. 30ff.; Taylour. Op. cit. P. 22ff.; Vermeule E. Greece in the Bronze Age. Chicago. 1964. P. 66ff.; Chadwick. Op. cit. P. 1ff.; Hooker J. T. The coming of the Greeks// Historia. 1976. Bd. 25. S. 129-145.

（35）もちろん、ここでの芸術の発展は、特に示唆的である。この文化領域にとってだけ我々は、中央ギリシアからも、ミケーネ時代からも、いわゆる暗黒時代からも正確な資料を持っているからである。

（36）Picard Ch. Les origines du polythéisme hellénique: L'ère homérique. Paris, 1932; Heuß A. Die archaische Zeit Griechenlands als geschichtliche Epoche// A & A. 1946. Bd. 2. S. 26-62; Caro G. Greek personality in archaic sculpture. Oberlin, 1948; Page D. L. History and the Homeric Iliad. Berkeley, 1959. P. 179ff.; Starr. Origins（特にP. VII参照）; Demargne P. La naissance de l'art grec. Paris, 1964; Ю・В・アンドレーエフ『古典古代ポリスと東方の都市国家――古典古代ポリス』レニングラード、一九七九年、八―二七頁（特に、一三頁以下参照）。

（37）С・Я・ルリエー(1)『ミケーネ・ギリシアの言語と文化』モスクワ、レニングラード、一九五七年、一一頁; (2)「ミケーネ奴隷制社会の奴隷制の性格の問題によせて」『古代史通報』一九五七年、第二号、八―二四頁; А・И・テュメーネフ「東方とミケーネ」『歴史の諸問題』一九五七年、第一二号、五八―七四頁。

（38）本書、第一章参照。

（39）この積極的活動の分布の極端な不均等は、すでに古代に指摘されていた（Vell. Pat. I. 18）。

（40）アテーナイ人が他のギリシア人種族よりも混合されることが少なかったことは、考古学的資料にもとづいて立証される、前二千年紀初めから古典時代までの物質的文化におけるギリシアにとって類のない連続性が物語る。Blegen C. Athens and the early age in Greece// Athenian studies presented to W. S. Ferguson. Cambridge（Mass.）. 1940. P.1-9; Caro G. An Attic cemetery.

Philadelphia, 1943; Starr. Origins. P. 84 ff. 参照。

（41）このことはトインビーも万国史的コンテクストで指摘した。Toynbee. Op. cit. Vol. 1. P. 25-26.

（42）Labarbe J. Timodémos d'Aphidna// RBPH. 1958. T. 36. P. 31-50 と比較せよ。

（43）アルクマンの出身に関する争論は、すでにアリストテレスの時代になされていた（Arist. fr. 611. 9 Rose; POxy 2389, fr. 9. 11ff.）。

（44）Diels H. Thales ein Semite?// AGPh. 1889. Bd. 2. S. 165-170; I mmisch O. Zu Thales' Abkunft// Ibid. S. 515ff.; С・Я・ルリエー『古典古代科学史概説』モスクワ、一九四七年、三六頁注三六と比較せよ。

（45）West M. L. Early Greek philosophy and the Orient. Oxford. 1971. P. 3.

（46）Zgusta L. Kleinasiatische Personennamen. Prag. 1964.

（47）Fränkel H. Dichtung und philosophie des frühen Griechentums. 2. Aufl. München, 1969. S. 151. Anm. 11 と比較せよ。

（48）Page D. L. Alcman: The Partheneion. Oxford, 1951（Appendix）.

（49）「ステシコロス　断片集　H・H・カザンスキーの古代ギリシア語からの翻訳と注釈」『古代史通報』一九八五年、第二号、二一八頁。

（50）Hdt. II, 134; Gell. II, 29; Ael. VH X, 5; Schol. Ar. Av. 471; Suid. s. v. **Αἴσωπος**.

（51）Zgusta. Op. cit.

（52）その後の時代でも状況が根本的に変わらないのは興味深いものがある。たとえば、ギリシアのストア哲学派の人々は、セム人系の名前——キュティオン出身のゼノン、バビロニア出身のディオゲネス、アパメイ出身のポセイドニウス、シドン出身のボエティウス、ローマ人の皇帝マルクス・アウレリウス——と密接に結びついている。

（53）Kaschnitz-Weinberg G. von. Die mittelmeerischen Grundlagen der antiken Kunst. Frankfurt am Main, 1944; Patroni G. 1) Commenti mediterranei all'Odissea di Omero. Milano, 1959; 2) Studi di mitologia mediterranea ed omerica// MIL. 1951. Vol. 25/26.

（54）このような考えはすでにゴビノーが述べた。

（55）Angel. Racial analysis. P. 373.

（56）オブリ・ディラーは、自著の表題（Diller A. Race mixture among the Greeks before Alexander. Urbana, 1937）に反して、さ

まざまなギリシア諸国家の住民の人種的構成をあまり直接には研究せず、アテナイだけ詳細に検討している（Hatzfeld J.［Rec.］// RPh. 1939. T. 65. P. 241; Gomme A. W.［Rec.］// JHS. 1939. Vol. 59. P. 157-158と比較せよ）。それゆえに、「アレクサンドロス以前の歴史時代のギリシアでは人種の大きな混合は生じなかった」という彼の総結論は、著書の内容からはまったく出てこない。

（57）Willerman L., Naylor A. F. Myrianthopoulos N. C. Intellectual development of children from interracial matings: Performance in infancy and at four years// Behavior genetics. 1974. Vol. 11. P. 513-525.

（58）Charles. Peuplement.

（59）Berve H. Sparta（1937）// Gestaltende Kräfte der Antike. 2. Aufl. München, 1966. S. 60-61.

（60）Angel J.-L. 1）Racial analysis. P. 371-374; 2）Social biology of Greek cultural growth// Am. Anthr. 1946. Vol. 48. P. 493-533. ——すでに以前にマックルーレが同じようなことを述べていた（McClure M. T. Greek genius and the race mixture// Studies in the history of ideas/ Ed. by Dept. of Philosophy of Columbia University. New York. Vol. 3. P. 25-33）。J・マーフィーは、「基軸」時代を呼び込んださまざまな文化における革新的なものは、すべて人種の広範囲な混合とかなりの程度関係があると考えた（Murphy. Racial crossing）。ギリシアに触れずに、文化の発展を促進する要因としてヘテロシスをG・D・スネルが述べた（Snell G. D. Hybrids and history: The role of race and ethnic crossing in individual and national achievement// Quart. Rev. Biol. 1951. Vol. 26. P. 331-347）。

（61）たとえば、Φ・X・クーシネル「ヘテロシスの遺伝学的および生理学的前提条件」『現代生物学の成果』一九七三年、第七五巻、第二分冊、二三六—二四七頁参照。

（62）Klineberg O. An experimental study of speed and other factors in《racial differences》// ArPsych. 1928. N93; Witty P. A., Jenkins M. D. Intra-race testing and Negro intelligence// JPs. 1936. P. 179-192; Telford C. W. Comparative studies of full and mixed blood North Dacota Indians// PsMon. 1938. Vol. 50. P. 116-129; Rohrer J. H. The test intelligence of Osage Indians// JSPs. 1942. Vol. 16. P. 99-105; Theman V., Witty P. A. Case studies and genetic records of two gifted Negroes// JPs. 1943. Vol. 15. P. 165-181; Anastasi. Op. cit., P. 578-580.

（63）Б・A・ニキテューク、B・И・フィリーポフ「遺伝学における人類学的発展傾向——児童の成長と発達の要素の一つとしてのヘテロシス」『人類学の諸問題』一九六五年、第四九冊、二四—五〇頁、B・И・フィリーポフ「体細胞の増加に対する族外婚の影響」『人間の発達の遺伝学に関する研究』モスクワ、一九七七年、七三—七八頁。

（64）Angel J.-L. Physical and psychical factors in culture growth// Men and cultures. Philadelphia, 1960. P. 665-670.

（65）ヒッポリート・ターンは、自己の全般的見解と対応して、ギリシア文化の特色を地理的条件と気候的条件によって説明しようと試みた（Taine H. Philosophie de l'art en Grèce. Paris, 1869. P. 8 sv.）。また、Ehrenberg V. Ost und West: Studien zur geschichtlichen Problematik der Antike. Brünn, 1935. S. 21ff.; Weber. Kulturgeschichte. S. 113ff.; レイリー、前掲書、五六頁；ボナール、前掲書、第二巻、七八頁、Blegen C. W. The Royal bridge// The Aegean and the Near East. New York, 1956. P. 32-35; Schaefer H. Probleme der alten Geschichte Göttingen, 1963. S. 362-383（366, 378頁以下参照）; Starr. Origins. P. 11ff.; Fritz K. von. Grundprobleme der Geschichte der antiken Wissenschaft. Berlin; New York, 1971. S. 11 参照。

（66）Toynbee. Op. cit. Vol. 1. P. 250ff. と比較せよ。

（67）さらに Hdt. III. 106 と比較せよ。

（68）Chadwick. Op. cit. P. 139ff.

（69）Pohlenz M. Der Geist der griechischen Wissenschaft// NGWG. 1923. S. 25ff.; Jeffery L. H. Archaic Greece: The city states c. 700-500 B. C. London, 1976. P. 25ff. と比較せよ。広範な資料はM・ウエストが挙げているが（West. Early Greek philosophy）、しかし、彼はこれらの影響の規模と意義をかなり過大評価している。さしあたって、Burkert W. The orientalizing revolution. Cambridge（Mass.）, 1993 参照。東方の手工業技術の借用については、Roebuck C. Ionian trade and colonization. New York, 1959. P. 42ff. 参照。

（70）地理的要因の絶対化の状況は、Bruhnes J. Du caractère propre et du caractère complexe des faits de géographie humaine// Ann. géogr. 1913. T. 22. N121. P. 1-40; Meyer Ed. Geschichte des Altertums. 5. Aufl. Bd. 1. Stuttgart; Berlin, 1926. S. 65ff.; Toynbee. Op. cit. Vol. 1. P. 253ff.; Vol. 12. P. 316-327 参照。

（71）Taine. Op. cit. P. 7-9.

（72）Ehrenberg. Ost und West. S. 60: Ehrenberg V. Griechisches Land und griechischer Staat// Antike. 1927. Bd. 3. S. 304ff.; Jardé. Op. cit. P. 69-71 と比較せよ。

（73）Huntington E. 1）Civilization and climate. 3rd ed. New Haven. 1924. P. 400-402; 2）Mainsprings of civilization. New York, 1945. P. 583-590.

（74）Diller A. Race mixture. P. 69-70. この見解をCh・スタールも詳細に根拠づけている（Starr. Origins）。

（75）たとえば、Burckhardt. Op. cit. Bd. 2. S. 95ff.; Bd. 3. S. 67ff.; Weber A. Das Tragische und die Geschichte. Hamburg, 1943. S. 82ff.; А・И・テュメーネフ「前方東方と古典古代（社会経済的発展の特徴）」『歴史の諸問題』一九五七年、第六号、五〇―七〇頁、И・И・トルストイ『歌い手――古典古代の創作者たちと古代ギリシア叙事詩の担い手たち』モスクワ、一九五八年、五七頁以下、Starr. Origins. P. 20; Guthrie W. K. Ch. A history of Greek philosophy. Vol. 1. Cambridge, 1962. P. 30ff.; Humphrey S. C. Transcendence and intellectual roles: The Ancient Greek case// Daedalus. 1975. Spring. P. 91-118（P. 112）参照。

（76）これについてより詳細は、本書第一章第一節参照。

（77）それをすでにマルクスは指摘した（『マルクス＝エンゲルス全集』第八巻、五六七頁、第二六巻、第三分冊、五八七頁）。ルリエー『概説』11；Guthrie. History. V. 1. P. 31; Lämmli Fr. Homo Faber: Triumph, Schuld Verhängnis? Basel, 1968. S. 58ff.; Geschichte des wissenschaftlichen Denkens. S. 217ff.（H. Wilsdolf）.

（78）С・Я・ルリエー『アルキメデス』モスクワ、レニングラード、一九四五年、一七二頁以下、Waerden B. L. van der. Les mathématiques appliquées dans l'antiquité// Enseign. Math. 1955. T. 1. P. 44-55.

（79）Geschichte des wissenschaftlichen Denkens. S. 12（F. Jürss）.

（80）А・Н・ルーク「科学的創造活動と芸術的創造活動の相互関係」『哲学の諸問題』一九七八年、第一一号、一四三―一五〇頁。彼が論文 Bronowski J. The creative process// Creativity. Amsterdam: London, 1970. 4-16 を批判している一四三頁参照。

（81）Graeve. Op. cit. ――古拙期のイオニアにおける文化的興隆にグレーヴェはあまり注目していない（S. 197, 274ff., 289-290 参照）。

（82）Gray. Analysis of Graeco- Roman development: Kroeber. Gray's epicyclical evulution.

（83）特に、Gray. Analysis of Graeco-Roman development.

（84）Lasaulx E. von. Neuer Versuch einer alten auf die Wahrheit der Tatsachen gegründeten philosophie der Geschichte. München, 1856. S. 115. ――フォン・ラソールは、ローマのヌマ・ポムピリウスを、彼の活動についての伝承を歴史的事実と見なして、それに加えている。

（85）Lao Tse. Tau te king/ Übers v. V. von Strauss. Leipzig, 1870. S. LXIV.

（86）Otto R. Das Gesetz der Parallelen in der Religionsgeschichte// Vischnu Narayana, 1923.

(87) 彼はバビロニアの天文学を念頭に置いている。
(88) Sarton G. Introduction to the history of science. Vol. 1. Baltimore, 1927. P. 65.
(89) Sarton G. A history of science: Ancient science through the Golden Age of Greece. Cambridge (Mass.), 1952. P. 164.
(90) Weber. 1) Kulturgeschichte. S. 7ff.; 2) Das Tragische und die Geschichte. S. 13.
(91) Weber. 1) Kulturgeschichte. S. 45; 2) Das Tragische und die Geschichte. S. 39ff., 58ff., 70ff. ——A・ヴェーバーの考え方を基礎としてグレーヴェは、考察されている諸事件を、新国家を形成した遊牧民の侵入の間接的結果として説明しようと試みている(Graeve. Op. cit. S. 281-282)。その際に、社会的および文化的発展において勝る諸民族の土地に侵入した遊牧民によって何度も繰り返された新しい文化の創造と対立する、前一千年紀の同時的なイデオロギー的進歩の全世界史的独特さが軽視されている。
(92) Murphy. Racial crossing.
(93) ヤスパースは、年代的境目として前八〇〇年と紀元二〇〇年を挙げているが、彼の全構成から彼が前八〇〇年後の最初の世紀を特別に重視していることが分かる。
(94) この用語を特にグレーヴェがとっている(Graeve. Op. cit. S. 279ff.)。また、Wason C. R. Iron and steel// AAntHung. 1978. T. 26. P. 269-274 参照。
(95) Jaspers K. Vom Ursprung und Ziel der Geschichte. 3. Aufl. München, 1952. S. 19ff.(ロシア語訳、K・ヤスパース『歴史の意味と使命』モスクワ、一九九四年)。
(96) Ibid. S. 87ff., 112ff.
(97) Ibid. S. 20.
(98) Ibid. S. 20, 32.
(99) Ibid. S. 38.
(100) Ibid. S. 39.
(101) Л・С・ヴァシーリエフ「古代中国社会の社会的構造と発展過程」『前資本主義社会史の諸問題』第一巻、モスクワ、一九六八年、四五五—五一五頁、また、Н・И・コンラト『東洋と西洋』モスクワ、一九六六年、二〇二—二〇三頁と比較せよ。
(102) Wisdom, revelation and doubt: Perspectives on the first millennium B. C. (= Daedalus. 1975. Spring): この選集における

Schwartz B. J. The age of Transcendence. P. 1-7; Weil E. Op. cit. P. 21-36 参照。

（103）Wittfogel K. Die orientalische Despotie. Köln, 1962.

（104）Tax. Op. cit. Vol. 3. P. 230.

（105）A・H・チャーヌイシェフ『エーゲ人の前哲学』モスクワ、一九七〇年、一九七頁以下、Wason. Op. cit.

（106）最新の考古学的資料によれば、鉄は中国では前七世紀に現れている。Wertime Th. A. The beginnings of metallurgy: A new look// Science. 1973. Vol. 182. P. 875-887（P. 885 参照）.

第一章　文化革命の歴史的前提

第一節　古典古代的ポリス

ギリシアでは（イタリアにおけるように）、古典古代的ポリス形態の国家の形成が、鉄の普及の直接的結果であった。古典古代的ポリスは、ギリシアにおいて「基軸時代」の思想的進歩が文化革命という独特な性格をとることを可能ならしめた。

ポリス――古代のギリシアとローマに特徴的な社会制度の形態――は、もちろん、古代ギリシアにおいて「基軸時代」の思想的進歩を受け入れた諸形態に決定的影響を与えずにはおかなかった。最近、古典古代的ポリスの歴史的特殊性の程度に関する討論がますます広く、盛んに展開されている。多くの研究者がその歴史的独特さを主張している。[1] 他の研究者は、古代東方諸国に古典古代的都市国家に類似した社会制度と国家機構を見出している。[2] キエフ・ルーシと古典古代的ポリスの類型的な近似性という問題も論議されている。[3]

ポリス制度の歴史的独特さを支持する多くの者は、「ギリシアの奇跡」という現象はポリス制度あるいはそれと相関関係にある民主制的統治形態によって生み出されたという考えを述べた。とりわけJ・ブルクハルトが事態をすでにそのように理解していた。[4] 今日この見解は、国内の科学的文献でも外国のそれでも広く普及している。[5]「ギリシアの奇跡」という謎は、この場合二つの相互に関係のある問題に分けられる。第一に、どのように、そしてなぜ、まさに古拙期ギリシアでこの特別な形態の社会制度——ギリシアのポリス、特に民主制的ポリスが最初に生まれたかを説明するという課題が生ずる。第二に、なぜ、まさにギリシアのポリスが我々が文化革命と呼ぶもの、すなわち社会‐経済的、政治的形態の進化の枠を越える「ギリシアの奇跡」の構成要素を生じさせたのかを理解すること、換言すれば、古代ギリシア人のポリス制度が他の歴史的諸要素とともに精神的進歩に与えた好影響のメカニズムを明らかにすることが必要である。[6]

バルバロイの種族や王国と対比されるヘラス人の独特な共同生活形態としてのポリスは、すでにギリシアの古典的政治理論、何よりもまずプラトンやアリストテレスの著作の中で中心的な位置を占めていた。[7]

ギリシア世界に特徴的な国家形態としてのポリスに固有の特殊性は、一八世紀から歴史家たちだけではなく、政治思想家たちや社会評論家たちも論議していた。とりわけ、古典古代的ポリスの社会制度および国家機構と現代ヨーロッパの諸国家との相違に力点を置くバンジャマン・コンスタンの考えが後続の世紀の研究者たちに重大な影響を与えた。[8] 古典古代的ポリスの市民集団の固い結束は、それを何よりもまずギリシア人とローマ人の宗教の特徴と結びつけたフュステル・ドゥ・クーランジュが強調した。[9] 最も完璧にポリス固有の特質が、フランスの歴史家G・グローツの有名な著述の中でギリシアの資料にもとづいて述べられている。[10]

一体古典古代的ポリスとは何であるか、そしてどのようにしてそれは生じたのか？　人間の歴史は、氏族種族制度の解体過程において発生したきわめてさまざまな国家形態を知っている。古典古代的ポリスは、この状況の中で頻繁に生まれる都市国家の変形の一つであるが、しばしば見受けられる都市国家としてのポリスの定義は、その最も重要な構造的特徴に触れていない。[11] しかし、特にシュメールの全歴史と、相当な程度にセム人のメソポタミアの歴史は、古典古代的ポリスとは共通点の少ない都市国家の歴史であった。[12] Ю・B・アンドレーエフは、ギリシアにおける都市国家の形成は、ギリシアの古典的ポリスの形成のための前提に過ぎなかったと、まったく正当に述べている[13]。

古典古代的ポリスは、完全な権利をもつ市民の比較的に小さい集団であった。最も大きいもので数万人で、普通はずっと少ない[14]。市民集団は土地所有権を自分たちで独占していた。自己自身の資金で武装した土地所有市民の市民軍は、ポリスの武力の中核であった。ポリスの市民は、経済の機能を果たすためには死活にかかわるほど重要な奴隷の主要部分を掌握していた。市民集団の大多数の意思は、ポリスの対外政策と対内政策を決定した[15]。

ポリスのこの一般的な特徴づけにおいては、市民集団の限られた人数という状況はきわめて重大なものである[16]。古典古代は代議制政治制度を切り離して利用する試みを発展させることはできなかった[17]。それゆえ国政への市民の効果的な参加は、比較的に小数の市民集団だけを養うことのできる限られた領土、人民集会の会議への市民集団の恒常的な参加、いわゆる直接民主政を可能にする領土の範囲内でだけ可能であった[18]。市民集団が国事に影響を及ぼす自己の権利を守っていた間は、国家はポリスの枠を越えることはできなかった[19]。最小限一定の市民の積極的活動がなければ、ポリスは存続できなかった。

このようにして、ポリスの発生とその後の発展にとっては、先行する歴史的伝統によってもたらされ、前階級的種族時代の生活様式に深い根源をもつ、でき上がりつつある市民集団のしかるべき心理的志向が必要であった。国家的生活様式への移行を目前にする征服者種族が種族的民主政の原理を守り、自分たちの間ではあまりにも強い不平等は認めず、同時に被征服住民を有効に搾取しようと努めるのは、まったく自然なことであり、しばしば証明されていることである[20]。古典古代世界のポリスは、おそらくそのインド−ヨーロッパ民族の原住地から到来してバルカン半島とアペニン半島の現地民を征服した、このような伝統を守っていたギリシア人やローマ人によって創設されたのであろう。

しかし、侵略の結果発生した階級的国家の状況の中で種族的平等と民主政の原理を守る努力は必ずしも成功に終わらなかった。支配的地位を守るという目標は、最も多くは、ヒッタイト王国やバビロニアのカッシイト国家タイプの位階制的な国家機関を持つ中央集権化された国家の創設という条件の下でだけ成功裏に実現された。ミケーネ時代の中央集権化されたアカイア人の君主国は、数百年経ってポリスを唯一考えられ得る国家生活形態と認めるようになる、同じギリシア人種族によって前二千年紀に創設された。前一千年紀の初め頃に一体何が変化したのか？

第一に、その頃イタリアでは多くの種族（エトルリア人と古代イタリア人）は、階級社会の形成に直接先行する経済的発展、社会制度、文化の段階にあった。ギリシアではミケーネ国家の崩壊後、以前のミケーネ国家の領土にすでに一〇〇年住んでいたギリシア人種族も、バルカン半島に侵入したドーリア人も大体同じような状況にあった。

第二に、前一千年紀の初め、多分前一二世紀か前一一世紀に始まった鉄の計画的な精錬が発達するが、その際考古学者たちは、パレスティナ、中央と東部ザカフカス地方、黒海南海岸という二つの初期の精錬中心地を挙げている。[21]一方、鉄が道具や武器の製造にとって主要な原料になったところでは、一般に社会的諸関係において急激な進歩が始まったことがよく知られている。[22]

ギリシアでは鉄は比較的に安価なものとなり、前一〇〇〇年頃に武器や最も重要な道具の製造では青銅よりも優勢になり始める。[23]鉄製農業用具の使用は、農業における労働の生産性を急激に高める。他方、当時の技術水準および武器の共同組織的利用――重装兵－ホプリタイの装備の調達――により最大限有効価値は著しく低下した。[24]その結果一般共同体成員は、奴隷の助力を得て彼の家族によって耕作されていた分割地からの収入でこの装備を手に入れることができるようになった。このようにして、特権を持つ農民集団は、ホプリタイの密集方陣の新武器および新技術を利用して、武器をもたぬ優勢な人数の奴隷や非市民を服従させておくことができ、そして、前階級時代の多くの伝統を変形した形で保持して、共同体を外部の侵害から守りぬくことができる戦力を育てられるようになった[25]。結局、前八〇〇年頃にギリシアで（そして間もなく、多分イタリアでも）最初のポリスが現れる[26]。ある期間、軍事力は比較的に発達が不十分な国家機関と両立でき、比較的広範な特権をもつ市民集団の内部にあまり極端な不平等がないことと両立でき[27]、そして、主権を持つ人民集会が種族制度の時代の完全な権利を持つ戦士たちの集会を継承するものになった[28]。

特有の社会制度としてのポリスと、まだ氏族的生活様式の状況の中で生活していた種族による領土の征服との関連性を、エドワード・マイヤーが強調した[29]。ポリスの多くの機能の中で防衛を最も重視しているのはG・グローツである[30]。こうした状況においてポリスの安定性の程度は、他の多くの歴史的諸要素のほか、技術的進歩とそれと深い関係がある軍事的組織の進歩の速さにまだ左右されていた。実際、ホプリタイの装備よりも完全でそれゆえ高価な武器、すなわちたとえ奴隷所有者であっても一般戦士には手の出ない武器が現れることは、軍隊の装備を更新して隣国に対する優位を得ることのできた中央集権化された組織を持つより大きい国家に対して無防備になったであろうポリス共同体の破綻を、必然的に招いたに違いなかった。

周知のように、一般に技術的進歩、とりわけ軍事技術における進歩は、古典古代においてはきわめて緩慢であった。奴隷労働がかなりブレーキをかけたからである。それにもかかわらず、造船の進歩および海軍の意義の増大はアテナイの市民集団にとっては自己自身の財政力を支えることを不可能にし、中央集権化されたアテナイ海上強国の創設と利用に解決策を見出すことをアテナイ人に余儀なくさせ、スパルタはペルシアに援助を請わなければならなかった。マケドニア君主国だけが十分成長した技術的能力を実現し、効果の高い攻城用機械で軍隊を装備することができたのは偶然ではない。しかし、それでもやはり古典古代的制度の保守性の結果、ギリシアの諸ポリスはギリシア‐ペルシア戦争のような試練にさえ耐えて、数世紀にわたってずっと生命力を保つことができた。

なぜギリシア‐ローマ世界の外では、基本的な社会制度形態としてのポリスが形成されなかったのか？　バルカン半島やアペニン半島で生じたように、社会制度の点では国家生活の段階へと移行すべくまさに成長しつつあったがいまだ国家を樹立していなかった種族間における鉄の普及が、おそらくポリス制度の発生の前提であったであろう。この時代頃に西アジアとエジプトの民衆は、かなりの諸部門に分かれ、中央集権化された国家機関を持つ位階制的国家機構の堅固な伝統をすでに持っていた。他の民族、とりわけ地中海沿岸地域の外にあった西部ヨーロッパと中部ヨーロッパのケルト人やゲルマン人にあっては、おそらく内部ではまだ国家の樹立への態勢が整っておらず、氏族種族的生活様式の生活を続けていた時代に鉄が普及していた。

他の社会には知られていない奴隷制の発展が、ポリスに基礎をおく古典古代社会の特徴である。すなわち、まさにギリシアとローマでは奴隷制は、直接的な「生活手段」の生産を目的とする家父長的奴隷制と対立する、最も発達した形態をとって現れる。[31] 奴隷労働は市民集団と市民権をもたなかった裕福な自由人（通常、メトイコイ——他ポリスからの移住者）の大部分の余暇を保障した。[32] 手工業生産と、ある程度、農業生産において奴隷労働の部分が増大するにつれて、自由人にとってはあらゆる生産的労働がますます恥ずべきものになった。その上奴隷制の発展は、生産および交換と関係があるあらゆる活動に対する氏族貴族から広がった軽蔑的態度を助長し、定着させ、盛り上げた。奴隷制度は、住民のかなりの部分である奴隷所有者たちに自由な時間を保障しただけではなく、必ずしも最高に金持ちになるためでなく、直接には経済と関係のない閑つぶしでも彼らがそれを利用するよう駆り立てた。[33]

しかし、文化革命のため古典古代的ポリスが与えた前提条件は、きわめて不均等に実現された。ギリシアではさまざまなポリスが非常にまちまちに文化革命に参加したが、ローマでは独創的な創造活動はギリシアにおけるよりもはるかに狭い範囲に止まって、一般にギリシア人を手本にして主に文学と法律学で発達するようになった。ポリス制度にとって特徴的な、そして初期ローマのこととして証明された市民集団の政治的な積極的活動が、他の活動分野に拡大して全面的な文化的活動への意欲も起こさせることができたであろうと思われるにもかかわらず、そのような結果になった。

おそらく、「ギリシアの奇跡」の説明は、まさにギリシアのポリスに特有の、歴史的に生じた諸特徴の中に求めなければならないであろう。ここでは、鉄の普及が疑いもなく重要な影響をあたえた前一〇―前六世紀におけるギリシアの歴史的発展の全面的特性を解明する可能性も、必要性もない。我々がより直接に文化革命と関係があると考える個々の現象にだけ我々は言及するであろう。

まず第一に、前九―前八世紀の経済的成長が非常に急速な人口の激増をもたらし、それゆえこれらの世紀を人口爆発の時代と言うことができることを指摘しよう。[34] この人口爆発は、ミケーネ文化の崩壊後著しく無人化したヘラスで生じた。鉄の普及は土地耕作を大いに可能にし、荒地を開拓することを助け、そして多分、一度も耕作をしたことがない人を農業に参加させた。単純再生産に近い状況の中ででき上がっていた農業と手工業の伝統的形態が変容した。[35]

この進行過程で私的所有と個人的創意が発展し、氏族的生活形態が急速に崩れていった。[36] ある研究者たちは、多分、本来の意味での植民地化の時代に先行する、内部の植民地化のことを正しく述べているであろう。[37] 社会的分化が進行し、経済的に保障された人々、一般に消費と文化的価値の創造に時間を割くことができる（このことは、もちろん、決して常に欲求と合致するものではない）奴隷所有者たちの人数が増大する。[38]

自然地理学的に区分された多様な領土に、[39] ギリシア世界に特徴的な独自の「多様性の中の一体性」ができ上がった。[40] 独自の種族的伝統を持ち、続いて歴史的伝統を持ち、独自の国家機構の諸特徴を持つ、独立的ポリスが多数でき上がるが、それはすべて自覚的な文化的一体性ができる状況の中で、[41] また、きわめて多様な民族や文化との接触があるところで可能である。[42]

大多数のギリシアのポリスでは、圧倒的多数の前文字社会や古代東方諸国におけるよりも、個人的仕事を処理する際にずっと多くの自由を市民に保障する統治形態が確立される。このような自由は、とりわけ典型的な民主制的ポリスに特徴的なものであり、それゆえ、一定の条件付きではあるが、文化革命をギリシアにおける民主制的統治形態と結びつける研究者たちは正しい(43)。しかし、そこには二つの側面があることに注意を向ける必要がある。けだし、その場合にだけ真の因果関係が明確に現れ得るからである。つまり、民主制とは、通常は、一方では、市民の大多数の意思が支配し、従って、各市民が国家の統治への参加を分担し、他方では、各人が自己の一存で生活することがかなり自由である社会制度を言うのである(44)。

民主制的統治形態のどちらの面もペリクレスの演説の中でトゥキュディデスが特徴づけており(II, 37-41)、アリストテレスは『政治学』の中で次のように民主制に対するこの考え方を二度説明している。

「実際に、民主制は、通常は二つの特徴によって定義される。それは、多数者に最高権力が集中していることと自由であるということである。平等と一致することが彼らには公正と思われ、平等は人民大衆の決定が権威を持たなければならないという意味に解されているが、自由は欲することは何事でもできるという意味に解されている。そこで、このような民主制では各人は自分の欲するままに、または、エウリピデスが言うように、「自分の気の向くままに」生活しているのである」(1310a28-34)。「自由が民主制的制度の根本原理である。……そして、自由の条件の一つは、順番に支配されたり、支配したりすることである。……第二の原理は、各人が欲するままに生きることである」(1317a40-b12)(45)〔山本光雄訳、アリストテレス『政治学』『アリストテレス全集』第一五巻、岩波書店、一九七七年、二二七頁、二五二―二五三頁参照〕。

一九世紀の初めにバンジャマン・コンスタンは、個人的自由と市民の国政への参加の権利とを明確に区別して、古代のギリシアとローマでは、しかしアテナイは例外として、個人的自由はなかったと書いた。[46] それに加えて、古典古代世界には個人的自由はなかったという彼の主張は、彼にとって一八―一九世紀の境のヨーロッパが基準点であったことを考慮するならば、十分に説明のつく誇張であった。ギリシアを前文字社会や古代東方の諸国家と対比して、我々によって復元されたミケーネ時代およびミケーネ時代後のギリシア人種族の生活様式と対比して、我々は、ギリシアがまさに個人的自由の発展において、市民が自由に生活様式を選ぶ権利の形成と現実の可能性に鑑みて、大きな前進を遂げたという結論に後述で達するであろう。

我々によって考究されている問題範囲にとって、政治的自由は同一国家内において必ずしも常に個人的自由とともにあるのではないということは、非常に重要なことである。[47] たとえばギリシアでは、僭主の支配下では当然にポリスの統治への市民集団の参加ということは問題になり得なかったが、しかしすでにアリストテレスは、おそらく自己の反民主制的な構想に影響されていくらか誇張して、『政治学』の中で次のように民主制下の個人的生活の自由も、僭主の権力下のそれも書いた。

「それと同時に、僭主がとるすべての施策は、多分、民主制も持っているものである。私が念頭に置いているのは、たとえば、奴隷たちの自由な生活（これはある程度までは役に立つものとなり得るであろう）、婦人、子供たちの自由な生活、各人が望むままに生きる自由が与えられていることである」（1319b27-30; C・A・ゼーベリヨフ－A・И・ドヴァートル訳）〔山本光雄、前掲訳、二六一頁参照〕。

政治的権利の存在と個人的自由との間の不一致は、僭主制の下でだけ生ずるのではない。たとえば、前五―前四世紀のアテナイ人たちは、政治的諸問題の決定への最も広範な参加権と、かなりの程度の個人的自由を持っていた。[48]同時に、完全な権利を持つスパルタ市民はたぶん、国家の政策に重大な影響を与えたが、[49]個人的自由はほとんど享有していなかった。さらに、元首政時代のアテナイ人は、ペリクレスの時代よりもさらに多くの個人的自由をすでに持っていたが、政治的決定に参加するいかなる機会も持っていなかった。[50]我々が古代よりもよく知っている近代は、政治的活動に参加する権利が個人的自由からある程度独立している顕著な例を我々に与えてくれる。すなわち、ジュネーブの市民はカルヴァンの死後自治権を持ったが、専制君主としてすべての政治的問題を決定しながら、「欲するままに自分の心を守る」ことを国民各自に許したフリードリッヒ二世のプロシア国民より個人的自由はずっと少なかった。

我々がその前提条件を明らかにしようと試みる文化革命においては、政治的決定への市民の参加よりは、むしろそれまでどこでも前代未聞の、多くのギリシアのポリスにおける個人的自由の拡大が重要な役割を果たした。実際、科学の発展に関することについて、市民に不可避的に多くの時間を消費させておいて、市民の積極的な政治的活動がそれを促進できたというのは、特に不可解なことに思われる。[51]そればかりではなく、我々は、多くのギリシア都市——科学と哲学、文学と芸術の源——がまったく民主的に統治されていなかったことをよく知っている。たとえば、ミレトスは、タレスやアナクシマンドロスの時代に、その統治が内戦によって時々中断した僭主たちによって統治されていたが、文化革命の最初の発生源の一つになり得た。

市民の個人的自由について言えば、それは圧倒的多数のギリシア都市に根を下した。この自由がないところでは、全ギリシア的な文化革命への市民の参加は生じなかった。この場合スパルタが典型的な例である。[52]それに加えて、古代東方の諸国家が知らず、文化革命の不可欠の条件であった個人的自由は、国家統治機関による規制からの自由であっただけではなく、すでに前文字時代に発生し、その時代から引き継いだ、厳格で、しばしば全生活面を細かく規制する命令だらけの社会組織の圧力からの類のない自由でもあった。[53]

こうして我々には、ミケーネ世界の崩壊とともに始まり、氏族貴族の支配と共同体的生活様式を排除したポリス革命の過程の中で、また大植民の過程の中で続いた[54]、苛酷で伝統的な個人の行為規範の崩壊は、文化革命の第一の条件であったと思われる[55]。

第二節　古代ギリシアにおける氏族種族的生活様式と伝統的行為規範の崩壊

古代ギリシアにおいて文化革命を促進した最も重要な要因の検討は、断わりつきで始めなければならない。伝統的生活規範と伝統的イデオロギーについて述べるとき我々は、いわゆる前文字社会の伝統的制度が、ある絶対的なコンスタントなものではないことをはっきり認識しなければならない[56]。直接的研究が可能な前文字社会は、社会制度と、そう言い表すことができるとすれば、イデオロギー的支配の非常にさまざまな程度の厳しさを見せてくれる。我々は、ミケーネ文明崩壊後の時代のギリシア人種族のしかるべき特徴づけに関しては、僅かに間接的諸特徴によって、それゆえきわめて大雑把に判断している[57]。それゆえ我々は、伝統的形態の崩壊過程を我々の資料によって研究することはできるけれども、言ってみれば確実な基準点はもっていない。すなわち、この過程がどのような状態から始まったかを十分には知らないのである

もちろん、氏族種族的結合組織とそれに対応するイデオロギーの崩壊過程は多くの側面を持っており、ここではそれらのうちのいくつか——文化革命の可能性と最も直接に関係があると思われるもの——だけを述べるであろう。我々は、ギリシア世界がさまざまな社会的生活条件とさまざまな文化的伝統を持ち、非ギリシア民族と異なる文化的関係を持つ、だが文化の同一性という明らかな意識を持つ諸ポリスの組織網であることをすでに述べた。あるポリスから他のポリスへの、しばしばギリシア世界の別の果てへの移動が容易なこと、そして大事なことは、新

しい場所で文化的生活に積極的に参加できることが、文化革命を促進する要因の一つであったことは疑いないと思われる。このような「水平的可動性[58]」は、文化的閉鎖性という伝統の弱体化の証拠でもあり、それ以後の崩壊の道具でもあった。

古代西アジアの諸国家は単一の政治的組織であり、おのおのにおける文化的多様さの範囲は、アカイメネス王朝の国家を除いてはギリシア世界内部の相応する範囲よりもはるかに狭かった。これらの国家内部における人々と思想の移動は、ギリシア人の場合のように文化革命への刺激とはなり得ず、その後文化的に順応して、ある国家から他の国家へ移動することはきわめて困難であった[59]。「シヌへの物語」というエジプトの古い物語[60]、アブラハムの旅行、エジプトに移住したヤコブとその息子たち、また彼らの子孫の災難についての聖書の物語、逃亡者の今後を規制管理するヒッタイト王の条約条項は[61]、この意味で我々に十分に明確な状況を示してくれる。

前一千年紀のバビロニアにおける他国人の状態を専門的に研究したのはM・A・ダンダマエフであった。異国人は多かったし、彼らは自治権をもつ密集した大集団をなして生活するか、より頻繁には土着民と一緒に経済的生活に参加し、その一部は行政機関で働いた。しかし、異国人が文化的生活で顕著な役割を果したような場合をM・A・ダンダマエフは挙げていない[62]。

ギリシア世界の内部では事態はまったく異なる[63]。古拙期においても古典期においても我々は、人間の創造力が、母国ではなく、外的事情により追い立てられたか自分の意思で移住したポリスで発揮されている例を多く見出す。このような例は文化的進歩が次第に途絶えてゆくヘレニズム時代とローマ支配の時代にはさらに多いが、このことは明白な事実——我々が検討している水平的可動性が、文化的生活に影響を与えた要因の一つにすぎなかったということ——に、我々を気づかせてくれる。

もともとギリシア神話では、英雄たちの移住と、しばしば新しい祖国での即位についての物語がきわめて多い。

これらのプロットがどの程度民俗学で研究されている物語形成の一般的法則性に条件づけられているのか、どの程度それらが古拙期における住民の可動性が過去に投影されたものであるのか、[64]あるいは、ある歴史的現実（とりわけミケーネ国家崩壊後の時代）を反映しているのかも知れない、という問題が生ずる。

いずれにしてもホメロスの叙事詩は、新しい場所への移住と、そこでの建設が比較的容易に可能であった状況を示してくれる。[65]我々に語る、たぶん何らかの伝承の歴史的核心を保存したホメロスの遍歴は、[66]そのアオイドス［歌い手］という職業と直結していた。ヘシオドスの父はアイオリスのキュメを去って、ヘシオドスが住んでいたボイオティアのアスクラに住みつき（Op. 635-640）、ヘシオドス自身はエウボイアのカルキスでの吟唱者の競演会へ出かけていった（Op. 648sqq.）。

パロス人のアルキロコスは、タソス島への植民移住を指導した（Marm. Par. Ol. 24, 4）。イアムボスの詩人セモニデスは、サモス生まれの人であったが、アモルゴス島への植民を指導した。テルパンドロスは、レスボス島のアンティサの生まれであったが、彼の活動に関する唯一の信頼の置ける情報は、前七世紀のスパルタの地名を挙げている。[67]プラティナスの証言によれば、クレタのゴルテュン出身の音楽家タレタスは、たぶん同時代頃に流行病を絶つためスパルタに招かれた。[68]

プリウス生まれのプラティナス自身は、前六世紀末にアテナイでサテュロス劇を作り上げるに当たって最も重要な役割を果たした（Suid. s. v. Πρατίνας）。レスボス島のメテュムナ出身のアリオンは、コリントスのペリアンドロスのところで人生の大部分を過ごし、そこでディテュランボス詩のジャンルを創作したが、大ギリシア［マグナ・グラエキア］へもシシリアへも行き、おそらくそこで新しいディテュランボス詩も他の詩歌も創作しながら自分の作品を演奏した（Hdt. I, 23-24）。ヘルミオネ出身のディテュランボス詩の作者ラソスは、ディテュランボス詩の競演を組織するためペイシストラトス家の時代にアテナイへ招かれた(Suid. s. v. Λᾶσος)。エペソス人ヒッポナクスは、アテナゴラスの僭主制の確立後、故郷の都市を去ってクラゾメナイへ出かけた。少なくとも我々が持っている断片の一部は、クラゾメナイで彼が創作したものであった（Suid. s. v. Ἱππῶναξ）。伝承は、自己の作品の中でスパルタ人の武勇の理想を具体的に示したテュルタイオスをアテナイ出身者としている（Lycurg. Leocr. 28; Pl. Leg. 629a）。

すでにアリストテレスの時代に、アルクマンがサルデイスからスパルタへ移住したという説が存在していた[69]。乙女歌詩華集のエピグラム VII, 709 は、スパルタへ移住した結果ようやくアルクマンは「僭主ダスキュロスとギゲス以上に」なることができたと述べていた。多くの詩人たちは、僭主の王宮で自己に好都合な条件を見つけていた。テオスのアナクレオンはペルシアの支配権下で暮らすことを望まず、自己の同国人たちと一緒にトラキア沿岸のテオスの植民地アブデラに移住した（Strab. XIV, 1, 30, p. 644）。後に彼は、サモス島の僭主ポリュクラテスの所で暮らした（Hdt. III, 121; Strab. XIV, 1, 16, p. 638）。ポリュクラテスの没後、彼はヒッパルコスによってアテナイに招かれたが（［Pl.］Hipparch. 228c; Chrm. 157e）、晩年はテッサリアのアレバドスの所で隠れ家を見つけたらしい（fr. 184）。ミュティレネ出身のアルカイオスは追放されていたが、そこで詩作をした（Arist. Pol. 1285a36-37; Alc. Fr. 24aDiehl）。彼は遍歴してエジプトまで辿りついたが、自作の詩の中でそのことに触れている（Strab. I, 2, 30, p. 37）。

サッポーでさえある時期にシシリアへ追放され、おそらく自作の詩の中で当時のシュラクサイの支配者（いわゆる γαμόροι）に触れていたようである[70]。ステシコロスはシシリアのヒメラで人生の大部分を過ごしたが、古典古代の伝記的伝承は、彼の故郷としてイタリアのマタウロス（Suid. s. v. Στησίχορος: Steph. Byz. s. v. Μάταυρος）か、アルカディアのパランテイア（Suid. s. v. Στησίχορος）を挙げている。新発掘の結果現れた、以前よりもさらに複雑なステシコロスの「パルノディア」に関する伝承は、彼がスパルタで過ごし、スパルタ人のために書いたことをやはり物語る[71]。晩年に、僭主ファラリドスが権力を握ってからは、彼はカタネへ逃れた（Anth. Pal. VII, 75; Suid. s.v.

Στησίχορος）。レギウム出身のイビュコスは、暫くの間ポリュクラテスの王宮のそばに住んでいた（Himer. XII, 5）[72]。彼がコリントス付近で死んだという話（Anth. Pal. VII, 745; Suid. S. v. Ἴβυκος）は疑わしいが、詩人の遠い旅の場面も含む架空の物語が生まれている事実も我々には興味深いものがある。虚構がこの傾向に沿って作られていたことは、資料の中でかなり豊富に確証されている事実以上に、詩人たちの移動の容易さを少なからず特徴づけているのかも知れない[73]。

注文を受けて書き、多くの場合自己の詩作品の上演を指導したシモニデス[74]、ピンダロス、バキュリデスの旅行についての直接的、間接的な証拠は、ここで列挙するのが適切であろうものよりも多い。哲学の影響が多く見られる喜劇作者エピカルモスは、幼時に父親と一緒にコス島からシシリアへ移った（D. L. VIII, 78; Suid. s. v. Ἐπίχαρμος）。その全盛期のギリシア悲劇はアテナイと固い関係があったにもかかわらず、アイスキュロスは二度シシリアへ行き、そこで二度悲劇『ペルシア人』を上演し（Vit. Aesch.; Eratosthenes et Herodicus ap. Schol. in Ar. Ran. 1028）、ヒエロンのために特別に書かれた悲劇 **Αἰτναῖαι**（Vit. Aesch. 9）と[75]、たぶんプロメテウスに関する悲劇を上演した[76]。

エウリピデスは、晩年をマケドニアのアルケラオス王の所で過ごした。おそらくそこで『バッカイ』[77]が書かれ、たぶん、完全には完成しないままの『アウリスのイピゲネイア』と、特別にマケドニア王のために予定されていた悲劇『アルケラオス』[78]が書かれたらしい。エウリピデスの登場人物たちもある場合では好きなところに住むことができるという考えを述べている（fr. 777, 1047N^2）。悲劇作家アガトンも晩年にはマケドニアへ去った（Ar. Ran. 82sq. cum schl.）。キオスから来たイオンは長くアテナイに住み、そこで自己の悲劇を上演した（Pl. Symp. 173a; Ath. I, 3 sq.）。

クセノパネスは祖国コロポンがペルシア人の手中に落ちたとき、そこを見捨て（fr. 7G-P.）[79]、シシリアのザンクレとカタネに住んだ（D. L. IX, 18）。彼の作品の中にはエレアの創設についての詩があり（D. L. IX, 20）、それゆえに、たとえ彼がそこに住んでいなかったとしても、この都市と何らかの形で関係があったことは疑いない。ピュタゴラスは、ポリュクラテスの権力下のサモス島に住むことを望まず、南イタリアへ去り（Aristox. Fr. 23 Wehrli）、クロトンに定住した（Dicaearch. Fr. 33 Wehrli）。前五世紀の中頃にピュタゴラスの徒にほこ先を向けられた運動が勝ちを収めたとき、生き残ったピュタゴラス派の人々は本土ギリシアへ移住し、特にテーバイやプリウスに住みついた[80]。

クラゾメナイ出身のアナクサゴラスはアテナイに移住し、そこで約三〇年過ごした（D. L.II, 7）。それゆえに、彼の著述活動の主要部分はアテナイにいた時と重なる。アナクサゴラスはペリクレスと親しかったので、彼に一定の影響を与えずにはおかなかった（59A 13, 15, 17DK）。冒瀆行為で非難され、アテナイから逃れることを余儀なくされて彼はランプサコスに移住したが、たぶんそこでずっと哲学を教え、学校を創設して（59A 7DK）、深い尊敬を得た[81]。まさにギリシアの状況の中で形成され得た、自分の希望通りに生活し、活動する場所を彼に二度選ばせた心情は、キケロの『トゥスクルム討論』の中でアナクサゴラスのこととされている、自己の死場所――ランプサコスか、祖国のクラゾメナイか――に対する彼の無関心に現れた（Tusc. I, 43 = 59A34aDK; cf. D. L. II, 11）。彼の言とされている他の記録によれば、彼は天を自分の父と思っていた（D. L. II, 7）。まさにこの心情に沿ってクラゾメナイの住民は、天球儀に座っている彼の姿か、天球儀を手に持っている彼の姿を自分たちの貨幣に描いたのであった[82]。

デモクリトスはアテナイに住んでいた（68B 116DK = XXIV Luria）。メロス島から来たディアゴラスは詩人で最初の哲学的無神論の代表者であるが、ペレネ、マンティネイア、アルゴス、アテナイに住んだ。彼はマンティネイアの新しい法律の作成に参加したとも言われている（Ael. VH II, 23）[83]。ミレトスの哲学者アナクシマンドロスは、植民地――黒海に面したアポルロニア――の創設を指導したが（12A 3DK）、おそらく、スパルタ政府の招きによりスパルタにグノーモン［日時計］を設置した（D. L. II, 1）。伝承は、彼がある合理的な予言方法を利用して、目前に迫った地震をスパルタ人たちに警告したことも確言している（Cic. De div.I, 50, 112）[84]。最後の散文詩家の一人、レスボスから来たヘラニコスは、おそらくマケドニアにかなり長く住んでいた（Suid. S. v. Ἑλλάνικος）。歴史の父、ハリカルナッソス市民のヘロドトスは、サモスで亡命生活を送った。我々は、彼がすでにこの時期に自己の著作を書いていたかどうかは知らないが、サモスに関係のある彼の著作の諸章の分析は、彼がいずれにしてもそこで島の歴史に関する資料を集めていたことを教えてくれる[85]。前四四五年に彼はアテナイで自著の一節を朗読して、国家から賞を得た（Diyllus ap. Plut. de Her. Malign. 26, 862B）[86]。これはおそらく孤立したエピソードではなかったであろう。ヘロドトスの『歴史』の傾向が、彼がアテナイの内部生活にまぎれもなく親密さを持っていたことを教えてくれるからである[87]。

前四四四年にヘロドトスは、トゥリオイの全ヘラス的植民地の創設に加わっており（Strab. XIV, 2, 16, p. 656）、それゆえ、アリストテレスの時代には、すでにヘロドトスの『歴史』の原稿は存在していた。その中で彼は、ハリカルナッソス人ではなくトゥリオイ人と呼ばれていた（Arist. Rhet. 1409a. Hdt. I, 1 参照[88]）。彼がトゥリオイに生涯の終わりまで住んでいたか、それともアテナイへ戻ったかは明らかではないが[89]、彼は、何かよく知られていることのように述べていたほど、ペロポンネソス戦争の最初の諸事件に通じていた（Hdt. IX, 73）。

ソフィストたちの活動は弟子や聴き手を求めての旅と直接に関係があり、我々が持っている具体的資料は部分的にすぎないが、この疑いもなく一般的な現実を反映している。ソフィストたちのうちの最も有名な人々は相変わらず長くアテナイに住んでいた[90]。

スキュティア人アナカルシスに関する歴史的伝承の程度にかかわりなく、ギリシア人が彼をミュソンとともに「七賢人」に含めて、後に哲学におけるキュニコス派の先駆者にした態度はきわめて示唆的なものがある[91]。

ヒッポクラテスの全集と多くの碑文は[92]、自分の祖国でないところでの医者の実務が広く普及していたことを我々に物語る。我々が持っている最も初期の一例だけ挙げよう。クロトン出身の医者デモケデスは、以前クニドスに住んでいた実父カリプフォンと喧嘩し、アイギナで、その後アテナイで開業し、次にはサモス島のポリュクラテスのところへ行った。ポリュクラテスの没後、彼はペルシア人のところへやって来て、そこで侍医の高い地位を得たが、その後ペルシア人から逃れてクロトンに戻ることができた（Hdt. III, 125, 129-137; Suid. s. v. Δημοκήδης）[93]。

職人たちも容易に移住することができた[94]。自分の祖国でないところで壷絵師、彫刻家、建築家が非常に頻繁に働いていたが、それについては、我々は多数の証拠をもっている。一つだけ特徴的な例として、その時代としては大規模なサモス島のポリュクラテスの建築計画の実現にメガラ出身のエウパリヌス、クレタ島から来たクセルシフロヌスとメタゲノスが参加したことを指摘しよう[95]。我々の見地からは、局外者の侵入から自分たちの市民集団を非常に熱心に守っていたアテナイ人が、それでも、アテナイで「多彩色の柱廊」を描いたタソスから来た有名な画家ポリュグノトスに市民権を与えた例も示唆的である（Harpocrat. s. v. Πολύγνωτος）。

時には他のポリス出身の市民が国務の処理に助力するため特別に招かれることがあり[96]、彼らのために καταρτιστῆρες ―「世話人」という特別な名称さえあった。たとえば、前五五五年頃エペソス人たちは自分たちの都市にアテナイ人アリスタルコスを招き、彼は五年間エペソスを治めた（Suid. s. v. Ἀρίσταρχος）。前六世紀の中頃、たぶんアナクシマンドロスがグノーモスを設置するためにミレトスからスパルタへ行った同じ頃、ヘロドトスの言によれば（V. 28-29）、ミレトス人のうちの誰が騒乱に陥った都市を治めるべきか助言を与えたに違いないパロス市民たちが、ミレトスに招かれた。デルポイの神託の託宣によりキュレネ人たちは、マンティネイア出身のデモナックスを国家機構の整備のため招いた（Hdt. IV, 161）[97]。伝承によれば、バッキアダイ氏族出身のコリントス人ピロラオスはテーバイに新しい法律を導入した（Arist. Pol. 1274a32-b5）。カロンダスは、カタニア、シシリアで、続いてそこから逃亡後、レギオンで法律を制定した（Ael. VH III, 17）[98]。レギオン出身のアンドロダマスは、トラキアのカルキス人たちのために法律を作成した（Arist. Pol. 1274b23-26）。

ステシコロスは、フィロデモスの証拠によれば、内紛の仲裁者としてスパルタへ赴いた（Phld. De mus., p. 18）[99]。ケオスの詩人シモニデスは前四七六年に、シュラクサイのヒエロンとアクラガスのテロンとの間の平和条約締結を調停した（Schol. Pind. Ol. II, 29）。ペルシアの侵入後ペイライエウスを再建したミレトス出身のヒッポダモスは、人間の歴史において最初のユートピア的国家改造計画の一つを立案した（Arist. Pol. II, 8）。おそらく彼はこの創作を自国のミレトスで書いたのではあるまい。ペリクレスは、アブデラ出身のソフィストのプロタゴラスに、アテナイ人によって建設されたトゥリオイの全ヘラス的植民地のため国家機構計画を作成することを委ねた（D. L. IX, 50; Diod. XII, 12, 4）[100]。

プルタルコスが伝えるように、プラトンと親密な多くの人々（ἑταῖροι）は、さまざまな国家における国務の調整に携わった。アルカデイアのアリストニュモス、エリオンのポリュミオン、レスボス島のピュライオスのメネデモスがそれである（Adv. Colot. 32 = Mor. 1126C）[101]。我々の資料の中には、プラトンが助言者としてエプレウスをマケドニア王ペルディッカス三世のところへ（［Pl.］ Ep. v, Ath. 506e, 508d）、スケプシス出身のエラストスとコリスコスをアタルネイアの僭主ヘルミオスのところへ（［Pl.］ Ep. VI）派遣したというものもある。プラトン自身もメガロポリスのため（Ael. VH II, 42; D. L. III, 23）、キュレネのため（Ael. VH XIII, 30）、タソスのため（［Pl.］ Ep. XI; D. L. III, 24）、法律の作成への参加を受諾してくれるよう招聘されたことが伝えられている[102]。プラトンがシュラクサイの僭主長ディオニュシオスと小ディオニュシオスを説得する目的でシシリアへ出かけて行ったことは広く知られている。

他都市へ娘を嫁がせることの容易さも、我々が今述べている心情を間接的に特徴づけるものとなり得る。たとえば、すでにサッポーの時代には女流詩人界出身の娘の一人がリュディアへ嫁入りすることは異常なこととは受け取られていなかった[103]。

引用された諸事実の大部分や他の同様の多くのことを熟知し、自己の判断ではいつも伝承に依拠していたプルタルコスは、次のように書いている。

「……汝は、最も道理をわきまえた賢明な人々のうち自分の祖国で結婚したのは少数で、大多数は、誰からも強制されずに、錨をあげて自分の人生の航海に出発し、ある者はアテナイに移住し、他の者はアテナイから移住したことに気がつかれるであろう」(De. Exil. 13 = Mor. 604D)[104]。

伝統的体制の崩壊の他の様相に移ろう。ギリシアにおいて前一一〇〇年から始まった、遺体の埋葬に代わる火葬の慣習の普及と、前八〇〇年頃の逆の埋葬慣習の拡大過程は、通例きわめて保守的な分野における伝統的規範の異常な弛緩を証明する[105]。とりわけ、東洋から借用された衣服や髪型の新モード、新型の装身具のヘラスにおける急速な普及は、同じ過程のかなり重要な証拠と思われる。トゥキュディデスによって確証され(I, 6)、考古学的資料によって確認されている、大陸ギリシア、特にアッティカにおける衣服、髪型、装身具のイオニア風モードの普及は、最もよく知られている例である。履物のモードも借用されていた[106]。

ヘラス各地から諸慣習がアテナイに入り込んだことは、偽クセノポンの『アテナイ人の国制』(II, 8) の著者が述べている。トゥキュディデス(I, 70, 2)では、コリントス人がアテナイ人を革新の愛好者あるいは推進者(νεωτεροποιοί)と特徴づけている。我々がすでに指摘したように、生活に対する面倒な外的規制からのアテナイ市民の自由を、トゥキュディデスが共感をもってペリクレスの演説の中で描写しており (II, 37, 2)[107]、アテナイ人が生活様式を自分で選ぶ自由についてはトゥキュディデスの書の中でニキアスがこう述べている (VII, 69)。「……彼は、人々が自由を満喫し、各人に自主的に自分の私生活を確保できるようにしてくれた祖国を想起することも彼らに納得させた」(T.A・ストラタノフスキー訳)［久保正彰訳、トゥーキュディデース『戦史』下、岩波文庫、一九七三年、二一八頁参照］。プラトン（Res. 557b-561e）は、ギリシアの民主制の状況における個人的自由の否定的側面を、民主制に特徴的な個人の性格と型の分化を指摘しながら（557c）、示している。[108]

造形芸術は、何らかの文化における苛酷な伝統的規範の束縛的影響からの創造的個性の自由の程度が、他の文化の同様な特徴づけと特に容易に比較できる文化分野である。

すなわちミケーネ時代からギリシアの芸術は、ユダヤ教やイスラム教で造形芸術に対する宗教の圧倒的影響が生じ、ときにはあらゆる描写を完全に禁止するに至った古代中世の東方民族の芸術と比べて、神々の彫像を作って宗教儀式に奉仕していたところでさえも、彫像の形式と技術ではるかに自由であった。これについての知識はすでにプラトンが持っていた。プラトンは『法律』（656d-657a）の中で、自由なギリシアの造形芸術を伝統に拘束されたエジプトのそれに直接に対峙させ、保守的な宗教芸術と神々についての安定した観念との、そして全体としてのイデオロギーと全生活分野における status quo［現状］の維持との内的関連をまったく正しく認めて、芸術における伝統からのあらゆる逸脱を阻止するよう勧めている。[109]

もちろんアルファベット文字が現れる以前すでに、エジプトや両河地方の文化のような古代文化と比較すれば特に顕著な、ギリシア人の生活における宗教の地位の弱化は始まっていた。[110] すべてから判断するに、『イリアス』の創作に先行する時代のギリシアの宗教は、社会生活と私的生活における人々の行動の調節器の機能を果たすことが比較的弱く、ギリシアの神々は辛うじて世界における道徳的秩序の保障者の役割で現れることができた。[111] イオニアででき上がったホメロスの叙事詩は、宗教が支配的イデオロギー形態である社会では考えもつかないことと思われている、作者（または作者たち）の芸術的方法に宗教的モチーフが従属している状況を示している。我々は神々が加わる喜劇的な場面やあまり品の良くない場面だけではなく、[112] たとえば言葉のある意味では『イリアス』における道徳的原理の保持者であるヘクトルが、予言を考慮に入れることをこれみよがしに拒否しているような事実（XII, 243）もここで念頭に置いているのである。[113]

『オデュッセイア』ではっきり見られる、神々の意志に道徳的方向性を与える傾向も、[114] 最近ハンス・シュヴァブルが納得のゆくように教えてくれた『オデュッセイア』の中の事件の展開における神々の現れ（イーピファニイ）と祭祀の場面の重要な役割も、[115] この一般的な状況とまったく矛盾しない。前六世紀にコロポン出身のクセノパネスは、伝統的宗教を公然と批判し（fr. 15-19, 25-29, G.P.）、[116] レギウム出身のテアゲネスは、ホメロスの神々を自然の力の諷喩であると明言している。[117]

宗教的無関心の増大は、伝統的宗教観念が自己の居場所を失った多くの社会に新しい形態の宗教性を出現させる。古拙期と古典期のギリシアで我々は、『オデュッセイア』の作者から始まって多くの詩人たちだけではなく、哲学者たちも、とにかく古い宗教観念を一新しようと努めているのを見る。ディオニュソスのオルギア的祭祀の普及も、エレウシスの祭祀や他の秘儀的祭祀の形成も、オルフィズムの発生も、宗教的伝統の危機と関係があった。[118]

我々は、前五世紀のアテナイの広範な住民層の間で、原始的形態の宗教的観念の影響が、一貫性はないかも知れないが明らかに弱まっていることを示す直接的な証拠も持っている。[119] まさにこの時代のアテナイのものとして我々は、十分に正確に年代づけができる美術工芸、家庭用日用品の多数の遺物を持っている。それゆえ、前五世紀の間に、魔よけ的象徴をつけられたような種類の物品の数が急激に減少しているのである。そのような象徴はアテナイの貨幣の面からも消える。[120]

集団、まず第一に氏族種族集団の利益を最重視する道徳は、[121] 個人を配慮の中心に置く新しい道徳的観念の圧迫を受けて後退する。[122] Φ・Φ・ゼリンスキーの用語によれば、系統論的道徳は個体論的道徳に地位を譲るのである。[123] 家庭における父の権威は疑念を呼ぶのである。[124]

検討されている時代の多くの文化活動家たちは、伝統を尊重することを自分は望まないと公然と宣言している。ここでは、命を守るため自分は会戦で楯を投げ捨てたと明らかに挑戦的に語り（fr. 6 Diehl）、その上、ホメロスの影響を利用しながら語ったアルキロコス[125]を第一位に置かなければならない[126]。断片9でアルキロコスは、人々（δῆμος）が言うであろうことを気にするなと率直に勧めており、断片64では死後の名誉を拒み、断片97では高貴な身分を皮肉っている。アルキロコスは、海で死んで埋葬されないままの親しい人の死のために、たとえ彼を思って悲しくても、私は祭典や娯楽を拒まないと、これみよがしに言っている（fr. 10）。それゆえ、彼が伝統を侵したことは、プルタルコスの非難を招いている（De aud. Poet. 12 = Mor. 33A-B）。最初は否定的反応を招いた祝祭詩におけるアルキロコスの改新については、パロスの碑文が伝えている[127]。今度は伝統的価値の擁護者として現れた寡頭派のクリティアスに起こさせた激怒も（88 B44 DK = Ael. VH x. 13）[128]、アルキロコスの創作活動の興味深い補足的な性格描写である[129]。

アルキロコスを見習ってアルカイオス（fr. 428 L.-P.）とアナクレオン（fr. 51 Diehl）も、自分たちは会戦で楯を投げ捨てたと言っている。ヒッポナクスはホメロスをパロディ化した（特に、fr. 77 Diehl 参照）。ミムネルモスは、同胞の意見を尊重することを望まない自分について語っている（fr. 7 Diehl）。サッポーは、広く認められた価値を列挙して、結局、「最もよきものは、汝が愛するものなり」と言っている（fr. 16 L.-P.）[130]。パリスと逃げたヘレネをサッポーは正しいと認め、そのことによって、ヘレネのために賛辞を書いたゴルギアスとイソクラテスの先駆者として現れる。

エピカルモスは、すべてを疑うことが必要だと言っている（23B 13DK）。ミレトスのヘカタイオスは自己の『系譜』を、自己の著作をギリシア人のばかげた意見（λόγοι πολλοί τε καὶ γελοῖοι）に対立させることから始めた[131]。支配的な考え方、伝統的価値に対するこれらすべての抗議が実際に確立した規範の破壊として現れているだけではなく、おそらく何らかのグループにおける賛同を期待して、ある程度発表されている詩や散文として宣言されていることも非常に重要である[132]。さらに多くの強調するものを我々はソフィストの教説に見出す。

しかし、行動形態もそれ自体示唆的なものとなり得る。おそらく、プルータルコスが根拠もなしにテミストクレスのこととしている、生活のすべての面で独特（ἴδιος）であろうと努めることがこのようなものである（Themist. 18: Thuc. I. 138 と比較せよ）[133]。リュシアスの失われた弁論の断片は、伝統的宗教へのあらゆる侮辱の念を強く示して、自ら「悪のダイモン」の保護者と名乗っていた若者のグループのことを述べている。このグループの中には、特に詩人キュネシオスが入っていた（Ath. 551e-f）。

年長者が、若い世代から学びながら、または学ぼうと努めながら、新しい考え方や生活様式の影響を感じている、アリストパネスによって『雲』の中で描写されたような時折生じた状況も、特徴的な変化の徴候であった[134]。アイスキュロスは、三人の俳優による上演を念頭に置いた悲劇を初めて書き、上演するようになったソポクレスの新機軸を受け入れた。次いでソポクレスは『ピロクテテス』の中で deus ex machina［機械仕掛けの神］の助けによる決着を――エウリピデス風に――利用した。高齢のシモニデスが韻律的改良をピンダロスから借用したという推測は、韻律論の研究者を当惑させるものではない[135]。

そのほかプロタゴラス、ゴルギアス、アンティポン、リュコプロンらのソフィストの相対主義的教説の形での理論的基礎も、前五世紀における伝統的規範の崩壊過程の中に入るであろう[136]。

初期ギリシアの僭主政治は、伝統的な基盤を崩壊させる重要な手段であった[137]。国家権力のギリシア的共同体への転化における僭主政治の役割は周知のことである。僭主が、たとえ自分の希望に反しても、古典的ポリスの形成への道を切り開いたことは疑いない。我々は今は、ギリシア人の個人生活条件の変化における僭主政治の役割についていささか述べたい。

アリストテレスは、民主制に敵意を持っていたので、民主制下の秩序を僭主の権力下の生活に不当に近づけようとしているらしいが、それでもやはり彼は、各人はその欲するように生きるということに対する無関心な態度が民主制を僭主政治に近づけていると述べる時、おそらく真の事態のある側面を反映している（Pol. 1319a27-32）。対応してアリストテレスは、ペイシストラトスの政策も特徴づけている。すなわちアリストテレスは、平和と平穏のうちに市民が自分の個人的仕事にいそしむことができるようにと努めたのはペイシストラトスであるとし（Ath. Pol. 15, 4-16, 7: また、Polyaen. I, 21, 2 参照）、ペイシストラトスの僭主政治をクロノスの時代、すなわち、「黄金時代」の生活にたとえる金言を引用している（また、[Pl.] Hipparch. 229b 参照）[138]。

アリストテレスは、おそらく、口碑伝承に依拠しているのであろう。彼がペイシストラトスの時代の状況の一般的評価に関することでそれを信用していないとするいかなる根拠も我々にはない[139]。この伝承の他の部分は、ディオゲネス・ラエルティオスによって我々のために保存された（I, 53-54）、もちろん偽造の、だが古代の資料にもとづいた、ペイシストラトスのソロンへの書簡が描いて見せる。その中でペイシストラトスは、アテナイ人は彼、ソロンの法律に従って生活を続け、そして自分は決して彼らの個人的な問題には干渉するつもりがないことを分からせようとしている、と断言している。

同時期に諸資料は、市民の生活に対する規制を強化しようとしていた僭主の一連の方法についても伝えている。たとえばアリストテレスは、市民の精神的生活も含む個人的な仕事に対するコリントスの僭主ペリアンドロスの拘束的な管理を述べている（Pol. 1313a36sq.）[140]。アリストテレスの『政治学』からのヘラクレイデスの抜粋資料によれば、ケパレニアの支配者プロムネスの息子某は、祭日の数を二つに制限し、都市自体には月に一〇日だけ滞在することを許した（Arist. Fr. 611, 64 Rose）[141]。同所で我々は、彼のまったく恥ずべき特性に対する非難も、彼についてのすべての伝承を疑わしいものにする詳細も見出す。初めに家臣たちに話し合うことを禁じ、それから身振り言語にまで禁止を拡大し、さらには泣き悲しむことさえ彼らに許さないようにした僭主トリスの物語は、まったく現実離れした性格を持っている（Ael. VH XIV 22）。

このような誇張は、ペリアンドロスが市民の個人的生活に干渉したという伝承への信用を失墜させない。おそらく、他の多くの僭主たちもそのように行動したであろう。しかし、窮極の結果はこの場合でも、多分ペイシストラトスの「自由主義的な」政策の結果と類似したであろう。初期僭主制が長く持ちこたえた所はギリシアの都市では一つもなかった。それに取って代わった一般に民主制的な政体は、僭主によって導入された規制を直ちに一掃した。反対に、僭主制から解放された都市共同体は、おそらく、市民が僭主の下では知らなかったような自由への制約を市民に押しつけ始めることができるようになったであろう。我々は、僭主制を生き延びさせた唯一のポリスの歴史——アテナイの歴史をいくらかでも詳細に知っており、この例は我々の一般的判断を確認してくれる。すなわち、ペイシストラトス家の転覆後、個人の自由化過程は後退せず、さらに早いテンポで発展するようになったのである。

いずれにしても、僭主たちが求めた市民の大量移住は、伝統的な生活形態をまったく明白に弱体化させるものであった。例としてレギオンの僭主アナクシラスの行動（Thuc. VI, 4, 6）とシュラクサイのヘロノモスとヒエロノモスによって実現された移住（Diod. XI, 49）だけ挙げよう。前に我々は、文化の活動家たちが、自分の祖国ではなく、ほかの都市で自分の創作活動にとってより恵まれた条件を見い出していた多数の事例について述べた。そこで引用された諸例を徹底的に検討して我々は、文化の活動家たちの多くが僭主の王宮付近に定住したか、反対に、僭主政治から逃れていたことを知る。今我々が関心を持っている人と思想の流れの激化の見地からすれば、結果はどちらの場合でも類似していた。

ギリシアの植民地が「文化革命」において特に重要な役割を果たした。イオニアの哲学の役割は周知のことである。法廷弁論術はイオニアに源を発する。イオニアで英雄叙事詩が完全にでき上がり、エレゲイアとイアムボスが文学的形態をとった[142]。アイオリアのレスボスでは独創的な独吟詩のジャンルができ上がった。大ギリシアとシシリアではピュタゴラスとピュタゴラス派、エレア学派、エンペドクレスの活動が展開された。レギオン出身のイビュコス、ヒメラ出身のステシコロス、キオスから来たシモニデスとバキュリデスは、合唱向けの抒情詩の発展における植民地の寄与を特徴づける。ギリシアの医学の発展におけるクロトンとキュレネ（Hdt. III, 131）、続いてコスとクニドスの役割は独占的なものである。

我々は、我々が文化革命の前提条件として重要なことと考える伝統的体制の崩壊過程が、植民地で特に急速に、そして集中的に生じたことを明らかにすることを試みよう[143]。土地所有の集中[144]、商業と貨幣流通の急速な発展が[145]、まさに植民地における早期の政治的、文化的発展を促進した重要な要因であった。植民地間の戦争は、本土のポリス間の戦争よりも少なかった[146]。植民地への移住は、たいていは魅惑的であったが、いつも容易でなく、投機的な事業であった。植民地の創設の際に、本国におけるよりも平均してエネルギッシュで進取の気性に富んだ人々、さまざまな新しい試みを求める傾向がより強い人々がそこに集中したことは当然である。この特質は遺伝的な面でも継承され得たし、疑いもなく「社会的相続」の形で、すなわち子供たちの養育によって、彼らを家庭のしきたりに馴れさせることによって強固なものとなり得た[147]。移住させられる植民地では、しばしば本国と違った新しい法律が採択された[148]。プラトンが国家機構と社会制度の根本的改造のためには、植民地を創設することが最適の要素と考えていたのは偶然ではない（Leg. 707e-708d）。

海岸に隣接していることが国家に与える悪影響について愚痴を言うことが、ギリシアの保守的な社会評論や政治理論の共通点であった[149]。しかし、保守的傾向を避けようと努めていたすべての好ましからざる現象は、我々によって検討されている伝統的体制の打破の過程と不可分に結びついていた。その過程は実際に海岸の諸都市で急速に進行し、ほとんどすべての植民地がこの部類に入っていた[150]。

プルタルコスは、イリュリア人と接触して堕落させられた同胞が企てることができた政変に対する恐怖を、エピダムノス——コルキュラの植民地——の住民のせいにしている（Aet. Gr. 29 = Mor. 297F）。まさに植民地では、伝えられているように、ペルシア人に有利になるように企んで、一四回結婚し、政治に干渉したミレトス出身のタルゲリアのような人物も現れ得た。彼女の個性はソフィストのヒッピアスの関心を呼んだ（86 B4 DK; Plut. Per. 24）[151]。タルゲリアをまねたと言われていた有名なアスパシア（Plut. Per. 24）もミレトスの生まれであった[152]。

植民地の市民はしばしば、さまざまな文化的伝統を持ついくつかのギリシア都市からの移住者たちであった[153]。たとえば、キュレネのように（Hdt. IV, 159; Chron. Lind. II. B109-117Blinckenberg）、さまざまなギリシア種族の成員（ドーリア人、イオニア人など）からなる住民が住む植民地があった[154]。イオニア－アイオリスの混合住民がスミュルナにいた（Hdt. I, 150）[155]。プリウスは前四四五年にペリクレスの主導により全ヘラス的植民地として創設されたが、そのほかの植民地も含めて、そこへは半カリア人（純粋のカリア人でなければ）出身の、ドーリアのハリカルナッソスの元市民で、イオニア方言で書き、ある時期アテナイに住んでいた「歴史の父」ヘロドトスが出かけて行った。

他の民族、とりわけ古代東方文化の伝統の保持者たちとの交流は、植民地で、まず最初にもちろん小アジアの植民地で[156]、続いてナウクラテイスで[157]特に盛んであった。ヘロドトスは、キュレネの住民に対するエジプトやリビアの宗教の影響を指摘している（IV, 186）。ギリシア人よりも低い文化的発展段階にあった民族との交流もそれなりの役割を果たした[158]。エピゼフイルスのロクリスの現地住民との密接な接触についてのポリュビオスの証拠（XII, 5-9）は、西方ギリシア植民地史の初期時代に関する最も権威ある総括的研究書の著者ダンバービンにいささか疑念を起こさせているけれども[159]、文化の拡散を立証するため多くの間接的論拠をダンバービンは受け入れている[160]。実際に、ギリシアにとっては異常な地下神の祭祀の役割を別様に説明することは難しい[161]。私は、ピュタゴラスの弟子の中の古代イタリア人に関するアリストクセネスの証拠（fr. 17Wehrli）を否認しないし[162]、このような接触が双方の発展方向に影響を与えたに違いないことに疑念を抱きもしないであろう。たとえば、エンポリオンのポキスの植民地では「バルバロイの権利」の規定が法律の中に含められた[163]。

　文化交流は、ギリシア人と、植民地が創設された領土の現地住民との直接的混合によっても容易になった。このような混合は、植民地にはオイキスタイと一緒にその後、当然に未婚の娘よりも多くの独身男子が移住したので、必然的なことであった[164]。直接的な資料証拠も事欠かない[165]。一般的形態として、ペルシア人に従属する小アジアのギリシア諸都市におけるギリシア人とバルバロイとの混合についてプラトンが述べている（Leg. 693a）。黒海北岸地方のこととして広範な混合が確証されている（ギリシア系スキュタイ人、カリピダイ人：Hdt. IV, 17[166]; プロトゲノスに敬意を表するオルビア法令をもつミクス系ギリシア人[167]）。すでにホメロスは、ミレトスに植民したカリア人のことを述べており（Il. II, 867-869）、ヘロドトスは、その土地のギリシア人とカリア人女との結婚のことを伝えている（I, 146）。おそらくミレトスに住んでいたゲルギテス人たちは、非ギリシア系出身であった（Ath. 524a-b: Hdt. v, 122; Strab. XIII, p. 569と比較せよ）。ケラメイコス湾岸のイオニア都市ケドレア（Xen. Hell. II, 1, 15）、エピダムノス（Plut. Aet. Gr. 29 = Mor. 297F）、レムノス（Hellanicus, FGrHist 71 F4）に混合住民がいた。サモスにはカリア人種族が居たが[168]、カリア人たちはギリシア人たちと共同してイオニアのエリュトライの創設に参加した（Paus. VII, 3, 4）[169]。スミュルナで発掘の際に発見された古拙期の碑文の最初の四つのうちの二つは非ギリシア系のものと判明しており[170]、考古学的資料も、移住がきわめて徐々にギリシア人主体になっていったことを物語っている[171]。碑銘学的資料は、タソス[172]とテオス[173]の住民がギリシア人‐バルバロイの混血出身であることを証明する。カルタゴの傭兵部隊のうち一部分だけがギリシア人出身で、混血者が大勢であったことをポリュビオスが語っている（I, 67, 7）。ディオドロスは、アクラガスでは異国人が非常に大勢であったと伝えている（XIII, 84, 4）。すでにフェニキア・アルファベットが、二言語を使う混血者たちの間で借用されていたようである。[174]

それについては部分的または完全に非ギリシア人出身であるという資料がある。[175] 文化革命の積極的な参加者たちのうちの多くが植民地で生まれたことは少しも驚くにあたらない。

おそらくすべての箇所にわたって補充することができるであろう引用された諸資料は、我々が思うに、まさにギリシア植民地において保守的伝統の崩壊過程が特に急速に進行したことを示し、[176] このことは、文化革命の最初の段階における植民地の主導的役割と一致する。

しかしもちろん伝統の崩壊は、それ自体としては文化革命の前提条件の一つとなり得るにすぎない。我々には、人間は努力によって自己の生存のよりよい条件への根本的な変化を得ることができるという、前文字時代の古代東方の諸民族にとっては異常な確信がギリシア人の間に広まっていたことが、ここではかなり大きな役割を果たすことができたように思える。

第三節　古拙期と古典期のギリシア人の考え方における楽天的傾向

伝統的生活規範の崩壊それ自体は文化的飛躍にとってまったく十分なものではなかったことを長々と述べる必要はない。伝統的制度の急速な崩壊過程は、研究者たちの見るところでは、前文字民族——北部アメリカと、部分的には南部アメリカのインディアン、オーストラリアとオセアニアその他の住民——と拡張主義的なヨーロッパ文化の接触という状況の中でまず生ずることが多かった。その際、伝統的文化の完全な崩壊（種族の滅亡または吸収とともに）から多少とも将来性のある文化的統合形態まで、この過程の多様な変形が見られるが、いずれにしろギリシアの文化革命に似たような高揚は一度も起こらなかった。伝統の急速な崩壊は人間の歴史で多く生じた。従って、

「ギリシアの奇跡」は、さらにある補足的な要因によって引き起こされたに違いない。

生活の観察や歴史過程の分析が我々に教えてくれるのは、技術的、経済的、文化的進歩が、通常は将来への確信と、普通の意識では楽天的な考え方と特徴づけられる、多少とも広範な人々のグループの間の活動的なエネルギーの高揚という状況の中で実現されていることである。もちろん根底には客観的な歴史的諸要因、まず第一に経済の隆盛という状況が存在していなければならないが、でき上がりつつある社会的気運は、それ自体能動的で進歩的な（他の場合では反動的な）力に必然的に転化する。

これと関連して、たいていは「楽天主義—厭世主義」という対照によって特徴づけられる、ギリシア人の考え方の感情的な側面を特徴づけることを試みよう。この問題は特有の古い教訓的な歴史を持っている。周知のように、新ヨーロッパが古代ギリシア文化を次第に知るようになるにつれて、自然への、輝く文化の源への親近感を抱く幸福な、禁欲主義と迷信の絶え難い重荷から自由な、楽天的で、一般に他のすべての民族よりも幸福な、そういう生活を送った民族としての古代ギリシア人という観念ができ上がっていった。

このような観念がどのようにしてでき上がったかということについては、多くのことが書かれた。ここで、文化的人類の幸福で健全なギリシアの幼年時代と、文化の指導的活動家たち——人文主義者たちや啓蒙思想家たち——が文化的遺産と競った中世時代との対比が重要な役割を果したことは疑いのないところである。ギリシア人は、とりわけ中世のいまわしい暗黒と禁欲主義と正反対のものとしても、極端な宗教改革の現象と正反対という点でも、楽天的であると想像されていた。この観念の形成と関係のある著名人のうち、特にヨハン・ヨアヒム・ヴィンケルマンとその『古代芸術史』を挙げることができる。ギリシア人に関するこの観念の真髄はF・シラーの詩『ギリシアの神々』（一七八八年）の中に含まれている。

もちろん、古代ギリシアが地上の楽園のようなものとして描かれた時、この観念の極端さは以前でも批判を受けたが、一九世紀後半にようやくギリシア人に対するこの見方の根本的な再検討が始まった。一方では、より広範な史料を援用して古代の生活と文化をそのすべての側面と相互関係の中で復元しようと努めたアウグスト・ベークのプログラムを手本とすることが、きわめて大まかで断定的な特徴づけを否認させ、評価の多様性を生じさせた。他方では、ヘラス人の考え方における陰気なものや悲劇的なものを強調する、おそらく時代の社会状況と何か関係があるような傾向が現れた。[177] たとえば、自己の反ヒューマニズム的世界観を「過去の中で覆した」F・ニーチェは、『アポロンとディオニュソス』の中でギリシア人のペシミズムについて書いた。他方、彼らによって正しく認められた古代ヘラス人の考え方のある側面を強調しながら、J・ブルクハルト[178]とE・ローデ[179]がギリシア人の支配的な世界観をペシミズムと特徴づけた。

我々は問題の経緯を詳細に展開せずに古代ギリシア人の世界認識の厭世主義的基盤を主張する人々が引証する、最も特徴的な証拠を直接に扱うであろう。[180] すでに『オデュッセイア』は、ピロメラが自分の息子を殺したという陰鬱な神話を知っている（X IX. 518-523）。この神話は、ナイチンゲール［夜鶯］のさえずりを人間の悲嘆の表れと感ずることと密接に結びついている。このような感じ方はすでに最古の時代のギリシア人が陰鬱な連想をする明確な傾向があったことを物語っているとするブルクハルトの主張は、おそらく正しいであろう。[181] 確かに、ナイチンゲールのさえずりのこのような解釈が広く流布した神話の中に定着していたと言うためには、この解釈の「発案者」のしかるべき傾向だけでは不十分である。それが世代から世代へと当然なこととして受け入れられていたことが必要である。「黄金時代」から鉄の時代への人類の衰退という、強いペシミズムで貫かれた神話が、すでにヘシオドス以前の時代からのものであると考える十分な根拠がある（Hes. Op. 90-201）。[182]

ギリシア人の考え方の厭世主義的側面は、ホメロスの叙事詩において明瞭に見られる。英雄の悲劇的運命は、英雄叙事詩にとっては一般に特徴的なものである。[183] この一般論はギリシアの英雄叙事詩にとってもまったくあてはまる[184]。英雄叙事詩圏の中で描かれたアキレウスの悲劇的死の予知で『イリアス』は貫かれている。オデュッセウスが息子テレゴノスの手にかかって殺害されたことを書いた『テレゴネイア』は『オデュッセイア』の続きであった。今の人々（οἳ νῦν βροτοί εἰσιν）が、ホメロスの叙事詩の中では過去の英雄たちと対比されている（Il. I, 260 sqq.）[185]。詩人は、今すなわちホメロスの叙事詩が作られた時代に、人々はアイアスが敵に投げつけている石を持ち上げることすらできないだろうと言っている（Il. XII, 378 sqq.）[186]。アテネの言葉によれば、少数の息子が、少数者が人よりまさる父と肩を並べることができ[187]、大多数の息子は自分の父より劣るので（Od. II, 276 sqq.）、人々は以後もますます劣る者にならざるを得ない。

叙事詩は人間の世代の運命を、樹木から落ちてふたたび繁茂する木の葉にたとえている（Il. VI, 146-149; XXI, 464-466）。ゼウスの言葉によれば、地上に住んでいる生き物の中で人間ほど哀れなものはいない（Il. XVII, 446-447）。ゼウスの宮居の敷居には二つの容器がある。一つには幸福が、もう一つには不幸が入っている。ゼウスは人間の誰にも幸福だけを与えず、せいぜい二つの容器から混ざったものを与えるが、ある者は不幸だけもらう（Il. XXIV, 527-533）。アガメムノンの言によれば、ゼウスは人間たちに生まれるとき辛い苦難――κακότητα を与える（Il. X, 70 sqq.）。

『キュプリア』は、「英雄たちの時代」がそれで終わる一連の戦い、何よりもまずトロイア戦争を、過剰な数の人間たちから土地を救いたいという神々の希望によるものだと言っている。ホメロスのアポロン神讃歌(186 sq.)では、ムウサ女神たちが人間たちの苦悩を歌っている。ヘシオドスは、五つの時代の話の中で人類の堕落の暗い状況を描いて見せ（Op. 90-201）、そして詩句の第一七四行以下は、彼が将来のよき時代を予見していることを証言しているけれども、彼は悲しむべき現代と良き過去についての神話に全関心を集中している[188]。その後のギリシア文化全体に対する叙事詩のきわめて強い影響は、ギリシア人の考え方における悲劇的要素の増強を促進したに違いない。

ペシミズムと優柔不断さは、ギリシアの抒情詩にきわめてはっきり現れている。[189] ソロンはすべての人間が不幸であると述べ（fr. 19G.-P.）、アモルゴス島のセモニデスは人間の悲しい運命を詳しく語っている（fr. 1-4 Diehl）。ミムネルモス（fr. 8G.-P.）は人間の生涯を散ってゆく木の葉にたとえる、前に引用したホメロスの詩句（Il. VI, 146-149: また Mimn. Fr. 1G.-P. と比較せよ）に依拠しながら、人間の不幸を悲しんでいる。[190] アモルゴス島のセモニデスは、ホメロスのこの詩句を最もすばらしいものと呼び、それをさらに人間の空しさの観念にまで深めている（fr. 29 Diehl）。[191] ケオスのシモニデスも悲観的な考えを再三述べている（fr. 7, 9, 11, 56 Diehl）。後にクゥインティリアヌスは、「……しかし、彼が憐れみの念を起こさせることが主要な点である」と、彼の作品の全般的傾向を特徴づけている（X, 1, 64: Dion. Hal. De imit. II, 2, 6 と比較せよ）。ピンダロスも、人間とその運命について悲観的な見解をかなり多く述べている。[192] たとえば、彼の言葉によれば、神々は一つの幸いに二つの不幸を人間に与える（Pyth. III, 81）。

すべてのギリシア悲劇は、文字通り人間の運命についての悲嘆の表現で貫かれている。もちろん、このことはジャンル自体の本質、悲劇の題材の固有な特質によってもたらされた。しかし、アテナイにおけるこのようなジャンルの発展の事実自体、全ギリシア世界におけるきわめて広範なその人気は、こう言うことができるとすれば、悲劇の考え方が古代ギリシア人の生活のある感覚面にマッチしていることを物語っている。[193]

同時に悲劇の中で我々は、題材と直接関係なく、ある程度詩人の考え方を特徴づけることのできるペシミズム的な意見にかなり多くぶつかる。たとえばアイスキュロスでは、人間にあたえた自分の恩恵を次々挙げながら、プロメテウスは、この恩恵の中に、彼が人間たちに盲目の、すなわち見せかけの希望を抱かせたことも同時に含めている（Prom. 250sqq.）。幾分より素朴に問題にアプローチするならば、我々はアッティカ悲劇から、ソポクレスの「苦労をかかえて困っていない者は一人もいない。苦労が一番少ない人が最も幸せな人だ」（fr. 410 Pearson）［木曾明子他訳「ソポクレース断片」『ギリシア悲劇全集』第一一巻、岩波書店、一九九一年、一九三頁参照］のような教訓的名言の多くのコレクションを選び出すことができる。喜びに満ちた考え方と特徴づけることのできる意見はずっと少なく、それは、観客は知っているが登場人物は知らない、来るべき破局と対比するためにだけ導入されることが多い。「七賢人」の金言の中で簡潔に述べられた伝統的な生活の知恵は、人間の道徳的性質を厭世的に評価している。たとえば、「大多数の人間はきわめて悪い」（10A 3DK）〔山本光雄訳編『初期ギリシア哲学者断片集』岩波書店、一九五八年、五頁参照〕という金言を述べたのはプリエネ出身のビアスとされている。神々のねたみと人間に対する神々の悪意についての非常に広まっていた観念が、ギリシア人の考え方のペシミズム的側面の特徴であった[194]。それはすでにホメロスで見られる。とりわけペネロペイアは、神々がねたんで自分をオデュッセウスから引き離したと思っている（Od. XXIII, 210-212）。同様な考え方はホメロスの叙事詩の中でしばしば述べられている[195]。ヘシオドスによれば、神々は生活の糧を人間たちから隠して生活を重苦しいものにし（Op. 42 sqq.）、それゆえ人間たちは働かざるを得なくされた。『神統記』では、ゼウスはパンドラ――すべての災いの元――を創った（570sqq.）。神々のねたみについてはピンダロスも語っている（Isthm. VII, 39-40）。

神のねたみという観念は、ヘロドトスの『歴史』において特に明瞭に反映された[196]。すなわち、サモスの僭主ポリュクラテスがしているように、わざとらしく何らかの損害を我が身に招いて神々のねたみを抑えようとすることさえ、無駄なことなのである（III, 40）。場所の自然的外観を変更する建設は、神々の怒りを招く許し難い厚顔と見なされていた（Aesch. Pers. 749 sqq.; Hdt. I, 174; Isocr. Paneg. 89; Paus. II, 1, 5）[197]。アイスキュロスの悲劇『ニオベ』の登場人物（推定されているように乳母）は、神々自身、人間が家を完全に破壊しようと望むならば、人間に罪を生じさせると断言している（fr. 273 Mette）[198]。

我々は、人間はそもそも生まれないか、あるいはできるだけ早く死ぬのが最も良いという、完成したペシミズム的人生観にも再三出会う[199]。たとえば、『ホメロスとヘシオドスのアゴーン』[200]の中で我々は、「地上の人間にとって最も良いことは、そもそも生まれないことだ、生まれてしまったら、できるだけ早く冥府の門をくぐることだ」、すなわち、死ぬことだと読み取ることができる（Cert. Hom. et Hesiod. v. 71 sq.）〔松平千秋訳、ヘーシオドス『ホメロスとヘーシオドスの歌競べ』（同訳、ヘーシオドス『仕事と日々』岩波文庫、一九八六年、所収）、一一六頁参照〕。二つのエレゲイアの対句という拡大された表現形式をとって、テオグニスの作品集がこの思想を借用している（vv. 425-428）[201]。バキュリデスは、人間にとっては生まれず、陽の目を見ないことが最も良いという主張をヘラクレスに言わせている（Epin. 5, 160-162）。同様な思想を我々はAnth. Gr. IX, 359の碑文で見出す。ギリシアの詞華集の二つの墓碑文では、自殺が賞賛されている（Anth. Gr. VII, 470-471）。同様な思想を我々は、エウリピデスにも見出す（Beller. Fr. 287, 2N; inc. fab. Fr. 900N）。

　生よりも死の方がましだという言葉も、ヘロドトスがペルシア人アルタバノスに言わせている、ある時期が来るまで人間から死を取り上げる神のねたみを述べた言葉も（VII, 46）、母親が人間に与えられる最良のものを彼らに賜うようヘラ女神に乞い願ったクレオビスとビトンの運命についての、ヘロドトスの中のソロンの話――神は願いを聴き入れ直ちに彼らに若い年齢での楽な死を賜った（I, 31-32）――も[202]、きわめて意味深長なものがある。

　デルポイの神殿の建築者トロポニオスとアガメデスにも神々は早死させて報いた[203]。伝記的伝承によれば、人間にとって最も良いものを自分に与えてくれるよう神に乞い求めたピンダロスは、同じ年に死んだ（Vit. Pind. Ambr. 6; Suid. s. v. Πίνδαρος）。アムピアラオスのことを詳しく語った『オデュッセイア』の詩行（XV, 244-247）は、ゼウスとアポロンが敬虔な預言者のアムピラオスに好意を持っていたので老齢の敷居に辿り着かせなかったという意味ですでに古代に説明されていた[204]。おそらく、メナンドロスの『二重に欺く者』の観客にとっては、そこで「……神々に愛される者は、若くして死ぬ」という名言にぶつかるのは意外なことではなかったであろう（Men. Fr. 111 Körte-Tierfelder: Plaut. Bacchid. 816 sq. と比較せよ）〔『ギリシア喜劇全集』第二巻、人文書院、一九六一年、四一一頁（呉茂一訳）

参照〕。

この観念は、失われたアリストテレスの著作『エウデモス』のおかげで我々に伝わった、捕らえられてミダス王のところへ連行されたセイレノスの答えについての物語に特に明瞭に現れている。[205] 人間にとって最も良いものは何かという問いに対してセイレノスは、長い沈黙の末、次のようにしぶしぶ答えた。

「労苦と悲しみの命短き子らよ！　汝は何故に知らなければ汝にとって最も良きことを我に喋らせようとするのか。人間は自分の不幸を知らなければ、人生は悲しみを持たないですむのに。すべての人間にとってそもそも生まれないことが最も良いことであり、次善の、唯一人間にできることは、生まれてしまったら、できるだけ早く死ぬことだ」（[Plut.] Cons. ad Apoll. 27 = Mor. 115B-E: Cic. Tusc. I, 114 と比較せよ）〔『アリストテレス全集』第一七巻、岩波書店、一九七七年、五二六頁（宮内璋・松本厚訳）参照〕。

エウリピデスの悲劇『クレスポンテス』の登場人物は、新生児のために泣き、死者を喜んで埋葬するよう勧めている（fr. 449: また fr. 287, 2; fr. 900, 1 N と比較せよ）。出生は、『ギリシア詩華集』VII, 339 の墓碑文では不当な罰と見なされている。まことに子供への愛のゆえに子供を産まないと言ったのはタレス（D. L. I, 26）とスキュティア人のアナカルシス（Stob. Flor. III, 120 Meineke）とされている。[206]

このような引用文をさらに拾い集めることは難しくはないであろうが、後期古典古代期と中世に作られた資料の抜粋が古拙期と古典期の古文書の少数部分だけ保存していて、とりわけ、楽天的な考え方と厭世的な考え方のさまざまな異説を伝えるという点では決して代表的なものではないことを考慮に入れなければならない。部分的には自然的に、部分的には意識的に、古典古代の文学的遺産の淘汰が行われた時代は、その異教の代表者においても、キリスト教徒においても、少なくとも現世の生活における厭世的な見方の明らかな優勢を特徴とする。この時代に、おそらく taedium vitae（生の倦怠）という決まり文句によって的確に特徴づけられるであろう気分を満たしてくれる作品が、より熱心に書き写されたことはきわめて当然なことである。この一般的な考えは、具体的諸事実によって直接的に確証される。特に、M・ポーレンツが指摘しているように、ギリシア人の最も明瞭な厭世的な見解の大部分は、ストバエオスの『詩華集』の中の「人生の悲哀」（IV, 34）で特別に選び出されたものを通して我々の手に入った。他方、楽天的な意見を同様に選び出したものは、関係史料も不足していなかったが、ストバエオスにも、他の我々に伝わった寄せ集め資料の中にも見られない[207]。

それにもかかわらず、残存したギリシア文学の作品の中でも、先程引用したばかりのものと対立する証拠を我々は十分に見出す。我々はこのような特徴的な事実のうちのいくつかを検討するが、我々の課題は、ギリシア人の考え方に厭世的傾向と並んで楽天的傾向もあることの確認にとどまるものではない[208]。我々は多くの研究者たちに続いて、ギリシア人の楽天的要素が、一体いかなる形態を取ったかを明確にすることを試みなければならないであろう。実際のところ、この形態が原則的にきわめて多様なものであり得ることは、まったく明らかである。現世の幸福により多くの楽しみを求めるエジプトの『ハープ奏者の歌』も、禁欲主義と積極的労働を求めるカルヴァン主義の信奉者たちの道徳的教説も、生きる権利をそれなりに主張している。考え方における一般的な厭世的ニュアンスは、たぶん具体的な生活状況における正反対の行為形態を妨げるものとはならないであろう[209]。『イリアス』と『オデュッセイア』の全般的な暗い調子は、ホメロスの叙事詩の作者たちや「幾何模様的な」芸術作品の創造者たちの創造活動が個人の創造力に対する彼らの確信を反論の余地なく証明するという事実を、我々から決して隠さないはずである[210]。

ヘシオドスは、そのペシミズムにもかかわらず、人間は働かなければならず、働きながら自分の生活を楽にする自分の運命についての自己の暗い意見にもかかわらず、自分が実現可能と思う目標を達成するため闘争心あふれる活動的な人生を生き抜いた。程度と限度の概念が彼においては希求の目的として現れているのは偶然ではない（fr. 20 G.-P.）。彼は年をとりながら、自分は常に多くを学ぶことができると考えている（Op. 286 sqq.）[211]。ソロンは、人間の運命について悲しい意見を自己の主要ジャンルのひとつである祝勝歌の中で多く述べている（fr. 26 G.-P.）[212]。人間、その本性と運命について悲しい意見を自己の主要ジャンルのひとつである祝勝歌の中で多く述べたピンダロスは、いつもたゆまぬ努力とそれに伴う成果を賛美している[213]。

アイスキュロスは、人間のため恩恵として盲目の、すなわち見せかけの希望をあたえてやったと言っているけれども（Prom. 250 sqq.）、人間の文明を成功させたという誇りがプロメテウスに言わせた言葉の中に感じられる（ibid. 442-506）[214]。最近公表されたアイスキュロスの断片では、ディケ［公正さを司る女神］が自己とゼウスとの結束を語っている（fr. 530 Mette）。この結束は昔からのものではないように描かれている。以前は公正さはゼウスが持っていたものではなく、両者の結束後ようやく「世界秩序の改善」が始まったと推測しなければならない[215]。エウリピデスの悲劇『嘆願する女たち』の中でテセウスは、文明の成果を数え上げ、それを成し遂げたのは神々であるとして、人生を楽天的に見ることの正当さを認め、それに不満な人たちを非難している（Suppl. 195-218）[216]。

ソポクレスの『アンティゴネ』の有名な第一スタシモン（vv. 332-375）は、特に教訓的である。コロスは感嘆しながら人間の知能の成果と文明の業績を列挙するが、暗い調子――死には勝てない――で終わる。この二元性は、ソポクレスの態度の解釈の相違を招いた[217]。ドッズは、とりわけ悲劇全体におけるコロスの歌の役割と、歌の初めに人間を特徴づけるものとして現れる δεινός という言葉の両義性（「いたましい」と「有能な」）を指摘して、歌の暗い結末がソポクレスにとって最も本質的なものと正しく考えている[218]。しかし、ソポクレスに論争の具体的名宛人がいたかどうかはともかく、対句にもとづく歌の構成は、その楽天的部分がアテナイの劇場の観客の気持にマッチしなかったならば、芸術的に容認されなかったであろう。

期待できるであろうように、我々は、人間の大きな可能性の最も明確な強調を、累積的発展をその本質とする精神生活分野の代表者たちに見出す[219]。たとえば、第一歩を踏み出したギリシア科学の強い影響を受け、人間の知能を最高のものと考え（21B 2DK）、タレスによる日食の予測に感嘆し（B19）、またリュディア人による貨幣の鋳造の新発明を述べた（B4）啓蒙哲学者クセノパネスは、まったく誇らしげに、人間は神々から知識を得なかったが、「探し求めて時と共に、より良きものを発見する」（B18）［山本光雄、前掲訳、二九頁参照］と述べている。同時に彼は、人類は海が陸を侵食したので必然的に死滅したが、その後人間たちは土と水から再び生まれる（21A33, B29, 33DK）と主張し、そして、神々についての、また「万物についての」知識の可能性について不信の意を表明している。実際、同断片Ｂ２は、Ｂ18を、クセノパネスの未来に対する制限的な楽天主義的見解という考えが正しいことの証拠とする、ドッズによる解釈[220]と、それを過大視さえしてしまったエーデルステインによる解釈[221]の方が、ロビンソン[222]とブール[220]の懐疑論よりも真実に近いことを示している。

エムペドクレスは、現世の魂の生活は堕落の結果であると考えているが、同時に、彼にとっては魔法の術に近い知識の力による死者の蘇生も含む自然の征服の可能性について述べている（D. L. VIII. 59-61; 69-70; 31B111-112DK[224]）。アナクサゴラスについては、苦境にあって、なぜ生まれることが生まれないよりも良いのかと尋ねたある人にアナクサゴラスは、「天と世界秩序を観察するために（生まれることは良いのだ）」と答えたと伝えられている（59A 30DK）。この話は、すでに『エウデモスの倫理』の中で伝わっているが（1216a11 sqq.）、アナクサゴラスの真の金言を伝えていないとしても、おそらくアテナイに彼の人物の印象がまだ強く残っている時代に遡るものであろう。

ヒッポクラテス全集に載っている著述の著者たちは、最近の医療術の成功への誇りと、将来の医学の進歩への確信を述べていた（VM II, 12, 14; De arte I; De morbo sacro I）。知識の進歩を長プリニウスが期待している（HN II, 15, 62）。ストア派のセネカでさえ意外にも純粋科学に関して、おそらくより早期のギリシアの著述家たちのある見解を再現しながら、無限の進歩の可能性を述べている（Qnat. 6, 55; 7, 25; 7, 30; 5; Ep. 88; 90, 7 sqq.）。M・P・ニルソンは、ヘロドトス（VII, 50, その『歴史』の他の個所と同様）がペルシア人、この場合はクセルクセス王に、結果を正確に予見できない状況の中では危険を冒して行動することが必要であり、そうすることによってだけ成功が得られるという、ギリシア人に典型的な人生観の持つ独特な考えを言わせていることに注目している。[225]

実生活のさまざまな分野におけるエネルギッシュな活動はギリシア人自身によって、意味上はロシア語の《суета》「せかせか」、《суетиться》「せかせかする」に近い、ギリシア語の πολυπραγμοσύνη, 動詞 πολυπραγμονεῖν や他の同族語によって特徴づけられている。たとえば、エウリピデスは例外であるが、我々の資料では、この資質に対する否定的な態度が優勢である。トゥキュディデスは、ここで観念の広範な普及に反論して、πολυπραγμοσύνη をアテナイ人に特に特徴的なものと考えているようである。[226]

ギリシア人の人生観の二元性は、つとにJ・ブルクハルトが指摘していた。彼は、ギリシア人のペシミズムについて話の口火を切っておきながら、[227]同時にギリシア人の「気質」の楽天主義を指摘して、[228]自身矛盾に気がつかずに、「知的楽天主義」と文化的価値の創造の可能性に関する楽天主義をギリシア人が持っていたとしている。[229]H・ディールスは、ギリシア人のペシミズムを形而上学的なものと特徴づけ（それは、もちろん、その哲学的根拠づけの意味で理解すべきではないが）、ヘシオドスをそれに対する最初の闘士と考えた。[230]W・ネストールは、ギリシア人の世界苦とその克服について述べている。[231]しかし、ギリシア人のものの見方の最も正確な特徴を述べたのはM・ポーレンツのように我々には思える。彼は、ペシミズム的諸様相の意義を過小評価せず、現世の生活への関心の集中と、人間にとって考えられ得る幸福の実現の可能性——自分の努力の結果——への確信を、主要な特徴であると正しく考えている[232]。

伝統的文献学に縁のない、まったく別の方法によって行われたマックレランドの研究の結果も、この評価とまったく軌を一にしている。すなわち、さまざまな民族と異なる歴史的時期について、所与の社会の価値的志向を特徴づけた多様な古文書から典型的なもの（できる限りの）が選択された[233]。それに続いて、コンテント‐分析の方法により、社会で受け入れられた価値の全体系における割合を計るN-Achievement［達成動機］の指数が計算された。N-Achievementが我々の関心をもつ古拙期ギリシアにおいて非常に高度なものであったのは、まさにこのゆえである[234]。実際、荒削りの評価の仕方には慎重さが不可欠なのだが、マックレランドの出した結論と歴史家たちや文献学者たちの伝統的な評価との一致は、歴史‐文献学の伝統的方法によって得られた諸結論の正しさを証明する。

実際、ギリシア人における楽天主義的要素と厭世主義的要素の相関を検討して、古代諸民族における人生全体に対する厭世主義的見方の全般的優勢さを忘れてはならない。とりわけ、同時代の楽天主義的世界観にとってかくも特徴的な、人類の進歩への確信は、すでにギリシアで限られた範囲で普及してはいたけれども[235]、一八世紀になってようやく普及したものである[236]。

人間の使命と宇宙におけるその地位についての一般的な考え方に関することでは、シュメール人はすでにギリシア人よりも厭世主義に傾いており、シュメールの伝承から成長した『ギルガメシュ叙事詩』は、すでにホメロスの叙事詩よりも顕著に暗い考え方で貫かれているが[237]、このことは、人類の全般的進歩においてシュメール人が大きな役割――おそらく、ギリシア人が負うことになった役割と比肩できるであろう――を果たすことを妨げなかった[238]。たぶん、順調な前進のためには、世界全体に対する楽天的な考え方というよりは、むしろ日常の具体的な努力に対する積極的態度が必要であろう。マックレランドの研究は、この志向が経済的成長の条件であることを説得的に教えてくれるようである。たぶん、それは文化が栄えるためにも必要である[239]。しかし、この志向は、上述で検討された伝統的な行為規範体系の崩壊と同時でさえ、ギリシアにおける文化革命のような進歩にとっては、やはり十分なものになり得ないということが重要である。

注

(1) А・И・テュメーネフ(1)「前方東方と古典古代」五〇—七〇頁、(2)「前方東方と古典古代——ヘレニズム時代およびローマ時代における河川文化諸国（両河地方およびエジプト）」『歴史の諸問題』一九五七年、第九号、三七—五六頁、З・О・ベールジン「初期階級的構成対の発生の若干の問題」『東方諸国の歴史的発展における普遍と特殊』モスクワ、一九六六年、七〇頁以下、シタエルマーン「……古典古代」二一頁。З・Д・フロローフ「現代の古典古代史編纂におけるポリスのテーマ（問題の提起によせて）」『古典古代ポリス』レニングラード、一九七九年、三—七頁、Ю・В・アンドレーエフ「古典古代のポリスと東方の都市国家」同書、八—二七頁、А・М・ハザーノフ「ギリシアの植民地化とインドの植民地化」『北東地中海沿岸地方のギリシアの植民地化の諸問題』トビリシ、一九七九年、六六頁。前一〇—前九世紀のギリシアの全歴史的発展の独特さはスタールが強調している（Starr. Origins. P. 107ff., 199）。

(2) И・М・ディヤーコノフ「経済の諸問題——紀元前二千年紀中期における近東の社会構造について」『古代史通報』一九六八年、第四号、三—四〇頁（三一頁、注一二六参照）、А・Г・ルンディン「古代イエーメンにおける都市組織」『古典古代の歴史と文化の諸問題』第一巻、エレヴァン、一九七九年、一四九—一五五頁。

(3) И・Я・フロヤノフ(1)『キエフルーシ——社会経済史概説』レニングラード、一九八〇年、二一六—二四三頁、(2)「キエフルーシにおける都市国家の問題によせて（歴史編纂的および歴史社会学的前提）」『古代社会の都市と国家』レニングラード、一九八二年、一二六—一四〇頁、М・Б・スヴェルドローフ、Я・Н・イザポヴァ「重要テーマの研究の誤った扱い方の結果」『ソ同盟の歴史』一九八二年、第五号、一七八—一八六頁、В・Г・パシュート「И・Я・フロヤノフ『キエフルーシ——社会経済史概説』について」『歴史の諸問題』一九八二年、第九号、一七四—一七八頁。

(4) Burckhardt. Op. cit. Bd. 1. S. 67; Bd. 2. S. 12.

(5) たとえば、『最古代から現代までの数学の歴史』А・П・ユシケーヴィチ監修、モスクワ、一九七〇年、六一頁（И・Г・バシマコーヴァ）、Ю・B・アンドレーエフ『初期ギリシアのポリス――ホメロス時代』レニングラード、一九七六年、三頁、П・オリーヴァ「古代東方とギリシア文明の始まり」『古代史通報』一九七七年、第二号、六頁、Kulturgeschichte der Antike. Bd. 1: Griechenland. Berlin, 1976. S. 21ff.; Starr Ch. G. The economic and social growth of Early Greece (800-500B. C.). New York, 1977. P. 32. D・ルッセルは、直接民主制、国家の諸法規の発達の遅れを特に述べている（Russel D. Tribu et cité. Études sur les groupes sociaux dans les cités Grecques aux époques archaïque et classique. Paris, 1975. P. 312, 315)。

（6）ここで生ずる困難さについては、特にゾア・ペトレが指摘している（Petre Z. Un âge de la représentation — artifice et image dans la pensée grecque du VI siècle av. n. é.// RRH. 1979. T. 18. P. 245-257)。

（7）Glotz G. La cité Grecque. Paris, 1928. P. 1 sv.; Barker Ed. Greek political theory: Plato and his predecessors. 4th ed. London, 1951. P. 19ff.; Sinclair T. A history of Greek political thought. London, 1951 (Introduction); A・И・ドヴァートゥル『アリストテレスの『政治学』と『国政』』モスクワ、レニングラード、一九六五年、七―三六頁、A・K・ベールゲル『古代ギリシア民主政の政治思想』モスクワ、一九六六年、七四頁以下、C・Л・ウーツェンコ『古代ローマ共和国の危機と崩壊』モスクワ、一九六五年、五頁以下。

（8）Constant B. 1) De la liberté des anciens comparée à celle des modernes (1819)// Constant B. Cours de politique constitutionnelle. T. 2. Paris, 1861. P. 537-560; 2) De l'ésprit de conquête et de l'usurpation (1814)//Ibid. P. 204-207: Loraux N., Vidal-Naquet P. La formation de l'Athènes bourgeoise: Essai d'historiographie, 1750-1850// Bolgar. Op. cit. P. 209-216 と比較せよ。

（9）N・D・フュステル・ドゥ・クーランジュ『古代市民共同体（La cité antique）――ギリシアとローマの文化、法律および制度の研究』H・И・スピリドーノフ訳、第二版、改訳版、モスクワ、一九〇三年。

（10）Glotz. La citè Grecque.

（11）Kirsten E. Die griechische Polis als historisch-geographisches Problem des Mittelmeerraumes. Bonn, 1956. S. 113; ウーツェンコ、前掲書、七頁、Finley M. I. The ancient city: From Fustel de Coulanges to Max Weber and beyond// CSSH. 1977. Vol. 19. N3. P. 306; Starr. Economic and social growth. P. 31, 98. Г・A・コシェレーンコ⑴『ヘレニズム期東方におけるギリシアのポリス』モスクワ、一九七九年、五頁以下、⑵「ポリスと都市――問題の提起によせて」『古代史通報』一九八〇年、第一号、三―二八頁。

（12）Hammond M. The city in the ancient world. Cambridge (Mass.), 1972. P. 33ff.

(13) Ю・В・アンドレーエフ「ギリシアのポリスの初期段階」『都市と国家』一六—一七頁。
(14) 多くのギリシアのポリスでは、完全な権利をもつ市民数は一〇〇〇人に人数が定められていた（Glotz. La cité Grecque. P. 86-87）。
(15) Ehrenberg V. Der Staat der Griechen. Leipzig, 1957. Teil 1. S. 17, 24ff.; ウーツェンコ、前掲書、八—一四頁、Л・П・マリノヴィチ『前四世紀ギリシアの傭兵制とポリスの危機』モスクワ、一九七五年、二六五—二六八頁、コシェレーンコ『……ギリシアのポリス』四—一二頁。
(16) ポリスの全住民数の中の完全な権利をもつ市民の部分は、激変することがあったが、完全な権利をもつ市民数のあまりにも極度すぎる減少は、とりわけ、前四世紀からスパルタで生じたように、必然的にポリスにおける社会的‐政治的平等を破壊した。
(17) Larsen J. A. Representative government in Greek and Roman history. Berkeley, 1955.
(18) Grotz. La cité Grecque. P. 28 sv.; Ehrenberg. Staat. S. 25.
(19) コシェレーンコ『……ギリシアのポリス』一二頁、Will E. Le monde grec et l'Orient. T. 1. Paris, 1972. P. 423 sv.; Finley M. I. Democracy ancient and modern. London, 1973. P. 17ff.
(20) このような傾向は、特に民族大移動の時期の古代ゲルマン人が持っていた。
(21) Przeworski St. Die Metallindustrie Anatoliens in der Zeit von 1500-700 v. Chr. Leyden, 1939; Forbes B. J. Metallurgy in antiquity. Leyden, 1950. P. 87-91, 456-458; T・E・アレシャーン「古代西アジアとエーゲ海沿岸地域の文化における鉄」『ソビエト考古学』一九七六年、第一号、八七—九九頁、E・H・チェルヌィーフ『ソ同盟南西部地域における古代の冶金工業』モスクワ、一九七六年、Kluwe E. Handwerk und Produktion in der frühgriechischen Polis// Jahrbuch für Wirtschaftsgeschichte. 1978. Teil 4. S. 116.
(22) Childe G. What happened in history. London, 1942. P. 183; Г・チャイルド『進歩と考古学』モスクワ、一九四九年、七六頁以下、Snodgrass A. M. The Dark Age of Greece. Edinburgh, 1971. P. 239ff.; Chakraborti D. K. Biginning of iron and social change in India// Indians Studies: Past and Present. 1977. Vol. 14. P. 329-338; Wason. Op. Cit.; Schlette Fr. Zur《früheisenzeitlichen Revolution》der Produktivkräfte// Klio. 1979. Bd. 61. S. 251-275.
(23) Burton - Brown T. The coming of iron to Greece. Wincle. 1954; Snodograss A. M. Barbarian Europe and Early Iron Age in

Greece// Proceedings of the Prehistoric Society. 1965. Vol. 31. P. 229-240; Bouzek J. Homerisches Griechenland. Praha, 1969. S. 115; Pleiner K. R. Iron working in Ancient Greece. Praha, 1969; Snodgrass. Dark Age. P. 228ff.; Greenhalgh P. A. L. Early Greek warfare: Horsemen and Chariots in the Homeric and archaic ages. Cambridge, 1973. P. 41; Ю・В・アンドレーエフ『ホメロス社会：前一一—前八世紀における社会 - 経済的および政治的発展の主要傾向』（博士論文）、レニングラード、一九七九年、八七—八九頁。

（24）Ridley R. T. The hoplite as a citizen// AC. 1978. T. 48. P. 519-521.

（25）Nilsson M. P. Hoplitentaktik und das Staatswesen// Nilsson M. P. Opuscula selecta. Vol. 2. Lund, 1952. P. 897-907; Starr. Origins. P. 332ff.; Hammond. Op. cit. P. 161ff.; Lorimer H. L. The hoplite phalanx, with special reference to the poems of Archilochus and Tyrtaeus// ABSA. 1977. Vol. 42. P. 76-138; Э・Д・フロローフ(1)『プロメテウスの火——古典古代社会思想概説』レニングラード、一九八一年、四七—四八頁、(2)「古拙期ギリシアにおける合理主義と政治学」『……都市と国家』一七—三四頁（二五頁参照）、アンドレーエフ「……初期段階」三—一七頁（一五—一六頁参照）。

（26）Ehrenberg V. When did the Polis rise?// JHS. 1937. Vol. 57. P. 147-159. Ch・スタールは、最初のポリスの発生を少し後の時代——前八世紀のこととしている（Starr. 1) Origins. P. 335ff.; 2) Economic and social growth. P. 30-31）。

（27）民主政と寡頭政との相違は、ポリスのこの一般的な特性と比べると重要性を失う（Ehrenberg. Staat. S. 107）。

（28）アンドレーエフ『初期ギリシアのポリス……』一一五頁。その時代にとって最大限に効果的な軍事的組織を創設するという目標によるこのポリスの構造の必然性は、すでにマルクスが指摘していた（『マルクス＝エンゲルス全集』第四六巻、第一分冊、四六五頁［手島正毅訳、マルクス『資本主義的生産に先行する諸形態』国民文庫、一九六八年、一三頁参照］）。また、Weber M. Wirtschaft und Gesellschaft. Tübingen, 1921. S. 558 参照。

（29）Meyer Ed. Op. cit. Bd. 3. S. 269.

（30）Glotz. La cité Grecque. P. 22. Vidal - Naquet P. La tradition de l'hoplite athénien// Problèmes de la guerre dans la Grèce. Paris, 1968. P. 161-181 と対比せよ。

（31）『マルクス＝エンゲルス全集』第二五巻、第一分冊、三六四—三六五頁［向坂逸郎訳、マルクス『資本論』（六）、岩波文庫、一九九三年、五二一—五二二頁参照］。——我々が最も多く関心をもつ初期ギリシアに関しては、Я・А・レーンツマン『ミケーネ・

ギリシアとホメロス・ギリシアにおける奴隷制』モスクワ、一九六三年、А・И・ドヴァートウル『前六―前五世紀のアッティカにおける奴隷制』レニングラード、一九八〇年参照。

(32) Welskopf E. Ch. Probleme der Muße im alten Hellas. Berlin, 1962; フロローフ『プロメテウスの火……』五―一一頁（第一章　余暇の文明）。

(33) このことは、すでにコンドルセが書いた（Condorcet N. Esquisse d'un tableau historique des progrès de l'esprit humain. Paris, 1829. P. 76)。А・И・テュメーネフが正しく指摘したように、「その最も純粋な形態での、まれに見る奴隷制の優勢は、東方では生じ得なかったような肉体労働と頭脳労働の徹底した分離をもたらした」（テュメーネフ『前方東方と古典古代』七〇頁）。

(34) このことは、すでにかなり以前に明らかであった。Burckhardt. Op. cit. 2. Aufl. Bd. 4. S. 63. さしあたり、Starr. Origins. P. 312 ff., 349 ff.; Bouzek. Op. cit. S. 163; Snodgrass. Dark Age. P. 337ff. 参照。

(35) Starr. Origins. P. 349ff.

(36) Sarkady J. Outlines of the development of Greek society in the period between the 12th and 8th centuries B. C.// AantHung. 1975. T. 23. P. 122ff.; Starr. Economic and social growth. P. 33ff.

(37) アンドレーエフ『初期ギリシアのポリス……』四四頁。

(38) この要因の意義は、すでに古代人は理解していた。Democr. fr. 568 Luria = 68B144 DK; Pl. Crit. 110a; Arist. Pol. 1341a, Met. 982b22 sqq.; また、Burckhardt. Op. cit. 2. Aufl. Bd. 3. S. 371 と比較せよ。

(39) ギリシア文明の形成への自然地理学的諸条件の肯定的影響は、ずっと以前に認められていた。たとえば、Bursian C. Geographie von Griechenland. Bd. I. Leipzig, 1862. S. 5-8; Toynbee. Op. cit. Vol. 1. P. 323 ff., 333; Vol. 2. P. 37-49 と比較せよ。

(40) Myres J. L. Who were the Greeks? Berkeley, 1930, passim（特に、P. 538-539); Starr. Origins. P. 108ff.; Schachermeyr Fr. Alexander der Große. Wien, 1977. S. 24 f.

(41) ギリシアの歴史と文化の独自性におけるこの要素は、自己の試論《Of the rise and progress of the arts and sciences》でヒュームが指摘した。Burckhardt. Op. cit 2. Aufl. Bd. 3. S. 12; Starr. Origins. P. 9 ff. と比較せよ。K・ヤスパースは、ギリシアにおける文化革命と同期的な、中国とインドの宗教哲学分野における進歩も、競い合う諸国家の総体の中の、ある文化的統一の枠内で生じたことを指摘した（Jaspers. Op. cit. S. 23)。文化的伝統の多様および政治的分裂は、異なる時代のさまざまな民族の個人的創造活動を活性化したという結論に、比較対照的分析の結果、D・K・サイモントンは達した（Simonton D. K. Sociocultural context of individual Creativity: A transhistorical time-series analysis// J. Pers. Soc. Ps. 1975. Vol. 32. N6. P. 1119-1133）。

（42）ある意味では、ギリシアの植民地だけではなく、全ギリシア世界に関しても正しいキケロの特徴的な表現：barbarorum agris quasi attexta quaedam ora esse Graeciae（Rep. II, 4, 9）——「バルバロイの土地は、ギリシア人の入植により岸に沿って囲み取られた」。——と比較せよ。

（43）第一章、注4と5参照。

（44）H・カレーエフ『古典古代世界の都市国家』第二版、サンクト・ペテルブルク、一九〇五年、一四七頁以下参照。

（45）C・A・ゼーベリョヴァ、A・И・ドヴァートウル訳。E・ベーカーは自己の翻訳の中で、一方では、《political liberty》のことが、他方では、《civil liberty》のことが問題になっていると説明している（Aristotle. The Politics/ Transl. by Ed. Barker. Oxford, 1946. P. 258）。Schmidt L. Ethik der alten Griechen. Bd. 2. Berlin, 1882. S. 233ff.; Aristotle. The politics/ Ed. by W. L. Newmann. Vol. 4. Oxford, 1902. P. 411-412, 494-496（ad loc.）; Pohlenz M. Der hellenische Mensch. Göttingen, 1947. S. 114ff.; Schaefer. Probleme. S. 307 ff. と比較せよ。

（46）Constant. 1）De la liberté. P. 537-560; 2）De l'ésprit de conquête. P. 204-207. Loraux, Vidal-Naquet. Op. cit. P. 211-216 と比較せよ。

（47）Berlin I. Two concepts of liberty. Oxford, 1958. Menzel A. Hellenica. Wien, 1938. S. 59 と比較せよ。

（48）Meyer Ed. Op. cit. Bd. 4. S. 8f.; Zimmern A. The Greek commonwealth: Politics and economics in the fifth - century Athens. 4th ed. Oxford, 1924. P. 129ff.; Glotz. La cité Grecque. P. 150 sv.

（49）現実にはスパルタでは、誰が権力をもっていたかという問題は、多くの議論を起こしている。スパルタの国家機構についての我々の見解の確証のためにはアリストテレスの証拠（Pol. 1272a31sqq.）が最重要なものに思われる。スパルタにおける民主制的基盤の意義を強調する著述の中から次のものを挙げるであろう。Michell P. Sparta. Cambridge, 1952. P. 44ff.; Jones A. H. M. Sparta. Oxford. P. 170ff. Andrewes A. The government of classical Sparta// Ancient society and institutions: Studies presented to Victor Ehrenberg. Oxford, 1966. P. 1-20 と比較せよ。

（50）E・M・シタエルマーン「古代ローマにおける自由の観念の進化」『古代史通報』一九七二年、第二号、四一—六一頁。

（51）「ギリシアの奇跡」と、とりわけ、ギリシアにおける数学の発生を、民主政の形成によって差異を設けぬ説明をすることを拒む数学者И・ヤグロームのためらいは十分に理解できる（ヤグローム、前掲書、二〇―二二頁）。

(52) Ю・В・アンドレーエフ「《リュクルゴスの立法》の問題によせて――スパルタにおけるいわゆる前六世紀の改革」『古典古代の国家体制の諸問題』レニングラード、一九八二年、三三―五九頁参照。

(53) 前文字社会の大多数において、進歩を阻止し、時にはどのようなものであれ、それを決して許さなかった習慣の強い力については、たとえば、Murphy J. Primitive man: His essential quest. London, 1927. P. 82ff. 264ff.; Childe. Der Mensch schafft sich selbst. S. 103f.; Boas. Primitive man. P. 226-252 参照。

(54) Ehrenberg. Ost und West. S. 27.

(55) Graeve. Op. cit. S. 4-5, 178, 181 と比較せよ。

(56) たとえば、エイマールの簡潔な表現―「氏族の外では無力で、氏族の中では行動の自由がない」（Aymard A. L'Orient et la Grèce. Paris, 1963. P. 259）が、このような明白な絶対化であった。

(57) この問題の一側面が Bourriot E. Recherches sur la nature du génos: Diss. T. 1-2. Lille; Paris, 1976 の研究の中で詳細に検討されている。

(58)「水平的」および「垂直的」な社会的可動性については、Sorokin P. 1) Social mobility. New York, 1927; 2) Social and cultural dynamics. Vol. 1-4. New York, 1937-1941 参照。これらの著書の一部の章は、P・ソローキン『人間・文明・社会』モスクワ、一九九二年参照。

(59) Buccelatti G. 'Apiru and Munnablutu ― the ststeless of first cosmopolitan age// JNES. 1977. Vol. 36. P. 145-147 と対比せよ。

(60)『古代東方史選文集』モスクワ、一九六三年、四四―五二頁、『古代東方の詩歌と散文』モスクワ、一九七三年、三八―五〇頁、『古代エジプトの民話および物語』一九七九年、九―二九頁。Otto E. Die Geschichte des Sinuhe und des Schiffbrüchigen als《Lehrhafte Stücke》// ZÄS. 1966. Bd. 93. S. 100ff. と比較せよ。

(61) たとえば、ラメス二世とハットウシュリス三世との間の条約（『古代東方史選文集』第一巻、モスクワ、一九八〇年、七九―八三頁、Н・С・ペトロフスキー訳）参照。

(62) М・А・ダンダマエフ「前一千年紀のバビロニアにおける共同体と異国人」『「ポリスとコーラ――経済、政治および文化の諸問題」の問題に関する『古代史通報』誌の著者 - 読者会議――諸報告のテーゼ集』モスクワ、一九七八年、一―二頁。

(63) Martin V. La vie internationale dans la Gréce des citès (VI e-IV e s. av. J. C.). Paris, 1940; Lewis R. W. Creativity: The human resource// JCB. 1979. Vol. 13. P. 79と比較せよ。K・ヤスパースが指摘するように、新しい宗教哲学的思潮の担い手の移動と新しい場所での積極的活動は、前一千年紀のインドと中国の国家制度にとっても特徴的なものであった（Jaspers. Op. cit. S. 23f.）。

(64) Burckhardt. Op. cit. Bd. 1. S. 63.

(65) Starr. Origins. P. 307.

(66) Lesky A. Homeros// RE Suppl. 1968. Bd. 11. Sp. 689-691.

(67) [Plut.] De mus. 42, 1145B; Ael. VH. XII, 50; Arist. fr. 497Rose. テルパンドロスが招かれた理由は、市民の騒動を鎮めるためであったとすることには慎重でなければならない（[Plut.] De mus. 42,1146 B）。FgrHist, IIIB Suppl. S. 19. Anm. 63と比較せよ。

(68) [Plut.] De mus. 42, 1146 B-C; Ael. VH XII, 50; Diog. Bab. SVF III, fr. 83-84.

(69) Suid. s. v.: 'Αλκμάν; Poxy. 2389, fr. 9. Page. Alcman (Appendix) と比較せよ。

(70) ヤコブの注釈つきの Ol. 43, 4とOl. 47, 3の間のパロスの年代記を参照。しかし、Wilamowitz - Moellendorff U. von. Sappho und Simonides. Berlin, 1913. S. 24f. と比較せよ。

(71) Woodbury L. Helen and the palinode// Phoenix. 1967. Vol. 21. P. 157-176参照。

(72) Snell B. Dichtung und Gesellschaft: Studien zum Einfluß der Dichter auf das soziale Denken und Verhalten im alten Griechenland. Hamburg, 1965; Barron J. P. The sixth- century tyranny at Samos// CQ. 1964. Vol. 58. P. 223と比較せよ。

(73) たとえば、たぶん、オレンのリュキアからデロスへの到来についてのヘロドトスの言（IV, 35）を評価すべきであろう。

(74) Jaeger. Paideia. Bd. 1. S. 302-303; Huxley G. L. Simonides and his world. Dublin. 1978と比較せよ。

(75) Fränkel Ed. Vermutungen zum Aetna-Festspiel des Aeschylus// Eranos. 1954. Bd. 52. S. 61f.; Lloyd-Jones H. The justice of Zeus. Berkeley, 1971. P. 98ff. と比較せよ。

(76) Focke F. Aischylos' Prometheus// Hermes. 1930. Bd. 65. S. 259ff.; Lloyd-Jones. Op. cit. P. 98ff.

(77) Schol. in Ar. Ran. 67と比較せよ。

(78) Vit. Eur.; Phld. De vit. 10; Paus. I. 2, 2; Luc. De paras. 35; Solin. IX, 16; Diom., p. 488, 20K.

(79) Fränkel H. 1) Xenophanesstudien// Hermes. 1925. Bd. 60. S. 176. Anm. 1; 2) Dichtung und Philosophie. S. 371. Anm. 2参照。

（80）Minar E. L. Early Pythagorean politics in practice and theory. Baltimore, 1942. P. 75ff. 参照。
（81）Taylor A. E. On the date of the trial of Anaxagoras// CQ. 1917. Vol. 11. P. 81-87.
（82）Guthrie. History. Vol. 2. P. 269. N. 1.
（83）Jacoby F. Diagoras ὁ ἄθεος. Berlin, 1959 参照。
（84）この伝承を受け入れようとするガトリーは、動物の行動に対する観察について推測を述べている（Guthrie. History. Vol. 1. P. 75）。
（85）Barron. Op. cit. P. 212.
（86）Jacoby F. Herodotos// RE Suppl. 1913. Bd. 2. Sp. 226-228; С・Я・ルリエー『ヘロドトス』モスクワ、レニングラード、一九四七年、一八頁以下。
（87）Jacoby. Herodotos. Sp. 241-242, 352; Strasburger H. Herodot und das perikleische Athen// Historia. 1965. Bd. 4. H. 1. S. 1-25; Schwartz J. Hérodote et Périclès// Historia. 1969. Bd. 18. P. 367 sv. ヘロドトスとアテナイとの関係を最小限度のものにし、彼のそこでの長期の滞在に反論し、または、全体として否定するパドレッキの試みは説得力がない（Podlecki A. J. Herodotus in Athens?// Greece and the Eastern Mediterranean in ancient history and prehistory: Studies presented to Fritz Schachermeyr on the occasion of his 80th birthday. Berlin; New York, 1977. P. 246-265）。
（88）B・Г・ボルホーヴィチ「ヘロドトスはハリカルナッソス人か、それともヘロドトスはトゥリオイ人か？　ヘロドトス『歴史』の著者序文稿に関する問題によせて」『古代史通報』一九七四年、第一号、一二七―一三二頁と比較せよ。
（89）Myres J. L. Herodotus, father of history. Oxford, 1953. P. 26.
（90）Joel K. Geschichte der antiken Philosophie. Bd. 1. Tübingen, 1921. S. 646f.; Guthrie. History. Vol. 3. P. 40ff. と比較せよ。
（91）Die Briefe des Anacharsis/ Griechisch und deutsch von F. N. Reuters. Berlin, 1963 の序文参照。
（92）それらのうち最古のものは前六世紀のものとされている（Pointer D. Zur ältesten griechischen Arztinschrift// Serta philol. Aenip. Vol. 3. Innsbruck, 1979. S. 273-278）。
（93）Nestle W. Vom Mythos zum Logos. 2. Aufl. Stuttgart, 1942. S. 109 参照。
（94）Starr. Origins. P. 360.

(95) Hanfmann G. M. A. Ionia, leader of follower?// HSCPh. 1953. Vol. 61. P. 18. N. 101.

(96) Glotz. La cité Grecque. P. 127; Calabi C. Ricerche sui rapporti tra le poleis. Firenze, 1953. P. 21 sv. と比較せよ。

(97) Cromey R. D. Kleisthenes' fate// Historia. 1979. Bd. 28. H. 2. S. 143 ff. と比較せよ。

(98) この証拠に関して最近フェドリック・コルダノが述べた、ある懐疑論は根拠があるとは思われない（Cordano F. Sesta miscellanea greca e romana. Rome, 1978. P. 89-98）。

(99) Huxley G. L. Early Sparta. London, 1962. P. 71 参照。

(100) Meyer H. Prodikos von Keos. Paderborn, 1913. S. 13; Menzel A. Protagoras als Gesetzgeber von Thurioi// BSGW. 1918. S. 191 ff.; Bengl H. Staatstheoretische Probleme im Rahmen der attischen, vornehmlich euripideischen Tragödie: Diss. München, 1929. S. 13; Morrison J. S. The place of Protagoras in Athenian public life（460-415 B. C.）// CQ. 1941. Vol. 35. P. 1 ff.

(101) プルタルコスは、彼らはプラトンによって派遣されたと述べているが、彼の証拠のこの部分は、おそらく、単なる憶測にすぎないのかも知れない。Wörle A. Die politische Tätigkeit der Schüler Platons.Darmstadt, 1981 と比較せよ。

(102) Β・Π・ヤーイレンコ『プラトンのポリスの基礎理論とヘラス人の殖民地開拓の現実――プラトンとその時代』モスクワ、一九七九年、一八八頁以下。

(103) Heuß. Op. cit. S. 49-50. Snell. Dichtung und Gesellschaft. S. 97-98 と比較せよ。

(104) 追放されていた時、シシリア、スパルタ、エウボイア島へ自分が旅行したことをテオグニスも述べているが（I. 783-788）、祖国の外ではいかなる喜びもあり得ないことを強調するためのものにすぎない。

(105) Starr. Origins. P. 85ff.; Gates G. From cremation to inhumation: Burial practices at Jalysos and Kameiros during the mid-archaic period, ca. 625-525 B. C. Los Angeles, 1981.

(106) Erbacher K. Griechisches Schuhwerk: Diss. Würzburg, 1914. S. 71.

(107) Jaeger. Paideia. Bd. 1. S. 177f. と比較せよ。

(108) Pl. Res. 563d; Hirzel R."Αγραφος νόμος Leipzig, 1903 と比較せよ。

(109) Meyer Ed. Op. cit. Bd. 1, 2. S. 68-69（§173）; М・Э・マティエ「古代エジプト芸術における芸術家の個性の役割」『国立エルミタージュ東洋部紀要』一九四七年、第四巻、五頁以下、Scranton R. L. Aesthetic aspects of ancient art. Chicago, 1964. P. 46-97 と比

較せよ。

(110) 我々にはきわめて適切と思われるM・フィンレイの要約（Finley. Early Greece. P. 104, 133）と比較せよ。

(111) A・И・ザーイツェフ『宗教と詩的空想——古典古代の神話の世界』モスクワ、一九八八年、二七六—二八三頁。多量の文献のうちから次の最新の論文を挙げよう。Adkins A. W. H. Homeric gods and the values of Homeric society// JHS. 1972. Vol. 92. P. 1 ff.; Griffin J. The divine audience and the religion of the《Iliad》CQ. 1978. Vol. 28. N 1. P. 1-22. ——ギリシア宗教における道徳的モチーフの段階的発展は、次の著書で考察されている。——Dodds E. R. The Greeks and the irrational. Berkeley, 1951; Nilsson M. P. Die Griechengotter und die Gerechtigkeit// HTR. 1957. Vol. 50. P. 193ff.（= Opuscula selecta. Vol. 3. Lund, 1960. S. 303ff.）. 神々の道徳的観念がすでに『イリアス』に存在していることを示すロイド・ジョーンズの試論（Lloyd-Jones. Op. cit. P. VII-XI, 1-27）は、W・クラウスの正しい反論を招いた。——Kraus W. [Rec.]// Gnomon. 1977. Bd. 49. N. 3. S. 246-249.

(112) Nestle W. Anfänge einer Götterburleske bei Homer// Jahrb. 1907. S. 162 ff.; Burkert W. Das Lied von Ares und Aphrodite// RhM. 1960. Bd. 103. S. 130 ff.; Rüter Kl. Odysseeinterpretationen. Göttingen. 1969. S. 62ff. 参照。

(113) ヘシオドスの叙事詩も占いの価値への疑念を知っている（Hes. Fr. 169 Rz）。

(114) たとえば、Lloyd-Jones. Op. cit. P. 28-32 参照。

(115) Schwabl H. Religiöse Aspekte der Odyssee: Zu Götterapparat und Kultgegebenheiten// WS. 1978. Bd. 12. S. 5-28.

(116) Babut D. 1) Xénophane critique des poètes// AC. 1974. T. 43. P. 84-117; 2) Sur la théologie de Xénophane// Rph. 1974. T. 164. P. 401-440; Eisenstadt M. Xenophanes' proposed reform of Greek religion// Hermes. 1974. Bd. 102. S. 142-150.

(117) Tate J. On the early history of allegorism// CQ. 1934. Vol. 28. P. 105-114; Buffière F. Les mythes d'Homère et la pensée grecque. Paris, 1, 956. P. 101-105.

(118) E・ローデの著書は、この一連の現象に関する古典的著作である。——Rohde E. Psyche: Seelenkult und Unsterblichkeitsglaube der Griechen. 3. Aufl. Bd. 1-2. Tübingen, 1903. さらに、Dodds. Greeks; Starr. Origins. P. 277 ff. 参照。——J・ポラルドは、自著の副題でギリシアにおける「宗教革命」と言っている。Pollard J. Seers, shrines, and sirens: The Greek religious revolution in the sixth cenyury B. C. London, 1965. ——M・P・ニルソンは、この宗教的傾向を、同時にこの宗教的進歩における社会的変動の役割を否定せずに、ギリシア人がバルカン半島に到来した際に彼らに征服された諸民族の宗教的伝統が歴史舞台に登場した結果と考えている。Nilsson M. P. 1) Geschichte der griechischen Religion. 3. Aufl. Bd. 1. München, 1967. S. 610 ff., 678 ff.; 2) Early Orphism and kindred religious movements// HTR. 1935. Vol. 28. P. 181 ff.（= Opuscula selecta. Vol. 2. Lund, 1952. P. 628 ff.).

(119) А・И・ザーイツェフ「ペリクレスとその後継者たち――古代における政治的指導法の問題によせて」『古典古代、中世、現代の政治家たち』レニングラード、一九八三年、二三―二八頁参照。

(120) Kern O. Die Religion der Griechen. Bd. 2. Berlin, 1935. S. 235; Nestle. Mythos. S. 578.

(121) ある程度誇張があるとしても、G・グローツの簡潔な表現――「彼らの（すなわち、氏族の――А・ザーイツェフ）の全道徳は、共同体の利益への絶対的な、自己犠牲的服従にあった」（Glotz G. La solidarité de la famille dans le droit criminal en Grèce. Paris, 1904. P. 60）と比較せよ。

(122) Bourriot. Op. cit. T. 2. P. 1032-1042.

(123) より詳細には、С・Я・ルリエー『古典古代社会思想史』モスクワ、一九二九年、参照。

(124) Dodds. Greeks. P. 45-48.

(125) Pohlenz. Hellenischer Mensch. S. 142ff.; Gundert H. Archilochos und Solon// Das neue Bild der Antike. Bd. 1. Leipzig, 1942. S. 130-152; Snell B. Gesammelte Schriften. Göttingen, 1966. S. 41-43 参照。

(126) Jaeger. Paideia. Bd. 1. S. 165 ff.; Harder R. Zwei Zeilen von Archilochos// Hermes. 1952. Bd. 80. S. 381-384; Zielinski Th. Abiecta non bene parmula// Raccolta di scritti in onore di Felice Ramorino. Milano, 1927. P. 603-610.

(127) Treu M. Archilochos// RE Suppl. 1968. Bd. 11. Sp. 147.

(128) Schmid W., Stählin O. Griechische Literaturgeschichte. Bd. 1. München, 1929. S. 395 f.; Nestle. Mythos. S. 409 f.; Rankin H. D. Μοιχός, λάγός καί ὑβριστής: Critias and his judgement of Archilochos// GB. 1975. Bd. 3. S. 323-334 と比較せよ。

(129) ランキンが、アルキロコスの創作活動を彼の人格と生活環境から切り離す試みに反駁しているのはまったく正しい（Rankin H. D. The new Archilochus and some Archilochean questions// QUCC. 1978. N28. P. 7-28）。また、Dover K. J. The poetry of Archilochus// Archiloque: Entretiens sur l'antiquité classique. T. 10. Vandoeuvres; Genève, 1963. P. 181-222 参照。

(130) Snell. Dichtung und Gesellschaft. S. 103-104.

(131) Jacoby F. Hekataios// RE. 1912. Bd. 7. Sp. 2667-2750; Sanctis G. de. Intorno al razionalisimo di Ecateo// Studi di storia della

storiografia greca. Firenze, 1951. P. 3-19; Momigliano A. Il razionalismo di Ecateo di Mileto// Terzo contributo alla storia degli studi classici e del mondo antico. T. 1. Roma, 1966. P. 323-333.

(132) 神々についての観念を攻撃したアルキロコスのイアムボス、ミムネルモスのエレゲイア、クセノパネスの諷刺詩、でき上がった規範への抗議を内容とした大多数の著作が、依頼によって創作されたのではなく、そして、生活の糧を詩人にもたらさなかったことは特徴的である。正にこの点に我々は、褒賞ではなく、共鳴を求めた著述家たちの真の意図を見出すであろう。

(133) Kahrstedt U. Themistokles// RE. 1934. Bd. 5A. Sp. 1686-1697; Bickel E. Themistokles// Bonner Kriegsvolträge. Bd. 105. Bonn, 1943.

(134) M・ミードは、当時の過程を考察しながら、このような影響が支配的なものになる文化を前表象的文化と呼ぶことを提案した。Mead M. Culture and commitment; A study of the generation gap. London, 1972. P. 90ff.

(135) Snell B. Griechische Metrik. 3. Aufl. Göttingen, 1962. S. 41.

(136) C・Я・ルリエー(1)『アンティポン—最古のアナーキズムの創始者』モスクワ、一九二五年、(2)『古代世界におけるアナーキズムの先駆者』モスクワ、一九二六年、(3)『古典古代社会思想史』モスクワ、一九二九年；Untersteiner M. Isofisti. Vol. 1-2. Milano, 1967; Guthrie. History. Vol. 3.

(137) ギリシアの僭主政治に関するすべての史料データは、ヘルムート・ベルヴェの著書（Berve H. Die Tyrannis bei den Griechen. Bd. 1-2. München, 1967）で集められ、分析されている。

(138) Endt J. Die Quellen des Aristoteles in der Beschreibung der Tyrannen// WS. 1902. Bd. 24. S. 1-69; ドヴァートゥル「……『政治学』……」二七〇頁。

(139) M・B・スクルジーンスカヤ「ペイシストラトスに関する口承伝説」『古代史通報』一九六九年、第四号、八三—九六頁。

(140) ドヴァートゥル「……『政治学』……」二七二頁；スクルジーンスカヤ「口承伝説および古代文学史料におけるコリントスの僭主ペリアンドロス像」『古典古代と現代』モスクワ、一九七二年、一〇三—一一三頁参照。

(141) ドヴァートゥル「……『政治学』……」二七〇頁。

(142) 経済および芸術の発展におけるイオニア植民地の役割は研究者たちによって非常に過大評価されていると考えているハンフマンでさえ、科学、哲学および文学の発展におけるイオニアの重要性には異議を唱えていない（Hanfmann. Op. cit. P. 1)。同様な見解をより以前にR・クークが述べた（Cook R. M. Ionia and Greece, 800-600B. C.// JHS. 1946. Vol. 66. P. 67-98）。

（143）植民地における社会的諸関係の特殊性については、Ehrenberg. Staat. S. 7-8; Starr. Origins. P. 373 ff.; Lepore E. Per una fenomenologia storica del rapporto cittàterritorio in Magna Grecia// La città e il suo territorio. Napoli, 1970. P. 42 ss.; И・Б・ブラシンスキー、A・И・シシェグローヴァ「ギリシア殖民の若干の諸問題」『……ギリシア殖民の諸問題』二九―四六頁、В・П・ヤイレンコ『前七―前三世紀のギリシア殖民』モスクワ、一九八二年、八一―八二頁参照。

（144）トゥリオイのこととして確証されている（Arist. Pol. 1307a29-31）。

（145）偽アリストテレスの『経済学』第Ⅱ書で書かれている財政的策動の大部分は植民地のこととされている。イオニアでは貨幣の鋳造が始まっていた（Robinson E. S. G. Coins from the Ephesian Artemision reconsidered// JHS. 1951. Vol. 71. P. 156-157; Roebuck. Op. cit. P. 55ff.）。

（146）Burckhardt. Op. cit. 2. Aufl. Bd. 4. S. 72.

（147）Sarton. Ancient science. P. 162. ――しかるべき一般的法則性は、現代の移動過程の研究によって確証されている（Anastasi. Op. cit. P. 530-531）。

（148）Bonner R. J., Smith G. The administration of justice from Homer to Alexander. Chicago. 1930. P. 69-70.

（149）Pl. Leg. 704dsqq.（ἁλμυρὸν καὶ πικρὸν γειτόνημα）参照；Strab. 302（θάλαττα πονηροδιδάσκαλος）; Cic. De rep. II, 4, 7-9; De lege agr. II, 35, 95と比較せよ。――アリストテレスは、この見解の支持者たちと論争して、沿岸地の位置の長所を認めていた（Pol. 1321a11sqq.）。Barker. Aristotle. The Politics. P. 316; Raubitschek A. E. Meeresnähe und Volksherrschaft// WS. 1958. Bd. 71. S. 112-115と比較せよ。

（150）もちろん、トゥキュディデスによってひどく傾向的なものに仕上げられて、アルキビアデスの演説（VI, 17）は、シシリアの諸都市における不安定な状況の特徴的な状況を描写している。

（151）Gomperz Th. Hellenika. Bd. 1. Leipzig, 1912. S. 288 f. 参照。

（152）Ehlers B. Eine vorplatonische Deutung des sokratischen Eros: der Dialog Aspasia des Sokratikers Aischines. München, 1966参照。

（153）たとえば、ゲラはロドス人とクレタ人により共同して創設された（Thuc. VI, 4, 3）。Wentker H. Die Ktisis von Gela bei

Thucydides// MDAI (R). 1966. Bd. 63. S. 129—139 と比較せよ。——シュバリスは、アカイア人とトロイゼン人によって創設された（Arist. Pol. 1303a30-32)。

(154) 植民地の住民構成が、その以後の運命へ与える影響をすでにプラトーンは思案していた（Leg. 707d-708d)。

(155) ヤイレンコ『……殖民』八〇頁以下。イオニアの一二の市区の住民の混合についてのヘロドトスの資料（I, 146）がどの程度信頼できるかは言うことは難しいが、一般的な意見は、それが相当に真実らしいと考えさせてくれる。

(156) Dunbabin T. J. The Geeks and their eastern neighbours. London, 1957. P. 24ff.; Roebuck. Op. cit.; Guthrie. History. Vol. 1. P. 32-34; И・С・スヴェンツィーツカヤ「リュディア王国の構成におけるイオニア都市」『古代史通報』一九七八年、第一号、二六—二八頁——小アジアの、特にイオニアの植民地のギリシア史における特別な役割を強調している。Berve. Gestaltende Kräfte. S. 42-57; Jaeger. Paideia. Bd. 1. S. 141ff., 211, 234.

(157) Sarton. Ancient science. P. 162; K・M・コロボヴァ『初期ギリシア社会史から（前九—前七世紀のロドス島)』レニングラード、一九五一年、二一〇頁以下、B・Γ・ボルホーヴィチ「前六—前五世紀におけるエジプトとギリシア人」『ゴーリキ大学紀要』一九六五年、歴史学シリーズ、第六七分冊、七四—一三七頁。

(158) ギリシア人と南イタリアおよびシシリアの土着住民との相互関係については、La Genière J. de. La colonisation grecque en Italie méridionale et en Sicile et l'acculturation des non-Grecs// RA. 1978. N. 2. P. 257-276 参照。

(159) Dunbabin T. J. The Western Greeks. Oxford, 1948. P. 183-185.

(160) Ibid. P. 185-187.

(161) Zuntz G. Persephone: Three essays on religion and thought in Magna Graecia. Oxford, 1971 と比較せよ。

(162) ここで挙げられたローマ人の資質は、もちろん、過去の、最後代のローマの役割の投影である。

(163) Ю・Б・ツィールキン『マッサリアの政治制度の発展——古典古代社会の社会的構造および政治的組織』レニングラード、一九八一年、三一頁。

(164) Graham A. J. Colony and mother-city in Ancient Greece. New York, 1964. P. 224ff.; Finley. Early Greece. P. 98-99. ヤイレンコ『……殖民』四〇頁、注103。

(165) Jeffery. Archaic Greece. P. 57 ff. と比較せよ。

(166) B・B・ラートィシェフ『オルビアの歴史および国家機構に関する研究』サンクト・ペテルブルク、一九八七年、一九頁——A・C・ルスヤーエヴァとM・B・スクルジーンスカヤは、カリピダイはギリシア人から農耕を会得したスキュタイ人種族と考えているが、彼らをギリシア人・スキュタイ人と特徴づけるためには、ヘロドトスにとってそれで十分であったかという問題については十分に考慮していない（A・C・ルスヤーエヴァ、M・B・スクルジーンスカヤ「オルビアのポリスとカリピダイ」『古代史通報』一九七九年、第四号、一二五—一三六頁）。

(167) H・B・シャフラーンスカヤ「ミクス系ギリシア人」『古代史通報』一九五六年、第三号、三七—四八頁。

(168) ミレトスとサモスにおける住民の混合については、Lazzarini M. L. Neleo a Samo// RFIC. 1978. V. 106. P. 179-191（特に、P. 186. N. 1 参照）.

(169) Wilamowitz - Moellendorff U. von. Über die ionische Wanderung// SBBerl. 1906. N. 4. S. 74; Lazzarini. Op. cit. P. 186.

(170) Hanfmann. Op. cit. P. 3.

(171) Ibid. P. 6; Cook J. M. Old Smyrna// ABSA. 1959. Vol. 53-54. P. 10-22.

(172) Pouilloux J. Recherches sur l'histoire et les cultes de Thasos. T. 1. Paris, 1954. P. 16 sv.

(173) Hunt D. W. S. Feudal survivors in Ionia// JHS. 1947. Vol. 67. P. 68-76.

(174) Jeffery. Archaic Greece. P. 26.

(175) その一部は「まえがき」で挙げた。

(176) 大ギリシアとシシリアの植民地に関しては、このことをジャルデが指摘している（Jardé. Op. cit. P. 267 sv.）。Sjögvist E. Sicily and the Greeks. Studies in the interrelationship between the indigenious population and the Greek colonists. Ann Arbor, 1973. P. 61-72.

(177) アヴェーリンツェフ『……古典古代像』四—四〇頁と比較せよ。

(178) Burckhardt. Op. cit. Bd. 2. S. 373ff.

(179) 特に、一八七七年度 Cogitata: Crusius O. Erwin Rohde: Ein biographischer Versuch. Tübingen, 1902. S. 251-252（Erganzungsheft zu E. Rohdes《kleinen Schriften》参照。

(180) Marquard M. Die pessimistische Lebensauffassung des Altertums: Diss. Erlangen, 1905 と比較せよ。

（181）Burckhardt. Op. cit. Bd. 2. S. 375.

（182）神話の東方起源はきわめて確かなようである。Reitzenstein R., Schaeder H. H. Studien zum antiken Synkretismus aus Iran und Griechenland. Leipzig, 1926. S. 45; Gatz B. Weltalter, goldene Zeit und sinnverwandte Vorstellungen, Hildensheim, 1967. S. 7-27; Dodds E. R. The ancient concept of progress. Oxford, 1973. P. 3 参照——どんな場合でもそれはギリシアでは、それが広範な住民層の傾向に合致した場合でだけ存在し得た。

（183）たとえば、Radermacher L. Mythos und Sage bei den Griechen. 2. Aufl. Wien, 1942; Vries J. de. Betrachtungen zum Märchen. Helsinki, 1951 参照。さらにさまざまな民族の叙事詩の最新の概観：Heroic epic and saga: An introduction to the world's great folk epics/ Ed. by F. J. Oinas. Bloomington, 1978 と比較せよ。

（184）Riemschneider M. Homer. Entwicklung und Stil. Leipzig, 1952. S. 163-166.

（185）ヘシオドスは同様に、トロイア（とテーバイ）戦争の参加者である比類のない英雄たちを自己の同時代人と比べている（Op. 157 sqq.）。

（186）対応して、その後の時代になって、並外れた背丈が英雄時代の人々の特性とされた（Hdt. I, 68; Paus. I, 35, 5; VI, 5, 1）。

（187）テーバイに対する「エピゴノイ」の進軍の成功についての確固たる伝承に依拠する Il. IV, 405-410 のステネロスの言葉と比較せよ。

（188）Dodds. Progress. P. 3-4 と比較せよ。

（189）Baumstark A. Der Pessimismus in der griechischen Lyrik. Heidelberg, 1898; Rau A. Todesklage und Lebensbejahung in der antiken Elegie: Diss. Tübingen, 1949; Snell B. Die Entdeckung des Geistes. 3. Aufl. Hamburg, 1956 参照。

（190）Pfeiffer R. Gott und Individuum in der frühgriechischen Lyrik// Philologus. 1928. Bd. 84. S. 137-152（= Pfeiffer R. Ausgewählte Schriften. München, 1960. S. 42-54）; Fränkel H. Wege und Formen frühgriechischen Denkens. 2. Aufl. München, 1960. S. 23ff. と比較せよ。

（191）断片はケオスのシモニデスの名で我々に伝わった。アモルゴス島のセモニデスが作者であることをT・ベルグが推測し、ヴィラモーヴィッツが根拠づけた（Wilamowitz - Moellendorff. Sappho und Simonides. S. 273-275; Jaeger. Paideia. Bd. 1. S. 176. Anm. 4 と比較せよ）。

（192）Fränkel. Wege und Formen. S. 23-39.

(193) その後の時代における悲劇のジャンルの歴史は、決して全歴史時代における全民族が悲劇にかぶれやすかったのではなかったことを明らかに示す。たとえば、すでにローマではギリシア喜劇が悲劇よりも明らかにマッチし、まったくギリシア人自身帝政時代には過去の偉大な悲劇作家たちの作品への関心を著しく失っていた。

(194) Lehrs K. Vorstellungen der Griechen über den Neid der Götter und die Überhebung// Lehrs K. Populäre Aufsätze. 2. Aufl. Leipzig, 1875. S. 33 ff.; Nägelsbach F. Nachhomerische Theologie des griechischen Volksglaubens bis auf Alexander. Nürnberg, 1857. S. 50ff. ; Burckhardt. Op. cit. Bd. 2. S. 103 ff., 383 ff.; Ranulf S. The jealousy of the gods and criminal law of Athens: A contribution to the sociology of moral indignation. Vol. 1-2. London, 1933.

(195) Il. VII, 442; XXIII, 865; Od. IX, 174-182; VIII, 565-566; XIII, 173-174. ホメロスの叙事詩のこの傾向をすでにナゲルスバッハは知っていた。Nägelsbach F. Homerische Theologie. 3. Aufl. Nürnberg, 1884. S. 36 参照。ドーリスの反論は説得力がない（Dörries. Über den Neid der Götter bei Homer: Progr. Hameln, 1870）。

(196) Pohlenz M. Herodot, der erste Geschichtsschreiber des Abendlandes. Leipzig, 1937. S. 109 ff.; ルリエー『ヘロドトス』四〇頁以下 ; Fritz K. von. Die griechische Geschichtsschreibung. Bd. 1. Berlin, 1967. S. 216ff.

(197) Lämmli. Op. cit. S. 47ff.

(198) Cantarella R. Eschilo. Vol. 1. Milano, 1941. P. 327-329; Mette H. J. Der verlorene Aischylos. Berlin, 1963. S. 44-45 参照。ロイド・ジョーンズが、神の行動の気ままさという考え方があることをここで否定しているならば正しくない（Lloyd - Jones. Op. cit. P. 87）。PSI 1208 の公表後我々が自由に利用できるようになったコンテクストは、検討されている金言の意味を変えない。

(199) Vahlen J. Gesammelte philologische Schriften. Bd. 1. Leipzig, 1911. S. 126 f.; Kassel R. Untersuchungen zur griechischen und römischen Konsolationsliteratur. München, 1958. S. 91 参照。

(200) 我々に伝わった形でのこの古文献の年代の確定は論争を呼んでいるが、『アゴーン』は多くの伝統的モチーフを挿入した（Vogt F. Die Schrift vom Wettkampf Homers und Hesiodos// RhM. 1959. Bd. 102. S. 193 ff.）。

(201) ここではこの思想は、もちろん、一般的ギリシア人の人生観の特徴づけのためにはそれほど注目に値するものではない。テオグニスにも人生を絶望の目で見る十分に客観的な根拠があったし、彼のエレゲイアの作品集が広まって手にすることができた人々にも、このよう四行詩をそこに入れる十分な根拠があったのである。ソポクレスのオイディプスの悲劇においては同様な決り文句が劇場面を使って理由づけられている（OC 1211sqq.; OT 1186 sqq.）。

（202）Regenbogen O. Die Geschichte von Solon und Krösus// Hum. Gymn. 1935. Bd. 41. S. 19 ff. と比較せよ。

（203）Pind. fr. 23. Snell; ［Pl.］Axioch. 367c; Cic. Nat. D. III, 56; Tusc. I, 47; ［Plut.］Cons. ad Apoll. 14 = Mor. 109 A. Feddersen. Über den pseudo-Platonischen Dialog Axiochus: Progr. Cuxhaven, 1895. S. 14 と比較せよ。

（204）［Pl.］Axioch. 368a; ［Plut.］Cons. ad Apoll. 17 = Mor. 111B; Schol. Od. 1. この個所の別の解釈——神々の好意にもかかわらず、アムピアラオスは老齢に達しなかった——も可能である。この解釈を固守したのはアリスタルコスであった（Homers Odyssee/ Hrsg. Von K. F. Ameis. 2. Aufl. H. 3. Leipzig, 1877. S. 77 f. 参照）。

（205）セイレノスがミダスに捕らえられたことについては、彼らの対話の物語からの断片では想像することが難しいが、すでにヘロドトスがついでに語っている（VIII, 138）。

（206）人生を懲罰と見なしたが、死後のよりよい人生に望みをかけたオルペウスの徒の教説には我々はここではまったく触れないであろう。彼らの見方は、ギリシア人の世界観の進化の基本的過程からはずれたままであった（Nilsson. Geschichte. Bd. 1. S. 678-699）。W・ネストールは、粘土と涙を混ぜ合せてプロメテウスが人間を創ったという、その神話の異説（Themist. XX XII, 35 Dindorf 参照）をオルペウス教の理念と仮定的に結びつけた（Nestle W. Ein pessimistischer Zug im Prometheusmythos// ARW. 1937. Bd. 34. S. 378-381）。

（207）Pohlenz. Hellenischer Mensch. S. 77.

（208）このようにギリシア人の世界観をアルフレッド・ヴェーバーが特徴づけた（Weber. Kulturgeschichte. S. 109）。共同研究《kulturgeschichte der Antike》（S. 168ff.）の中で古拙期の楽天主義と厭世主義のことが同じ頁で述べられている。

（209）楽天主義と厭世主義を単純に対置させることが不適当なことについては、Б・Д・パルィギン⑴「歴史学の対象としての社会的風潮」『歴史学と心理学』モスクワ、一九七一年、九〇—一〇二頁、⑵『社会的風潮』モスクワ、一九六六年、四一頁以下参照。

（210）Starr. Origins. P. 168f.

（211）Wilamowitz - Moellendorff. Sappho und Simonides. S. 169 と対比せよ。

（212）Ibid. S. 20; Frankel. Dichtung und Philosophie. S. 289; А・И・ドヴァートゥル「ソロンとミムネルモス——さまざまな人生の知覚に関する詩的論争」『古典古代文学における伝統と革新』レニングラード、一九八二年、五五—六二頁。

(213) 我々にとって祝勝歌は、他のものがすべて断片でのみ残ったので、ピンダロスの作品における主要なジャンルであるけれども、我々が彼の現実の見方を祝勝歌にもとづいてのみ想像するならば、重大な間違いを犯すおそれがある。我々がピンダロスの足跡をよりよく知るならば、彼の人生観は、おそらく、いくらか違った形で我々の前に現れるであろう——アイスキュロスの諷刺劇の断片の発見物が「悲劇の父」という我々の観念をいくらか変えたように。

(214) Havelock E. A. The liberal temper in Greek politics. London, 1957. P. 52ff.

(215) Dodds. Progress. P. 43: Lloyd - Jones. Op. cit. P. 100-101と比較せよ。

(216) 我々はここでソフィストのプロヂコスの考え方への批判と関係しているのかも知れない（Dodds. Progress. P. 7: Havelock. Liberal temper. P. 70-73と比較せよ）。

(217) Sikes E. E. The anthropology of the Greeks. London, 1914. P. 39; Uxkull-Gyllenband W.-G. Griechische Kulturentstehungslehren. Berlin, 1924. S. 11, 21; Solmsen F. Plato's theology. Ithaca, 1942. P. 48; Morrison. The place of Protagoras. P. 14ならびにad loc. の注釈と比較せよ。——W・ネストレは、ソポクレスに文明の発生についてのアルケラオスの教えが反映されているとか述べられた推測を懐疑的に扱い、ソポクレスの考えとプロタゴラスの見方との顕著な類似性を明らかにしている（Nestle. Mythos. S. 188, 451）。また、Havelock. Liberal temper. P. 66-70; Jaeger. Paideia. Bd. 2. S. 2参照。

(218) Dodds. Progress. P. 8.

(219) Ibid. P. 24.

(220) Ibid. P. 4. 同じ傾向の、Guthrie. History. Vol. 1. P. 383-401; Lämmli. Op. cit. S. 31; Babut D. L'idée de progrès selon Xénophane // RPh. 1977. T. 51. P. 217-228と比較せよ。

(221) Edelstein L. The idea of progress in classical antiquity. Baltimore, 1967.

(222) Robinson T. M. ［Rec.］ Edelstein L. The idea of progress in classical antiquity// Phoenix. 1968. Vol. 22. P. 344-346.

(223) Boer W. den. Progress in the Greece of Thucydides. Amsterdam, 1977. P. 10-12.

(224) 知識を用いての自然に対する支配という思想がギリシアに存在していたことを否定して、ディーレとデン・ボウルは、驚くべきことに、エムペドクレスを無視している（Dihle A. ［Rec.］ Edelstein L. The idea of progress in classical antiquity// Gnomon. 1969. Bd. 41. S. 433-439, 特に、S. 438参照；den Boer. Op. cit. P. 9-10）。

(225) Nilsson. Geschichte. Bd. 1. S. 737. ――神がこれらの文句を、破局に導くクセルクセスに言わせていることは、このような「活動的な人生」という理想に対するヘロドトスの態度について考えさせる。
(226) Nestle W. 'Απραγμοσύνη: Zu Thukydides II, 63.// Philologus. 1926. Bd. 81. S. 129-140; Ehrenberg V. *Polypragmosyne*: A study in Greek politics// JHS. 1947. Vol. 67. P. 46 ff.; Kleve K. *Apragmosyne and polypragmosyne*: Two slogans in Athenian politics// SO. 1964. Vol. 39. P. 83-88.
(227) Burckhardt. Op. cit. Bd. 2. S. 373ff.
(228) Ibid. S. 389 f.
(229) Ibid. S. 387 f.
(230) Diels H. Der antike Pessimismus// Schule und Leben. Bd. 1. Berlin, 1921（特に、S. 7 参照）.
(231) Nestle W. Der Pessimismus und seine Überwindung bei den Griechen// Jahrb. 1921. Bd. 47. S. 81 ff.; さらに、Strohm H. Tyche. Stuttgart, 1944. S. 83 ff.; Guthrie W. K. Ch. In the beginning. London, 1957. P. 79 ff. と比較せよ。
(232) Pohlenz. Hellenischer Mensch. S. 77-95. Meyer W. Laudes inopiae. Göttingen, 1915 と比較せよ。Fr・ラムリーは、「ギリシア人の楽天主義的な色合いをもつ現実主義」を述べている（Lämmli. Op. cit. S. 23）.
(233) 古拙期ギリシアのものとしては、当然のことながら、我々の手に入ったものだけ利用せざるを得なかったが、このことは、もちろん、諸結果の信憑性を著しく減少させる。
(234) McClelland D. C. The achieving society. Princeton, 1961; McClelland D. C. [e. a.] The achievement motive. 2nd ed. New York, 1967（特に、P. 168-172 参照）; また、概観：Schuldermann S., Schuldermann E. Achievement motivation: Cross-cultural and development issues// Basic problems in cross-cultural psychology/ Ed. By G. N. Poortinga. Amsterdam, 1977. P. 149-159 と比較せよ。
(235) Edelstein. Op. cit.; Weil R. [Rec.]// RPh. 1980. T. 54. P. 159-161.
(236) Teggart F. J. The idea of progress. 2nd ed. Berkeley, 1949.
(237) Starr. Origins. P. 168f.
(238) C・H・クレマー『歴史はシュメールに始まる』モスクワ、一九六五年。

(239) Graeve. Op. cit. S. 3, 182-186. ギリシアに関しては、Finley. Early Greece. P. 146参照。

第二章　古拙期と古典期のギリシアにおけるアゴーン

第一節　ギリシアのスポーツとギリシア人の生活のアゴーン的側面

あらゆる社会における精神的生活と文化の発展は、個人の行動に対する社会の管理の厳しさの程度によってだけではなく（第一章第二節参照）、この管理が所与の社会の中でとる形態によっても大きく左右される。この形態はきわめて多様であり、その上、各人の具体的行為を是認するか否認するかが決定的な意義を持っている時に、その成員の行為に対する集団の日常的管理に重点が置かれているか、それに従うことが第一に人間の行為とでき上がった基準との調和を保障するに違いないところの、生育過程で浸透せしめられる内面的規範体系が、行為を規制する仕組みの基礎に置かれているかが、非常に重要な意義をもっている。[1] 英米の文献では、社会における個人の行動に対する規制の第一の型は、しばしば shame-culture［恥の文化］（違反者は恥を感じなければならない）と呼ばれ、第二の型は、guilt-culture［罪の文化］（違反者は自己の罪を自覚しなければならない）と呼ばれている。[2] ある社会ではいかなる種類の社会的管理が圧倒的に多かったかという問題の解明は、直接的な社会心理学的調査が可能な現代社会にとってさえ常に容易というわけではないけれども、[3] 我々の資料は、初期ギリシア社会、特にホメロスの叙事詩がそのために創られた貴族層においては、他人をまねることと外面的制裁すなわち shame-culture にもとづく社会的管理の優位について述べるのに十分な資料を与えてくれる。[4]

ギリシア人の優先的志向が、行為と内的価値体系が一致しているかどうかではなく、是認と非難に向けられていたことは、ずっと以前に指摘されている。[5] 貴族的価値体系全体を反映するホメロスの叙事詩は、[6] この志向を最高に明確に我々に見せてくれる。Αἰδώς——恥と不本意——が νέμεσιν——自己と同等な者からの非難——を招くことが、ホメロスの英雄の行動を規制するのである。[7] ホメロスの英雄の価値体系の中心にあるのは ἀρετή[8]——まわりの人々、まず第一に社会的地位において彼と同等の者によって評価されるべき勇敢さ[9]——である。[10] この評価は、英雄がとりわけ得ようと努める立派な名誉を彼に保障する。

ここでいくつかの例だけでも挙げよう。ネストルは、つい今しがたアテネが自分の家に立ち寄ったことを知って、自分、子供、妻に立派な名誉を与えてくれるよう同女神にそれだけを懇願している（Od. III, 380sq.）。ゼウスがアカイア人たちに勝つようトロイア人たちを助勢した時に、アガメムノンは、それをトロイア人たちの名誉を称えるものと受け取っている（Il. XIV, 72-73）。ヘクトルは、後の世代の人々も、彼に殺された敵の墓塚を見ながら勝利者を褒めたたえ、彼、ヘクトルも名誉は決して消え去らないだろうと夢想している（Il. VII, 81-91）。ネストルは物的な褒美のほかに、万人の中で天まで轟く名誉を成功した斥候兵にあたえると約束している（Il. X, 211-217）。ホメロスの英雄は、「私が死ぬか、それとも私が敵を殺すか」と言う代りに、「賞賛される機会を私が彼に与えるか、それとも彼が私に与えるか」と言うことができる（Il. XII, 328; XIII, 326-327）。

アキレウスは、長いが不名誉な人生よりも短いが名誉ある人生を選び、自分も敵に続いて間もなく死ぬことを知りながら、パトロクロスを殺したヘクトルに復讐するため合戦に赴いている（Il. X VIII, 95-96; X IX, 421-423）。「この上なく名誉な」という形容語は、『イリアス』におけるアガメムノンの常用形容語である（I, 122 ほか）。巨人ブリアレオス（または、アイガイオン）でさえ、ここでは「名誉を誇りとする」と特徴づけられている（I, 405）。『オデュッセイア』の中でアルキノスは、神々が、将来の世代に ἀοιδή ―歌があるようにと、すなわち彼らの偉業を賛美する英雄詩のためのプロットが現れるようにと、イリオスを滅亡させ、トロイア戦争で合戦する英雄たちを死なせるようにしたという考えを述べてもいる。

前述の諸研究では、古代ギリシア人の歴史的運命と心情における変化にもかかわらず、この名誉の肯定的評価、名誉を得ようと努める志向が、古典古代期の末までずっと優勢であったことを教えてくれる多くの資料が引用されている。(11) とりわけ市民が、何かで有名な市民共同体の成員とでも、市民権をもたぬ都市住民とでも、皆といわないまでもそのうちの任意の人と知り合うことができたポリス内の状況もこの志向を促進した。

スパルタ王たちは、戦闘で名誉に値する勲功を立てられるようにとムウサ女神たちにいけにえを捧げた（[Plut.] Apoph. Lac. 238 C）。ソロンは、自分が神々から幸福を得ることを望み、人々のなかではよき名誉を得ることを望んでいる（fr. 1, 3, 4G.-P.）。(12) 類似の表現での同じような希望をメソポタミア出土の前六世紀の碑文にも我々は見出す（IG XIV, 652）。

ピンダロスは、勝利者を称える歌が競争での勝利に完全な価値を与えると断言している（Ol. X, 1sqq.; Nem. VII, 20）。トゥキュディデスは、スパルタでのアテナイ人使者の口を借りて、恐怖を前にして、また人間の活動を方向付ける諸動機を並べ立てることによる利得を前にして、第一人者たらんことを求める名誉欲を引っ張り出している（I, 76, 2）。古典時代に遡る伝統に依拠するルキアノスの書の中でソロンは、「よき名誉を求める心」を最高の幸福と認めている（Anach. 36）。いわゆる『アノニュムス・イアムブリキ』――前五世紀のソフィストの著作の断片――は、名誉欲あるいはよき評判への希求を一般に合法則的と見なしているだけではなく、価値のランク付けで名誉を富よりも上に置いて、それを富への欲求の誘因の一つであると考えてもいる（90, 4, 2 DK）。

プラトンは、不滅の名誉を求める心は人々に自己を犠牲にさせることができると考えた（Symp. 208 c sqq.）。アリストテレスは、尊敬されようと努めることを、同時に彼は「大勢の人は尊敬でなく、利益を得ることを渇望する」(Pol. 1318a26) と指摘しているけれども、そのようにして人間は自己の徳を確信しようと努めると考えて、賞賛している (EN 1095 b 26 sqq.)。

イソクラテスは、立派な人からの高い評価は、我々が関心を持つ人の高い資質のよい証拠であると言っている (Hel. 22)。アリストテレスは、人物についての賛辞を彼に対する権威者の高い評価を援用して受け入れることを、自己の『弁論術』で加えている (1399a1 sqq.)。賞賛と非難をアリストテレスは、社会生活における人間の行動を規制する最も重要なものと言っている (EN 1109 b 30 sqq.)。アリストテレスは、彼が μεγαλόψυχος (およその意味は「精神の偉大なる」[13]、EN 1123 b-1125a: EE 1232a19-1233b31 と比較せよ) と特徴づける人間に最も高い賞賛を与えている[14]。加えて、他の個所では (An. Post. 97b15)、この資質の手本としてアリストテレスはアキレウスとアイアコス――典型的な叙事詩的な勇敢さの持主――を挙げている。その後ホラティウスは、詩歌におけるギリシア人の成果と、彼らが「名誉のほかは何も求めなかった」ことを結びつけている (Ars p. 324: praeter laudem nullius avaris)[15]。

多くの場合に、敬意と名誉を得たいという渇望は、支配的観念の観点から見れば信じ難い行為に駆り立てた。たとえば、シュラクサイの僭主ヒエロンが人々を強制的に移住させて、カタナの地に、英雄 - 創始者として尊敬されるようにと新しい都市アイトナを創設したという伝承がある (Diod. XI, 49)[16]。エムペドクレスについては、彼が天の神々に連れてゆかれたかのように周囲の人々を信じさせようと望んで、ひそかにアイトナの火口に飛び込んで自殺したと語り伝えられた (D. L. VIII, 67-75)。二世紀の冒険家ペリグリヌスは、ルキアノスが語っているように、一生自分のことを何としてでも語らせようとし、最後には、焚火用の薪の山に登ったヘラクレスをまねることを望んで、厳かに自分を焼いた (De morte Peregrini)。

しばしば、明らかに非難に値する行為をしてでも、あるいは、このようなことを自分のせいにしてでも、有名になろうとした人がいた。たとえばアルキロコスは、ケルン・パピルスの中の34, 72 Diehl の断片で[17]（それが彼のものとすれば）、個人の権利の限度を越え、無作法を重ねて、自己の作品に故意にスキャンダラスな性格を持たせている。アルキビアデスについてプルタルコスは、アテナイ人が正にそれをしたのは彼だと話すよう、高価で美しい犬の尻尾を切って不具にしたと伝えている（Alc. 9）。ヘロストラトスが、拷問にかけられて自白したように、ただ悪い評判をとるためにエペソスのアルテミスの神殿に放火したふるまいは広く知られている（Val. Max. VIII, 14 ext. 5）。

マケドニアのフィリポスを殺したパウサニアスについては、彼はソフィストのヘルモクラテスに影響されて、このふるまいをする決心をしたと伝えられている。すなわち、彼がどうすれば最大の名声を得ることができるかと訊ねたとき、最も偉大なことをした人を殺せば、という答えを得たという（Diod. XVI, 94）。同様な理由でアリストテレスの甥カルリステネスがマケドニアのアレクサンドロスの護衛兵ヘルモラオスを王を暗殺する企てに駆り立てたとか言われている（Plut. Alex. 55）。どのようにして名誉を得るかという似たような問題をもってシノペのディオゲネスがデルポイの神託所に伺いを立てたとか、疑わしい伝承が確言している。あいまいな回答を得たので、彼はそれを貨幣の偽造を勧めたものと解釈して、この託宣に従った（D. L. VI, 20-21）。アテナイオス（X, 6; XIII, 5――喜劇から）とエリアノス（VIII, 27; II, 41）の書の中で我々は、肥満ややせすぎ、低い身長、大食、暴飲、愚行などによって悪い評判をとった人々が列挙されているのを見出す。

すでにホメロスの叙事詩で顕著に現れる（『イリアス』第一書、一四九行以下参照）すべての時代のギリシア人に特徴的な、敵や競争相手を公然と罵る傾向は、自己自身の評価への関心や名誉欲の自然な裏面である。

すでにギリシア文学史の最初期の段階で嘲笑や悪口雑言を主な内容とする特別なジャンル――イアムボス詩が現れたことは、非常に注目に値する。敵対者を悪く言うことは（διαβολή）ギリシアの弁論術の技法の一つに加えられた。

ギリシア人は（ローマ人と同様に）自己の功績、あるいは、他人のある長所（美しさも含めて）を公然と誇示し、それらのことを大声で言ったりすることを許し難いこととは思っておらず、[18] また、敗北した者や失敗した者を遠慮なく嘲笑した（すでにIl. XVI, 744-754; XXII, 373-382参照）。我々は、依頼されて書いたシモニデスとピンダロスの作品も含めて、多くのギリシア詩人の作品の中で自己礼賛にぶつかるが、このことは、このような表明が大きな非難を受けなかったことを証明している。

画家パラシオスは、深紅色と金色の衣服を着て、アポロンの末裔として芸術において完全の域に達した最初のギリシアの芸術家として詩の中で自分を褒め称えた。自己の自画像に彼は献詞『ヘルメス神』を添えた（Athen. XII, 62）。ダレイオス軍のためボスポロスにかかる橋を建造したマンドロクレスは、彼を賞賛する碑文も付いた、渡河を描いた絵をサモスのヘラの神殿に奉納して自分で自己の功績を褒め称えた（Hdt. IV, 88）。じゅうたん作りの熟練職人でさえデルポイの神殿にじゅうたんを奉納して、アテネ女神自ら彼の仕事を援助してくれたと断言することができた（Athen. II, 30）。アナクサゴラスは、自分が死んだ月に子供たちが毎年休暇をとるように取り計らってくれるよう求めたという。おそらく、アルキダマントスから出ている話は、かなりもっともらしい（D. L. II, 14）。[19] 自分についての思い出を不滅なものにしたいという願望がこの場合明瞭である。

賞賛を得たいという欲求の裏面である非難、嘲笑への敏感な反応も、古代ギリシア人にとってきわめて特徴的なものである。『小イリアス』（Od. XI, 543-565と比較せよ）と、ソポクレスも含むその後の文学的伝承におけるアキレウスの甲冑をオデュッセウスに贈るという決定に立腹したアイアコスの狂気の怒りがこのことを非常によく示している。

その歴史的正確さとは関係なく、アルキロコスの嘲笑がリュカムボスの娘を自殺させ（Anth. Gr. VII, 351, 352; Schol. Hephaest., P. 281, 8 Consbruch）、ヒッポナクスのイアムボスが彫刻家ブパロスとアテニソスを自殺させた（Suid. s. v. Ἱππῶναξ; Plin. HN XXXVI, 11, 12）という伝承は、非常に示唆的である。ポリアグロスは喜劇の中での嘲笑に耐えられず、首吊り自殺をした（Ael. VH V, 8）。エウリピデスのメデイアは再三、咎めも受けずに自分が笑いものにされないようにすることを、自己の途方もないふるまいの理由にしている（Ned. 797, 1049, 1355, 1362）。ピュタゴラスについては、彼が他人のいる前で叱った弟子のうちのある者が自殺してからは、弟子と二人きりでなければ叱責することを止めたと伝えられている（Plut. Quom. adul. 32 = Mor. 70F）。

プラトンは、多くの人は、自分を賢いと思い込んでいる人をソクラテスが窮地に立たせるのを満足そうに眺めるためにその周りに居ようとするのだと、ソクラテスに言わせているが（Ap. 33 c）、ディオゲネス・ラエルティオスは、ビュザンティオンのデメトリオスを引用して、論争で負かされたソクラテスの対談者は侮辱されただけではなく、殴られたり、髪の毛を引っ張ぱられたりされたと伝えている（D. L. II, 21）。

プルタルコスの書で我々は、おそらく、このようにして現れる個人の行動に対する社会の管理形態をよく特徴づけるであろう二つの普遍的な考え方を見出す。ティモレオンの伝記の中でプルタルコスは、人は一般に損害よりも侮辱の方が耐え難いと語っている（Tim. 32）。「七賢人の宴」の中でプルタルコスは、「最も賢明な民衆は、市民が法律よりも非難を多く恐れるところで行動する」と断言したのはクレオビュロスであるとしている（Conv. Sept. sap. II = Mor. 154 E）。

例として挙げた証拠となる記述は容易に増やすことができるであろうが、それがなくとも、我々がまず第一に関心をもつ古拙期と古典期も含めて、古代ギリシアでは、人が所属した集団（範囲がより狭いものも、より広いものも）の評価が、決して共同生活上の諸原則を作る視点においてだけでなく、具体的な種々相における個人の行動の最も重要な規制装置であったことは明らかである。

他方、古代ギリシア社会、いずれにしてもホメロス時代から古典期までは、周囲の人々を越えようと目指すことが人生の目的達成において重要な意義をもつ、いわゆる競争社会の範疇に属していた[20]。

我々はすでにホメロスの英雄の行動が、その社会層の中で支配的な勇敢さ（ἀρετή）の観念によって判断されると述べた。次に我々は、重要な補足的細部を指摘しなければならない。すなわち、ἀρετή への希求は明確に競争的性格をもっており、人間の地位はホメロス社会では単に彼の行動が ἀρετή の観念に一致することによって決められるのではなく、社会的地位で彼と比較できる人々の同様の努力や成果と比べて不断に判断されていた。[21]

自分の息子たちをトロイア付近に送ってペレイウスはアキレウスに、そして、ヒッポロコスはグラウコスに、「常に他者を抑え、それに優るように」と命じており（Il. XI, 784; VI, 208）、その上、ここではまず第一に、もちろん、戦闘における勇敢さが念頭に置かれている。[22] ホメロスのアプロディテへの讃歌（IV, 103）では、アンキセスは、何よりも名誉を、しかも単に大きな名誉ではなく、他のトロイア人たちと比べて優先的に名誉を賜るよう女神に乞うている。より後代の資料の中で我々に伝わった神話は、英雄時代の人々を同じように描写している。たとえば、ヘラクレスについては、トロイアを最初に攻略した際に、城壁の割れ目を越えて最初に侵入したテラモンの勇敢さを羨んで彼に剣をもって襲いかかり、ヘラクレスに敬意を表して祭壇を建てるというテラモンの言葉を聞いてようやく止めたと語り伝えられている（[Apollod.] II, 6, 4）。オデュッセウスは、何か当然なことのように、野良仕事での競争についても語っている（Od. XVIII, 366 sqq.）。農民詩人ヘシオドスは、二種のエリス——反目と競争心——を社会における人間生活の主要な原動力と見なしている（Op. 11-26; 311sqq.）[23]。

生活のさまざまな分野における競争の雰囲気は、古拙期時代にとって特徴的なものである。[24] 近代に発生した、生産費および売値の不断の引き下げに根拠を置く資本主義に特徴的な経済的競争形態は、古代ギリシアにとっては典型的なものではないが、経済的競争の種々相は、すでに古拙期としては十分に確証されている。[25] 我々は羊毛梳きの競争についての資料を持っている。[26] アッティカの碑文は、職業的技術における職人たちの多少とも秩序立った競争のことを証明する（IG II-III, 6320; 7268 = Gr. Versinschr. 540）[27]。前五世紀の第3四半期のアッティカの碑文では、碑文自体ではフリュギア人と特徴づけられている故人マネスが、自分より優った木こりを見たことはないと言っている（IG I. 1084）。

古代ギリシアでは読み書きの教師（文法学者）、音楽や体操の教師の指導下にあった初等教育がすでに競争原理で貫かれていた。[28] スパルタ市民の訓育では競争原理は、クセノポンがルュクルゴスの重要な法律として「勇敢さの競争」あるいは、「徳の」競争を述べるほどの意義を持っていた（Res. Lac. IV. 2-6）。

あらゆる国家における内部の政治的闘争の根底には、また国家間の外的紛争の根底には、常に個人、社会的グループ、国家の現実の利益がある。しかし、これにもとづいて当然に、単に自分のためあるいは自己の社会的グループのためより多くを得るだけではなく、競争相手と見なされている他の人々が得るよりも、あるいは、もつよりも多くを得ようという欲求がどこでも生ずる。この競争の要素は、戦う者の心理として相対的に独立的な意義を得ることができ、まさにこのような状況に我々は古代ギリシアで出会うのである。

相反する利害の現実的基盤からこの競争心が出てくることについては、さまざまな見解がある。ギリシアの政治における純粋に競争的、アゴーン的な要素の探求では、H・シェーファーが他の人よりも先行していた。[29] V・エーレンベルグも、[30] 他の研究者たちも彼に異議を唱えていた。ここで解決することは非常に難しい。常識のある人なら誰でも、ピンダロスにその祝勝歌を創作させたのは報酬への欲求だけではなく、名誉への渇望と創作への内的意欲でもあったことを否定しようとはしないであろう。しかし、比較的良好に文書で証明されたペロポンネソス戦争の時代についてさえ、我々は、ペリクレスの没後アテナイの政治家のうちの誰が功名心や競争心によって駆り立てられたか、[31] 誰が最も多く金儲けに励んだか、誰がアテナイ全体の利益あるいは彼に近い社会的グループの利益を守りつつ、自分は自己の義務を果したと思ったか――動機が重なることがあり得ることは言うまでもなく――まったく判断できる状態にない。もっとも、政治的生活における競争原理の役割の問題は文化革命の問題に直接関係ないので、我々は、ギリシアの政治的生活においてそれ以上のもっともな理由のない競争という要素が、たぶん、我々によく知られた大多数の社会におけるよりも実際に目を引いたという理解を具体的に例証してくれる一つの事実だけを、引用するに止める。ヘロドトスが語っているように（VIII, 123-124）、サラミス付近での勝利後にギリシアの将軍たちは、ギリシア人たちのうちの誰が一番勇敢さで賞を受けるにふさわしいかの問題を投票で決めようと試みたが、そのとき将軍たちは自分自身に票を入れた。

しかし我々にとってより重要なのは、ギリシア人の生活上重要な領域——戦争、政治あるいは経済——における闘争が、目的そのものとしての競争の要素も内に持つことができたことではなく、ギリシア人の競争心が、功利主義的な目的のない、またはその目的が明らかに後方に退いているような活動形態にも浸透していることである。

我々は、J・ブルクハルトにこれらの特徴を絶対視させて、古拙期のギリシア人を「アゴーン的人間」と特徴づけさせた、ギリシア人の生活の特徴そのものを念頭に置く。[32] 我々は、このアゴーン心がギリシアにおける文化革命にとって大きな意義を持っていたと考えるゆえに、ブルクハルトの考えに対するその後の世代の学者たちの態度を簡単に述べることにする。ブルクハルト自身は、生活の全分野における競争原理の普及を述べていたけれども、[33] 運動競技のアゴーンと、最小限に詩歌のアゴーンの役割に注意を集中した。ギリシア人の全生活に浸透する競争、アゴーンの原理については、フリードリヒ・ニーチェが一八七一—一八七二年の草稿の中で、生活上の利害のための競争と、純粋な競争心と起源を同じくする競技とを区別せずに書いていた。[34]

K・ヨーエルは、自己の哲学史の中で、アゴーンがギリシアの哲学や他の文化分野にあたえた衝動の意義を何度も強調した。[35] 一九三二年にハンス・シェーファーは、ギリシア人の生活における競争原理の役割に関するブルクハルトの思想を受け継いで、前六—前五世紀のギリシアの諸都市間の関係におけるその役割を研究した。[36] これと同じ視点からギリシア人のアゴーン的性格をアルフレッド・ヴェーバーが指摘した。[37]

ギリシア人の生活のさまざまな分野における競争原理の役割を、一九三五年にこれに関連する諸問題を特に検討したヴィクトル・エーレンベルグが高く評価した。[38] エーレンベルグはブルクハルト[39]に続いて、ホメロス時代と古拙期の間のアゴーン心の現れの程度の相違を強調したが、[40] 他方、W・イェーガーは、アゴーン心について述べて、むしろホメロスの英雄たちとその後の時代のギリシア人にとって共通なものであったことに力点を置いた。[41] ここではイェーガーが真実に近いように我々には思える。いずれにしても、なぜエーレンベルグがこのコンテクストの中でホメロスの英雄たちが裸体にならずに競争したことを重要視しているのか、困惑させられる。[42] それだけでなく、ホメロスとその英雄たちの賞の価値への注目について述べながら、[43] 競争する英雄たちの財産状態と比較して、それらの賞が微々たる価値のものであることをエーレンベルグは見落してはならないであろう（後述を参照）。

ギリシア人のアゴーン的性格という考えは、ヘルムート・ヴェルベも発展させた。[44] 彼は一九三七年にエーレンベルグの著書を書評して、同書はギリシア人のアゴーン原理を《die blutgegebenen Kräfte》と認めていない、すなわち、それを昔からの人種的血統に起源を求めていないとして、民族的‐社会主義的イデオロギーの意識で彼を非難した。[45] L・エーングレルトは、ギリシア人が北欧人系人種に属することによって彼らのアゴーン心を説明し、[46] ギリシア人のアゴーン原理についてH・スティルが書き、[47] A・ポーペは、すでにホメロス時代をアゴーン的時代と考えた。[48]

一九三九年にJ・ホイジンガは『遊戯人』を出版し、その中で人間の文化における遊戯の基本的役割、それが古くからあること、また人間の他の活動形態と同一視できないことを明らかにした。[49] この著述の中でホイジンガは、彼が遊戯への欲求の現象の一つと見なすギリシア文化のアゴーン心にも頁を割いている。

M・ポーレンツは、ブルクハルトの考えを発展させて、ギリシア人の生活において最も重要な意義のあるものはアゴーン原理であると認めている。彼はそれをギリシア民族が本来もっているものと見なして、たとえば我々が原級を予想する個所で形容詞の比較級を使うことに見られるような（たとえば、Od. VII, 159; X IX, 322参照）、μέν, δέ［一方では……他方では……］などの助詞を使った常用的な比較におけるような、ギリシア語の特徴の中にさえ、それが現れていると書いている。同様なやり方で彼は、ギリシア人が戦勝記念標を建てて、戦いで得られた勝利と、エレトリアとカルキスの戦いで投擲道具を使用しないという敵対する双方の解決法を必ず証言しようと努めていたことも説明している。ギリシア史におけるアゴーン的時代を特に選定しなかったポーレンツの著書では、アゴーン原理に源をもつ、ギリシアの文学と雄弁術の比較（σύγκρισις）の傾向も現れる。[50] ギリシア人にとっての「アゴーン心」の特殊性と、ギリシア文学と全西洋文学の形成にとってのその決定的意義をR・ハルデールが認めていた。[51]

一九六五年にH・ヴェルベは、概論『ギリシア人のアゴーン心について』を書いた。[52] ここで彼は、自己の先駆者たちの先を行き、思うに、ギリシアにおける文化革命の全局面にとってのアゴーン原理の基本的意義について本書で根拠づけられている認識に迫った。たとえばヴェルベは、ソフィストたちにとってだけではなく、真理を認識することが競争での賞であったソクラテスにとっての競争原理の意義を指摘し（Kampfpreis: S. 18）、アゴーンは哲学と科学に「体系的な認識方法」としての対話を与えたと主張した（S. 19）。最近発表された著述の中でB・ヴィリンスキーも古代ギリシアの精神文化におけるアゴーンのとても重要な役割に注意を向けている。[53]

しかし、ギリシア人のアゴーン心という概念は、きわめて激しい反論者にも出会ったと言わなければならない。そのひとりインゴマル・ヴァイラーは、競争心は他の民族と比較してギリシア人にとって何か特殊なものではなく、それゆえ、まさにギリシア人をアゴーン的民族と特徴づけることは不適当であり、[54] また、勝利から生ずる利益や優位ではなく勝利そのものを求めるのがギリシアのアゴーン志向だという主張は、現実の事態と一致しないことを明らかにしようと試みている。[55] M・フィンレイ、W・プレケト、R・ヤングは、全古典古代期の間ギリシアのスポーツでは、十分に感知できる利益を期待できることがそれを促す誘因であったと主張して譲らない。[56] ロベルト・ムートは、ギリシアに関する我々の観念をロマンチックな幻想から解放しようと努めて、ギリシア人の運動競技の否定的な面を強調している。彼は、オリュンピア競技会の時期に定められた軍事行動の中断を研究者たちが重視していることに反論して、競い合う者のずるさや冷酷さへのギリシア人の寛容な態度と、勝利者が手にした物質的特典の価値を主張している。[57]

古代ギリシア人の生活における独特のアゴーン的傾向という説に反対するワイラーの異議について言えば、それはすべて的外れなことを言っている。ブルクハルトでさえ、前文字民族と古代東方諸国家の文化についてきわめて僅かなことしか知られていなかったその時代に、さまざまな種類の競争がそこにあったことを指摘していた。[58] V・エーレンベルグは、実際はすでにワイラーの前に先手を打っていた。我々は彼の著書で次のような考えを見出す。――「アゴーン原理は、ある意味では人間共通の性質であるが、歴史の見地からはそれ自体としては、興味を起こさせるものではなく、また無意味である」[59]。しかし、エーレンベルグは、「アゴーン心」が大多数の社会で生じているよりも大きな役割を果たし始めている社会生活形態が、ある民族でき上がっている場合を指摘している。[60] たとえば、エーレンベルグは、ごく最近のモンテネグロの生活における相応する諸特徴を指摘するゲーセマンのモンテネグロ人に関する著作を引用し、[61] そして自身、我々にアイスランドのサガが与える社会状況で、[62] また、二〇世紀に始まる、至るところで見られるスポーツへの熱中に[63]類似の諸特徴を見出している。

しかし、古代ギリシアほどにアゴーン一般を目標とした、とりわけ運動競技の競争を重要視した社会が我々に一つも知られていないことが重要なのである。[64] この一般的規定は、まず第一に、我々に知られたすべての前文字社会にとっては正しい。[65] 我々の資料から判断するに、古代東方の諸民族の中では古代エジプト人が、他の民族よりも肉体運動を重視していた。しかし、まさに体育の発展におけるエジプトの役割を強調するために書かれた古代エジプトにおけるスポーツに関する専門的著述からは、ギリシアにとってかくも特徴的である恒常的な社会的制度としての競争がエジプトにはなかったことが、特にはっきり分かる。この事実は、この著述の著者たち自身も認めている[66]。ワイラーが引用するS・N・クレマー[67]とマルガリータ・リムシネイデルは、古代東方諸国におけるスポーツのことを述べて、ギリシアの運動競技と僅かに比較できるものさえ、資料を挙げていない[68]。運動競技の訓練へのローマ人の否定的態度は誰でも知っていることである[69]。

すべての前文字社会とすべての古代世界の国家と比較してユニークな古代ギリシアにおけるアゴーン的運動競技の発展は、歴然たる事実である。この事実を認めることは、ギリシア文化の伝統的な理想化により諸事実を考慮することを望まぬこととは何の関係もない。ある現象をギリシア人の特別な財産と認めることは、決して無条件にそれを賞賛することを意味しない。とりわけ、ムートが描く[70]競技者の無慈悲と狡猾の場合に対して寛容な態度を示す陰気な叙述は、我々にはしかるべき現実と思えるだけではない。我々は、このギリシアのアゴーン制度の暗い側面はアゴーン的志向の本来の現象であり、それ自体文化の全分野におけるアゴーン原理の普及を促進した要因の一つであったと考える。おそらく、オリュンピア競技会の時期にギリシアで定められた休戦の意義を誇張することに反対する批判的意見は正しいであろう[71]。オリュンポス山のオリーヴの木の枝を「およそ偽善の象徴[72]」とする特徴づけは明らかに誇張ではあるが、全時代の多くのギリシアの競技者にとって勝利がもたらすことができた物質的利益の意義をムートが執拗に強調しているようなことも[73]根本的な反論を招かない。ムート自身は、ギリシアのアゴーン制度の最盛期に多くの競技者が物質的利益を求めなかったという歴然たる事実を認めており、そして、オリュンピア競技会の主催者たちが、この自尊心を満足させる、実際には彼らにとって好都合なスポーツへの態度を心の中で共有しなかったと考える根拠は我々には何もない。

ワイラーも、ムートも、アゴーン制度における誘因として功名心と名誉欲の意義を強調している時は、無条件に正しい[74]。J・ホイジンガが書いた、ただ功名心と競技への欲求の結合の結果として、社会的制度としてのアゴーン制度の出現が可能なのである。しかし、勝利の結果としての誇りと名誉は物質的利益と根本的に分離され得ないというワイラーの考えは、いかなる場合でも受け入れられ得るものではない[75]。理想的な満足を与えるものへの欲求と物質的な欲求を与えるものへの欲求との間の根本的相違がないことは（一方は他方を排除せず、また、これらは異なる割合で結合し得る）、どちらの欲求も満足させる現実の可能性をもつ人間の心理として仮定することができる。我々は、社会全体を研究し始めればすぐ、この根本的相違そのものを見出す。すなわち、物質的利益への現実的期待が現れる時にだけアゴーン制度は、自己の生活状況自体が原因で時間を消費することができず、また、自分の物質的保障の限度をいくらかでも越えることに時間と労力を費やすことができなかった住民層の代表者たちをその世界に誘い込むのである。それと同時に、まさにこの進歩の結果、特権階級の間のスポーツへの関心は弱まる[76]。

この相違は、我々の検討している問題の見地から特別な意味をもっている。すなわち、名誉欲が競争者を促す主要な誘因となった状況の中でだけ、我々が推測する、一定の人々の集団の、運動競技からさまざまな文化の分野――いかなる物質的利益も期待させず、ただ名声を与えるだけのものも含めて――への志向の移行が生じ得たのである。

次には、スポーツ技術および競争の組織化の観点からではなく、ギリシア人の生活におけるアゴーン制度の役割と、それがヘラス人の生活上の理想にあたえた影響を明確にするために、ギリシアのアゴーン制度を少し詳細に考察しよう。我々はすでに、ミケーネ時代の古代ギリシアがまだ、後の時代の古代ギリシア人に特徴的で古代史においてユニークな発展過程にはなかったことを述べた[77]。ミケーネ時代のギリシア人は、芸術の遺物から判断できる限りでは、さまざまな遊びや肉体運動を実際に行い、そして、多少とも秩序ある競争を知っていたけれども、彼らは近隣民族の中で際立ってこの活動分野に高い関心を持っていたわけではなかったという事実も、このこととまったく相応する[78]。

ギリシア固有のアゴーン制度の発展は、我々にとっては、条件付きでホメロス時代と呼ぶ時代から始まる。[79] ホメロス時代のギリシア社会で我々は、明確に抜きん出ていた支配階級――武人貴族階級を見出す。[80] この貴族階級は、典型的な「有閑階級」（トルスティン・ヴェブレンの用語によれば、leisure class）であった。[81] 彼らは多くの自由な時間を自分の思うように使いながら、特別な生活形態、特にいわゆる「誇示的な消費」（conspicious consumption）によって社会全体の意識の中に自己の支配的地位を確保しようとする傾向を見せる。[82] 現実のギリシア人の生活では非常に高価な肉、まれに、ずっとよりありふれた食品である魚がその時の主要な食物であった、ホメロスによって記述されている宴会は、この生活様式のただ一つの、しかし、非常に独特な特徴である。

ギリシアの貴族階級における誇示的消費の傾向は、――現実を変形させている詩作品を含む叙事詩によって左右されない明白な客観的証拠によって――貴族階級の需要に応じた、我々には何よりもディピュロンの壷によって示される、円熟した幾何学文様時代の芸術の発展によって確認されている。[83] ホメロスによって何度も挙げられ、『イリアス』第二三書と『オデュッセイア』第八書で詳細に記述されている、支配者層の富、余暇、活力の明白な誇示である競争も、[84] この同じ誇示的消費の範囲に入る。その際、富は競争で与えられる賞品の形で誇示され、余暇は、競争自体のために必要な時間だけではなく、上首尾の試合ぶりを保障する唯一の道である計画的トレーニングのために必要な自由時間も誇示される。[85]

『オデュッセイア』第八書では、パイエケスの人々の競技が記述されており、その際パイエケスの人々にはオデュッセウスもそれに参加するよう招くことがまったく当然のことと思われている。オデュッセウスが初め断わりかけたとき、エウリュアロスは、軽蔑の念をこめて、多分あなたは運動競技に縁のない貪欲な商人だろうと面と向かって推測を述べた（VIII, 158-164）。他方アルキノオスの息子ラオダマスは、自分の脚や手で成し遂げられるもの、すなわち運動競技の成績より大きな名誉を人に与えるものはないと率直に言っただけである（VIII, 147-148）。[86] ペネロペイアの求婚者たちは、自分たちの楽しみを満足させるため乞食たち――イロスと変装したオデュッセウス――の喧嘩を殴り合いの本当の試合にする（XVIII, 40 sq.）。

オデュッセウスの弓を用いてペネロペイアの求婚者たちを試すフォークロア的要素を持つモチーフも、アゴーンが至るところで行われていたという一般的状況の中に加えられる（Od. XXI）[87]。一騎打ちを前にしてのアキレウスによるヘクトルの追跡は、人馬の競馬競技と比べられている（Il. XX II, 159-166）[88]。ホメロスが描いて見せる情況と完全に一致して、前八世紀にはすでに芸術の遺物がアゴーンという題材に大きな場所を割いている[89]。ヘシオドスに関係のある『ヘラクレスの楯』の詩の中では、ヘパイストス作の三脚の供物台が賞品とされている二輪馬車の競馬競技が記述されている（Sc. 305-313）。

運動競技のアゴーンあるいは詩歌のアゴーンは、ギリシア神話の恒常的要素である[90]。英雄時代の人々の生活でアゴーンが重要な意義を持っていたことの例証として二例だけ挙げよう。アイアコスの息子たちについては、テラモンとペレウスが自分たちの兄弟ポコスを殺したと伝える確かな神話的伝承が存在していた。この伝承の支脈の一つは、何とこの殺人をすべてのアゴーンでポコスが成果を挙げたためだと説明している（[Apoll.] III, 12. 6）。オリュンピア競技会の制定だけではなく、競技で最初に勝利を得たのもヘラクレスであったとされている（Pind. Ol. IX, 1 sqq.; Paus. V, 8）。

ホメロス時代（古拙期も同様）における「最高の」、固有な貴族的生活様式の発現および誇示としてのアゴーンの明白な機能は[91]、多くの研究者によって推測されているアゴーンの宗教的基盤と決して矛盾しない[92]。すでにホメロスでは競争は、宗教と祭祀との内的な結びつきを失ったものとして我々の前に現れている[93]。すでに指摘した古代における肉体労働の役割（Philostr. Gymn. 43: Gal. Hyg. 133; Thrasyb. 41 と比較せよ）も、運動競技の起源の一つとしてのその競り合い（Gal. Thrasyb. 9）も、ギリシアのアゴーンの社会的機能にとって意義を持っていない[94]。

この点運動競技の、同時に兵士の訓育における競争の明白な役割がはるかに大きな意義を持っている。[95] しかしハーゼブロックは、戦争準備の必要がギリシアのアゴーン制度の根本的な始まりであったと主張して、明らかに過大評価している。[96] 彼は全ギリシアのスポーツ史にわたって、戦争準備のためにはまったく適さないかごく僅かしか適さないような、その変型が優勢であったことを考慮していない。すでに『イリアス』第二三書では、あらゆる種類の競争の中で優勢である二輪戦車競争は、決して戦争準備を促進しなかったが、馬のため特に多額の出費を伴った。ἀεθλοφόρος――「競争で賞を（所有者に）もたらすところの」は、ホメロスでは馬の普通の修飾形容語であり（Il. IX, 124, 266; XI, 699 など参照）、そしてそれは、すでにホメロス時代における所有者の社会的地位の象徴としての馬の役割をはっきり特徴づけている。アリストパネスの『雲』に至るまで豊富に存在する、その後の世紀における馬の同様の機能の証拠を引用する必要はない。騎士が乗った競走も軍事的準備にとっての意義はきわめて小さいものであった。武装しての競走は、ギリシアのアゴーン制度の方法の中では、武器をもたぬ競走よりも意義が小さく、[97] アーチェリーは円盤投げよりもずっと意義が小さかった[98]（Luc. Anach. 32と比較せよ）。多分、我々に知られているアゴーンのうちアテナイ人たちによって催されたスニ岬付近での三段船の競争が最も「軍事応用的」意義を持ち得たであろう（Lys. XXI, 5）[99]。

より後代から我々は、兵士と競技者の肉体的準備における本質的な相違に関する直接的な証拠を持つ（Pl. Res. 404a; Plut. Phil. 3; Nep. Ep. 2; Arist. Pol. 1338b 40 sqq. と比較せよ）。直接的な価値を自己にもたらさない仕事として運動競技を扱う態度に不満なプラトンが、スポーツの軍事教練的機能の独占的な支配を夢想し、『法律』の理想国家の中でいろいろな競走による競技――しかし、すべて武器が必須の――を計画したのは偶然ではない（Leg. 832d-834c）。その像の多くがミレトスで飾られた、オリュンピアとピュティアのすべての運動競技の勝利者たちはどこにいたのか――ペルシア人が都市を占領したとき、彼らはどこにいたのか――という、多分マケドニアのアレクサンドロスが抱いたと言われている不審の念も同様な見方を反映している（Plut. Reg. et imp. Apopht. 8 = Mor. 180 A）。

古拙期ヘラスにおける運動競技のアゴーンと詩歌のアゴーンの発展における明瞭な類似も、ギリシアのアゴーン制度においては軍事実用的目的が決定的役割を持っていなかったことを物語っている。また、ローマ人がギリシア人のようにスポーツ的なアゴーン競技に熱中しなかっただけではなく、それをローマ人と戦士にふさわしくない暇つぶしであると率直に考えて、全地中海沿岸地方を占領する古代最強の軍隊を創ることができたのは偶然ではない。[100]

ホメロス時代の競争と最後代の全ギリシア的競技との最も大きい相違は、後代の全ヘラス的アゴーンにおける枝や花輪と違って（Luc. Anach. 9 sqq.）[101]、前者の競争の賞品が物質的価値を代表するものであったということである。[102]しかし、その駿馬によって得た賞としてアガメムノンに与えられた多くの金について彼が何と言おうと（Il. IX IX. 125-127）、すでにホメロスでは競争者の注目の的になっていたのは利益ではなく、成功と名誉であった。[103]このことはパトロクロス没後のアゴーンならびにパイエクス人たちのところでのアゴーンについての全叙述から、そして特に賞品をめぐる言い争いでアンテイロコスがアキレウスに言った、もしその者が望むならば自分の競争相手にさらにもっと価値のある賞品をやるがよい、だが自分のものを譲ることは絶対に断るという言葉から（Il. XXIII, 551）明らかである。[104]このことは当然なことである。すなわち、競争に参加するホメロスの英雄たち（彼らはほとんどすべて王――バシレウスである）にとっては、アキレウスによって提供される最も価値のある賞品でさえ、専ら富化の手段として（または、まず最初にそれ自体として）魅力的なものとなり得なかったのである。[105]

ホメロス後の時代にオリュンピア競技会や他の全ギリシア的競技会が生まれ、地方的意義を持つ多数のアゴーンが整備されるが、貴重な三脚供物台や大鍋が賞品になるところでは、競争者たちは通常それらをある聖所に奉献する[106]。ヘロドトスでは、例によって彼がギリシア人の考え方を言わせているペルシア人たちは、たった一つの花の冠のためにヘラス人たちが競技をしようとしていることを、ヘラス人たちを危険な敵にする、彼らの勇敢さの徴候と考えている（VIII, 26）[107]。同様な調子で最後代の著述家たちも、たとえばディオン・クリソストモスも述べている（XXXI, 21-22）[108]。クセノポンは、運動競技や軍務で技能を訓練によって獲得したのに、競技や戦争で自己の成果を示す機会を利用しない人間の行為を愚かなことと考えている（Cyr. I, 5, 10）。

ギリシア人たちはオリュンピア競技会を、クセルクセスが侵入した時の前四八〇年も含めて、ヘラス史上最も困難な時期でさえ中止しなかった[109]。ヘロドトスの言によれば、このことはペルシア人たちに強烈な印象を与えた（VIII, 26）[110]。最も困難な横断——メソポタミアから黒海沿岸への退却——を行ったギリシアの傭兵たちは、競技会ができるようになるとすぐそれを催した（Xen. An. IV, 8, 25-26; V, 5, 5）。マケドニアのアレクサンドロスの兵士たちも、その遠征の時にアゴーンを催した[111]。アテナイ人の生活を魅力あるものにする最も重要な娯楽としてのアゴーンについては、トゥキュディデスがペリクレスの弔辞の叙述の中で述べている（II, 38）。アリストパネスでは、トリュガイオスが平和の女神の復帰のよい機会に運動競技のアゴーンを催している（Pax 895 sq.）。

アゴーンは、ギリシアのポリスがありさえすれば、どこでも催されていた[112]。中には、我々の黒海北岸地方のようなギリシア世界の辺境もあった[113]。スパルタでは運動競技の競争の進行を最高行政官の監督官が監督していた（Xen. Res. Lac. VIII, 8, 4）。

知られているように、ギリシアのアゴーン制度はホメロス時代から軍事貴族の世界で発展した。まさに貴族層の中で、成果と名誉のため[114]根気を要するトレーニング、自己規制を伴う努力[115]の伝統ができ上がった。アゴーン制度は、貴族がほとんど至るところで政治的支配も、唯一の安定した社会的集団の地位も失った時でも、古代氏族の末裔が自己の優越性を示すことができる生活分野として長く残った[116]。その代表者たちが代々全ギリシア的競技会における勝利者の名誉を獲得した家族が存在した。[117] たとえば、ピンダロスは、コリントスのオリガイテイダイという、そのような氏族のことを語っている（Ol. XIII, 45 sqq.）。諸碑文は、テッサリアにおけるこのような氏族の存在を確証する。[118] パウサニアスは、レプレイオン人アルケネトスの血を引く競技者の氏族、メッセネのアリストメネスの子孫であるロドスのディアゴラスの家族を挙げている（VI, 7, 1-3）[119]。

全ギリシア的競技会への参加は何よりもまず多くの自由時間を必要とした。問題は、たとえばオリュンピアでは競技者たちは競技会の始まる一ヶ月前から集合したということだけではなかった。成人の競技者たちは自分の祖国で準備として一年間のトレーニングを義務づけられていたのである（Paus. V, 24 sq.）[120]。実際に、肉体的訓練がその生活で主要なことであった者だけが勝利へのチャンスを持つことができた（たとえば、Philostr. Gymn. 43 参照；Hor. Ars p. 412 sq. と比較せよ）[121]。

勝利は物質的利益を招きよせることができたけれども、すでにピンダロスの時代には競技者の出世は、δαπάνα——出費、πόνος——労苦と特徴づけられていた（Ol. V, 15; Isthm. VI, 10）[122]。勝利自体何よりもまず新しい出費[123]——饗応のため[124]、なるべく立像とともに奉献のため[125]、そのほか高い費用がかかる競技祝勝歌のため（Schol. Pind. Nem. V, I 参照）——をもたらした。

プラトンは、勝利のためには愛人も自制するつもりであった昔の競技者の節制ぶりを語っている[126]。前三世紀の格闘競技者クレイトマコスは、伝えられているように、情欲をかきたてる話や見世物さえ避けた[127]。オリュンピアでは競技者たちは、競技前に競技場を自分たちで掃除しなければならなかった（Ath. 518 d; Theocr. IV, 10）[128]。

アゴーンとその準備に伴った緊張（Philostr. Gymn. 11; Arr. Epict. Diss. III 15, 3-4 と比較せよ）は、全ギリシアの語の用法にも反映した[129]。H・ヴェルベが正しく指摘しているように、まさにそれゆえに ἀγωνία という語はデモステネスの時代から（たとえば、Dem. 18, 33 参照）「緊張」、「恐怖」の意味を得たのであり、そして、アンティポン（I.

30）とエウリピデス（たとえば、Alc. 1043）ですでに見られるἄθλιοςという語は「闘いの重みを負わされたる」という語源的に確かな根拠を持つ意味だけではなく、より広く「労働、苦痛の重みを負わされたる」、「不幸な」、さらには「不快な」の意味も持っており、[130] それゆえに、ἀθλητής — ἄθλιος（競技者—不幸な）という語呂合せをギリシアのアゴーン制度を批判する犬儒派やストア学派が喜んで利用したのであった。[131]

多くの種類の競争に参加することは、重大な危険を伴った。[132] 馬の競走では、競争しない馬の所有者ではなく御者や騎乗者が不慮の死を遂げたり不具になるが、レスリング、拳闘、格闘技、[133] 円盤投げや槍投げは、致命的な結果のおそれも含めて、[134] 競争者自身にとって危険を伴った（Dio Chrys. XXXI, 22）。[135] 伝承は我々に、特に、前五六四年のオリュンピア競技会における格闘技の試合中のアラキオン（または、アリキオン）の死亡（Paus. VIII, 40, 1-2; Philostr. Imag. II, 6; Gymn. 21）、前四〇一年のネメア競技会における拳闘——その際は両者共勝利者とされた——でのクレウガスの死亡の事実（Paus. VIII, 40, 3-5）を残してくれた。[136] アリストテレスは、若者の年頃でのオリュンピアでの勝利は、きわめて少数の勝利者——若者だけを後に成人の部でのオリュンピア競技会勝利者にするほどの緊張を要するトレーニングを必要としたことを指摘している（Pol. 1338 b 40 sqq.）。[137]

古拙期のギリシアの社会的意識の中で、アゴーンの成果、特に全ギリシア的競技会における勝利は最も好ましい生活目標の一つに入るという、価値観の規準尺度ができ上がる。たとえば、オリュンピアにおけるサモス人たちの献詞では、運動競技の記録が海軍力と同列に置かれている（Paus. VI, 2, 4）。前五世紀のタレントゥムの貴族階級は、何よりもまず自己の運動競技の成果を不滅なものにすることに努めた。[138] エウリピデスのヒッポリュトスは、競技でだけ第一位になり、国家では第二の地位に留まるのが自分の望みだと言っている（Hipp. 1016-1018）。[139] ギリシアでは子供が生まれた時に運動競技やアゴーン制度に関係のある名前をそれにつけることが少なくなかった（Εὔαθλος, 'Ολυμπιονίκης <!>, Καλλινίκης などのタイプ、[140] また、Διολυμπιονίκης さえも）。[141]

アルテミドロスの『夢占書』は、その内容の大部分は慣習的なものであるが[142]、アゴーンと関係のある夢見に大きく注目している[143]。そのことは、ギリシア人の実現し得る夢の性格をなんとなく反映しているに違いない。神話的過去と現在の運動競技とアゴーンは、ギリシア芸術の最も重要なテーマの一つであった[144]。運動競技について、またアゴーンについて多数の著作が書かれた[145]。ギリシアの史料編修が前三〇〇年後に統一的な年代的概略の作成という課題に着手した時、オリュンピア競技会の勝利者たちの記録は、最も信頼できるものとなり、そして、全ギリシアの年代記として誰にとっても不適切な、人為的な基本とは思われないものになった。寓話（Aesop. N254 Hausrath = N226 Perry）と壷の絵は、競走で競い合う動物さえ描いている。

ヘシオドスの『神統記』の中のヘカテに捧げられた挿入詩行の作者は、ヘカテが望まれる者には戦いで勝利が与えられる（431-433行）と伝えて、ヘカテを普遍的な神にしようと努め[146]、続いて四行（435-438）は、ヘカテが運動競技の試合で勝利を得られるよう援助するということを内容としている。

アゴーンは神として崇拝されていた。前五世紀のオリュンピアでは他の神々のと共にアゴーンの像が並べられていた（Paus. V, 26, 3）。パウサニアスは、オリュンピアにある、神々の中にアレスと並んでアゴーンが描かれているコロトスのレリーフも挙げている（Paus. V, 20, 1）。前五世紀のペパレトスの小島では、翼をもつアゴーン像の描かれた四ドラクマ銀貨を鋳造していた[147]。前二世紀の有名な彫刻家カルケドンのボエトス作の、若者の姿で表現されたアゴーン像が現在のチュニス沿岸の遺跡に沈んでいる船の中で発見された[148]。

オリュンピア競技会の時期にギリシア国家は、競技会の正常な進行を妨げるおそれがあったであろう軍事行動を止めなければならなかった。この原則は何度も破られたけれども[149]、誰もそれには決して異議を唱えなかった。

全ギリシア的アゴーンで勝利者たちがいかなる名誉を得ていたかということについてのすべての資料をここで引用することは不可能である[150]。多くの証拠では、この名誉は競技者の死後も消えることがないということが強調されている[151]。祖国の都市は勝利者にあらゆる敬意を表し、多くの特権を与えた[152]。祖国では勝利者を非常に盛大に出迎えた（Vitr. IX, Praef.; Ael. VH XII, 58）。ディオドロスの言によれば、アクラガスではオリュンピア競技会勝利者のエクサイネトスを出迎えた時に、白馬をつけられた三〇〇の馬車が行列に参加した（VIII, 34）。多くの都市は、オリュンピア競技会勝利者を出迎えて、勝利者の行列を壁の割れ目から都市へ盛大に通させるために、都市の城壁の一部を壊して取り除いた[153]。トゥキュディデスは、スキオネの住民がいかに歓喜してスパルタの司令官ブラシダスを歓迎したかを描写するため、競技者の出迎えと比べる以上に強い表現を見つけることができない（IV, 121）[154]。もっとも、競技の場所自体でも、群集は勝利者を競技場から自分たちのところへ連れ出すことができた（Dio Chrys. IX, 14, 15）。キケロの見解によれば、ギリシア人はオリュンピア競技会における勝利を凱旋式のローマ人よりも高く評価した（Flac. 13, 31）。

全ギリシア的競技会における勝利は、諸都市——勝利者の祖国の成果と見なされていた[155]。たとえば、キュレネ王アルケシラオス四世は、前四六二年にピュテイア競技会で勝利して、詩人ティモテオスの言によれば、「自分の祖国に花冠をかぶせた」（Schol. Pind. II, p. 175 Drachmann）。前四世紀にシキュオンは、オリュンピア競技会で三度優勝した格闘技競技者ソストラトスの像が描かれた貨幣を鋳造した[156]。パウサニアスは、昔失われたナクソス市の重要性がもっぱら、拳闘で何回も優勝したティサンドロスのおかげで記憶の中に生きていると思っていた（VI, 3, 8）。ギリシアの諸都市は自己の威信を発揚しようと努めて、オリュンピア競技会の勝利者たちが自分は自己の本当の祖国の市民ではなく、彼らを買収した共同体の市民であると表明するようにと、彼らを買収することがあった[157]。

勝利者は、自分が勝利を得た場所にも、自分の祖国にも勝利を祝して記念碑を建てる権利を得た[158]。他方、勝利した場所では、通常は勝利者自身が彫像を建て、祖国での彫像は多分、特にあまり資産のない人がしばしば勝利者になった比較的後代では、ポリスの負担でしばしば建てられていたようである（たとえば、Paus. VI, 13, 2 参照）（第二章、

第二節と対比せよ）[159]。前五五八年にオリュンピアで展示された勝利者の像が、外貌がそっくりの容姿をもつ最初のギリシアの彫像であったという古典古代の言伝えが存在している[160]。第八〇回オリュンピア競技会後デルポイの神託は、アカイアの住民に彼らの同国人の、オリュンピア競技の勝利者の彫像を建てるよう命じた（Paus. VI, 3, 4）。トレーナー――勝利者の指導者の像も建てられ（Paus. VI, 3, 3）、あるいは、トレーナーの名が勝利者の彫像に記されることがあった（Paus. VI, 2, 4）[161]。

ボイオティアの都市テスピアイでは、（多分前四二四年のデリオンでの）会戦で戦死した兵士を、墓碑銘を作って冥福を祈った。碑銘には、ボイオティアの慣例に従って戦没者の名のみ挙げられているが、**Πολύνικος** の名だけは **'Ολυμπιο[νίκα]**「オリュンピアの勝利者」と付記されている（IG VII, 1888）。同日にレスリングと格闘技でオリュンピアで優勝したストラトノスにその祖国の都市エギオンは、トレーニング用の特別の前廊を建てた（Paus. VII, 23, 5）。スパルタ軍ではオリュンピアの優勝者は、王と並んで戦い、敵から王を守る栄誉を与えられた（Plut. Lyc. XXII, 4 sqq.: Quaest. conv. II, 5）。プロエドリア――いろいろな見世物の際に最前列に座る権利――は、多くの都市で全ギリシア的競技会の優勝者の特権であった（Xenoph. fr. 2, 7G. -P.）。

アテナイ人――全ギリシア的競技会の優勝者は、僭主殺しのアリストギントスとハルモディウスの子孫ならびに他の尊敬されている人々と一緒に迎賓館で会食をする権利を得た（IG I^2, 77, 11-17; Ap. 36 b; [Andoc.] Adv. Alc. 31）[162]。ソロンの立法的措置の中には、全ギリシア的競技の優勝者への賞金に関する法令があった。古典古代の伝承はここで矛盾している。すなわち一説によればソロンは、オリュンピア競技会優勝者には五〇〇ドラクマまで、イストミア競技会優勝者には一〇〇ドラクマまで、他の競技会の優勝者には適切な額までにして、優勝者への国家的褒賞を縮小させた（D. L. I, 55-56）。他の説によればソロンは、オリュンピア競技会の優勝者には五〇〇ドラクマ、イストミア競技会の優勝者には一〇〇ドラクマの褒賞を定めた（Plut. Sol. 23, 3）[163]。

ディオゲネス・ラエルティオスの異説は、ホメロスにおけるような、勝利が物質的利益をもたらした最古の時代についての一般的観念の傾向に従って作り上げられたものという印象をあたえ、それゆえ、プルタルコスによって伝えられている説が歴史的に信頼できるものとなる可能性が大きい。しかし、五〇〇ドラクマの金額さえ競技会での好成績の試合ぶりと相関関係にある出費や損失とは比較になり得ず、それゆえ何よりもまず象徴的意義を持っていたと強調することが肝要である。[164]

その一〇分の一が人間の背丈ほどある優勝者の彫像の費用を支払うに足りる大金を、シュバリスがオリュンピア競技会の優勝者に支払ったことを示す、最近発見された前六世紀の碑文は、まったく別の意義[165]を持っているものである。[166]シュバリスの市民は、このような措置に満足せずオリュンピア競技会と同時に高価な賞品のあるアゴーンを催し、こうしてそれと競合して、ギリシア世界のすべての人を憤慨させた（Her. Pont. fr. 49 Wehrli）。これらの事実は、諸史料がこの共同体の道徳的頽廃について伝え、そして、これは特殊な場合であって、全体としてのギリシアのアゴーン競技は直接的な利益ではなく名声を得ることを目的としていることをもっぱら強調していることと、よく調和している。

競技会、特にオリュンピア競技会での勝利と結びつく名誉は、人間が得ることのできる（Pind. Pyth. X, 41sq.; Ael. HA 16; X, 41 sq.）、彼を神に近づけさせもする最高の幸福と見なされていた（Luc. Anach. 10; Hor. Carm. I, 1, 5-6）。その息子と孫が勝利を得た時にオリュンピアの見物人の中にいたオリュンピアの優勝者ディアゴラスにあるスパルタ人が「死ぬがよい、あなたはオリュンポス山には登れないのだから」（すなわち、「あなたは可能性の限度に達した」）と言った。[167]アゴーン制度に対するギリシア人の態度を示すものとして不自然な、だが特徴的な伝承は、有名なスパルタの監督官で七賢人の一人のキュロンが、オリュンピア競技会で息子が優勝した時、嬉しさのあまり死んだと証言している（D. L. I, 73）。[168]その力について多数の伝説ができた、ギリシアの力技者のうちの最も有名なクロトン出身のミロンの名声は、[169] ペルシア王ダレイオス一世にまでも届いていた（Hdt. III, 137）。スコトウッサ（テッサリア）出身の力技者ポリュダマスをペルシア王は宮殿に抱えていた（Schol. Pl. Res. 338c）。オリュンピアの優勝者はたびたびオイキスタイ——植民地の創始者——として選ばれ、[170] そして、一般に全ギリシア的競技会の優勝者の名声は、自己の祖国のポリスの統治における指導的地位につくチャンスを——それを得ようと目指す者にとって——急激に高めた。[171] たとえばコリントスとの戦争でメガラ人の先頭に立ったのは、前七二〇年のオリュンピアの優勝者オルシップスであった。[172] キュレネの最初の植民者の中には七回のオリュンピア優勝者のスパルタ人キオニデスがいた（Paus. III, 14, 3）。前六世紀のミュティレネに対する戦いでアテナイ人は、オリュンピア競技会優勝者プリュノンを軍の指揮者に据えた（D. L. I, 74）。マンティネイア出身の有名な拳闘士のニコドロスは、老年に自分の祖国で立法者になった（Ael. VHII, 23）。オリュンピア競技会のレスリングでのアテナイ貴族キュロンの優勝は、歴史的伝承によれば、[173] 彼がアテナイで権力の強奪を企てようと決意するのを助勢した（Hdt. V, 71; Thuc. I, 126）[174]。

ペイシストラトスによってアテナイから追放された長キモンは、オリュンピア競技会で自分の馬によって得た優勝をペイシストラトスに譲り、その代り合意により祖国に復帰した。しかし、彼の馬が三回オリュンピアで優勝を収めた時、ペイシストラトスの息子たちは彼に刺客を差し向けた（Hdt. VI, 103）。シキュオンの僭主クリュステネスと、多分コリントスのペリアンドロスは、オリュンピアでの試合に馬を送り、そのようにして自分の威信を守って、勝利を得た。[175] そのほか前五世紀末にアルキビアデスは、オリュンピアに空前の頭数——七台の騎車——の馬を送って三つの賞を獲得し、多くのギリシア都市が仲間入りさせられ、ある者は馬の飼料、またある者は饗応用のぶどう酒を出して支持した。彼はこの誇示的な栄光を自己の政治生命におけるかなり大きな後ろ盾にすることができた（Thuc. VI, 16; [Andoc.] Adv. Alc. 25-30; Isocr. X VI, 34; Plut. Alc. 11-12）[176]。

ペリクレスの敵手たるアテナイの政治家カリアスは、オリュンピアや他のすべての全ギリシア的競技会、そして大パナテナイアにおける自己の格闘技者―勝利者としての名誉を、権力をめぐる闘争で利用しようと試みた[177]。マケドニア王アレクサンドロス一世（前五世紀前半）は、オリュンピアでの競走の試合に参加したが、そのためには自分がギリシア出身であることを役員たちの前で証明しなければならなかった（Hdt. V, 22）。フィリッポス二世について言えば、彼はオリュンピアでの自分の騎車の優勝を、特別発行の硬貨にして記念するほど重く見た（Plut. Alex. 4）[178]。

有名な競技者ディアゴラスの息子で、多くのアゴーンの優勝者ロドス人ドリエウスは、自分の船を装備して、ペロポンネソス戦争でスパルタ人側に立って参加した。それにもかかわらず、アテナイ人たちが彼を捕虜にしてアテナイ人の民会に引渡した時、民会は名誉ある競技者を解放するよう指示した（Xen. Hell. I, 5, 19; cf. I, 1, 2; Paus. VI, 7, 4 sq.）[179]。マケドニアのアレクサンドロスは、使者としてダレイオス三世を訪問したテーバイ人ディオニソドロスを、オリュンピア競技会での彼の優勝に敬意を表して自由の身にした（Arr. Anab. II, 15, 4）[180]。

競技者たちの成果がもたらす狂喜は、彼らが超自然的能力をもっているとされるほど極端に走ることがあった。たとえば、オリュンピア競技会優勝者――アイギナから来た格闘技者タウロステネス――について、彼の優勝を同日にその幻がアイギナに知らせたと語られていた（Paus. VI, 9, 3; Ael. VH IX, 2）。オリュンピアにある競技者ポリュダマントスの彫像は病人を治療した（Luc. Dial. D. 12）。

多くの場合で抜群の競技者は英雄として尊敬されていた[181]。たとえばパウサニアスは、アカイア人たちは自分たちのオリュンピア競技会優勝者（前七五六年）オイボトスにしかるべき尊敬の念を示さなかったと語っている。彼が怒って自己の同胞を呪い、そのためアカイア人の誰ももはやオリュンピア競技会で勝つことができなくなった時、アカイア人たちはデルポイに託宣を求め、ただ彼の呪いを自分たちから取り除くために、オイボトスを英雄として尊敬するようになった（Paus. VI, 3, 8; VII, 17, 6）[182]。オリュンピア競技会の五種競技の優勝者でロクリス出身のエウテュクルスのためにエピゼフィルスの同胞はまだ彼の存命中に供物壇を建てて、毎月いけにえを捧げる儀式を行った。一度彼らは彼を使節として派遣したが、彼に買収の嫌疑をかけて投獄し、その影像を汚すようになった。エピデミウスは彼らに再びエウテュクルスを尊敬させた（Callim. fr. 84-85 Pfeiffer; Euseb. Praep. evang. V, 34）[183]。

有名な拳闘士でアステュパライア出身のクレオメデスが激怒して約六〇人の男の子を殺したが、彼を人々が石で打とうとした時、彼は身を隠した。彼の体は消えてしまったが、デルポイの神託は彼を最後の英雄として敬うよう命じた（Plut. Rom. 28; Paus. VI, 9, 3 sqq.）。レスリングの優勝者ヒッポステネスは、彼がポセイドンとともに崇拝されていた神殿をスパルタに持っていたらしい（Paus. III, 15, 7）。クレタ島から来た拳闘士ディオグネトスについては、彼はオリュンピアでの試合でヘラクレスという名を持つ自分の相手を殺し、審判の結果失格したが、同胞は彼を英雄として尊敬した（Ptol. Hephaest. ap. Phot. Bibl., p. 151B）[184]。

名誉ある競技者の超自然的能力と彼らが受けた英雄的敬意は、ある場合では彼らがある神からの超自然的出身者であるという観念と関係づけられた。たとえば、我々がすでに挙げたオリュンピア競技会優勝者で、全競技優勝者グループの創始者ディアゴラスについて、彼はヘルメスの息子で、第二のヘラクレスであると語られていた（Schol. Pind. Ol. VII, 1, p. 195, 199 Drachmann）。競技者アッタルスは、彼自身の父をメアンドロス河の息子と思っていた（[Aeschin.] Epist. X, 7, 8）。カリステ出身のグラウコスはグラウコス——海神の子孫と思われていた（Paus. VI, 10, 1 sqq.）。

競技者エウテュモスの二つの影像——一つはオリュンピア、他は彼の祖国ロクリスにあった——は、同じ日に稲妻によって破壊されたが、デルポイの神託は彼の存命中も死後もいけにえを捧げる儀式を行うよう命じた（Plin. HNVII, 152）。エウテュモスは、同胞を苦しめた悪英雄、またはデーモンを打ち負かした河の神カイキノの息子と思われていた[185]。エウテュモスは結局は自分のところへ連れて行ったカイキノ神から出た者であるという伝承の存在（Ael. VH VIII, 18）は、片面には人間の顔をもつ雄牛の姿をした河の神の影像、他面には Εὔϑυμ[ο]ς という名をもつ若者の影像があるテラコッタの発見によって今日では確証されている[186]。

有名なヘラスの競技者の一人であるタソス島から来たテアゲノスは、自己のスポーツ家としての生活が終ってから（前五世紀なかば）、自分の祖国で国務にたずさわった。彼の没後、彼の敵手のある者が夜中に長鞭で彼の影像を壊した時、影像が倒れて侮辱者を押しつぶした。影像に有罪の判決が下されて海へ投げ棄てられた。しばらくして凶作が始まり、デルポイの神託の指示によって影像が安全性を保つため鎖で縛られて元の場所に置かれた（Dio Chrys. XXXI, 95-99; Paus. VI, 11, 6 sqq.; Euseb. Praep. evang. v, 34, 9）。この影像と、他の場所に建てられたテアゲノスの影像も病人を治療したので、テアゲノスは神として祭祀的崇拝を受けた（Paus. VI, 11, 8-9; Luc. Dial. D. 12）。テアゲノスはヘラクレスの息子であったと思われていた（Paus. VI, 11, 2）。テアゲノスの聖所および影像の台座がタソスの発掘の時に発見された[187]。

「多くの競技者は神と同等の者とさえ認められ、ある者は神として崇拝もされている」というハリカルナッソスのディオニュシオスの証言（Rhet. VII, 7）は、全体として特徴がよく現れている。

勝利がもたらすことができる名誉のためには、ギリシアの競技者たちは、敗北の後に来る不名誉、公衆の面前での恥辱の危険を冒す覚悟ができていた。しかも、一等のほかはどんな順位も敗北と見なされていた。ピンダロスは、敗北した者の不名誉のことを、彼らがこっそり家に戻ろうと苦労していることをはっきり述べている（Ol. VIII, 69 sqq.; Pyth. VIII, 85sqq.）。オリュンピアでは、敗北をこうむって、こっそり身を隠して不名誉から逃れようとした者は鞭打ちに処せられた（Arr. Epict. III, 22, 52）[188]。有名な競技者の敗北は、その都市を嘲笑するために利用されることがあった[189]。クレオン出身の競技者ティマンポスは、パウサニアスの言によれば（Paus. VI, 8, 3）、年とともに弱って勝利へのチャンスがまったくないのを悟って自殺した[190]。

古代ギリシア人の生活において運動競技のアゴーンと馬のアゴーンが果たした大きな役割と並んで、ギリシアでは、社会生活で直接的に明白な機能をもたない種類の活動、あるいは単に生まれつきの資質におけるさまざまな他の競争が催された。詩歌のアゴーンについては、我々は第四章で述べるであろう。

ここでは最古の時代から確証され、ある点では運動競技のアゴーンに類似する舞踊コンテストに注目しよう。たとえば、多分ボールつきの舞踊コンテストのことを、最古ギリシアの碑文の一つであるディピロンの壷の面の碑文は念頭に置いているようである[191]。パイエケス人たちのところでの舞踊コンテストを『オデュッセイア』（VIII, 258-265）が描写している。武器をもってのダンスコンテストをギリシアの戦士たち――小キュロスの遠征の参加者が海へ退却の時に催した（Xen. Anab. VI, 1）。

男たちの中で力と美を部族の代表者たちが競うことは、アテナイでは大パンアテーナイア祭とテセウスを崇める祭日に催された[192]。エリダスでは男たちの間で美のコンクールが催された（Athen. XIII, 565 A, 609 F）。εὐεξία（SIG^3 1060, 3; 1061, 3, 16; 1062, 5とホルジッピア出土碑文[193]）とεὐταξία（SIG 1061, 4, 17）のコンテストが碑銘によって確証されている。ヘロドトスは、明らかに事件と同時代人の説を伝えて、プラタイアイで戦ったギリシア人のうちでスパルタ人カリクラテスが最も美しい戦士であったと述べている（IX, 72）。スパルタ人ドリエウスの同時代人で、クロトン出身のブタキデスの息子でオリュンピア競技会優勝者のピリッポスは、その時代のギリシア人の中では最も美男子と思われていて、それゆえ、シシリアのエゲスタの住民たちは、彼の墓の上に神殿を建てた（Hdt. V, 47）。パロディ的な美のコンクールをクセノポンが描写している（Symp. 5）。

多くの場合、美のコンクールは女たちの間で催されたが（Theophr. fr. 564 FHSG）[194]、トロイアに関する神話の中の「パリスの裁き」は、その反映であるかも知れない[195]。この種の他のコンクールよりも多くのことを、我々はレスボス島で古くから催された競争について知っている。[196] ディオクリア島のメガラではキス比べが催された（Theocr. XII, 30c. Schol.[197]）。

アテナイではコエス（Χόες）の祭日にぶどう酒の飲み比べが催され[198]、コリントスではこのような競争を僭主ペリアンドロスが催したと言われている（Athen. 437 F-438 A[199]）。ギリシアでは闘鶏も（Pind. Ol. XII, 14）、鶉の闘いも催され、特にアテナイ人がそれに熱中した（Pl. Leg. 789b-c; Ael. VH II, 28; Luc. Anach. 37[200]）。

しかし、ギリシアのアゴーン制度の精神はさまざまな生活分野に広がることができたという我々の考え方に戻って、我々は、このような広がりの可能性はすでに古代に指摘されていたことを強調しなければならない。たとえば、おそらく、より古代の資料に依拠するルキアノスの『アナカルシス』の中でソロンは、スポーツのアゴーン制度の価値ある面と並んで、国家にとって有益な、さまざまな生活分野における市民の競争の刺激を指摘している（Luc. Anach. 14 sqq.[201]）。

第二節　運動競技の生活におけるその地位の部分的喪失

すでに述べたように、ギリシアのアゴーン制度は、さまざまな形態の誇示的消費に関心を持つ古代ギリシアの貴族階級が生み出したものであり、その完全な支配の時代にでき上がった。新しい社会層が生活において最上位に躍進した結果[202]、貴族階級の全価値体系への非難、特に運動競技への非難という二様の非難がなされるようになった。一方では、伝統的な貴族階級的生活形態に対するまったく否定的な態度が現れる。偽クセノポンのアテナイ人の国制についての著者が、特にアテナイのデモス［民衆］が持っていると言っているのがこのような態度である（［Xen.］Res. Ath. 13[203]）。

勝利したギリシアの民主政は、前述した（第一章第二節参照）市民集団の結束と個人主義の現れの阻止に向けられた改革を実現させる。この進歩の極端な形態はスパルタでとられたが、たぶん、そのことは文化革命に参加したポリスからスパルタが離脱したことと関係があった。会戦が一騎打ちの集まりに変わった時[204]、不完全に整備された軍事行動の遂行の仕方から、規律への服従に基礎を置く重装兵の密集方陣の戦術への移行が至るところで生ずる。[205]とりわけ葬式の時の贅沢に対する措置が講じられる。集団の利益への市民の服従ということに帰する、ポリス制度の重要な側面が全体としてでき上がる。

ある意味では氏族制度の時代の生活規範の新しい地盤における復活であり（第一章第一節と比較せよ）、フュステル・ドゥ・クーランジュとブルクハルトの時代から学問上知られているギリシアのポリスのこれらの特徴は、文化革命がとった諸形態に大きな影響をあたえ[206]、おそらくそれらの特徴だけが、ギリシア世界の社会的崩壊とペルシア人によるその征服を未然に防いで、文化革命を全体として可能にしたのであった。

他方では、予期すべきことではあったが、歴史の舞台に登場する新しい社会的勢力が、貴族支配の時代に形成された生活とイデオロギーの諸形態のまったくの不承認またはそれとの直接的闘争と並んで、これらの生活形態とイデオロギー的志向を、もちろん価値の割合では置かれる力点に多少の移動はあったものの、借用しようと努めていたことも、我々は知っている。[207]

ギリシア世界におけるこれらの根本的な変化は、狭義におけるギリシアのアゴーン制度に対して、ならびに、このことは文化革命の問題にとって決定的な意義をもっているが、その種々相におけるギリシア人のアゴーン的志向の進化に対して、影響を及ぼさずにはいなかった。

ギリシアのスポーツに関して言えば、ギリシアの貴族階級は前五世紀後半から、ギリシア世界に名誉ある全ギリシア的競技と共に大きな賞品つきの多数のアゴーンが存在していたことに乗じて最も頻繁に職業的競技者として現れるデモスの代表者たちに次第に地位を譲って、すべての種類の運動競技における地位を失い始める。[208] このことが運動競技の権威を低下させたことは当然である。[209] 我々はこれについて詳述しなければならないであろう。

しかし、すでに前七世紀に、当時の『リュクルゴイ』の時代に輪郭ができ上がったばかりのスパルタの諸理想の主唱者テュルタイオスは、[210] 戦士の勇敢さを人間の他のすべての美点、何よりもまず運動競技の成果と対峙させている。

私は、速い足のゆえに、あるいは、試合での力のゆえに
男の勇敢さを記憶に値するとも、彼を尊敬に値するとも思わない。
たとえ彼が背丈と力ではキュクロプスたちに等しくとも、
あるいは、走ることではトラキアのボレアスより彼が優るとも。

(fr. 9, 14 G.-P., B・ラートゥィシェフ訳[211])

コロポン出身のクセノパネス——文化革命により躍り出た、最も輝かしい人物のひとり——が、運動選手に与えられる過度な敬意の表明を批判していることは、我々にとってさらに興味深いものがある。彼の見解によれば、賢明さ、とりわけ彼の賢明さは（fr. 2, 12 G.-P.）、「男や馬の力」よりも上で、広く認められるに値する。クセノパネスは、テュルタイオスと同様に、功利主義的視点から見るならば、強烈なまでに自己の主張の動機を挙げている。すなわち、よき賢明さ（ἀγαθὴ 14行）は、都市がよき秩序（εὐνομίη 19行）の中にあり続けるよう、当然、より促進することができるというのである。[212] しかし少し先回りして、クセノパネスの断片が、彼には賢明さ（σοφίη）が現実に平穏無事な暮しを達成するための手段であるだけではなく独立の価値だとも思われていたことを、明確に示していた

ことに注目しよう。

さらに我々は、運動競技に対する否定的態度に関するかなり多くの半端な資料を自由に利用できる。[213] それらは常に年代づけられるとは限らず、また、述べらる不満の繰り返される動機の背後にある真の原因を明らかにすることは、なお一層困難である。前述した運動競技への熱中が決して普遍的なものではなかったことだけは明白である。たとえばディオゲネス・ラエルティオスによって伝えられた伝承は、戦争で倒れた市民の子供を養育するために金が必要であるという理由でアテナイ人——全ギリシア的競技会の優勝者への賞金の削減を主張したのは、ルキアノスの『アナカルシス』の中ではギリシアのアゴーン競技の擁護者として現れるソロン自身であるとしている（D. L. I, 55-56）。

カマリナの住民は、オリュンピアの競馬の優勝者プサウミスが勝手気ままにやった奢侈や消費に立腹した（Schol. Pind. Ol. IV, V)。ルキアノスは、ギリシア人のアゴーン的なものへの熱中ぶりに対する当惑を、明らかに比較的早期の伝承にもとづいてスキュタイ人アナカルシスに言わせている。[214] 寓話は、競技者の自慢、[215] 蚤の前での競技者の頼りなさを嘲笑している（Aesop. N 260 Hausrath = N 231 Perry）。

競技者に対する手厳しい攻撃的発言を我々はエウリピデスの作品の中で見出す（Autolyc. fr. 282 N）[216]。アリストパネスは『福の神』（582 sqq.）の中で、釣り合わない努力の賞としてのオリュンピアの花の冠について皮肉を言っている。喜劇的詩人テオピルスは、格闘競技者の大食や大酒を嘲笑している（CAFII, fr. 475 = Ath. 417b）。運動競技に対する冷静な態度は、エウリピデスの父がアゴーンでの息子の勝利を予測していたという話の中ではっきりと見てとれる。父は少年に体操を特に念入りに教え始めたが、神は悲劇的詩人たちのアゴーンにおける彼の将来の勝利を考慮に入れていた（Vit. Eurip.）。

イソクラテスはアテナイを、そこでは運動競技のアゴーンだけではなく、弁論比べや機知比べも——しかも高価な賞品つきで――見ることができるゆえに賞賛している（IV, 1-2, cf. 45-46; Ep. VIII, 5）。弁論家のリュクルゴスは、全ギリシア的競技の優勝者は何処でも多いが、優れた司令官や僭主殺しは少ないことを思い出させ、そして、他の諸都市と異なってアテナイには競技者でなく、司令官や僭主殺しの彫像がアゴラで展示されているゆえに、アテナイを賞賛している（Leocr. 51）。

体操の重要な意義を認めていたプラトンは、運動競技について（Res. 404a）、また一般的に肉体を支配しているが頭を働かせることを好まない人について（ibid. 535d）、批判的意見を述べている。[217] 犬儒派は、アゴーン制度に敵対的な立場をとった（特に詳細には、Dio Chrys. IX, 10-22 参照）。雄牛が拳闘の優勝者、ろばが格闘技の優勝者になっている、ガレノスによって描かれている動物たちのオリュンピア競技会の風刺的光景は、おそらくアゴーン制度に反対する哲学的論争に源をもつ（Galen. Protr. ad artes, 36）。

もちろん、これらの声がどれほど影響力のある、世論に反映する変化であったかは言うことはできないが、すでに前五世紀に新しい仕事と関心事が、体操を教育においてその占める主導的地位からいくらか押し退けて、アゴーン制度への関心を弱めたのは事実である。[218] 前五世紀後半から（およそ前四四〇年から）、運動競技のテーマが壷絵で役割を演ずることが少なくなり始めるのはきわめて注目に値する。[219] アテナイに関しては、我々は疑いのない証拠をもっている。アリストパネスは『雲』の中で新しい関心事が体育を廃れさせたことに愚痴をこぼし（1052 sqq., cf. 417）、『蛙』の中でアイスキュロスは、エウリピデスを、あなたのために体育訓練場は閑散になり、松明競争にきちんと参加する者はもう誰もいないと非難している（1069 sqq.）。

偽アンドキデスは、コンテクストから判断するに、若い人たちはアルキビアデスを手本にして、体育ではなく、そこで話される巧みな弁舌に惹かれる裁判で時間を過ごすと言っている（[Andoc.] Adv. Alc. 22, cf. 39）。アテナイ人における身体訓練への関心の喪失とそれを熱心にやっている者への嘲笑を、クセノポンの書の中でソクラテスが述べている（Xen. Mem. III, 12, 1）。我々は、さまざまな精神的活動形態と体操、アゴーン制度との対立が、アゴーン制度への非難と体操の衰退への不平の大部分にあることを知る[220]。

これと関連してV・エーレンベルグが、すでに古拙期から小アジアのギリシア諸都市では大陸ギリシアよりもアゴーン的志向の現れが弱いことに気づいたことは、非常に興味深いものがある[221]。前六世紀に小アジアが文化革命において主導的役割を果したことはよく知られており、我々はさらに、そこでのアゴーン心の不十分な発展ではなく、一見したところその現れがそれほど目立たない文化領域への早い切換えが生じたことを明らかにすべく努めるであろう。前五世紀にギリシアの精神的生活の中心となったアテナイが前四六〇年後は長い間オリュンピアの優勝者を一人も出さなかったことも、おそらく偶然ではないであろう[222]。

本書の次章は、古代ギリシア社会におけるアゴーン的傾向が他の精神的生活の領域、とりわけ科学と文学の領域へ転移するメカニズムとその諸結果に費やされる。

注

（1）Riesman D. [e. a.] The lonely crowd. New Haven, 1950 参照。

（2）Benedict R. The chrysanthemum and the sword: Patterns of Japanese culture. New York, 1946. P. 222 ff.

（3）たとえば、Vos G. de. The Japanese adapt to change// The making of psychological anthropology/ Ed. by G. D. Spindler. Berkeley, 1978. P. 219-257 参照。

（4）Dodds. Greeks. P. 18 f. 英雄時代一般にとって典型的なshame-cultureの反映（Jones G. F. The shame-culture: Ethos of the Song of Roland. Baltimore, 1963 参照）。

（5）Burckhardt. Op. cit. Bd. 2. S. 386; Bd. 4. S. 123; Erffa C. E. von. Αἰδώς Leipzig, 1937; Steinkopf G. Untersuchungen zur Geschichte des Ruhmes bei den Griechen; Diss. Halle, 1937; Greindl M. *Kleos, kudos, euchos, time, phatis, doxa*: Eine bedeutungsgeschichtliche Untersuchung des epischen und lyrischen Sprachgebrauches. München, 1938; Jaeger. Paideia. Bd. 1. S. 131-133; Zucker Fr. Syneidesis — Conscientia（1928）// Zucker Fr. Semantica, Rhetorica, Ethica. Berlin, 1963. S. 96-117.

（6）Calhoun G. M. Classes und masses in Homer// CPh. 1934. Vol. 29. P. 192-208; Strasburger H. Der soziologische Aspekt der homerischen Epen// Gymnasium. 1953. Bd. 60. S. 97-114; Jaeger. Paideia. Bd. 1. S. 45 ——農民戦士大衆に近い詩人の、顕著な、ところどころ自己自身の視点は（トルストイ、前掲書参照）、まったく一般的状況をあいまいにしない。

（7）Murray G. The rise of the Greek epic. 3rd ed. Oxford, 1924. P. 83 ff.; Jaeger. Paideia. Bd. 1. S. 29; Starr. Origins. P. 304 f.; Adkins A. W. H. 1）Merit and responsibility: A study in Greek values. Ch. III. Oxford, 1962; 2）Homeric values and Homeric society// JHS. 1971. Vol. 91. P. 1-14; Long A. A. Morals and values in Homer// JHS. 1970. Vol. 90. P. 121-139.

（8）また、意味上は ἀρετή と結合し、同じような役割をはたす形容詞 ἀγαθός と ἐσθλός と比較せよ（Jaeger. Paideia. Bd. 1. S. 28; Gerlach J. 'Ανὴρ ἀγαθός: Diss. München, 1932; Treu M. Von Homer zur Lyrik. München, 1953. S. 175; Snell B. Poetry and society: The role of poetry in Ancient Greece. Bloomington, 1961. P. 13 ff. 参照）。

（9）Jaeger. Paideia. Bd. 1. S. 25; Mugler Ch. Valeur et médiocrité dans la perspective de l'Iliade// RPh. 1978. T. 52. P. 254-263.

（10）W・イェーガーは、昔から客観的に、外面的評価のほかに存在する人間の本性 ἀρετή を強調して、この要素をある程度まで後回しにしている（Jaeger. Paideia. Bd. 1. S. 26; しかし、S. 31 の但書き参照）。Hoffmann M. Die ethische Terminologie bei Homer, Hesiod und den alten Elegikern und Jambographen. Tübingen, 1914. S. 92. これと関連して、ἀρετή と ἀρέσκω「私は好きである」の推定される語源的関係の問題が重要である。

（11）Dio Chrys. XXXI, 20 と比較せよ。

（12）Alt K. Solons Gebet zu den Musen// Hermes. 1979. Bd. 107. S. 389-406 と比較せよ。

（13）H・B・ブラギンスカヤは、この語を「威厳のある」と巧みに翻訳している（『アリストテレス著作集』全四冊、第四巻、モスクワ、一九八三年、一三〇—一三四頁）。

（14）Jaeger W. 1）Der Großgesinnte// Antike. 1931. Bd. 7. S. 97 ff.; 2）Paideia. Bd. 1. S. 34 f.

（15）さらに、Wolf J. H. Der Wille zum Ruhm// Μελήματα: Festschrift für Werner Leibbrand zum 70. Geburtstag. Mannheim, 1967. S. 233-247 参照。

（16）Kirsten E. Ein politisches Programm in Pindars erstem pythischen Gedicht// RhM. 1941. Bd. 90. S. 58-71 と対比せよ。
（17）Merkelbach R., West M. Ein Archilochos-Papyrus// ZPE. 1974. Bd. 14. S. 197-212.
（18）すでにホメロスでオデュッセウスは、槍投げの自分の腕前を自慢し、そして、ピロクテテスを入れなければ、現在生きている人のうちで弓を射ることでは自分が最も秀でていると言っている（Od. VIII, 214-229）。同じく彼は、自分の名声は天まで達していると述べている（IX, 19-20）。
（19）И・Д・ロジァーンスキー『アナクサゴラス　古典古代科学の源にて』モスクワ、一九七二年、二三〇頁以下。И・Д・ロジァーンスキーは、この慣例が帝政期に残ったという可能性を理由もなく強く否認している。クラゾメナイでは、いずれにしてもアナクサゴラスの像のある貨幣がコンモドゥス帝の時代でさえ鋳造されていた（Guthrie. History. Vol. 2. P. 269. N. 1）。
（20）競争性の現れの程度の差違は、前文字文化に特に顕著に現れている（論文集：Cooperation and competition among primitive peoples/ Ed. by M. Mead. New York, 1937 参照）。もちろん、顕著な競争的志向をもつ社会も、競争性が最も明瞭に現れる活動分野で際立った相違があり得る。たとえば、古代東方の民族の中でM・A・ダンダマエフは、前七―四世紀のバビロニア人を金持ちになることを何よりもめざす競争社会を現していると特徴づけている（レニングラード州東方学研究所古代東方部会議での報告）。古代ギリシア人の競争性については、Lämmli. Op. cit. S. 137 参照。
（21）たとえば、Adkins A. W. H. 1) Merit and responsibility; 2)《Honour》and《punishment》in the Homeric poems// BISC. 1960. N 7. P. 23 ff.; 3) Homeric values; Long. Op. cit.; Riedinger J.-C. Remarques sur la τιμή chez Homère//REG. 1976. T. 89. P. 244-264 参照。
（22）この『イリアス』からの詩句は、ビザンティン時代まで高い生活上の原則の表現としてギリシア文学で引用されることになる。それが『イリアス』で二度繰り返されていることも、Il. XI, 784 と Il. VI, 208 が同一の詩人の作になるものか、あるいは、W・イェーガーが推測したように（Jaeger. Paideia. Bd. 1. S. 29 ff.）、Il. XI, 784 の作者が Il. VI, 208 の作者の決り文句を繰り返すことを適切と考えていたかということには関係なく、その意義を強調している。Snell. Gesammelte Schriften. S. 40. Anm. と比較せよ。
（23）Starr. Origins. P. 352 f.; Havelock E. A. Thoughtful Hesiod// YCS. 1966. Vol. 20. P. 61-72.
（24）Jürss Fr. Von Thales zu Demokrit. Leipzig. 1977. S. 42-44.
（25）たとえば、Mazzarino S. Fra Oriente e Occidente: Ricerche di storia greca arcaica. Firenze, 1947. P. 213-214; Heichelheim F.

M. An ancient economic history. Vol. 1. Leiden, 1958. P. 279 参照。

(26) Berve. Gestaltende Kräfte. S. 3; Milne M. J. A prize for wool-working// AJA. 1945. Vol. 49. P. 528-533; Jeffery L. H. Local scripts of Archaic Greece. Oxford, 1961. P. 283 参照。

(27) Zimmermann H.-D. Zur Beurteilung der freien Arbeit im klassischen Griechenland// Humanismus und Menschenbild im Orient und in der Antike. Halle, 1977. S. 39-51（S. 45 参照）. 碑銘学では「勤勉さ」——φιλοπονία の競争も確証されている（SIG 1061, 5, 18）。また、墓碑銘 IG I, 1084 と対比せよ。

(28) Ziebarth E. Aus dem griechischen Schulwesen. 2. Aufl. Leipzig; Berlin, 1914. S. 18-19, 59, 138 ff.; Jones A. H. M. The Greek city from Alexander to Justinian. Oxford, 1940. P. 352. N. 25; Nilsson M. P. Die hellenistische Schule. München, 1955. S. 48; Berve. Gestaltende Kräfte. S. 15.

(29) Schaefer H. Staatsform und Politik: Untersuchungen zur griechischen Geschichte des 6. und 5. Jahrhunderts. Leipzig, 1932.

(30) Ehrenberg. Ost und West. S. 69-96（特に S. 82 参照）. Berve. Gestaltende Kräfte. S. 6 ff. と比較せよ。

(31) 伝記的伝承は、ペリクレス自身が自己の主要な政敵トゥキュディデス——メレシアースの息子との争いでしばしば張り合い、スパルタ王アルキダモスは彼らの争いに関心を示したと確言している（Plut. Per. 8）。

(32) Burckhardt. Op. cit. Bd. 4. S. 61 ff. ——ブルクハルトには、もちろん、先駆者たちがいた。すなわち、我々を彼の思考体系へ導く表現をすでにエルンスト・クルティウスに我々は見出す——「ギリシア人の全生活が、歴史の中で我々の前に現れるように、一つの大きな競争であった」（Curtius E. Altertum und Gegenwart（1856）// Gesammelte Reden und Vorträge. 2. Aufl. Berlin, 1877. S. 132 ff.）およびオットー・ヤーン（Jahn O. Darstellungen des Handwerks und Handelsverkehrs auf Vasenbildern// BSGW. 1867. Bd. 21. H. 5. S. 112 f.）。

(33) Burckhardt. Op. cit. Bd. 4. S. 221 ff.

(34) Nietzsche Fr. Homer als Wettkämpfer// Nietzsche Fr. Werke. Bd. 9. Leipzig, 1896. S. 193-215: Salin E. Jakob Burckhardt und Nietzsche. Basel, 1938 と比較せよ。

(35) Joel. Op. cit. I. S. 105 ff.

(36) Schaefer. Staatsform. S. 175 ff. ——シェーファーの誇張は、彼の著書に対する批評の中でFr.・シャヒェルメイル（Schachermeyr

Fr. Zwai neue Veröffentlichungen zur Geschichte des griechischen Staates// Klio. 1934. Bd. 27. S. 179-186）とハーゼブロック（Hasebroek J.// Gnomon. 1933. Bd. 9. S. 572-578）が指摘している。ガエタノ・デ・サンクティスもそうである。——Sanctis G. de. [Rec.] Ehrenberg V. Der griechische und der hellenistische Staat. Leipzig, 1932// RFIC. 1934. Vol. 12. P. 95-98.

（37）Weber. 1）Kulturgeschichte. S. 168; 2）Das Tragische und die Geschichte. S. 205.

（38）Ehrenberg. Ost und West. S. 63-96. また、idem. Das Agonale// Forschungen und Fortschritte. 1936. Bd. 2. S. 256 ff. ——エーレンベルグは、さらに何度もこの問題に戻っている。Ehrenberg V. 1）Staat, passim; 2）From Solon to Socrates. 2nd ed. London, 1973. P. 20, 388.

（39）Burckhardt. Op. cit. Bd. 4. S. 90. ——ブルクハルトは、ホメロス時代のアゴーンを他の諸民族の何らかの賞や利益のための競争と比較した。

（40）Ehrenberg. Ost und West. S. 65-70.

（41）Jaeger. Paideia. Bd. 1. S. 29 ff.

（42）Ehrenberg. Ost und West. S. 68. Anm. 1.

（43）Ibid. S. 68.

（44）Berve. Griechische Geschichte. S. 145 f., 162, 178, 194.

（45）Berve H. [Rec.] // PhW. 1937. Jg. 57. N. 23-24. Sp. 650-655.

（46）Englert L. Die Gymnastik und Agonistik der Griechen als politische Leibeserziehung// Das neue Bild der Antike. Bd. 1. Leipzig, 1942. S. 218-236.

（47）Stier H. E. Grundlagen und Sinn der griechischen Geschichte. Stuttgart, 1945. S. 435.

（48）Pope A. Die Gymnastik bei Homer und ihre grundlegende Bedeutung für die Gestaltung der spateren Gymnastik: Diss. (Rostock). Rochlitz, 1936.

（49）Huizinga J. Homo ludens; Versuche einer Bestimmung des Spielelements der Kultur. Amsterdam, 1939（ロシア語訳、J・ホイジンガ『Homo ludens』モスクワ、一九九二年）. 生物学は非常に多種の脊椎動物の遊び好きを明らかにしている（たとえば、Dobzhansky Th. Mankind evolving: The evolution of the human species. New Haven; London, 1962. P. 213）。ホイジンガの先駆者

たちのうち私はK・グロースの名を挙げるであろう（Groos K. 1）Die Spiele der Thiere. Jena, 1896; 2）Die Spiele der Menschen. Jena, 1899）。

（50）Pohlenz. Hellenischer Mensch. S. 423-432.

（51）Harder R. Eigenart der Griechen: Einführung in die griechische Kultur. Freiburg im Br., 1962. S. 142-146.

（52）Berve. Gestaltende Kräfte. S. 1-20.

（53）Bilinski B. Agoni ginnici: Componenti artistiche ed intellettuali nell'antica agonistica greca. Wrozlaw, 1979. より早期の著述：Bilinski B. L'agonistica sportiva nella Grecia antica: Aspetti sociali e ispirazioni letterarie. Roma, 1959と比較せよ。また、Citti V. le matrice classista della dimensione agonale della cultura greca// Klio. 1981. Bd. 63. S. 289-303参照。

（54）Weiler I. Der Agon im Mythos: Zur Einstellung der Griechen zum Wettkampf. Darmstadt, 1974. S. 1-15, 245-246, 272-313.

（55）Ibid. S. 264-271.

（56）Finley M. I., Pleket W. The Olympic games: The first thousand years. London, 1976; Young R. The Olympic myth of Greek amateur athletics. Chicago, 1984.

（57）Muth R. Olympia — Idee und Wirklichkeit// Serta phil. Aenip. Vol. 3. Innsbruck, 1979. S. 161-202. 同じ傾向をとって書かれているのは、Harris H. A. Greek athletes and athletics. London, 1964である。

（58）Burckhardt. Op. cit. Bd. 4. S. 61 ff.

（59）Ehrenberg. Ost und West. S. 65.

（60）このことをヴェルベも認めており（Berve. Gestaltende Kräfte. S. 1 f., 20）、運動競技のアゴーンについてはヴィリンスキーも指摘している（Bilinski B. Antyczni krytyci antycznego sportu// Meander. 1956. T. 11. S. 286 s.）。

（61）Gesemann G. Der montenegrinische Mensch. Prag, 1934.

（62）Ehrenberg. Ost und West. S. 68 f.

（63）Ibid. S. 72.

（64）Gardiner E. N. Athletics of the ancient world. 2nd ed. Oxford, 1955. P. 42 ff.; Ю・B・シャーニン『オリュンピア競技会とヘラス人の詩歌——ホメロスと前八—前五世紀の古典的抒情詩』キエフ、一九八〇年。

（65）たとえば、Damm H. Vom Wesen sog. Leibesübungen bei Naturvölkern: Ein Beitrag zur Genese des Sportes// StG. 1960. Jg. 13. H. 1. S. 1-10; Schlenter B. Sport und Spiel in Altamerica// Altertum. 1976. Bd. 22. H. 1. S. 36-41 参照。

（66）Touny A. D. , Wenig St. Sport in Ancient Egypt. Leipzig, 1969. P. 12-13, 87: Jüthner J. Die athletischen Leibesübungen der Griechen/ Hrsg. Von Fr. Brien. Bd. 1. Wien, 1965. S. 52 ff. と比較せよ。

（67）Weiler. Op. cit. S. 279-280.

（68）Kramer S. N. Enki and his inferiority complex// Orientalia. 1970. Vol. 39. P. 110; M・リムシネイデル『ホメロス時代におけるオリュンピアからニネヴェまで』モスクワ、一九七七年、九三—九五頁。また、Carter Ch. Athletic contests in Hittite religious festivals// JNES. 1988. Vol. 47. P. 185 ff. と比較せよ。

（69）Gardiner. Op. cit. P. 117 ff.

（70）Muth. Op. cit. S. 181-188.

（71）Ibid. S. 168-177.

（72）Muth. Op. cit. S. 194. 自己の批評の中でM・ポリヤーコフは、ギリシアの運動競技と同時代のオリュンピアの動きに対するヤングの論難にさらに断固として反論することができたであろう。Poliakoff M. B.// AJP. 1989. Vol. 110. P. 166-171.

（73）Ibid. S. 188-196; また、Harris. Op. cit. P. 37 f. , 153 f. 参照。

（74）Weiler. Op. cit. S. 265; Muth. Op. cit. S. 194——ムートは、全体としての全ギリシア文化のアゴーン的性格も認めている。

（75）Weiler. Op. cit. S. 265.

（76）我々は、この現象を前五世紀後半からギリシアで見る（第二章第二節参照）。

（77）前述「まえがき」参照。

（78）Jüthner. Leibesübungen 参照。

（79）広範な文献目録つきでの時代の全般的特徴づけは、アンドレーエフ『初期ギリシアのポリス』、Starr. Origins. の著作参照。

（80）ギリシア文化の形成における貴族階級の役割については、Hasebroek J. Griechische Wirtschafts- und Gesellschaftsgeschichte bis zur Perserzeit. Tübingen, 1931; Marrou H. J. History of education in antiquity. New York, 1956. P. 5-13, 43-44; Gernet L. Anthropologie de la Grece ancienne. Paris, 1968. P. 344 sv. ; Starr. Origins. P. 302 ff. 参照。——状況に対する一面的な見方を、ア

ルンハイムが広くみられるギリシア民主政の美化に意識的に対立して、強調している（Arnhaim M. T. W. Aristocracy in Greek society. London, 1977）。Ch・スタールは自己の新著の中で、ホメロス時代のギリシアの貴族階級は、まだ我々の前に十分にでき上がった姿で現れていないと強調しているが（Starr. Economic and social growth. P. 121 ff.）、彼の意見は、ここで我々にとって関心のある彼らの生活面の解釈に影響を及ぼすものではない。

（81）T・ヴェブレン『有閑階級の理論』英文からの翻訳、モスクワ、一九八四年。

（82）Welskopf. Op. cit., passim; Vernant J.-P. Les origines de la pensée grecque. Paris, 1969. P. 69（ロシア語訳、Ж-П・ヴェルナン『古代ギリシア思想の起源』モスクワ、一九八八年）; Starr. Economic and social growth. P. 134-135 参照。

（83）Starr. Origins. P. 154 f.; Zervos Chr. La civilization hellénique. T. 1. Paris, 1969. P. 88; Snodgrass. Dark Age. P. 432 ff.; アンドレーエフ『ホメロス社会』114-116 頁。

（84）最も詳細には、Pope. Op. cit. 参照。

（85）Jaeger. Paideia. Bd. 1. S. 29.

（86）シモニデス（fr. 4 Diehl）とピンダロス（Pyth. X, 22-24）の作品に見られるその影響と比較せよ。

（87）Ehrenberg. Ost und West. S. 71 参照。

（88）Griffin. Op. cit. P. 14 と比較せよ。

（89）Fittschen Kl. Untersuchungen zum Beginn der Sagendarstellungen bei den Griechen. Berlin, 1969. S. 26-31 参照。

（90）Ю・B・シャーニン『古代ギリシア神話におけるアゴーン的プロット。第三回古典文献学の諸問題に関する全ソ同盟会議。報告テーゼ集。古典古代文学史部会』キエフ、一九六六年、八二―八三頁; Fontenrose J. The hero as athlete// CSCA. 1968. Vol. 1. P. 73 ff. ; Weiler. Op. cit.

（91）Pope. Op. cit. S. 7-9.

（92）多くの研究者は、最初はアゴーンと死者の祭式との間に有機的な結びつきがあったと考えている。――Rohde. Op. cit. S. 19 f., 151 f.; Meulik. 1）Der Ursprung der olympischen Spiele// Antike. 1941. Bd. 17. S. 189-208; 2）Der griechische Agon. Köln, 1968; Englert. Op. cit. S. 220 f.; Drees L. Olympia ― Götter, Künstler und Athleten. Stuttgart, 1967. 彼らに反対するのは、Rose H. J. Greek agones// Aberystwyth Studies. 1922. N 3; Malten L. Leichenspiel und Totenkult//MDAI（R）. 1923-1924. Bd. 38-39. S. 300

ff; Hasebroek. Op. cit. S. 84; Jüthner J. 1) Herkunft und Grundlagen der griechischen Nationalspiele// Antike. 1939. Bd. 15. S. 74-77; 2) Leibesübungen. S. 74-77; Berve. Gestaltende Kräfte. S. 2. ——我々が関心を持つ問題の解決にとってこの問題は意義がないが、アゴーンの祭祀的起源の支持者たちの論拠は、私には説得力があるとは思えない。

(93) Gardiner. Op. cit. P. 20-21.

(94) Bilinski. Antyczni Krytyci. S. 297-298 参照。

(95) アゴーンでの勝利のためにも、戦争のためにも、生活のためにも肉体的教育の持つ効用についての一般的見解は、Xen. Mem. III, 12 参照。Jüthner. Leibesübungen. S. 66, 85 f.; Schröter K. Die Aristie als Grundform homerischer Dichtung und der Freiermord in der Odyssee: Diss. Marburg. 1950. S. 116; Borthwick E. K. Two scenes of combat in Euripides// JHS. 1970. Vol. 90. P. 18 と比較せよ。

(96) Hasebroek. Op. cit. S. 84, 233-235. われわれの見るところでは、リドリイも同様な誤りに陥っている（Ridrey. Op. cit. P. 538-540, 542-545）。

(97) Garlinger E. Notes on the Greek foot race// JHS. 1903. Vol. 23. P. 261-291; Harris. Op. cit. P. 74 f.; Muth. Op. cit. S. 175 参照。

(98) 最古の時代ではアーチェリーの競技がギリシアのアゴーン競技の最盛期におけるよりも重要な役割を果していたというЮ・Б・シャーニンの推測はもっともらしく思われる（Ю・Б・シャーニン「ホメロス、オリュンピア、黒海北岸地方における射手」『古典古代文化の歴史的正確さと実在性』トビリシ、一九八〇年、三六―三七頁）。

(99) このような競争は、コルキュラとヘルミオネでも行われていたようである（Ringwood J. S. Agonistic features of local Greek festivals, chiefly from inscriptional evidence: Diss. Poughkeepsee, 1927. P. 24, 43）。

(100) Liv. XX IX, 19; Varro. Rust. II, 2; Sen. Ep. 89, 18-19; Luc. Phars. VII, 279; Plin. Ep. IV, 22; Plut. Quaest. Rom. 40 = Mor. 274 A-E.

(101) パウサニアスは、デルポイでは価値のある賞品は第二回ピュテイア競技会から月桂冠に替えられたと伝えている（X, 7, 3）。戦利品が豪華な賞品に変わったキラの崩壊後、都市代表者（アンピクティオネス）たちによって催された前五九一―前五九〇年の競技会は、特別な場合としてわざわざ伝承によって指摘されている。これに関する伝えを第一次聖戦に関する全伝承のように、前四世紀なかばの構成物と見なすN・ロバートソンの試み（Robertson N. The myth of the First sacred war// CQ. 1978. Vol. 28. P. 38-73）は、説得力があるとは思えない。彼は、とりわけ古拙期の諸事件の信じ難いほどの真正直な構成方法をとったのは前四世紀の社会政治評論家たちであるとしている（英雄 ἀγὼν χρηματίτης の祭祀から Χρῦσος［金儲けのアゴーン］等々）。Miller St. The date of the first Pythiad// CSCA. 1979. Vol. 11. P. 127-158、特に、Lehmann G. A. Der《Erste heilige Krieg》—eine Fiktion?// Historia. 1980. Bd. 29. S. 242-246 と比較せよ。

（102）ホメロスは、たぶん、自己の時代にとって一般的な状況を我々に示してくれているようである。Burckhardt. Op. cit. Bd. 4. S. 105. ——しかし、『オデュッセイア』の中でパイエケスの人々の競技について語って（VIII, 100 sqq.）、ホメロスが賞品のことを何も述べていないことに注意しよう（Cardiner. Op. cit. P. 19）。また、Willis W. H. Athletic contests in the Epic// TAPA. 1941. Vol. 72. P. 392-417 参照。

（103）Benkendorff K.-A. Untersuchungen zu den platonischen Gleichnissen, Vergleichen und Metaphern aus dem Bereich der Gymnastik und Agonistik: Diss. Tübingen, 1966. S. 15; シャーニン『オリュンピア競技会』一一三頁。

（104）Pope. Op. cit. S. 10.

（105）賞品の記録は、ibid. P. 34 参照。

（106）Jeffery. Archaic Greece. P. 79-80.

（107）ヘロドトスは、ここでソフィストのヒッピアスにならうことができた。Aly W. Volksmärchen, Sage und Novelle bei Herodot und seinen Zeitgenossen. Göttingen, 1921. S. 291 f.; Nestle. Mythos. S. 363.

（108）Luc. Anach. 1 sqq. と比較せよ。

（109）Hönle A. Olympia in der Politik der griechischen Staatenwelt: Von 776 bis zum Ende des 5. Jahrhunderts: Diss. Tübingen, 1968. S. 171-176.

（110）先験的考えにもとづいてJ・エーベルトは、前四八〇年になによりもまず宗教がオリュンピアに競技者および観客を連れて来たと主張している。——《das religiöse, die Zeusfeier fordernde Gebot》（Ebert J. Olympia —— Olympische Spiele: Zu einigen Aspekten des Sports und des Athletenbildes der Antike// Altertum. 1976. Bd. 22. S. 11）. エーベルトは、オリュンピア競技会に行かなかった各ギリシア人は、自分がゼウスの命令に背く者と感じていたと考えているのかという問題を自己に提起すべきであろう。

（111）Diod. XVII, 100, 2; Ael. VH X, 22; Arr. II, 5, 8; Curt. Ruf. IX, 7, 16-22. Berve H. 1）Das Alexanderreich auf prosopographischer Grundlage. Bd. 2. München, 1926. N 284; 2）Gestaltende Kräfte. S. 6; Schachermeyr. Alexander. S. 309, 442, 453.

(112) Harris. Op. cit. P. 41; Gardiner. Op. cit. P. 39.

(113) M・M・クブラーノフ「アキレウスの競技場とオルビアのアゴーン競技祭についての伝承」『宗教と無神論史博物館年報』第一分冊、モスクワ、レニングラード、一九五七年、二二二―二三一頁；Kublanow M. M. Agone und agonistische Festveranstaltungen in den antiken Städten der nördlichen Schwarzmeerküste// Altertum. 1960. Bd. 6. H. 3. S. 131-148; Л・Г・コレースニコヴァ『古典古代ケルソネソスにおけるスポーツ』モスクワ、レニングラード、一九六四年。

(114) シャーニン『オリュンピア競技会……』一五二頁以下。――ピンダロスとバキュリデースの祝勝歌は文字通りこの傾向で貫かれている。我々に伝わったシモニデスの祝勝歌の諸断片も同様である（Jaeger. Paideia. Bd. 1. S. 271 ff. と比較せよ）。特に、Ю・B・シャーニンは、ピンダロスにとっては「多くの労力を要する勝利のみが尊敬され、期待される」と主張して、ピンダロスの祝勝歌の精神を正しく特徴づけている（Ю・B・シャーニン『古代ギリシアの詩歌のアゴーン制度（古典期）』修士論文要旨、キエフ、一九六八年、一四頁）。他の歴史時代でも、たとえば、中世後期の西欧の馬上武術試合をする騎士階級の中に同様な傾向がある程度見られる。

(115) Harris. Op. cit. P. 173 ff.

(116) Burckhardt. Op. cit. Bd. 1. S. 172 ff.; Beloch. Op. cit. Bd. 1. S. 402 ff.; Schachermeyer Fr. Griechische Geschichte. Stuttgart. 1960. S. 83 ff. ――貴族階級が富を握っている間は、その代表者たちは、多分本来の運動競技よりも多くないとしても、少なからぬ熱意をもって馬の競走に備えて飼育と訓練に当たっている。たとえばアテナイの貴族階級の馬への熱狂ぶりに対するアリストパネスの嘲笑が描く状景は非常に特徴的なものがある（Nub. 14 sqq. 63 sqq. 84, 108 sqq. 119 sqq.）。

(117) シャーニン『オリュンピア競技会……』一四八―一五〇頁。

(118) Ringwood. Op. cit. P. 20.

(119) ブルクハルトは、ピンダロスの全祝勝歌（二つ――Pyth. XIIとNem. XIを除く）は、詩歌のアゴーンではなく、馬の競走および運動競技者の競争での勝利に捧げられ、それゆえに、ピンダロスが親しかったギリシアの貴族は、通常、正にこれらの種類の競技で勝利を収めたのであったと考えた（Burckhardt. Op. cit. Bd. 3. S. 198）。詩歌のアゴーンにおける勝利者たちは、彼らのために他人の誰かが祝勝歌を創作してくれることにはそれほど関心をもち得なかったとも推測することができる。

(120) Jüthner J. Philostratos über Gymnastik. Berlin. 1909. S. 209; Ziehen L. Olympia// RE. 1939. Bd. 18. Sp. 7; Muth. Op. cit. S. 177

参照。

(121) Jüthner. Leibesübungen. S. 84 ff. と比較せよ。

(122) Gardiner. Op. cit. P. 69 f.; Bilinski. Antyczni krytyci. S. 298 s.; Jüthner. Leibesübungen. S. 87 f.: さらに、Plut. De lib. educ. 11 = Mor. 8 D-E と比較せよ。

(123) ヘロドトスでは、これらの出費は自明のことのようなものとして現れる（VI, 122)。

(124) Plut. Alcib. 12 と比較せよ。

(125) Lippold G. Siegerstatuen// RE. 1923. Bd. 2 A. Sp. 2266; Ebert J. Griechische Epigramme auf Sieger an gymnischen und hippischen Agonen. Berlin, 1972. S. 9 ff. ――もちろん、個々の場合では、これらの出費は勝利者の生地の都市や友人たちによってカバーされていた。

(126) Leg. 839 a-840 a: Clem. Alex. Strom. III, 6, 50; Ael. VH XI, 3. と比較せよ。また、Mezö F. Geschichte der olympischen Spiele. München, 1930. S. 200; Hönle. Op. cit. S. 94 と比較せよ。

(127) Plut. Quaest. conv. VIII, 7 = Mor. 710 D-E; Ael. VH III, 30; NA VI, 1. さらに、Philostr. Gymn. 43, 44; Hor. Ars. p. 412; Quint. V, 10, 121 参照。

(128) Harris. Op. cit. P. 156.

(129) Gardiner. Op. cit. P. 1-2.

(130) Breve. Gestaltende Kräfte. S. 3.

(131) Bilinski. Antyczni krytyci. S. 286-308（特に S. 304 ff. 参照).

(132) Rudolph W. Sportverletzungen und Sportschäden in der Antike// Altertum. 1976. Bd. 22. S. 21-26（Schol. Pind. Ol. V, 34 と比較せよ).

(133) 格闘競技者の立像は、非常に傷ついた耳をもつ彼らが表現されている（Pl. Prot. 342 b と比較せよ)。格闘技、あるいは、拳闘で歯を失うことも、多分珍しいことではなかったであろう（Luc. Anach. 3: Schol. Pind. Nem. III, 27a と比較せよ)。

(134) Antiphon. Tetral. II, 2, 3 sq.; Pl. Leg. 865 a-b; Dem. 25, 53; Arist. Ath. Pol. 57, 3; Plut. Per. XXXVI, 5 sq. Robert L. Les épigrammes satiriques de Lucillius sur les athlètes: Parodie et réalités// Entretiens sur l'antiquité classique. T. 14: L'épigramme

grecque. Vandoeuvres; Genève, 1968. P. 181-291（P. 199 f., 288 参照。）; Ebert. Epigramme. S. 142-144 参照。

(135) 多くの資料がフォルベの論文で集められている（Forbes C. A. Accidents and fatalities in Greek athletics// Classical studies in honor of W. A. Oldfather. Urbana, 1943. P. 50-59）。ディオーンは、競技者が命がけでやる覚悟であったことを率直に述べている。

(136) Brophy R. H. Deaths in the pan-Hellenic games: Arrachion and Greugas// AJP. 1978. Vol. 99. P. 363-390. ——ピロストラトスは、自分のトレーナーの叫び声に促されて、もはや降服しようとしたアルキオーンが意識的に死ぬ気になったと証言している（Gymn. 21）。

(137) Rudolph. Op. cit. S. 21-26. この原則の多くの例外は、Mezö. Op. cit. S. 176 f. 参照。

(138) Lo Porto F. G. Tombe di atleti tarentini// Atti e memorie della Società Magna Grecia. 1967. P. 31-98.

(139) アテナイでクロトン出身の競技者パイルスによって作られた碑文（Moretti L. Inscrizioni agonistiche greche. Roma, 1953. P. 26-29）も参照。

(140) Schröder Br. Der Sport im Altertum. Berlin, 1927. S. 62 f.

(141) Harris. Op. cit. P. 119.

(142) Riess E. Volkstümliches bei Artemidoros// RhM. 1894. Bd. 49. S. 177-193 参照。

(143) Onirocr. 64, 10-68, 14 Pack; また、Index rerum. P. 325-354 参照。

(144) Schröder. Op. cit. S. 72-81.

(145) Ibid. S. 63 ff.

(146) Nilsson. Geschichte. Bd. 1. S. 722 と比較せよ。

(147) Gardiner. Op. cit. Pl. 35. Fig. a.

(148) Sarton G. A history of science: Hellenistic science and culture in the last three centuries B. C. Cambridge（Mass.）, 1959. P. 504.

(149) Harris. Op. cit. P. 155 f. ; Muth. Op. cit. S. 172-177 参照。

(150) 多くの資料が著書、Drees. Op. cit. S. 116 ff. で集められている。Mezö. Op. cit. S. 151 ff. と比較せよ。

(151) Ebert. Epigramme. S. 21.

(152) もはや古いクラウゼの著作、Krause J. H. 1) Gymnastik und Agonistik der Hellenen. Bd. 2. Leipzig, 1841. S. 639 ff.; 2) Olympia. Wien, 1838. S. 199 ff. とドレースの著書（Drees. Op. cit. S. 123 ff.）参照。

(153) Berve. Gestaltende Kräfte. S. 4. Suet. Nero. 24-25 と比較せよ。

(154) Pl. Res. 465 d - 466 a と対比せよ。

(155) Simon. fr. 111 Diehl²; Epigr. Ap. Paus. VII, 17, 6; Xen. Mem. III, 7, 1; Pl. Leg. 950 e; Lys. X IX, 63; Isocr. XVI, 32; [Dem.] LVIII, 66; Polyb. XXVII, 9, 7-13; [Andoc.] Adv. Alc. 31. 運動競技の成績に対するこの態度は、ローマ支配の時代でも残った（Dio Cass. LXIII, 14; Plin. HN VII, 26）。Robert L. Sur les inscriptions d'Ephèse（fêtes, athlètes, empereurs, épigrammes）// RPh. 1967. T. 41. P. 20 sv. と比較せよ。

(156) La Croix L. Quelques aspects de la numismatique sicyonienne// RBN. 1964. T. 110. P. 19-29.

(157) Gardiner. Op. cit. P. 76; Mezö. Op. cit. S. 240; Ehrenberg. Ost und West. S. 83; Forbes C. A. Crime and punishment in Greek athletics// CJ. 1951-1952. Vol. 47. P. 169 ff., 202 ff.; Robert. Inscriptions d'Ephèse. P. 18. ——カリムブロトスの息子ディコノスの場合（Paus. VI, 3, 11）をエーベルトが反論している（Ebert. Epigramme. S. 115-116）。

(158) Stenersen I. B. De historia variisque generibus statuarum iconicarum apud Athenienses. Christiania, 1877. P. 117sqq. ; Hyde W. W. Olympic victor monuments and Greek athletic art. Washington, 1921. P. 30; Lippold. Op. cit. Sp. 2269; Mezö. Op. cit. S. 160-163; Zinserling V. Zum Probrem der Siegerstatue im klassischen Athen// Das Problem der Klassik im Alten Orient und in der Antike. Berlin, 1967. S. 73-91.

(159) Ebert. Epigramme. S. 14; Hönle. Op. cit. S. 43, 141-142 参照。

(160) Burckhardt. Op. cit. Bd. 3. S. 29; Bd. 4. S. 115 ff. Plin. HN XXXIV, 9, 4 参照。

(161) 記念像は高価であった。我々は、前四世紀のものとしては三〇〇〇ドラクマという数字をもっている（D. L. VI, 35）。Wilhelm A. Neue Beiträge zur griechischen Inschriftenkunde. Wien, 1921. Lfg. 6. S. ff. と比較せよ。

(162) Xenoph. fr. 2, 8-9 G.-P. Preuner E. Zum attischen Gesetz über die Speisung im Prytaneion// Hermes. 1926. Bd. 61. S. 470-474 と比較せよ。

(163) Hönle. Op. cit. S. 56-59; Bilinski. Agonistica. P. 34 と比較せよ。

(164) ライチェル・ロビンソンは、ソロンの支払いの意義を過大評価して、五〇〇ドラクマの賞金はオリュンピアの優勝者をメンタコシオメディムノス［五〇〇メディムノスの収穫のある土地の所有者］の階級に換算したとさえ主張している（Robinson R. S. Sources for the history of Greek athletics. Cincinnati, 1955. P. 59-60）。

(165) また、Xenoph. fr. 2, 9 G.-P. と比較せよ。

(166) Guarducci M. Sulla tabella bronzea iscritta di Francavilla Marittima// RAL. 1965. Vol. 20. P. 392-395; Ebert. Epigramme. S. 251-255（Addendum）.

(167) Plut. Pelop. 34; [Aeschin.] Ep. 4; Paus. VI, 7, 3; Cic. Tusc. I, 46, 111; Gell. III, 15, 3: Moretti L. Olympionikai, i vincitori negli antichi agoni olimpici. Roma, 1957. P. 94-95; ルキアノスの書ではソロンは、優勝者は神に等しい者——ἰσόθεοι と見なされていたと述べている（Anach. 10）。

(168) Moretti. Olympionikai. P. 183 参照。

(169) Olivieri A. Civiltà greca nell' Italia meridionale. Napoli, 1931. P. 83-98; Modrze A. Milon（2）// RE. Bd. 15. Sp. 1673 ff.; Hönle. Op. cit. S. 83 ff.; Bilinski. Agonistica. P. 39 s.

(170) Hönle. Op. cit. S. 47 ff.

(171) Ehrenberg V. Aspects of the ancient world. New York, 1946. P. 117; Berve. Tyrannis. Bd. 1. S. 208. ——オリュンピアの優勝者の名誉を政治的目的で利用したことについての非常に興味ある資料をK・K・ゼーリンが挙げているが、その際に競技での勝利によって王権を制約するという、非常に古い観念が影響力をもっていたという彼の前提は、フレイザーとコーンフォルドの理論だけに頼っている（K・K・ゼーリン「オリュンピア競技会優勝者と僭主」『古代史通報』一九六二年、第四号、二一一—二一九頁）。

(172) Hammond N. G. L. The Heraeum at Perachora and Corinthian encroachment// ABSA. 1954. Vol. 49. P. 93-102（P. 97 参照）.

(173) しかしここで、ある研究者たちによって、その根底にあるオリュンピア競技会優勝者キュロンと謀反者の同一視の正しさに疑念が述べられたことを言わずに置くことはできない（Aristotle's Constitution of Athens/ Transl. by K. von Fritz, E. Kapp. New York, 1950. P. 23 参照）。

(174) パウサニアスが驚いたことに（I, 28, 1）、キュロンが企てた犯罪行為にもかかわらず、アテナイでは彼の彫像が建った。

(175) Gardiner. Op. cit. P. 35.

(176) Hatzfeld J. Alcibiade: Étude sur l'histoire d'Athènes à la fin du Ve siècle. Paris, 1940. P. 130 s., 139 s., 317; Э・Д・フローロフ『ギリシアの僭主（前四世紀）』レニングラード、一九七二年、二二頁。

(177) Moretti. Inscrizioni. N 15. P. 33-35; Vanderpool E. Ostracism at Athens. Cincinnati, 1970, P. 25-26.

(178) Collart P. Philippes, ville de Macédoine. Paris, 1937. P. 165.

(179) Swoboda H. Dorieus// RE. 1905. Bd. 5. Sp. 1560 f. と比較せよ。

(180) Berve. Alexanderreich. Bd. 2. N 297. S. 369 参照。

(181) Rohde. Op. cit. S. 192 ff.; Hönle. Op. cit. S. 98 ff. ——Fr・ボーレンジェは、道徳的に疑わしい経歴をもつ競技者が祭祀の対象であったことに無用に特別の説明を求めている（Bohringer Fr. Cultes d'athlètes en Grèce classique: propos politiques, discours mythiques// REA. 1979. T. 81. P. 5-18; Crotty C. Song and action. Baltimore, 1982. P. 122 f. と比較せよ）。道徳的なアンビバレンスは、一般にギリシアの英雄にとって特徴的なものである（Nilsson. Geschichte. Bd. I, S. 189-191; Kirk G. S. Myth: Its meaning and functions in ancient and other cultures. Cambridge, 1970. P. 186 ff.）。また前二世紀に擬古主義者アンドリアヌスの指図により毎年アルキビアデスの墓所に雄牛のいけにえが捧げられる（Athen. 574 e-f）。

(182) Moretti. Inscrizioni. N 6. P. 60-61; Hönle. Op. cit. S. 105 f.; Ebert. Epigramme. N 22. S. 84-86 参照。

(183) Moretti. Inscrizioni. N 180. P. 83-84.

(184) Ibid. N 181. P. 84.

(185) Plin. NH VII, 152 = Callim. fr. 98-99 Pfeiffer; Paus. VI, 6, 3 sqq.; Ael. VH VIII, 18. De Sanctis G. L'eroe di Temesa// AA Torino. 1909-1910. Vol. 45. P. 164 s.; Oldfather W. A. Euthymos// RE Suppl. 1918. Bd. 3. Sp. 457 f.; Gianelli G. Culti e miti della Magna Grecia. Firenze, 1924. P. 223-224, 261-277; Ciaceri E. Storia della Magna Grecia. Vol. 1. Milano, 1928. P. 258 ss.; Bérard J. La colonisation grecque de l'Italie méridionale dans l'antiquité. Paris, 1957. P. 24; Gallavotti C. Iscrizioni di Olimpia nel sesto libro di Pausania// BPEC. 1979. Fasc. 27. P. 3-29（P. 10-12 参照）参照。

(186) Notizie degli scavi di antichità. 1946. 146 s.

(187) Pouilloux. Op. cit. P. 62-105; Launey M. Le sanctuaire et le culte d'Héraclès à Thasos. Paris, 1944. P. 134; Hönle. Op. cit. S. 100 f., 171 ff.; Ebert. Epigramme. N 37. S. 118-126.

（188）Muth. Op. cit. S. 167. Anm. 13.

（189）ハックスレイ（Huxley. Simonides. P. 239-240）は、アイギナから来たクリオスへのシモニデスの嘲笑（Simon. fr. 2 Page）をこのように解釈している。

（190）Moretti. Inscrizioni. N 273. P. 98.

（191）Jüthner. Leibesübungen. S. 48. ――B・W・ヴァルネッケは、壷が、後のパナピネイアの両耳瓶のように、国家権力によって賞として優勝者へ渡されたとさえ考えた（Warnecke B. W. Tanzkunst// RE. 1932. Bd. 4 A. Sp. 2243）。

（192）Jüthner J. Εὐανδρίας ἀγών// RE. 1932. Bd. 6. Sp. 839. ユートネルの引用する証拠に、Arist. Ath. Pol. 60, 3を加えることができる。また、SIG³ 1055, 75と比較せよ。

（193）Kublanow. Op. cit. S. 140 参照。

（194）Usener H. Über vergleichende Sitten- und Rechtsgeschichte: Vorträge und Aufsätze. Leipzig, 1907. S. 145 ff.; Nilsson M. P. Kallisteia// RE. 1919. Hlbbd. 20. Sp. 1674; Ringwood. Op. cit. P. 7, 93 参照。

（195）Wilamowitz-Moellendorff. Sappho und Simonides. S. 42. Anm. 1; Ehrenberg. Ost und West. S. 76.

（196）Alc. fr. 24 c Diehl = 130 L. - P.; Anth. Pal. IX, 189; Ath. 610 a; Hesych. s. v. Πυλαιίδες; Schol. Il. IX, 129. Alfonsi L. Lesbia// AJP. 1950. Vol. 71. P. 63と比較せよ。これらの競技のことがすでにIl. IX, 129-130で念頭に置かれていると考えるスネルは正しいかも知れない（Snell B. Homerica. I. κάλλει νικᾶν/ Gesammelte Schriften. S. 62）。

（197）Ringwood. Op. cit. P. 10.

（198）Nilsson. Geschichte. Bd. I. S. 587.

（199）また、Plut. Alex. 70 参照。ギリシアでは食い比べも実際に行れていたらしい（Ath. 412 a sqq. 参照）。L・ラデルマッヒェルは、このような競争はエピカルモスが自己の喜劇の中で描写したと考えた（Radermacher L. Aristophanes' Frösche: Einleitung, Text und Kommentar. 3. Aufl. Graz, 1967. S. 31）。

（200）Berve. Gestaltende Kräfte. S. 3.

（201）Heinze R. Anacharsis// Philologus. 1891. Bd. 50. S. 458-468と比較せよ。

（202）たとえば、Beloch. Op. cit. Bd. 1. S. 347 ff.; Ehrenberg. Staat. S. 14 ff.; Berve. Tyrannis 参照。

（203）Bilinski. Antyczni krytyci; Donlan W. The tradition of anti-aristocratic thought in early Greek poetry// Historia. 1973. Bd. 22. S. 145-162; Ю・В・シャーニン「前七—前六世紀のヘラス人の詩歌におけるアゴーン的制約批判」『「アイレネ」第一四回国際会議報告集』第二巻、エレヴァン、一九七九年、一八〇—一八六頁と対比せよ。

（204）Greenhalgh. Op. cit. と比較せよ。

（205）Lorimer. Op. cit.

（206）Vernant. Origines. P. 60 svv. と比較せよ。

（207）たとえば、Jaeger. Paideia. Bd. 1. S. 151; Berve. Gestaltende Kräfte. S. 3; Schachermeyr. Griechische Geschichte. S. 84-85 参照。

（208）Manning C. A. Professionalism in Greek athletics// CIW. 1917. Vol. 11. P. 74-83; Gardiner. Op. cit. P. 101 ff.; Starr Ch. G. Subsidization of the athletes// CJ. 1935-1936. Vol. 31. P. 444-445; Bilinski. Agonistica. P. 54 sqq.; Ebert. Olympia: Musiolek P. Die Anschauungen des Aristoteles uber körperliche Erziehung als Teil der Paideia in ihrem historischen Zusammenhang// StudClas. 1962. Vol. 4. P. 95-124; Welskopf. Op. cit. S. 169, 226 と比較せよ。

（209）Jüthner. Leibesübungen. S. 94 ff., 105 ff.

（210）Stoessl F. Leben und Dichtung im Sparta des siebenten Jahrhunderts// *Eumusia*: Festgabe für E. Howald. Erlenbach; Zürich, 1947. S. 92-114.

（211）全体としてこの詩の調和のとれた構成は古拙期では不可能というヴィラモヴィッツの全般的な見解（Wilamowitz-Moellendorff. Sappho und Simonides. S. 257. Anm. 1）とH・フレンケルの論拠（Fränkel. Dichtung und Philosophie. S. 384-386）は、クセノパネス（fr. 2, 16-17G. - P.）とテオグニダス（701 sqq.）に見られる明らかな影響の事実に勝ることができず、それゆえに、詩は古拙期に属するものであり、おそらく、やはりテュルタイオスの作であると考えなければならない。さらに、Jaeger W. Tyrtaios über die wahre Arete// SBBerl. 1932. S. 537-568; Schmid U. Die Priamel der Werte im Griechischen von Homer bis Paulus. Wiesbaden, 1964. S. 150 ff. と比較せよ。

（212）Bowra C. M. Xenophanes and the Olympic games// AJP. 1938. Vol. 59. P. 257-279（= Bowra C. M. Problems in Greek poetry. Oxford, 1953. P. 15-37）; シャーニン「……批判」一八〇—一八六頁。

（213）Jüthner. Leibesübungen. S. 1 ff. 参照。

(214) Heinze. Op. cit. S. 458-468.

(215) Aesop. N 33 Hausrath = N 33 Perry; Phaedr. App. Perrottina: Phaedrus. Fabulae Aesopiae. Rec. Ric. Gansziniec. Leopoli, 1938. P. 92.

(216) Körte A. Bacchylidea// Hermes. 1918. Bd. 53. S. 113-147（S. 140 ff. 参照）; シャーニン「……批判」一八四頁 ; Arnott G. Doubie the vision: a reading of Euripides' Electra// G&R. 1981. Vol. 28. P. 179-192と比較せよ。ソポクレスの言葉も競技者に向けられたものであるかも知れない（Aiax 1250-1251）。

(217) プラトンが自己の競馬用の馬の調教技術をひけらかしたキュレネ出身のアンニケリデスについて、このようなことをかくも熱心にやれる人は、ある重要なことに一身を捧げることはできないと述べたという伝承が存在している（Ael. VH II, 27）。『法律』（631 c）の中でプラトンは、善の中でも美を、特に競走で勝利を与える力よりも上に置いている。

(218) Gardiner. Op. cit. P. 44 ff.

(219) Jüthner J. 1）Gymnastik// RE. 1918. Bd. 7. Sp. 2053 f.; 2）Leibesübungen. S. 106 ff.; Ridley. Op. cit. P. 542.

(220) アメリカ社会学の文献の中に、スポーツへの愛着と、文化の分野において新しい試みを感受する心がまえとの間に存するある対立に関する経験的資料があることは興味深い（Munroe R. L., Conroy M. Games and values of athletes in US culture// Current Anthropology. 1978. Vol. 19. P. 152）。

(221) Ehrenberg. Ost und West. S. 90.

(222) Ebert. Epigramme. S. 13. Anm. 6.

第三章　アゴーンと、芸術的、知的創造への内面的刺激の解放

第一節　創造的活動の心理的前提とその実現の社会的諸条件

アゴーンの雰囲気の中で、そして精神的分野でその傾向が形成される状況の中で、一体どのように創造的活動への内面的刺激が解放されたかを解明するには、ギリシアにおける科学の誕生を実例にして、この過程のメカニズムを明らかにすることから始めるのが適切である。このことは次の状況によって正当化される。

総体として全人類的規模での文化革命について語ることを可能とする古代ギリシア人の成果の中で、体系化された知識の特別な形態としての科学の誕生が特別な地位を占めている。他方、独創的な哲学は独自にギリシアだけではなくインドでも、ある意味では中国でも生まれ（「まえがき」参照）、文学は、疑いもなくギリシアでもインドでも中国でも、そしてこの概念をあまり狭く定義しなければバビロニア（ギルガメシュの叙事詩）でも、ヘブライ人においてもペルシア人においても発生したが、科学はギリシアだけで誕生した。(1) 科学だけが、ギリシア人による第一歩の直接的あるいは間接的な影響を受けて生じたのである。(2) そのことは、後に科学が発展したどの地域においても明らかである。こうして科学の誕生は、最重要なものではないとしても、いずれにしても、人間の歴史においてギリシアに全くの独特さをもたらした、その文化革命の最も特徴的な局面である。

しかし、文化革命の総合的研究において科学の誕生の歴史の研究が特別な役割を果たすことができる、もう一つの原因もある。[3] 客観的に体系化された知識としての科学の本質それ自体のゆえに、科学の歴史の研究の際に我々は、たとえば文学の歴史におけるよりも、資料の欠損があるところで発展過程の復元方法を頻繁に利用することができる。我々の学問は今のところ、ソポクレスの『エレクトラ』とエウリピデスの『エレクトラ』の相対的な年代的順序の問題を解決していないが、相対的な年代づけを欠く中でも我々は、一般化されたピュタゴラスの定理（斜角三角形のための）が直角三角形のためのしかるべき定理より前には証明され得ず、アレクサンドリアの天文学者たち以前に一定の場所における日食の確実な予報を地球上の誰もできなかったと確信できる。[4]

周知のように、科学的知識の量でなく、その諸結果の質でなく、その有益な活用への配慮に対する純粋な知識欲の優位でなく（このような欲求が科学の誕生にとって必要であったとはいえ）、問題を解決するための単に体系的な方法でなく、[5] きわめて大雑把には、次のように特徴づけ得る特別な方法が科学的認識の固有の特徴である。(1)自然と社会における現象は観察される。(2)通常は直接観察することのきわめて困難などのような過程が観察される現象を引き起こすのか、予測が提示される。[6] (3)予測される諸過程のから、できるだけ多くの、経験によって確かめられ得る仮説的諸結果が導き出される。(4)予測される結果が実際に生ずる現象と一致するに応じて、[7] 立てられた仮説は確証されたものと見なされ、[8] さらに科学的真理を求めて利用される。[9]

この四部分からなる方法のうち三つは、多少とも「ギリシアの奇跡」よりずっと以前に人類に知られていた。天体の可視運動の体系的観察は、ずっと昔からエジプトとバビロニアで行われていた。[10] ギリシアではすでにホメロスは、大熊座の星座を他の星座に対立させて、沈まないものと特徴づけており（II. X VIII, 485-489）、[11] 我々は、さらに多くのこのような観察をヘシオドスに見出す。

予測される結果と実際に生ずる結果との比較は、さまざまな科学技術的過程の仕上げと完全化の過程で体系的性格を帯びた。我々は、すでに青銅器時代に古代の冶金工たちが（他の部門の工匠のように）無数の実験を行い、その結果は、成功するまで予測される結果（この場合、一般に望まれる結果）と比べられていたことを確信するために、文書証拠を必要としない（それらはあり得ない）[12]。前三千年紀に行われた青銅の成分の改良は、このような根気強い実験がなければできなかったであろう[13]。

その際に行われたかも知れない魔術的な複雑な操作は本質的に事態を変えることは少なかったが、魔術のもつ意義がより小さいところでは、手工業においてでき上がった実験と検査の方法が科学的認識の観点の一つに容易に変わることができた。

少なくとも、何らかの因果関係の法則があると予感させる自然現象を説明することが求められる予測の提示は[14]、説明を探し求める希求がありさえすればどこでも大昔から実際に行われていた[15]。この説明は、一般に神話的になされていた[16]。神話的説明も科学的説明も、説明を求める心理的過程は、一部分は連合し一部分は無意識であり、しばしば矛盾し、一般に心理学において周知の制限に拘束されない[17]。これら二つの方法の間の根本的相違は、科学者は、たとえば気まぐれに行動する神々の活動を介しての説明のように、十分に明確な、検査の容易な結果を演繹的方法によって導き出すことができない説明はすべて、冷酷に棄てなければならないということにある。この相違は、我々が知るように、ギリシアでだけでき上がり、全体としての科学的方法の形成にとって重要となる、科学的研究における演繹的要素に我々を導くのである。

ギリシアにおける科学の誕生は、演繹的な数学の誕生や天文学の誕生に、音響学や静力学のような力学部門の科学的体系の基礎が置かれたところに特にはっきり現れた。ギリシア人の創造した新しいものがどこにあるかをより明瞭に脳裏に描くために、エジプト人よりはるかに優り、ギリシア人以前に人類によってなされたことの頂点に達したバビロニア人の数学的、天文学的認識について簡単に述べよう[18]。

六十進法の計算用タブレットを持つバビロニア人は、算数の計算技術においては、ハンムラピの時代（前一八世紀）にすでに、ギリシア人が二〇〇〇年の後でさえ到達できなかったような高い水準に達していた。[19] 正方形の対角線の長さのその一辺に対する比率をバビロニア人は、ピュタゴラスより一〇〇〇年前に、プトレマイオス（紀元一五〇年頃）にとってさえ十分であった正確さをもって計算した。[20] あらゆる長方形の相応する比率もバビロニア人には知られていた。[21] 八次、六次方程式、ノイゲバウアー［Otto Neugebauer, 1899-1990］によれば、さらに五次方程式の若干の事例に集約された計算上の問題が、彼らによって解決された。[22] バビロニア人は、特別な形態の対数を利用できるところまで近づいていた。[23] 我々が数学の楔形文字テクストで計算の練習も見出すことは注目に値することであるが、それは一定の生活の必要によって生ぜしめられたタイプの問題の内部で条件に随意に変更が加えられるほど実際の必要性からかなり遊離しており、それゆえ、たとえば労働者の人数に労働日の日数が無意味に加算されることがあった。[24] 直接的な有用性の束縛から脱するかすかな試みでさえ、このように計画倒れのものである。しかし、バビロニアの数学のテクストには何らかの数学的命題のいかなる証明の痕跡もないという事実が、特に重要である。なぜならば、ここに、すでに我々に知られているギリシアの数学の第一歩との重大な対立が現れているからである。[25]

バビロニアの天文学者たちは、少なくとも後期の時代（前四世紀後）に、天空の月、太陽、惑星の可視運動の計算のため、卓越した経験的定式を思うように利用することができた。[26] しかし彼らは、ある難解なテクストの普通の解釈が正しい限り、天体の運動に関する科学的な裏づけのある問題、以前は彼らにとって重要性のないものではなかった問題を、すべて放置してしまった。[27] これとまったく異なるギリシア人の理解力は、すでにアナクシマンドロスの活動にはっきり現ていれる（後述参照）。

本書第一章と第二章で述べた、まさに前八世紀以後におけるギリシアの独特な諸状況の結果、ギリシア人は科学をして、他のその形態以前に現れた外的世界の認識及びその習得と分ける境界を越えさせることができた。

人間の認識活動は、一定の精神生理学的前提条件にもとづいて生まれる。[28] И・П・パヴロフ［1899-1936］が率直に研究成果とさえ呼ぶその適応反射は、[29] 高等動物の認識活動というべきものの基礎を成す。[30] これを人間に適用してB・C・メールリンは、人間ではときには他のすべての最も活動的な意欲よりも強くなることがある、遺伝的始源をもち人間と動物に共通する適応的意欲について述べている。それにもとづいて科学的な強い探求心、真理を求める心が生ずる。同様な見解をG・ケリーとK・ローレンツも述べている。[31]

遺伝的に確立された行動様式形態がもっぱら自然的淘汰の影響を受けて発生する限りでは、おそらく生活上の要求の充足と直接関係のない事柄に対するある程度直接的な関心の程度は、高等動物ないし形成過程にある人間にとって、結局は有益な、生残りを助けるものとなった。

行動における個人的差異の存在、所与の状況における所与の状態にとって最も普通の行為形態から離れる個人の素質と能力における差異の存在、そして、特に我々に興味を感じさせることであるが、個人における適応反応の発達の程度における差異の存在も、遺伝的に条件づけられる。これらの差異は動物界の進化の全段階で見られ、[32] 一部分は遺伝的に決定され、[33] そして、おそらく各集団に役割の分化の要素をもたらし、それによってその生残りを助けて、適応させる役割をもたらす。[34]

その際に、高等動物に対する多くの実験は、遺伝性の能力における差異というよりは、むしろ、行動の動機づけにおいてどれほど継承される差異があるのかということが、行動の個人的差異に果たす役割について教えてくれる。[35] 最も原始的な社会でさえも、認識領域におけるものも含めて、それぞれが機能を果たすため死活に関わるほど重要な行動形態における多形性が、しかるべき遺伝的前提条件を基盤として発達したことを裏づける資料もある。[36] 遺伝的に条件づけられた多様性は、各社会において、いわゆる「一般的知性」の研究の際にも、[37] 一般的または特殊

な天賦の才能の諸形態の研究の際にも、そして特に個人の創造的可能性の研究の際にも現れる。(38)

このようにして、遺伝性に関する科学の資料は、自然発生的にでき上がった人間の各集団、すなわち実際には各種族、各人種的各単一性において、能力の点、天賦の才能の程度の点、我々に特別に関心を持たせる知識欲の遺伝的基盤の点も含めて、個人の行動を支配する動機の遺伝的に決定された成分の点で、諸個人の間に明瞭な差異があったと推測させてくれる。他方前述のように、遺伝学と遺伝心理学は、こうしてでき上がった遺伝的素質の分布が人種的構成次第で民族によって本質的に差異があったと考えさせてはくれない（「まえがき」参照）。このことは、認識的関心と個人の創造的活動の形成のための遺伝的前提条件を与えられた、大体同一パーセントの個人が地上の各民族の各世代で現れるということを意味する。(39)

同時に、異なる民族と異なる時代を比較するならば、人間文化の全歴史は、自己の知的才能を発揮する人々の数にどれほど雲泥の差が現れているかを我々に教えてくれる。とりわけ、この点に関してギリシア人自身が世界に誇示した驚くべき変化については、すでに前述したところである（「まえがき」参照）。

潜在的な創造的能力を十分に発揮させるか、あるいはそれを抑圧するか、社会生活条件だけがここでは動因となり得る。(40)実際に生活条件の決定的な力は、たとえば現代の西欧やアメリカ合衆国で子供の学業の進歩に対する遺伝的才能の影響を探求することに成功していないということにすでに現れている。起こらざるを得ないそれらの影響は、おそらく子供が育つ環境の一定の影響によって無力化され、(41)子供の可能性は初等義務教育の環境の中でさえまったく完全には実現されていないのである。(42)妨げとなる要因の中で、特に学校の教育制度と生徒の集団の圧力、創造的志向と対立する「男性的性格」という広く流布している理想が挙げられている。(43)

こうしておそらく、さまざまな社会の、さまざまな歴史的時代において生まれつきの知的可能性を実現し、すなわち創造的な頭脳労働の才能を発揮し、その点である程度社会によって受け入れられる成果を挙げる人々の集団に現れる顕著な相違は、何よりもまず歴史的に形成された生活条件によってもたらされた。もちろんその際社会制度と、文化領域において個人によって提案される革新的なものを受け入れる心がまえとの間の依存関係が、特に明瞭である。

宗教的なものも含めて伝統のある程度の弱化は、科学――最初は実際的利用に役立つ諸結果を散在的にもたらすだけだったが、その代り至るところで視覚に訴える明白さ、ならびに幾世紀も経た伝統、特に宗教的伝統に反する結論に導く時間の消費、内面的努力を必要とする新しい知的活動形態――の誕生にとって、おそらく不可欠であった。科学者は、今でも他の人々よりも大勢順応主義に傾くことが少ない[44]。おそらく、科学がその第一歩を踏み出した時代でもそうであったであろう。

しかし、伝統墨守という障害の崩壊だけでは、どこにも科学の誕生はもたらされなかった。深く浸透しつつある懐疑論は、「超論理的思考」の理論の創始者L・レヴィ - ブルールも認めなければならなかったように[45]、すでに前文字時代の文化で見られる[46]。深刻な懐疑論の現象は、古代東方の古文献、〔すなわち〕エジプトの文献[47]――『失意の人と自己の魂との対話[48]』といわゆる『ハープ奏者たちの歌』のうちの若干[49]――、バビロニアの文献――『人生の意義についての主人と奴隷の対話[50]』――、聖書文献――『伝道の書』と、ある意味ではヨブ紀――の中で現れる。

世界の神話的状況の崩壊自体は組織的研究に導かず、全般的な虚無主義もむしろその後に続いて起こり得る素朴な現実主義(「すべては、それが思われるようなものである[51]」)のようなやり方での安易な解決に導く[52]。古拙期と古典期のギリシアでは、このような風潮は支配的なものになり得なかった。すなわち、我々が前述(第一章)で明らかにすることを試みたように、領土的拡張、技術的・経済的発展の状況、氏族貴族を排除する新しい社会的グループの権力をめぐる闘争状況の中でポリス制度の形成は、社会的風潮の領域では限定された楽天主義、生活改善の可能性、自己の前にある具体的な限られた目的を達成する可能性への確信の形で現れたのである。

問題は、なぜギリシアでは若干の人々が、たいていは実際に利用されることがまったくなかった最初の科学的真理の探求に努力を傾注するようになったかということにある。[53] И・Д・ロジァーンスキーは、現実の合理的説明の最初の試みが（補足すれば神話的説明と違って）すでに「最大の緊張を要する頭脳労働」を必要としたと正しく指摘している。[54]

我々は、科学史家と科学的創造活動の心理学の専門家によって認められている、科学者の一生に及ぶ一定の心理的動機における不変の事実にもとづいて、この問題に答えることができる。その仕事の対象に対する直接的関心と、広く認められようと努めることとが結びついていることが、学者の特徴である。

M・Г・ヤロシェフスキーは、マックレナン、ロー、チェンバースの研究の結果と並んで、非常に特徴的なラモン－イ－カハリの証言を引用している。

「研究者を他の人々と区別する特別な知的能力はないが〈…〉、真理への愛着と名誉欲という二つの情熱を結びつける彼の動機はある。まさにそれらは発見に導く高度な緊張を通常の理性に与えるのである[55]」。

M・Г・ヤロシェフスキーは、タレスが自己の先取権をいかに大事にしていたかということについてのよく知られた証拠を引用して、「科学の黎明期にすでに、発見者の権利を主張することは、自然研究者の行動への最も強力な推進力の一つになる」とも指摘している。[56]

第二節　ギリシアにおける創造的成果を奨励する世論の形成

いよいよ、我々の提示する「ギリシアの奇跡」の謎の解決に本格的に着手する。私は、貴族階級の衰退と運動競技の権威の部分的低下（第二章第二節参照）を伴った社会的転換の状況の中で、生活上重要な事柄においてだけではなく、直接的な必要性によってもたらされたのではない事柄においても成功と首位の座を目指す古拙期のギリシア人の志向（アゴーン的志向）が、精神的活動にまで広がったのだと考える。[57] まさにこの状況の中で抑圧されるようなことはなくなり、反対に、諸個人の知的活動の最初の成果が実際に役立たなかった場合でさえも、彼らの創造的素質が環境によって活性化されるようになった。

ギリシアの国家機構形態としてのポリスが、重要な補足的促進要素となった。まさに限られた領土と、すべての者がたいていはお互いを知ることができる、限られた市民数を持つポリス（Pl. Leg. 737 d-738 e; Arist. Pol. 1326 b 14-19）では、社会的承認が、若い人の創造的活動の最初の成功の時に特に感じられたかも知れなかった。

ギリシアの文芸や音楽の発展における慣行化されたアゴーンの役割はよく知られている。私はここで、慣行化されていないアゴーンが、科学の誕生とギリシア哲学の形成において同じような役割を果たしたという推測を提示する。

古典古代の伝記的伝承が、何らかの形で運動競技に関わったのはギリシア文化の活動家であるとして、文化分野での活動が実際は運動競技のアゴーン制度に対して何らかの継承性を持っていたという、すでに古代に存在していた観念を反映しているということから始めよう。

たとえば、タレスはあまりにもアゴーン競技に熱中していたので、年をとってオリュンピア競技会に出かけて、そこで暑さと渇きのため死んだ（D. L. I, 39）[58]。真実らしくない伝承によれば、「七賢人」の一人キュロンは、その息子がオリュンピア競技会の拳闘で勝利したのはピュタゴラスであると言っている[60]。前五世紀前半の詩人ロドスのティモクレオンは、五種競技選手として知られていた（Ath. 415 f-416 a; Ael. VH I, 27）。疑わしい伝承は、エウリピデスは若い頃運動選手であったと言っている（第二章第二節参照）。プラトンは若い頃強い闘士で、ディケレアルコスの言によれば（fr. 40 Wehrli）、イストミア競技会に参加した[61]。

伝承は、人生をアゴーンとして理解し、さまざまな活動分野における競争を競技場の公正な法に従わせるべきであると要望したのはピュタゴラスであるとしている（Iambl. Vit. Pyth. 9）。中期のアッティカ喜劇の資料によれば、アテナイ人たちは相互に機智に富んだ問題（γρῖφοι）を出し合うのに夢中になり、その解決策を競った（Ath. 448 b sqq.: cf. Ar. Vesp. 20 sqq.）。宴会でギリシア人たちは、酒席での歌を歌いながら競い合った。スパルタではシシチア――共同会食――の時に、参加者たちはラコニア風の雄弁を競い合った[62]。「七賢人」に関する伝承は、ときには彼らを生活の知恵を競う者として、交替で箴言――グノーメーを述べる者として描いた[63]。

競争の諸特徴は、我々がどのように詳細に説明しようと、ホメロスのアキレウスの楯で描写された審判（II. XVIII, 497-508）で見られる[64]。裁判と競争を比較することは、ギリシアの弁論家にとっては分かりきったことであった。トゥキュディデスは、アテナイ人は弁論家の言葉を競争として扱っているとクレオンに不満を言わせ（III, 38, 4）、永遠の財産（κτῆμα ἐς ἀεί）としての自己の仕事を、競争のため予定された創作に対立させている（I, 22）。アゴーンは、古代アッティカ喜劇の構造の中に構成要素として入った[65]。アリストパネスの作品では黄泉の国でさえ競争原理が支配している（Ran. 761 sqq.）。古典期に仕上げられた哲学的問答がアゴーンの形式をとっている[66]。ヘラクレイトスは宇宙の中でさえアゴーンを見出している[67]。

我々の考察しているさまざまな精神的活動形態におけるアゴーン的傾向の強化の過程は、スポーツ的アゴーン制度分野からの言葉や表現の使用が新分野に浸透していることにはっきり現れている。ἅμιλλα ――「競争」という語が知的分野に移され、それゆえエウリピデスによって ἅμιλλα λόγων ――「戦い」と並んで使用された、論争を表すための ἀγώνισμα ――「演説比べ」という表現が生まれ（Suppl. 427 sqq.; cf. Gorg. Hel. 13）[68]、また、σοφίας ἅμιλλα ――「知恵比べ」という表現が生まれている（Plut. Conv. sept. sap. 6 = Mor. 151 B）[69]。闘争術からは、戦いとそこでの勝利を表すために闘士の専用語 καταβάλλω, καταπαλαίω, καταπλίσσω, πλίγμα, ἐκτείνω[70]、そして、争う双方に適用して παγκρατιασταί さえも[71]、現れている。

運動競技的、アゴーン的隠喩は[72]、異教の哲学的文献の中にその存在の終りまで浸透し（Arr. Epict. I, 24, 1 だけ挙げておく）、そして、ギリシアのアゴーン競技に対する批判的意見を認めているものの、ヘレニズム文学とヨーロッパ文学の境にあるアレクサンドリアのフィロの創作（Philo, De poster. Caini 161）[73]とキリスト教文学に浸透する[74]。

周知のように、ギリシアの科学はヘレニズム時代まで哲学と密接に関係を持ち続ける。哲学体系と科学的発見は大部分同一人から出ており、彼ら自身は両者の間の認識論的相違を徐々に理解していっただけである。それゆえ、我々の目的にとっては、古代ギリシアの哲学でも科学でも、その形成において論争（争い）が果たした役割に注目することが大事である。

公開の争い――争う者の生活上の利害に関係のない問題についての口頭または文書による論争の形式での――は、前一千年紀の中頃前（いわゆる「基軸時代」――「まえがき」参照）までは人類に知られていなかった現象である。両河地方の文字文化とのコントラストは特に教えられるところがある。内容豊富なすべての楔形文字文学遺産は、一般に見解や意見（利害ではなく）の衝突としてのいかなる争いも知らないからである[75]。エジプト学者ではないが、これについて判断できる限りでは古代エジプトの文字文化も事態は同じであった。

ギリシアではまったく別の状況を我々は見る。この面で研究者たちは多くの過大評価をしているが、先駆者や同時代人との不断の論争は、すでに前六世紀からギリシアの思想にとって特徴的なものである。[76] 我々がアナクシマンドロスとアナクシメネスの学説について知っているわずかのことは、先駆者たちの見解の批判的摂取と彼ら（名を挙げられている者かそうでない者かは、我々には分からない）との争論、[77] 広く検討されている問題により良い解決を提示する努力を、とてもハッキリと見せてくれる。我々が哲学者たちの著作の真の断片を握ることができさえすればすぐ、我々は、言ってみれば個人攻撃と結びついた、この論争にはっきり気づく。

クセノパネスは、ピュタゴラスが魂の移動を信じているのを嘲笑し（21 B 7 DK）、タレス、エピメニデス、そして、一般にすべての哲学者や詩人を批判している（B 19-20, A 22 DK）。[78] ヘラクレイトスは、ヘシオドス（22 B 40, B 57, B 106 DK）、タレス（B 38 DK）、ピュタゴラス（B 40, B 81, また、その断片が真のものであれば、B 129 DK）、[79] クセノパネスとヘカタイオス（B 40 DK）[80] を非難している。「七賢人」の中では一度も首位に置かれなかったプリエネ出身のビアスの言葉（λόγος）は他の者より優れているというヘラクレイトスの言明（B 39 DK）は、明らかに論争的である。ガトリーは、多くの知識の必要性が主張されているヘラクレイトスの断片（B 35 DK）もピュタゴラスに対する皮肉たっぷりの攻撃的発言であると考えている。[81]

次には逆に、パルメニデスは、多分ヘラクレイトスと論争しているようである。[82] エピカルモスの著作は、冗談半分の哲学的論争で埋め尽くされた。[83] ディオゲネス・ラエルティオスは、その後の伝記的伝承をまとめて、ピュタゴラスに対するクロトンのキュロンの、[84] タレスに対するペレキュデスの、アナクサゴラスに対するソシビオスの論難について述べている（D. L. II, 46）。前五世紀後半から我々は、哲学者たちの間で真の「万人の万人に対する闘争」を確認できる。

論争の具体的な例を挙げる必要はない。その代わりに、この見解の争いが同時代人に与えた一般的感銘を引証しよう。ゴルギアスは、その『ヘレネ』(13)の中で「気象学者たち」の絶え間ない論争現象を指摘している。偽アリストテレスの論説「メリッセ、クセノパネス、ゴルギアスについて」(979a13-21)で述べられていることから判断するに、「哲学者たち」の間の抑えきれない対立をゴルギアスが自著の『自然について』の中でも引用している。

真のアゴーン形態として、ἀγὼν λόγων(「弁論比べ」)という表現自体も現れるプラトンの『プロタゴラス』の中で、ソフィストたちの論争が描かれている。ヒッポクラテスのグループの医者がこのような哲学者たちのアゴーンのことを嘲笑しながら述べている(De nat. hom. Exordium)。各技術の考案者を見つけようという一般的な傾向に乗ってエリーステイカ、論争術の独自の考案者――ヘルミオネ出身のラソスも名を挙げられている(Suid. s. v. Λᾶσος)。

ギリシア人の精神的生活のこの特徴は、すでに紀元一世紀に何か独特なものと受け取られていた。たとえば、表面上だけギリシア化された東方文化の代表者ヨセフス・フラビウスは、ギリシア人の絶え間ない議論のことを軽蔑して述べている(Contra Ap. 3-4)[85]。ディオドロスの結局は同様な意見も、東方的考え方から出ているのであろう(II. 29, 4-6)。

生まれつつあるギリシア科学にとっても、意見の争いは特徴的なものである。対立する学派間の論争は、すでに最初の医学著作物の中にある[86]。ギリシアの天文学の形成に関する篇では、我々はそこで意見の争いがいかなる役割を果したかを知るであろう。今我々は初期ギリシア数学にとっての競い合いと論争の重要性に注意を向ける。その中でギリシア幾何学(周知のようにギリシア数学は幾何学的形態をとって発達した)がその第一歩を踏み出した競争の状況は、何よりもまず、多世代のギリシアの数学者たちの注目が、コンパスと定規だけを用いても解決されない伝統的な三問題――角の三等分問題、円積問題、デロスの立方体倍積問題――に特に集中していたという事実自体から分かる。[87](このことは、ギリシア自然科学が、たとえばナイルの氾濫の原因のような問題に払った、明らかに不釣合いな注目を多少思い出させる。)

伝統的なものとなった三問題の出現はギリシア幾何学の発展過程においては自然なものであったが、数学的見地からすれば劣らず関心を引き劣らず解決の困難な他のいかなる問題も伝統的な三問題と同列では生じなかったという事実は、科学の発展の内部的必然性の範囲を越える、いわば外面化された説明を必要とする。あらゆる点から見て、我々が明らかにしようと努めたように、ギリシアの全生活にとってかくも特徴的な競争心こそがここで影響力を持っていた。[88]

ギリシア数学の始まりに関する証拠の絶対的不足にもかかわらず、我々は伝統的な問題の一つ——円積問題をめぐる論争に関する直接的な証拠を持っている。我々の資料では、たとえばキオスのヒッポクラテスによって始められた、彼の発見した弓月形の求積法を利用した円積問題の試みに関する激しい論争が確証されている（42A3DK）。さらにアリストテレスがこじつけだとし、[89]後世もまた別の意味で同様に考えた、円積問題の仮想的解決を提起したブリュソンも挙げることができる。広範な層の教養ある人々がこの論争に対して示した関心のことを我々はアリストパネスから知る（Ar. Av. 995-1009）。[90]

接線に関してソフィストのプロタゴラスが数学者たちと論争した（68 B 7DK）。ゼノンのアポリアがきっかけになった無限小についての論争は、おそらく数学者たちを強く興奮させたであろう。[91]我々に伝わらなかったユークリッドの著作 **Περὶ ψευδαρίων**（『詭弁について』）——幾何学的詭弁を集めたもの——も、おそらく数学者たちの論争の反響が書かれていたであろう（Procl. In Eucl. Comm., p. 70 Friedlein）。ユークリッドの『原論』には、すでに前五世紀に生じた、互いに対立する傾向の闘争の明瞭な痕跡がある。

競争と論争が科学の発展に及ぼす影響は、それらが他の文化領域に及ぼす影響とは少し違っていた。ギリシアの、とりわけ前ソクラテス派の時代における哲学と科学の密接な関係にもかかわらず、これらの知識部門の間の認識論的相違は、それらの発展への第一歩にすでに影響を及ぼしていた。[92]競い合う学派の哲学者たちは、論証の形態を鋭くし、プラトンの『ティマイオス』と『法律』におけるように、誕生した科学により得られたものも含めて新しい材料を活用したが、両方向の根本的対立は残った[93]。

アゴーンが慣行化されたジャンルとしての文学の領域[94]では、せいぜい審判者の決定が時代の考え方を反映した。その後の世代、そして多分アテナイの若者たちは、アテナイの演劇コンクールの審判者よりもエウリピデスに対して好意的な態度をとったのである。

累積的に発展した科学によって客観的に打ちたてられた真理に基づいて、また、提起された問題（または正当な理由による真偽不明（non liquet））に対するいずれは同じ答えとなる原理的可能性に基づいて、ギリシアにおいて論争と競争は一般的に一定の結果、すなわち多くの科学的真理と同様の相対的な科学的真理をもたらした。この真理を発見した人が高く評価され名誉さえ得たことは、我々が明らかにしようとしたように、ギリシアではあらゆる活動の最も重要な動因となった。

その後、通俗的な哲学的文学を広く利用したペトロニウスは、知識における進歩を競争の雰囲気と直接に結びつけている。

「昔、ありのままの徳が尊敬されていたとき、自由な芸術は栄え、〈…〉何か役立つものを隠されたままにしておかないために、人々の間に活発な競争が行われていた。こうして〈…〉デモクリトスは自分の全生涯を実験に費やしたのであった」（Petron. 88, 2; С・Я・ルリエー訳）〔国原吉之助訳、ペトロニウス『サテュリコン』岩波文庫、一九二二年、一五九頁参照[95]〕。

古拙期と古典期から伝わった真正な証拠によれば、我々の前にあるのは最新の構造ではなく、挙げられた時代の真の社会的思潮の反映であることが分かる。

我々が文化革命と特徴づける時代、優れた文化の活動家たちは、競技者が獲得するものに比肩する名誉を獲得した。我々は、死後と存命中とを問わず詩人が得た、現代としてはごく普通の範囲を越える名誉について、多くの証拠を持っている。これらの証拠は第四章で引用するであろう。ここでは哲学者たちと最初の学者たち――我々の資料の性質上残ったものはより少ない――の名誉と尊敬に関する資料に取り組もう。

知的卓越をさまざまに発揮して有名になった若干の人々、たとえばタレス、アテナイ人ソロン、コリントスの僭主ペリアンドロス、ミュティレネの統治者ピッタコス、スパルタの監督官キュロン、プリエネ出身のビアスその他の人々は、古代に彼らを他の人々の上に立たせる賢人の名声を得ている。大体において伝統的な生活の知恵を反映したいろいろな金言は、彼らが作ったものとされるようになる。そして、もちろん、その中には本物もあり得るけれども、作為的に彼らのうちの誰かと結びつけられたものもあった。これらの賢人のリストはいくつかの異説もあり、それゆえ疑う余地のない候補者と並んで議論の余地がある候補者もいたけれども、「七賢人」の定型ができ上がる。[96]

プリエネ出身のビアスに同市民たちはテメノス――テウタメイオンの聖地を献呈し（D. L. I, 88）、国費で盛大な弔いをした（ibid. I, 85）。「七賢人」の金言はデルポイの神殿に保管され、その権威すなわち神託とアポロン神自身の権威により神聖化された。おそらく、デルポイの神殿の祭司は、賢明さで他の人々より優れた少数の人々（D. L. I, 30, 106; Pl. Ap. 32a-b）についての観念自体の形成においてもかなり重要な役割を果したであろう。

しかし、タレスが自己の名誉を得たのは「七賢人」に特徴的な実際的な賢明さによってだけではない。ヘロドトス（I, 74）、クセノパネス、ヘラクレイトス、デモクリトスが伝えた（D. L. I, 23 = Eud. fr. 144 Wehrli）、幾らか偶然に成功に終わったタレスの日蝕の予言の試みが非常に大きな反響を呼んだのであった。アテナイのアリストパネスの喜劇の観客はタレスの名を普通名詞として（Nub. 177-180; Av. 999-1009）——数学者、天文学者の同意語——喜んで受け入れた。

アナクシマンドロスがスパルタに日時計を据えつけたことは（D. L. II, 1）、スパルタの政府がアナクシマンドロスがそういったことに特に精通しているという情報を持っていなかったら、おそらく不可能だったであろう。ピュタゴラスに対するヘラクレイトスの論争的攻撃（22 B 40, B 81, 多分 B 129 および B 35 DK も）は、ピュタゴラスの教説が次の世代ですでにギリシア世界の反対側の隅に強い関心を呼び起していたことを明らかに示している。彼の名声をめぐって諸伝説が急速にでき上がるが、彼自身にとっては多分最大の意義をもっていた政治的活動よりは、むしろ宗教改革者、哲学者、そして科学者の知的活動が諸伝説の根底にある。(97)

エンペドクレスは半神的な奇跡者の名誉を少なくとも暫くの間得たが、加えてギリシアの伝記的伝承は、彼の教説の合理的要素の役割ならびにそのような名声を作り上げた活動の役割も教えてくれる（D. L. VIII, 60, 70）。ソティオンの言によれば、パルメニデスは、自分に精神的世界を与えてくれた哲学に親しませてくれたことに感謝して、ピュタゴラス派のアメイニアスの死後、彼のためにヒエロン（聖所）を建てた（D. L. IX, 21）。アナクサゴラスの故郷の町クラゾメナイは、彼の画像が描かれた貨幣を鋳造し（59 A 27 DK）(98)、彼が死んだラムプサコスの市民は、彼を英雄として崇拝し、彼の墓に供物壇を建て、また、その命日には子供たちのため休暇を制定した。(99)

まだソクラテスの存命中に彼の弟子カレイポンは、アポロンの神託所の前でソクラテスより賢い人が誰かいるかと問いを出した。デルポイではこのような問いを出されて迷わず、誰もいないと答えた（Pl. Ap. 21a-b; cf. Xen. Ap. 14）。ソクラテスが死後に得た名誉、プラトン、アリストテレスの名誉は広く世に知られているところである。

プリニウスは、ヒッパルコスの天文学的発見がその生存中に巻き起こした感嘆について語っている（HN II, 53 sq.）。さらに一つだけ目立つ事実を付け加えよう。伝承は、前二世紀のアカデミア派の哲学者カルネデイアスの死後月蝕が生じ、太陽が消え失せたと確言している（Suid. s. v. Καρνεάδης）。

文化のさまざまな分野における好首尾な活動が、少なくとも優れた政治家や優勝者の競技者に比肩する名誉をもたらしたということのほかに、名誉を求めることが創造活動の動因として十分に確証されることも非常に重要である。何よりもまず、いわゆる σφραγίς（「印章」）――作品の作者であるという権利の主張――の形で。

古代西アジアの古文書は、無署名か、またはその作者をある権威者に帰する試みが見られるのが特徴である。[100] 似たような現象は古代と中世のインド文学でも見られる。[101]

ギリシアでは事態はまったく異なっていた。すでに彫刻家や芸術家は、ギリシア人は彼らの活動を文学者のそれよりも低く見ていたにもかかわらず、自己を作者であると権利を主張している。前七世紀以後、壷絵画家の署名が彼らの仕上げた絵画に現れる。[102] イスキア島で発見された、芸術家の署名のある深皿の断片は、おそらく前八世紀に遡るものである。[103] 前六世紀の壷絵画家は、自己の壷に「ポリウスの息子エウテミダス描く。エウプロニス（彼の競争相手）は今まで一度も（なすことはできず）。」と記している。[104] 非常に早くからギリシアの彫刻家たちは自分の作品に署名をし始めている。[105]

ヘロドトスとプリニウスは、ポリュクラテスのために印章を彫った、サモスから来たテオドロスを名を知られた最初の彫り物師と考えているが（Hdt. III, 41; Plin. HN XXX VII, 4, 8）、このことは多分、彼が自作の手彫りの宝石に自分の名を刻んだ最初の人であったことを意味するであろう。画家ゼウクシスとパラシオスが碑銘で自己の才能の力の満々たる自負を示したのは前五―前四世紀のことであるが、[106] 一般に、いかに造形芸術の巨匠が誇らしげに自己の功績を世間に示しているかということの証拠に我々は不足しない。[107] 彫刻家クレオン（前五世紀初め）は、誇らしげに自分の彫像の下の碑文に、馬のスタートを調整するため（ἱππάφεσις Paus. VI, 20, 10-14）オリュンピアで据えつけられた装置を自分が発明したと伝えている。[108]

我々は同じような傾向を文字文化のすべてのジャンルで見出す。ギリシアの文字文化ではその後表題が現れ、それゆえ最初に原作者であることを確かなものにし、自分の名誉を永く後世に伝えようという欲求は、詩人や散文作家たちに自分の名を作品のテクストに直接に入れたい気持ちを起こさせる。(109) 我々の知る限りでは、ヘシオドスが初めてそのような態度をとっている（Th. 22-23）。(110) 続いてアルクマン（fr. 92 Diehl = 39 Page: fr. 49 Diehl^2 = 17 Page と比較せよ）、ポキュリデス、(111) 前六（?）世紀の挽歌詩人レロスのデモドコス（fr. 3. G. - P.）、アテナイの僭主ペイシストラトスの息子ヒッパルコス（[Pl.] Hipparch. 228b-229a）、テオグニス（vv. 19-23）、(112) クロトンの医者アルクメオン（24 B 1 DK）、(113) ミレトスのヘカタイオス（FGrHist 1F 1a-b）、(114) ヘロドトス（I. 1）、トゥキュディデス（I. 1）(115) の名だけ挙げよう。『ペルシア人』の歌の終わりでティモフェイ・ミロツキーは、自分の作品をオルペウやテルパンデルの作品と対照して、自分の名を挙げている（Pers. 229sqq.）。

原作者であることを主張するという でき上がりつつある慣例、ならびにそれに応じて、精神的活動のきわめて多種多様な成果に関してこのようなものを認める慣例は、過去に広まっていた。すなわち、しばしばある神話的な発見者が、ほとんどすべての人間文化の成果をもたらしたとする傾向が現れる。(116)

自分の作品を書き、発表する人々のグループの社会的構成自体も、創作活動への刺激としての名誉欲の役割を間接的に物語る。ホメロスの貴族社会では歌い手や吟遊詩人たちが最低の地位にあったのに対して、抒情詩の最盛期には、その最も優れた多くの代表者たちは当時の社会の上層部に属していた。先刻我々が名を挙げたペイシストラトスの息子ヒッパルコスと兄弟のヒッピアスが、国家における二流人の地位に満足せず、「印章」を添えられた教訓的な碑銘を書き、そのようにして詩人と賢人の名誉を得ようと努めて、それをアッティカの至るところで見せびらかしていた（[Pl.] Hipparch. 228b-229a）ような事実も意味がないことはない。シュラクサイの僭主の長ディオニュソスは、詩人の名誉を手にいれようと努めて悲劇を書き、そして多分喜劇も書いた（Suid. s. v. Διονύσιος）。前三六七年に彼の悲劇『ヘクトルの身代金』がアテナイにおける競演で一等賞を得た（Tzetz. Chil. V, 180）。公然と表明される名誉の要求もまったく珍しいことではない。サッポーは、詩作品が自分に後まで残る名誉を与えてくれると信じた（fr. 65, 66, 87L. - P. : fr. 55L.P. と対比せよ）[117]。テオグニスは、将来きわめて広く有名になることを期待した（vv. 22-23）。僭主ポリュクラテスに話しかけながら、自己の詩人としての名誉についてイビュコスが述べている[118]。ピンダロスは、勝利者を賛美して、自分は彼と名誉を分かち合うとひけらかしている。ピュテイア競技会で六回勝利した竪琴弾きのアリストヌスはリュサンドロスに、かくも有名な音楽家の父として行動できれば多分嬉しいであろうと考えて、自分を息子として認めるよう勧めている（Plut. Lys. 18, 9）。別の竪琴弾きのストラトニクス（前四世紀）は、シキュオンにおける競争で勝利して、アスクレピオスの神殿の中に「ストラトニクスは下手な竪琴弾きから（戦利品を捕獲して）（建立せり）」という碑文を添えた――そのようにして自己を勝ち誇った司令官に比肩させて――軍用楯の形をした奉納記念碑を建てた（Ath. 351e-f）。

職業上の評判（δόξα）に対する配意は、古代ギリシアの医者たちにとって、いわゆる「ヒッポクラテスの誓い」の中で書きとめられたほどの意義を持っていた[119]。

古典古代の伝承は、きわめて明確な言い方で先取権の主張を表現したのはタレスであるとしている。自己の数学的発見に対していかなる賞を望むかと尋ねられた時、彼は次のように言った。

「もしあなたが、私から教わったことを他人に伝えるつもりである時、それを自分のものにしようとしなければ、私にとっては十分な賞であろう、そして、私が他の誰よりも早くこの発見の考案者であると言うであろう」（11 A 19 DK）。

おそらく、この金言は真正なものではないであろうが、ギリシア人が最初の発見者の先取権と名誉の問題をどのように見ていたかを非常によく伝えている。[120] イアンブリコスは、ヒッピアスとピュタゴラス派との衝突について、ヒッピアスが、ピュタゴラスによる球に内接された正十二面体の作図方法の発見を公表して、最初の発見者の名誉を横取りしたように描いている（Vit. Pyth. 88; De comm. Math. sc. 25 = 18 A 4 DK）。ポルピュリオスはピュタゴラスの伝承に従って、作品『調和について』と『カノン』を剽窃したとシモ某を非難している（Vit. Pyth. 3）。キオス出身のエノピダスは、ピュタゴラスによってなされたとかいう黄道の傾斜の発見を横取りしたとして非難された（41 A 7 DK）。次のデモクリトスの非常に特徴的な発言は、確かなものと保証されている。

「私は、同時代の人々の誰よりも多くの土地を誰よりも詳しく調べながら訪ねて回った。私は他のすべての者よりも人士と土地を多く見てきたし、大勢の学者たちと対談した。そして、証拠となる線を足してゆく際に誰も間違ったと私を咎めなかった――エジプト人のいわゆる縄をつなぐ人［幾何学者か土地測量師］でさえも……」（fr. X IV Luria = 68 B 299 DK）。

この金言は別に説明の必要はないが、fr. XX IV Luria = 68 B 116 DK もおそらく同じように理解すべきであろう。ディオゲネス・ラエルティオスは、デモクリトスの言葉を次のような形で伝えている。（D. L. IX, 36）。キケロはラテン語訳で、「Veni Athenas 〈…〉 neque me quisquam adgnovit（Tusc. V, 36, 104）――「私はアテナイに到着したが、誰も私を知らなかった」。――と伝えている。ディオゲネス・ラエルティオスとキケロは、おそらく同じ中途半端な資料（デモクリトスそのものを、もちろん、彼らは読んでいなかった）に従って、デモクリトスの言葉を名誉への無関心の表れと解釈しているにもかかわらず、実際にはアテナイでは誰もデモクリトスを知らなかったということに彼らはとまどいを見せているのである。

我々に伝わったミレトスのヒッポダモスによる理想国家計画作成の詳細は、非常に示唆的である。すなわちヒッポダモスによれば、国家にとって何か有益なことを発明した人には敬意を表して報いなければならない（Arist. Pol. 1267b22-1268a14）。アリストテレスの言によればヒッポダモス自身名誉欲の点で際立っていたことを考慮に入れるならば、本文はもちろん、彼の計画が国家にとって特に有益であると考えたヒッポダモス自身の自負をも反映していると考えるべきである。クセノパネスのきわめて強く表れた気取りは我々がすでに前述したところである。

我々が望む傾向の多くの資料を、ソフィストたちが与えてくれる。プラトンのプロタゴラスにとってはあらゆる討論は、一方は勝利者として立ち去り、他方は敗北者として残らなければならない口頭での争いである（Pl. Prot. 335a）。ゴルギアスは、彼自身がいつも参加していた弁論家たちの論争をオリュンピアの競技者たちの競争と比較している（86 B 8 DK）[121]。プラトンのヒッピアスは ἀγωνίζεσθαι（「競争する」）という動詞を使用して、そして、自分は誰にも負けなかったと断言して、オリュンピアでの自己の試合ぶりを語っている（Hipp. Min. 364a）。ソフィストのゴルギアスとヒッピアスは、濃紅色の衣装を着て歩き（Ael. VH XII, 32）、ゴルギアスは、金めっきをした像をデルポイで捧げた（Paus. VI, 17, 5; X, 18, 7）。

ギリシアにおける文化革命の活動家の大部分は、しかるべき教育を受け、日々の糧を心配しなくてもよい、生活に困らない人たちであった。しかし、権威をあたえた知的活動が、必要となれば稼ぎの手段ともなり得たこともかなり重要である。まったく信頼できない伝承は、アテナイでヘロドトスがその『歴史』を読む謝礼として一〇タラントを受け取ったとしている（Plut. De malignit. Herod. 26, 862 A-B）[122]。その伝承が、彼はテバイ人（ibid. 31, 864 C-D）とコリントス人（Favorin. Corinth. 7 = ［Dio Chrys.］ II, p. 18 Arnim）に無条件に金を要求したと言っているのはまったく真実とは思えない。

プラトンやその模倣者によれば、すでにエレア派のゼノンが報酬（一講座一〇〇ムナ）を受け取って哲学を教えたとされている（Alcib. 119a）。G・ヴラストスは、我々が古典期のギリシアにおける稼ぎについて一般的に知っていることを背景にして、このような大金の異常さを説得的に教えてくれるけれども、[123]『アルキビアデスⅠ』の作者の証拠を否定するには、それではやはり不十分である。周知のように、ソフィストたちは、彼らの技能から得られる収入で生活していた。プラトンの言によれば、ヒッピアスはシシリアで短期間に一五〇ムナを稼ぎ（Hipp. Ma. 282）、プロタゴラスは、こつこつ貯めた財産ではペイディアスを上回った（Men. 91d）。[124]後代の伝承は、プロタゴラスが「話し合い」料すなわちソフィストによる教授料を初めて受け取るようになったと断言している（Philostr. VS I, 10）。

きわめて初期の碑文は、人間にとって自己の賢明さで稼ぐことが可能だと思っていたかのようである（IG I^2 678）。[125]同時に、イソクラテスの演説『財産の交換について』の中のソフィストたちの僅かな稼ぎに関する資料は信用できない。この演説で、自身教えて稼いでいたイソクラテスは、それほど裕福でなく、裕福にもなり得ないことを示そうと努めなければならなかったからである。プラトン、クセノポン（Mem. I, 6, 13; Cyn. 13）、ソクラテス的伝統の他の代表者たちの明白に否定的な態度とは対照的に、教えて得るソフィストたちの稼ぎに対する一般の態度は、褒めはしないが、寛大なものであった。[126]

全体としてソフィストたちは、我々の前に高い権威をもつ社会層として現れる。知識と教師としての能力によってもたらされた彼らの比較的高い社会的地位は、国家または社会的地位の高い庇護者からの個人の独立という状況の中で、彼らを詩人――合唱抒情詩の代表者――と並んで、現代のインテリゲンチャの先駆者にするのである。[127]純粋に科学的知識を生活源にする可能性ははるかに少ないが、それにもかかわらず、前五世紀の優れた幾何学者の一人で、アテナイで苦境にあったキオスのヒッポクラテスが数学を教えて稼ぐことができたという資料が、我々に伝わった（43 A 2 DK）。

このようにして、ギリシアでは芸術的、哲学的、科学的創造活動が権威ある仕事になり始め、一定の場合には生活費の源泉になり得るという状況になった。

もちろん人間精神の最も優れた成果は、創造活動への内的意欲を持ち、とりわけ直接的な認識的関心をもっている人々にだけ可能である。我々が特徴づけようと努めた社会環境の役割、しかも決定的な役割は、広範な人々のグループの創造的潜在能力――伝統によって束縛され、即時的な有用性を目標とする社会の中に空しく置き去りにされている潜在能力――から障害を除去することである。

結局、直接的な認識的関心が解放された。一定の人々のグループの間における直接的な認識的関心の現れは確固たる存在権を得る――真実を認識することはそれ自体価値があり、人間の存在の主要な意義となり得るという確信ができ上がる。

「観察的生活様式」という理想が生まれる。[128] たとえば我々は、ソロンが βίος θεωρητικός（観察）の目的で旅行したという説をヘシオドス（I, 29）で見出す。[129]

ポントスのヘラクレイデスによって保存された伝承は、哲学者をアゴーンの参加者とではなく、観客と比較したのはプロタゴラスであるとしている。[130] 何のために生きるのかという問いに対して「空と天体を観察するため！」と答えたのは同じプロタゴラスとされている（Arist. Protr. fr. 18, 20 During）。[131] 同様な伝承の説は、アナクサゴラースとも関係がある。すなわち、宇宙を研究するために生きる価値があり、そのために彼は祖国で自分の財産を棄てたとか言われている（D. L. II, 6; Plu. Per. 16）。[132] 空は自分の祖国であるという彼のものとされている言明も、空の研究への献身の意味で理解すべきである（D. L. III, 7）。[133]

これらの意見の真正さの程度とは無関係に、いずれにしてもそれらは、少なくとも前五世紀後半のアテナイにおける社会の顕著な部分の心情を反映している。実際に、「そんなふうにあんたは τὰ μετέωρα（天上の現象）のことは何も知らないのだとすると、俺に金を返せなんて言う資格が本当にお前さんにあるのかね？」というアリストパネスの喜劇のストレプシアデスが債権者に言ったことは（Nub. 1283）〔田中美知太郎訳、アリストパネス『雲』『ギリシア喜劇全集』第一巻、人文書院、一九六一年、二七五頁参照〕、実用的意義を欠く最新の天上の現象論を知らないと思われていた一定の範疇の人々、いわば二流の人々に対する嘲笑としての意味しか持っていなかった。

我々は、知識は独自的価値を持つという、時流に乗った、直接的でまったく真正な意見も持っている。エウリピデスの登場人物は、演劇の観客の前で、不死の自然の秩序を観察できる人は幸せと宣言している（fr. 910 N ――「賢女メラニッペー」？）[134]。悲劇『アンティオペ』の中でエウリピデスは、音楽の巧みさを利用して、それでも都市を築くことができると気づいた観察的な生活様式の信奉者のアムピオンを描いている（fr. 183-188 N; Pl. Gorg. 484e-486d）[135]。

トゥキュディデスにとっては、ἡ ζήτησις τῆς ἀληθείας すなわち群集を惹きつけぬ真実の探求―― τοὺς πολλούς ――が目的である（I, 20, 3）。その『歴史』の中でペリクレスは、アテナイ人の名において「我々は、浪費をせずに美への愛をはぐくみ、精神の力を犠牲にせずに学問に没頭する」（II, 40）〔久保正彰訳、トゥーキュディデース『戦史』上巻、岩波文庫、一九六六年、二二八頁参照〕――もちろんこのようにして、知的好奇心は人が人生の主要な課題を遂行するのを妨害するという広まっている見方[136]、おそらく停滞した文化をもつ社会で一般に認められる見方に反駁して[137]――と述べている。

デモクリトスは、ペルシア大国の支配者になるよりも、一つの因果性の説明を見つける方が優ることを望むであろうと言明した（fr. LVIII, Luria = 68 B 118 DK）[138]。デモクリトスは、芸術と科学を必要の産物ではなく、裕福の産物と考えた（fr. 568 Luria = 68 B 118 DK）。疑わしい伝記的伝承は、彼が（アナクサゴラスのように）財産の大部分を、心配で知的仕事の邪魔にならないよう、兄弟たち（fr. XII, Luria = D. L. IX, 35）あるいは祖国（fr. XII, Luria =

Val. Max. VIII, 7, ext. 4）に遺したとさえ言っている。
『アノニュムス・イアンブリキ』の名称で知られているソフィストの著作は、学問的仕事に自己の余暇（σχολή）を費やす人々のことを述べている（90, 7. 3 sqq.）。クニドスのエウドクソスは、パエトンのように死なねければならないとしても、自分は近い距離から太陽を観察することを望むであろうと断言した（Plut. Non posse. 11 = Mor. 1094 A-B）[139]。

プラトンは知識を道徳－政治的目的に従わせているのが特徴であるが、知識の美という認識は、彼においては『饗宴』のディオティマの言葉の中で美そのものへの高い上昇段階として現れる（210c-e）。プラトンの哲学者たちは、「知識のためにあらゆる手をつくして真実を追求する」人々と特徴づけられているが（Res. 499a）、『テアイテトス』では、彼らを人間の心配事から遠ざける誇張された状況が描かれている（172d-175b）[140]。まさにプラトンは、自分の理想のやり方で解釈しながら、天文学的観察に熱中して井戸に落ちたタレスの逸話（11 A 9 DK = Tht. 174a）を、すなわち最初は「純粋な知識」の理想と明らかに反対の方向をとった逸話を、我々に残した[141]。

アリストテレスによって保存され、同じく観察的生活を望ましいとする見地から彼によって解釈されたタレスの別の逸話は、タレスがオリーヴの実の異常な収穫を予知して、ミレトスおよびキオス島のすべての圧縮器を前以て賃借して、金持ちになったことを語っている（11 A 10 DK = Arist. Pol. 1259a6 sqq.）[142]。前者と違ってこの逸話は、明らかに知的な仕事の権威を高めることを目的としていた。口承の小話や逸話が創作される社会環境では、純粋な知識の理想に対する賞賛に自己の機智を向けないであろう。この環境で可能なことは、知識に対する嘲笑か、または実際の生活におけるその合理的利用への感嘆である。ガトリーは、この二つの逸話を、生まれつつある科学と哲学の二つの対立する評価の表れと正しく特徴づけている[143]。

すべてのことから判断するに、アリストテレスは哲学者、科学者、教師としての自己のたゆみない活動を余暇[144]と考えていた。アリストテレスは μαθηματικαὶ τέχναι（「数学的諸技術」）の始まりをエジプトの神官に求めて、ギリシア人が独立的価値として知識を扱う態度をエジプトに投影し（今では我々が知るように、根拠のないことであるが）、数学の誕生は神官たちが余暇をもっていたことによると考えている（Met. 81b21-25）[145]。彼は、理論的な天文学の誕生も実際的必要によってではなく、驚嘆や強い探求心によってかなりの程度正しく説明している（ibid. 982b12-17）[146]。

認識することに専念する生活は、アリストテレスにとっては人間的生活の理想的形態であったが（EN 1188asqq.）、それ自体のために研究される哲学は、神的な学問である（Met. 982b8-983a12: 1072b24 と比較せよ）[147]。アリストテレスは、アナクサゴラス、タレスそして彼らのような者は人々に賢者と呼ばれているが、人々が認めているように、彼ら自身にも人々にも利益をもたらさない彼らの知識を、みな不思議に思っていると述べている（EN 1141b3 sqq.）。アリストテレスは、実際の生活における素朴さ（εὐήθεια）とまったくの愚かさ（βλὰξ ἄφρων）は優れた数学者ヒッポクラテスのものであるとしている伝承を受け入れている（EE 1247a17 sqq.）[148]。プルタルコス（Non posse 9-11 = Mor. 1092 D-1094 D）が、知識の直接的な価値と、その探究と結びついた満足について多くのことを述べており[149]、その上、彼の引用する部分は、明らかに我々に関心のある時代に遡る。

文化革命の時代に特徴的な知識欲と発見欲は、神話的過去にも投影された。英雄として崇拝され、神として尊敬された神話上の発明者についての多数の物語はもちろんのこと、テュエステスがねたみから——アトレウスが日蝕を予言したことから——ミュケナイを去ったという説は、さらに一層興味深いものがある（Hyg. Fab. 258）。ヘロドトスは、ヘラクレスが天文学をプリュギア人のアトラントスから学んだと主張し（fr. 13 Muller）、キケロは、おそらくアスカロンのアンティオコスに従って、セイレンたちは歌でなく知識でオデュッセウスを魅惑したと主張した（De finib. V. 49）[150]。さらに紀元五世紀にキリスト教の女信者デーモは、ホメロスの叙事詩の解釈の中で、巨人オトスとエピアルテスが天文学的観察のため山に登ったと書いた[151]。

アリストテレスは、その『形而上学』を次の言葉で始めることになった。――「人間はみな生まれながらにして知識を得ようと努力する」（980a 21 sqq.）〔出隆訳、アリストテレス『形而上学』『アリストテレス全集』第一二巻、岩波書店、一九六八年、三頁参照〕[152]。もちろんこれは、アリストテレスの時代のギリシア人についてさえ大いに誇張されたものであるが、少なくとも、文化革命に最も揺さぶられたギリシアの諸都市の驚くべき精神的雰囲気に我々が感情を移入するのに役立ち得る。

さて、この雰囲気が古代ギリシア文学の形成に与えた影響に取り組もう。

注

（1）科学がギリシアに初めて生まれたことは、すでにヒッポリート・タイネには明らかなことであった（Taine. Op. cit. P. 24-27）。さらに、たとえば Pohlenz. Der Geist der griechischen Wissenschaft. S. 25 ff. 参照；Zeller E. Die Philosophie der Griechen in ihrer geschichtlichen Entwicklung. 5. Aufl. Bd. 1. Leipzig, 1892. S. 19-41; Hopfner Th. Orient und griechische Philosophie. Leipzig, 1925; A・И・ラキートフ『科学の哲学的諸問題――体系的アプローチ』モスクワ、一九七七年、七頁；П・П・ガイデーンコ『科学の概念の進化――最初の科学的諸問題の形成と発展』モスクワ、一九八〇年、一四頁と比較せよ。

（2）Mittelstra J. 1) Neuzeit und Aufklärung: Studien zur Entstehung der neuzeitlichen Wissenschaft und Philosophie. Berlin; New York, 1970. S. 243 ff.; 2)《Phaenomena bene fundata》: From《saving the appearances》to the mecanization of the worldpicture// Bolgar. Op. cit. P. 39-59 参照。

（3）И・Н・ローセヴァは、前半を古典古代に費やした著書『科学発生の諸問題』（ロストフ、一九七九年）の中でギリシア人の科学的成果そのものではなく、彼らの知識の問題に関する哲学的思考を分析しようと試みており、まさにこの思考のため彼女は社会史的コンテクストを探し求めている。その結果、我々はこの著作の中で科学自体の発生を見出すことができない。同様にA・B・アフーティンは、古典古代文化史に関する委員会（古代ギリシアの「知」と現代科学）での一九八二年六月の自己の報告の中で、古代ギリシア人の認識の性格を判断するためには、これらの認識自体およびその獲得方法ではなく、認識的理想についての哲学者たちの考えが最も重要なものと考えている。また、Л・М・コーサレヴァの著書（『科学の対象──諸問題の社会哲学的様相』モスクワ、一九七七年）における反論と比較せよ。

（4）О・ノイゲバウアー『古代の精密科学』モスクワ、一九六八年、一七頁参照。知識の進歩は一般に、科学的知識の増大を検討しながら研究するのが最もよいということについてのK・R・ポッパーの説得力がある総括的見解、Popper K. R. The logic of scientific discovery. London, 1959. P. 15（ロシア語訳、K・ポッパー『論理と科学的知識の増大』モスクワ、一九八三年）と比較せよ。

（5）この見解は、前文字時代における科学の始まりを探し求めたG・サルトンがとった（Sarton. Ancient science. P. 3 ff.）。

（6）すでにギリシア人はこのためにσῴζειν τὰ φαινόμενα という特徴的な表現を作っていた。

（7）検証は──それができるところでは──検査される実験の状況の中で行われる。

（8）ギリシア人は間もなく、一目瞭然たる明白さと堅く根を下した見解と矛盾する仮説が非常に頻繁に確証されることを明らかにした。

（9）H・ポアンカレ『科学と仮説』サンクト・ペテルブルク、一九〇六年；Popper. Op. cit. 32 ff. 276 ff.; Lakatos I. Falsification and the methodogy of scientific research programms// Criticism and growth of knowledge/ Ed. By I. Lakatos, A. Musgrave. Cambridge. 1970. P. 91-195. 際限のない多数の理論的著作のうち私は次のものを挙げるであろう。E・A・マムチゥール「理論的概念の科学性の規準」『哲学の諸問題』一九七一年、第七号、六九-八一頁；Э・М・チゥデイーノフ『科学的真理の本質』モスクワ、一九七七年、六八頁以下；ラキートフ、前掲書、一六六頁；И・П・メルクーロフ『仮説-演繹的モデルと科学的知識の発展』モスクワ、一九八〇年。

（10）Waerdemn B. L. van der. Die Anfänge der Astronomie. Groningen, 1965（ロシア語訳B・L・ヴァン・デル・ヴァルデン『科学の目覚めII　天文学の誕生』モスクワ、一九九一年）。

（11）Krichenbauer A. Beiträge zur homerischen Uranologie. Wien, 1874と比較せよ。

（12）Child. Der Mensch schafft sich selbst. S. 118 ff.; Wertime. Op. cit.; Ю・C・グリーシン『古代の銅と錫の採掘』モスクワ、一九八〇年参照。

（13）Craddock T. The composition of the copper alloys used by the Greek, Etruscan and Roman civilization. I: The Greeks before the archaic period// JarchSc. 1976. Vol. 3. P. 93-113.

(14) 古代の多くの民族は、世界を支配する、ある多少とも倫理的、宗教的な特徴を帯びた自然の必然性についての不確かな観念を持っていた。中国における「李」(Needham J. Human law and the laws of nature in China and the West// Science and civilization in China. Cambridge, 1956. Vol. 2. P. 518-583)、エジプト人の「マーアト」(Morenz S. Gott und Mensch im Alten Ägypten. Leipzig, 1964. S. 118 ff.)、古代インドにおける「リタ」、ギリシア人のテミスとモイラ(たとえば、Nestle. Mythos. S. 23; Vos H.: Diss. Utrecht, 1956 参照)がここに入る。

(15) 我々は、ある民族ではこの希求の発達が非常に弱いことを知る(たとえば、Rasmussen K. Zwei Jahre in Schlitten durch unerforschtes Eskimoland. Frankfurt am Main, 1926. S. 277 参照)。

(16) ギリシア神話では、『神統記』の神話(特に、108 sqq. 参照)が、神話の変種の世界を説明する最良の代表である。

(17) Bunge M. Intuition and science. Englewood Cliffs, 1962; M・ブンゲ『物理学の哲学』モスクワ、一九七五年、二二五頁；H・И・ロードヌイ「自然科学者の著述における科学的創造および科学の組織化の諸問題」『科学発展の歴史と理論概説』モスクワ、一九六九年、一五一―一六〇頁；Я・A・ポノマリョフ『創造の心理学』モスクワ、一九七六年；B・B・ナリーモフ「真理とは何か?」『化学と生活』一九七九年、第一号、四四頁。

(18) ノイゲバウアー『……精密科学』八三―一〇五頁――古代中国の数学は、バビロニアやギリシアより遅れて発達した。

(19) 同所、四八頁以下。

(20) 同所、四九頁以下。

(21) 同所、五一―五四頁。

(22) 同所、五八頁、六七頁以下；A・B・ライク『古代数学史概説』第二版、サランスク、一九七七年、一一四―一二一頁。

(23) ノイゲバウアー『……精密科学』五八頁。

(24) O・ノイゲバウアー1『古典古代数学史講義』第一巻、『前ギリシアの数学』モスクワ；レニングラード一九三七年、二〇八頁以下；『……精密科学』五六頁。

(25) ノイゲバウアー『……精密科学』五九頁；Becker O. Vorwort// Geschichte der griechischen Mathematik/ Hrsg. von O. Becker. Darmstadt, 1965. S. XVI; von Fritz. Grundprobleme. S. 1 ff. アッシリア学者A・A・ヴァーイマンによる極端でないバビロニア数学の評価(A・A・ヴァーイマン『シュメール・バビロニアの数学』モスクワ、一九六一年、二〇七頁)とも比較せよ。古代中国の数学では、我々は、紀元三世紀にピュタゴラスの定理のばらばらな例を見出すだけである（Э・И・ベリョージキナ『古代中国の数学』モスクワ、一九八〇年、二五二—二五六頁）。

(26) ノイゲバウアー『……精密科学』一一二頁以下。——何時彼らがこれらの定式を見つけたかを明らかにすることは困難である。

(27) 同上、一〇八頁：Van der Waerden. Anfänge der Astronomie. S. 54-56; Rochberg-Halton F. Stellar distances in early Babylonian astronomy: A new perspective on the Hilprecht text（HS 229）// JNES. 1983. Vol. 42. P. 209-217. ——もっとも、太陽系の満足のゆくモデルの構築は、バビロニア人にとっては、彼らの幾何学的知識が不十分であったために手に負えぬ課題であったであろう。

(28) В・С・ロテンベールグ、В・В・アルシャフスキー「ストレスと積極的探究心」『哲学の諸問題』一九七九年、第四号、一一七—一二七頁。М・Г・ヤロシェフスキー「科学的認識の主体の発生について」『哲学の諸問題』一九七九年、第六号、六八—八〇頁。

(29) И・П・パヴロフ「大脳大半球の動きに関する講義」『И・П・パヴロフ全集』第二版、第四巻、モスクワ・レニングラード、一九五一年、二七—二八頁。

(30) Nilssen H. W. A study of exploratory behaviour in the white rat by means of the obstruction method// JGPs. 1930. Vol. 37. P. 361-376; Berlyne D. E. Novelty and curiosity as determinants of exploratory behavior// BrJPs. 1950. Vol. 41. P. 68-80; コチュベーイ「人間における適応反応の概念の定義づけ」『心理学の諸問題』一九七九年、第三号、三五—四六頁。

(31) Kelly G. A. The psychology of personal constructs. Vol. 1. New York, 1955. P. 4; Lorenz K. Behind the mirror: A search for a natural history of human knowledge. London, 1977. P. 144-151（ロシア語訳、K・ローレンツ『鏡の裏面——人間の認識の自然史の試み』一九九八年、二四四頁以下）; В・С・メールリン『人間の動機の心理学講義』ペルミ、一九七一年、一五頁; Pieron H. Les bases psychologiques de la motivation// La motivation: Symposium de l'Association de psychologie scientifique de langue française. Paris, 1959; Guilford J. P., Christensen P. R., Trick J. W. Merrifield P. R. Factors of interest in thinking// JGenPs. 1961. Vol. 65. P. 39-65; Houston J. P., Mednick S. A. Creativity and the need for novelty// JAbnSoPs. 1963. Vol. 66. P. 137-144; О・К・ティホミーロフ「思惟の心理学的理論の発展の焦眉の諸問題」『創造的活動の心理学的研究』モスクワ、一九七五年、一八—二〇頁; Ж・ニューテン「動機づけ」『実験心理学』第五分冊、モスクワ、一九七五年、四九—五八頁と比較せよ。

（32）French J. W. Individual differences in paramecium// JCPs. 1940. Vol. 30. P. 451-456; Tryon R. C. Genetic differences in maze-learning ability in rats// Yearbook of the Nat. Soc. for Study of Educ. 1940. Vol. 39. P. 111-119; Nilssen H. W. Individuality in the behaviour of chimpanzees// Am. Anthr. 1956. Vol. 58. P. 407-413; Anastasi. Op. cit. P. 48-53; A・B・クルシンスキー『正常状態および異常状態における動物の行動の形成』モスクワ、一九六〇年；B・И・ヨールキン、B・K・フョードロフ「ねずみにおける進行性の神経症の可動性の異種交配学的分析」『行動の遺伝学』レニングラード、一九六九年、八一―八八頁。

（33）Parsons P. A. 1）Genetic determination of behaviour（mice and men）// Genetics, environment, and behaviour: Implications for educational policy. New York, 1972. P. 75-98; 2）The behavioral phenotype in mice// Am. Nat. 1974. Vol. 108. P. 377-385.

（34）Fuller J. L., Thompson W. R. Behavior genetics. New York; London, 1960. P. 318-322; B・Д・ネブィリーツィン『個人的差異の精神生理学的研究』モスクワ、一九七六年。

（35）Searle L. V. The organization of hereditary maze-brightness and maze-dullness// GPsM. 1949. Vol. 39. P. 279-325; Scott J. P., Charles M. S. Some problems of heredity and social behavior// JGenPs. 1953. Vol. 48. P. 209-230; Anastasi. Op. cit. P. 91-93.

（36）Gutmann R. Gross-population constancy in trait profiles and the study of the inheritance of human behavior// Genetic diversity. P. 187-197.

（37）Fuller, Thompson. Op. cit. P. 191-207; Bracken H. von. Humangenetische Psychologie// Humangenetik: Ein Kurzes Handbuch in fünf Bänden. Bd. I-II. Stuttgart, 1969. S. 416-453; Eysenck H. J. The structure and measurement of intelligence. Berlin; New York, 1979.

（38）Von Bracken. Op. cit. S. 460-473; ルサーロフ、前掲書、304-305.

（39）Radin P. Primitive man as philosopher. New York; London, 1927. P. 5, 364-365; Kroeber. Configurations of culture growth. P. 840; Toynbee. Op. cit. Vol. 3. 329 ff.; Gowan J. C., Olson M. The society which maximizes creativity// JCB. 1979. Vol. 13. P. 194-210（P. 194 参照）.

（40）Gowan, Olson. Op. cit. 参照。

（41）Newman H. H., Freeman F. N., Holzinger K. J. Twins: A study of heredity and environment. Chicago, 1937; von Bracken. Op. cit. S. 453-460.

(42) Von Bracken. Op. cit. S. 534-537.

(43) Maslow A. W. 1) Emotional blocks to creativity// A source book for creative thinking. New York, 1962. P. 93-104; 2) The psychology of science. New York; London, 1966. P. 35-39; Torrance E. P. Guiding creative talent. Englewood Cliffs, 1962; Guilford L. P. Some theoretical views on creativity// Contemporary approaches to Psychology. Princeton, 1967. P. 447-448.

(44) Crutchfield R. S. Conformity and creative thinking// Contemporary approaches to creative thinking. New York, 1963; M・Γ・ヤロシェフスキー「心理学的研究の対象としての科学」『現代心理学における科学的創造の諸問題』モスクワ、一九七一年、二三頁。

(45) Levy-Bruhl L. Le surnaturel et la nature dans la mentalité primitive. Paris, 1931. P. XV.

(46) Radin. Op. cit. P. 50-51, 375-384: Dégh L., Vazsonyi A. Legend and belief// Folkiore genres. Austin; London, 1976. P. 93-123 (P. 113 参照).

(47) M・A・コロストーフツェフ「古代エジプトに唯物論的世界観の原理が存在していたか?」『前方アジア論集』第三分冊、モスクワ、一九七九年、一四二—一四九頁と対比せよ。

(48) И・M・ルリエー「失意の人と自己の魂との対話」『国立エルミタージュ東洋部論集』第一巻、レニングラード、一九三九年、一四一—一五三頁; Barta W. Das Gespräch eines Mannes mit seinem Ba. Berlin, 1969; Goedicke H. The report about the dispute of a man with his Ba. Baltimore, 1970.

(49) Lichtheim M. The songs of the harpers// JNES. 1945. Vol. 4. P. 178-212; Brunner H. Wiederum die ägyptischen《Make-Merry》-Lieder// Ibid. 1966. Vol. 25. P. 130 f.; Brunner - Traut E. Die altägyptische Literatur// Altorientalische Literaturen. 1978. S. 25-99 (S. 90-94 参照).

(50)『古代東洋史選文集』モスクワ、一九六三年、二七七—二七九頁(B・B・ストルーヴェ訳)参照。Soden W. von. 1) Religiöse Unsicherheit, Sakularisierungstendenzen und Aberglaube zur Zeit der Sargoniden// Anal. Bibl. 1959. Bd. 12. S. 356-367; 2) Das Fragen nach der Gerechtigkeit Gottes im Alten Orient// MDOG. 1965. Bd. 96. S. 41-59; Bottéro J. Le Dialogue pessimiste et le transcendance// RThPh. 1966. T. 99. P. 7-24; また、Jaspers. Op. cit. S. 26と比較せよ。また、いわゆる「バビロニア神義論」: Lambert W. G. Babylonian wisdom literature. Oxford, 1960. P. 63-89;『古代東洋史選文集』第一巻、モスクワ、一九八〇年、一八五—一九〇頁と比較せよ。

(51) 自然に対するこのような見方の現れは、ギリシアでも見られる。たとえばエピクロスは、我々にとって太陽は大きさでは、それが思われているようなものであると主張した（Ad Pyth. 91)。

(52) ルリエー『……概説』二八頁。

(53) 科学的真理の追究だけではなく、対立するものとの競争において成功を主張することができるあらゆる状態の追究も緊張を要する労働を必要とするという明白な事実は、ギリシア人によって非常に早い時期に認識されていた。真理の困難な追究は、すでにピンダロスも述べている（fr. 205 Snell: Snell. Dichtung und Gesellschaft. S. 133-136 と比較せよ)。

(54) И·Д·ロジァーンスキー『古典古代時代における自然科学の発展――「自然」に関する初期ギリシア科学』モスクワ、一九七九年、四〇頁。

(55) M・Γ・ヤロシェフスキー「科学的創造活動の外的、内的動機づけについて」『科学的創造の諸問題』二〇五頁以下；Rogers C. R. Towards a theory of creativity// A source book for creative thinking. P. 63-72; Moles A. Méthodologie de la création scientifique. Paris, 1963. P. 9 sv.

(56) ヤロシェフスキー「……科学」九一一〇頁。

(57) 創造活動への刺激剤としての競争原理は、すでに古代に指摘されていた（Vell. Pat. I, 17)。

(58) オリュンピア競技会では観客はそのように苦労させられたので、懲罰としてオリュンピア競技会へ連れてゆくと奴隷を脅すことができた（Ael. VH X IV, 18)。

(59) Waerden B. L. van der. Die Pythagoreer: Religiöse Bruderschaft und Schule der Wissenschaft. Zürich, 1979. S. 14 f.

(60) FGrHist 241 F 11（エラトステネス。ヤコブの注釈参照）; D. L. VIII, 47; Luc. Somn. seu Gall. 8; Iambl. Vit. Pyth. II, 30; Hesych. s. v. ἐν Σάμῳ κομήτας; August. Ep. 137, 3, 12.

(61) 最後代の真実らしくない伝承は、これらの情報をオリュンピア競技会とネメア競技会での優勝にまで拡大させた（Olymp. Vit. Pl., p. 6)。Sinko Th. Apuleius. De vita Platonis// Eos. 1927. Vol. 30. P. 101-112（P. 104 sq. 参照）参照。

(62) Ehrenberg. Ost und West. S. 76.

(63) Snell B. Zur Geschichte vom Gastmahl der Sieben Weisen// Gesammelte Schriften. S. 115-118 参照。

(64) たとえば、Havelock E. A. The Greek concept of justice. From its shadow in Homer to its substance in Plato. Cambridge

(Mass.), 1978. P. 135 f. 参照。

(65) Zielinski Th. Die Gliederung der altattischen Komödie. Leipzig, 1885; Radermacher. Aristophanes' Frösche. S. 15-36.

(66) Hirzel R. Der Dialog. Bd. 1-2. Leipzig, 1895; A・B・ポドシノフ「ソクラテス的対話の問題によせて」『古典古代文化と現代科学』モスクワ、一九八五年、二一一二六頁。

(67) Lebedev A. Cosmos as a stadium: agonistic metaphor in Heraclitus' cosmology// Phronesis. 1985. Vol. 30. P. 131-150.

(68) Ἀγῶνες または ἅμιλλαι λόγων エウリピデスで ἁμίλλομαι λόγοις (Hipp. 971; Hec. 272; Her. 271; Suppl. 195) と同様に、何度も出てくる (Suppl. 195; Med. 546; Orest. 491; fr. 189 N2 ―悲劇『アンティオペ』)。

(69) Καταβάλλοντες [打倒論] ――プロタゴラスの著作 Ἀλήθεια [真理] の二者択一的表題 (Bernays J. Gesammelte Abhandlungen. Bd. 1. Berlin, 1885. S. 118; Guthrie. History. Vol. 3. P. 183) と Eur. Bacch. 202 参照。プロタゴラスのものとして著書 πάλης (『闘争について』) も確証されている。

(70) Eur. Med. 585; Wilamowitz-Moellendorff U. von. Platon. 2. Aufl. Bd. 1. Berlin, 1920. S. 80. Anm. 1.

(71) Nestole. Mythos. S. 258, 268.

(72) Ю・B・シャーニン「プラトンの対話におけるアゴーン的用語の機能」『古典古代文化』四三―四七頁。

(73) Harris H. A. Greek athletics and the Jews. Cardiff, 1976 参照。

(74) Bilinski. Antyczni krytyci. S. 290 ff.; Griglewicz F. Metaphores sportives chez St. Paul// RTK. 1960. T. 7. Z. 3. P. 89 sv.; Pfitzner V. C. Paul and the agon-motif. Traditional athletic imagery in the Pauline Literature. Leiden, 1967.

(75) Oppenheim A. L. The intellectual in Mesopotamian society// Daedalus. 1975. Spring. P. 37-46 (特に、P. 38 参照); A・L・オッペンハイム『古代メソポタミア――失われた文化のポートレート』モスクワ、一九八〇年、二一頁。

(76) Guthrie. History. Vol. 1. P. 448――E・ハーヴェロックは、「前ソクラテスの時代では科学的競争 (competitive scholarship) に関心が向けられていなかった」と主張しているが (Havelock. Greek concept of justice. P. 265. N.)、所与の著作が論証しようと努めている基本的規定の一つは、正に古拙期の思想家たちが競争心に溢れていたということにある。

(77) 後になってリュケイオンの指導を引き継いだアリストテレスの後継者テオプラストスは、アリストテレスのある規定を否認して、一度も彼と論争を始めようとはしないが、自己の見解を彼の同時代人だけではなく、多くの場合で我々にも分かるように簡潔に表現している。ここで先覚者の見解に修正が加えられているのである。

（78）A・B・レーベデフ「タレスとクセノパネス」『ブルジョア的学説の解釈における古典古代の哲学』モスクワ、一九八一年、一—一六頁。

（79）それと同時にヘラクレイトスは、多分ピュタゴラスまたはその最も親しい信奉者によって創り出された等比比例の概念を利用している（Cherniss H. The characteristics and effects of Presocratic philosophy// JHI. 1951. Vol. 12. P. 319-345（P. 334 参照））。

（80）Gomperz H. Über die ursprüngliche Reihenfolge einiger Bruchstücke Heraklits// Hermes. 1923. Bd. 58. S. 20-57（特に S. 36 参照）; Lévy I. Recherches sul les sources de la légende de Pythagore. Paris, 1926. P. 2, 8; Kranz W. Vorsokratisches// Hermes. 1934. Bd. 69. S. 114-119（S. 115 参照）; 226-228; Heraclitus. The cosmic fragments/ Ed. By G. S. Kirk. Cambridge, 1954. P. 1; Burkert W. Lore and science in ancient Pythagoreanism. Cambridge（Mass.）, 1972. S. 143; C・H・ムラヴィヨーフ「ヘラクレイトス——同時代人、伝説、図像」『古代史通報』一九七五年、第一号、二九頁; Babut D. Heraclite critique des poètes et des savants// ACL. 1976. T. 45. P. 488 sv.

（81）Guthrie. History. Vol. 1. P. 417.

（82）Zeller. Op. cit. 7. Aufl./ Hrsg. Von W. Nestle. Teil 1. 1923. S. 648. Anm. 1.

（83）Nestle. Mythos. S. 120-124.

（84）D. L. VIII, 40, 49; Porph. Vit. Pyth. 54, 55と比較せよ。キュロンがクロトンにおけるピュタゴラス派に反対する演説を指導したという、はるかに明確でおそらく真正の情報をバックにして、ピュタゴラスに対するキュロンの論難の伝承が現れていることは（14 A 15-16 DK）、どれほどギリシアではあらゆる対立的局面における争いや論争が自然なものと思われていたかを我々に補足的に教えてくれるものとなる。

（85）ルリエー『……概説』二八頁; Momigliano A. Un'apologia del guidaismo: Il《Contro Apione》di Flavio Giuseppe// Momigliano A. Terzo contributo alla storia degli studi Classici e del mondo antico. Vol. 1. Roma, 1966. P. 513-522; Troiani L. Commento storico al《Contro Apione》di Giuseppe. Pisa, 1977 参照。

（86）Pohlenz M. Hippokrates und die Begründung der wissenschaftlichen Medizin. Berlin, 1938; Schumacher J. Antike Medizin. 2. Aufl. Berlin, 1963; Ducatillon J. Polémiques dans la Collection hippocratique: Diss. Lille. 1977.

(87) Knorr W. R. The ancient tradition of geometric problems. Boston, 1986 参照。

(88) 競争原理は、その後の時代でも、たとえばルネサンス時代に数学の発展で現れた。たとえば、バシマコーヴァ『代数学の形成』モスクワ、一九七九年、六一頁以下；P・C・グートレル、Ю・Л・ポルーノフ『ジェロニモ・カルダノ』モスクワ、一九八〇年、八四頁以下参照。我々がギリシア幾何学の伝統的な問題に関して推測する、フェルマの偉大な定理をめぐる競争の雰囲気は、最近のアンドレ・ヴェイユによるその解決まで残った。

(89) Arist. Soph. El. 171 b 16 sqq., 172a3 sqq.; An. Post. 75b40 sqq.: Г・Г・ツェーィテン『古代および中世における数学の歴史』モスクワ：レニングラード、一九三八年、五八頁と比較せよ。

(90) Mugler Ch. Sur une polémique scientifique dans Aristophane// REG. 1959. T. 72. P. 57-66.

(91) C・Я・ルリエー『古代原子論者の無限小の理論』モスクワ、一九三五年。

(92) Robin L. La pensée grecque et les origines de l'esprit scientifique. Paris, 1923. P. 5-6 参照。

(93) 哲学と科学の認識論的異種性については、А・И・ザーイツェフ「古典古代時代における科学と哲学の相互関係」『自然科学および工学の歴史の諸問題』一九八八年、第四号、一六四—一六八頁参照。また、von Fritz. Grundprobleme. S. 3 ff. 参照。

(94) 慣行化されたアゴーンの範囲外で我々は、すでにヘシオドスで文学的論争にぶつかる。すなわち、広大な文学を巻き起こした『神統記』の二七—二八の詩行では、詩人仲間のうちの誰かに対する攻撃的発言を見つけられないことはない（第四章と比較せよ）。

(95) C・Я・ルリエー『デモクリトス』レニングラード、一九七〇年、一九八頁。Mazzoli G. Il frammento enniano《laus alit artes》e il proemio al libro XVI degli Annales// Atheneum. 1964. Vol. 42. P. 307-333と比較せよ。

(96)「七賢人」の箴言の中には新しい時代の精神の反映も見られる。

(97) Delatte A. Études sur la littérature pythagoricienne. Paris, 1915; Thesleff H. An introduction to the Pythagorean writings of the Hellenistic period. Åbo, 1961.

(98) Guthrie. History. Vol. 2. 1965. P. 269. N. 1 参照。

(99) Alcidam. Ap. Arist. Rhet. 1398b15 = 59 A 23 DK; Ael. VH VIII, 19=59 A 24 DK. ロジァーンスキー『アナクサゴラス……』二三〇—二三一頁と比較せよ。

(100) Brunner - Traut. Op. cit. S. 30, 49; Reiner E. Die akkadische Literatur// Altorientalische Literaturen. S. 152 f.; Lambert W. G.

Ancestors, authors and Canonicity// JCS. 1957. Vol. 11. P. 1-14. ——存在する例外は事態を変えるものではない。たとえば、アッカド文学作品のうちの最も重要なギルガメシュ叙事詩は、伝承はシンレキ・ウピニン某の作としているが、しかし、彼のことは何も伝えられていない（Reiner. Op. cit. S. 170 参照）。馬の調教についてのヒッタイトの論文の最初のミタンニ人キックリが著者であるという表記では、おそらく作品の権威性を保証するはずである、ミタンニ人というその特徴づけが主要点であろう（Kammenhuber A. Hippologia Hethitica. Wiesbaden, 1961 参照）。アクロスチック［折句］の助けによっていわゆる「バビロニアの神義論」の作者の名が確定されている（『古代東方史選文集』第一巻、モスクワ、一九八〇年、一八五—一九〇頁；И・С・クロチコーフ訳）。Reiner. Op. cit. S. 201 参照。

（101）С・Д・セレーブルヤヌイ「インド文学史における「著作権」と「原作者であること」の概念の若干の様相について」『古代と中世インドの文学と文化』モスクワ、一九七九年、一五〇—一八二頁参照。

（102）В・Д・ブラヴァッキー『古典古代の絵模様陶器の歴史』モスクワ、一九五三年、三〇〇—三〇二頁；Jeffery. Local Scripts. P. 62, 83, 230 f; Philipp H. Tektonon Daidala. Berlin, 1968. S. 77 f.

（103）Buchner G. Recent work at Pithekoussai（Ischia）// Arch. Report. 1970-1971. N17. P. 63-67 参照。

（104）Furtwängler A., Reichhold K. Griechische Vasenmalerei. Ser. 1. München, 1904. S. XIV. N. 63; Beazley J. Potter and painter in ancient Athens. London, 1944. P. 20 ff.

（105）Lejeune M. En marge d'inscriptions grecques dialectales II-IV// REA. 1945. Vol. 47. P. 103-106; Homann-Wedeking R. Die Anfänge der griechischen Großplastik. Berlin, 1950. S. 52-53, 143-144; Petre. Op. cit.; Walter-Karydi E. Die Entstehung des Beschrifteten Bildwerks// Gymnasium. 1999. Bd. 104. S. 289-317.

（106）Anth. Lyr. Graec. I, 110-112: Wilamowitz-Moellendorff U. von. Hellenistische Dichtung in der Zeit des Kallimachos. Bd. 1. Berlin, 1924. S. 130; Snell. Dichtung und Gesellschaft. S. 184 f.; Gschwantler K. Zeuxis und Parrhasios: En Beitrag zur antiken Künstlerbiographie. Wien, 1975. S. 93 ff. と比較せよ。

（107）Gschwantler. Op. cit. S. 107ff. 参照。

（108）Harris H. A. The starting-gate for chariots at Olympia// G&R. 1968. Vol. 18. P. 113-126; Gallavotti. Op. cit. P. 25-27.

（109）Pohlenz M. Thukydidesstudien II-III// NGWG. 1920. H. 1. S. 56-82; Diehl J. Sphragis: Diss. Giessen. 1938; Jaeger. Paideia. Bd. 1.

S. 255-257; И・М・トロンスキー『古典古代社会における言語的発展の諸問題』レニングラード、一九七三年、一六三頁以下。

(110) West M. L. Hesiod: Theogony. Prolegomena and commentary. Oxford, 1966 (ad loc.); Edwards G. P. The language of Hesiod in its traditional context. Oxford, 1971. P. 191; Verdenius W. J. Notes on the proem of Hesiod's《Theogony》// Mnemosyne. 1972. Vol. 25. P. 225-260 (P. 232参照) 参照。作者の名を挙げることが、ずっと以前から竪琴演奏歌の中で実際に行れていたという古典古代の伝承が存在している。

(111)『イリアス』と『オデュッセイア』のテクストの作者不明とのコントラストは、紀元一世紀にディオン・クリソストモスが指摘している (XXXVI' 12: Geffcken J. Griechische Literaturgeschichte. Heidelberg, 1926. Teil 1. S. 96. Anm. 2と比較せよ)。M・ウエストは、固有名詞を挙げることは、ずっと後代の盗作者による関係詩行の剽窃を未然に防ぐという実際的な目的に役立ち得なかったと正しく指摘している (West M. L. Phocylides// JHS. 1978. Vol. 98. P. 165)。

(112) Woodbury L. The seal of Theognis// Studies in honour of G. Norwood. Toronto, 1952. P. 20-41と比較せよ。

(113) Nestle. Mythos. S. 109 f. と比較せよ。

(114) Schmid, Stählin. Op. cit. S. 695. Anm. 4と対比せよ。

(115) ソローンの詩は彼の活動とあまりにも密着しているので、fr. 29ª, 1G.-P. で彼の名が書き加えられていることではなく、おそらく σφραγίς [印章] とは見なす必要もない。

(116) Uxkull-Gyllenband. Op. cit.; Kleingünther A. Πρῶτος εὑρετής. Berlin, 1933; Papaspiridi-Karousou S. Un «ΠΡΩΤΟΣ ΕΥΡΕΤΗΣ» dans quelques monuments archaiques// Ann. Scuola archeol. Atene. 1946-1948. Vol. 8-10. P. 37-46; Thraede K. 1) Erfinder II// RLAC. 1962. Bd. 5. Sp. 1191-1278; 2) Das Lob des Erfinders. Bemerkungen zur Analyse der Heuremata-Kataloge// RhM. 1962. Bd. 105. S. 158-186 参照。

(117) Snell. Dichtung und Gesellschaft. S. 100; Skiadas A. D. Der Dichter und sein Publicum in der archaischen Dichtung// AUB (Class). 1977-1978. T. 5-6. P. 37-52 (特に、P. 48 ff. 参照); Tsagarakis O. Self-expression in early Greek lyric, elegiac and iambic poetry. Wiesbaden, 1977. P. 9.

(118) Snell. Dichtung und Gesellschaft. S. 119-122.

(119) Deichgräber K. 1) Die ärztliche Standesethik des hippokratischen Eides// Q & SN. 1932. Bd. 3. S. 29-49 (S. 44 ff. 参照); 2)

Der hippokratische Eid. Stuttgart, 1955. S. 30; Wolf. Op. cit. S. 233-247.

（120）名誉と尊敬を自分が求めていることをエムペドクレスは、知識そのものではなく桁外れの能力によって理由づけた。Mueller G. Probleme der aristotelischen Eudaimonielehre// MH. 1960. Bd. 17. S. 121-143（S. 122 参照）と比較せよ。

（121）Guthrie. History. Vol. 3. P. 43. N. 3 と比較せよ。

（122）ルリエー『ヘロドトス』一八頁以下；Guthrie. History. Vol. 3. P. 43. N. 3 と比較せよ。

（123）Vlastos G. Plato's testimony concerning Zeno of Elea// JHS. 1975. Vol. 95. P. 136-162.

（124）ソフィストの稼ぎに言及しているプラトンの書の中の個所のリストは、Harrison E. L. Was Gorgias a sophist ?// Phoenix. 1964. Vol. 18. P. 183-192（P. 191. N. 44 参照）参照。

（125）Raubitschek A. E. Dedications from the Athenian Acropolis. Cambridge, 1949. N 224; しかし、Gärtringen H. von. Ein attisches Epigramm aus dem Perserschutt// Hermes. 1919. Bd. 54. S. 329-332; Friedländer P., Hoffleit H. B. Epigrammata: Greek inscriptions in verse, from the beginnings to the Persian wars. Berkeley, 1948. P. 124 と比較せよ。

（126）Arist. EN 1164 a 22 sqq. ; Isocr. XIII, 3; XV, 155; D. L. IX, 52; IX, 56; Aul. Gell. V. 10; Spengel L. Συναγωγὴ τεχνῶν sive artium scriptores etc. 1828. P. 26 参照。Nestle. Mythos. S. 259, 262 と比較せよ。

（127）Jaeger. Paideia. Bd. 1. S. 377; Humphrey. Op. cit. P. 91-118.

（128）Boll F. Vita contemplativa// SBHeid. 1920. N 8; Jaeger W. 1) Ursprung und Kreislauf des philosophischen Lebensideals// SBBerl. 1928. S. 390-421（= Scripta Minora. I. Roma, 1960. P. 347-393）; 2) Paideia. Bd. 1. S. 210 ff.; Joly R. Le thème philosophique des genres de vie dans l'antiquité classique. Bruxelles, 1960; Mason M. E. Active life and contemplative life. Milwaukee, 1961.

（129）Schwartz Ed. Fünf Vorträge über den griechischen Roman. 2. Aufl. Leipzig, 1943. S. 30 ff., 45 ff.; Schaefer H. Eigenart und Wesenszuge der griechischen Kolonisation// Heidelberger Jahrbücher. 1960. Bd. 4. S. 77-93（= Schaefer. Probleme. S. 378 f.）参照。

（130）Fr. 88 Wehrli = Cic. Tusc. V, 3, 8-9; cf. D. L. IX, 8. 伝承が栄誉欲を避けるよう勧めたのもプロタゴラスであるとしているのは偶然ではない（Porph. Vit. Pyth. 31）。

（131）Boll. Op. cit. S. 6.

（132）59 A 30 DK = Arist. EE 1216 a 11-17; Protr. fr. 19 During; D. L. II, 10. Jaeger. Paideia. Bd. 1. S. 211 と比較せよ。

(133) Jaeger W. Aristoteles. 2. Aufl. Berlin, 1955. S. 98 f.; Burkert W. Platon oder Pythagoras? Zum Ursprung des Wortes Philosophie// Hermes. 1960. Bd. 88. S. 159-177.

(134) W・ネストルは、エウリピデスがここでアナクサゴラスを念頭に置いていると考えている（Nestle. Mythos. S. 188)。ガトリーは、エウリピデスがここで自分自身の見解を述べていると確信している（Guthrie. History. Vol. 3. P. 233)。さらに、Norden Ed. Agnostos theos. Berlin, 1913. S. 100. Anm. 1; Snell. Dichtung und Gesellschaft. S. 155 ff. と比較せよ。

(135) Snell B. Scenes from Greek drama. Berkeley, 1964. P. 82 ff.

(136) Jaeger. Ursprung und Kreislauf des philosophischen Lebensideals と比較せよ。

(137) ヘロドトスでは、「ペロポンネソス人たち」がスパルタ人を非難の目で見ながら「すべてを知り、賢くなろうと努める」他のヘラス人と対置させている（IV, 77)。

(138) С・Я・ルリエーは、デモクリトスがここで有名な医師デモケデスの金言を賛同して引用したと考えた（彼の Democritea における傍注と論文'Luria S. Demokrit, Demokedes und die Perser//『ソ連邦科学アカデミー報告集』一九二九年、一三七頁以下参照)。

(139) Boll. Op. cit. S. 9 ff. と比較せよ。

(140) Jaeger. Paideia. Bd. 2. S. 356 f. と比較せよ。

(141) デモクリトスの名と関連がある同様な傾向の逸話、fr. XXX VII Luria =68 A 17 a DK. と比較せよ。

(142) 同様な逸話はデモクリトスについても述べられていた。fr. XXX IV-XXXV Luria =68 A 17-18 DK.

(143) Guthrie. History. Vol. 1. P. 51-52: И・Д・ロジァーンスキー「古代ギリシアにおける学者像の進化」『自然と技術の歴史の諸問題』一九八〇年、第一号、三〇—三八頁と比較せよ。

(144) Mikkola E.《Schole》bei Aristoteles// Arctos. 1958. Vol. 2. P. 68-87 参照。

(145) この場合知識の起源に関するある固有の理論の影響を受けなかったヘロドトスは、エジプト幾何学を実際の必要と結合させて（II, 109）真実により近づけている。Macdonald C. Herodotus and Aristotle on Egyptian geometry// CR. 1950. Vol. 64. P. 12と比較せよ。グイン・グリフィトスは、エジプトでは神官でなく、役人が実用的計算方法の開発に最も多く関心を持っていたと正しく指摘している（Gwynn Griffiths J. Herodotus and Aristotle on Egyptian geometry// CR. 1952. N. S. Vol. 2. P. 10-11)。

(146) また、数学と天文学の独自的価値に関する EE 1216 b 12-17 参照。

（147）Schwartz Ed. Ethik der Griechen. Stuttgart, 1951. S. 102と比較せよ。

（148）Aristoteles. Eudemische Ethik/ Übers. u. Komm. von. Fr. Dirlmeier. Berlin, 1979. S. 480-482と比較せよ。

（149）プルタルコスには、軍用機械の建造への数学の応用と結合したアルキメデスの仕事は恥ずべきことと思われ、アルキメデスはヒエロンに強く要求されてやむなくこの仕事をしたと彼は主張している（Marc. 14, 17）。

（150）Buffière. Op. cit. P. 385-386.

（151）Ludwich A. Die Homerdeuterin Demo// Festschrift zum funfzigjährigen Doctorjubiläum L. Friedländer dargebracht.. Königsberg. 1895. S. 296-321.

（152）W・イェガーは、アリストテレスはこの命題をすでに『プロトレプティコス』で述べたと考えた（Jaeger. Aristoteles. S. 68-69）。アリストテレスの同様の思想は、また Poet. 1448 b 13 sqq.; Rhet. 1371 b 4; De part. Anim. 645 a 7 sqq.（さらに、Probl. 956 a 17と比較せよ）参照。プラトンは、知識欲をギリシア人の特別な才能と考えている（Res. 435 e-436 a; また、475 c sqq. と比較せよ）。ガレン（紀元二世紀）は、知識を得ようと努めることはもはや珍しいことと考えている（De fac. nat. III, 10）。もっとも、このような不満は、我々はすでにトゥキュディデスから知っている（I, 20-21）。

第四章　文化革命の状況の中での古代ギリシア文学の形成

第一節　古代ギリシア文学におけるアゴーン

古代ギリシア文学が発達した驚くべき過程は、第一に、本書のこれまでの章で詳述してきた前八―前五世紀の文化革命期の歴史的条件のゆえに可能となった。ギリシア文学の発達においてアゴーン、とりわけ制度化されたアゴーンの役割は、科学や哲学にとってよりも明瞭に看取され、しかも文学それ自体の最初から、そして前文学の時期――フォークロアの時期――についてさえ、看取されるのである。しかも、文学の発達に対するアゴーンの促進的な作用のメカニズムには独特なものがある。科学と哲学の第一歩が、競争の要素がなく、そして物質的利益を求めるものではない相対的に純粋な「アゴーン心」の影響を受けて踏み出されたのに対して、文学の場合、あるいは叙事詩や合唱抒情詩における明確な競争を、あるいは他のジャンルでの純粋なアゴーン心を発見する。競争の雰囲気は、第一に専門家になることができ[1]、文学的創作活動を生活の源泉あるいは致富の源泉にすることができるところで生まれた。

ギリシアのフォークロアの主要なジャンル、古代ギリシア文学の、その最初の発達段階における最も重要なジャンルは、もちろん、英雄叙事詩であった[2]。世界の多くの民族の英雄叙事詩にとって特徴的なのは、非常に早い段階での創作活動の専門化である。[3] それゆえ一般的な考察は、ホメロスよりもずっと前にギリシアでは叙事詩の創作活動の専門化が可能であったことを教えてくれる。

ギリシア叙事詩の創作者に関する我々の基本的な情報源は、ホメロスの詩篇自体である。それらが描いて見せる光景は、『イリアス』と『オデュッセイア』の創作の時代には、叙事詩の創作活動はずっと以前から、アオイドスと呼ばれる専門の歌い手に握られていたことを裏づける。[4] 確かに、『イリアス』のテクストはこの点十分一貫性があるわけではない。アキレウスは、フォルミンスク［弦楽器］で自ら伴奏しながら、「男たちの輝かしい行為」（κλέα ἀνδρῶν）（これは叙事詩的な英雄の歌にほかならない）を自己のために歌っているし（Il. IX, 186-189）、『イリアス』には、あまりにも短くてその社会的地位を我々が判断することのできないアオイドスへの言及もある。すなわち、「アキレウスの楯」の記述では、アオイドスは触れられているだけにすぎない（Il. XVIII, 604）。

一般にホメロスの叙事詩の後期の層に属するとみなされる『イリアス』の最終巻では、ヘクトルの追悼の場面で「挽歌の音頭とり」の役で登場する歌い手（ἀοιδοί）が挙げられている（Il. XXIV, 720-722）。しかし『オデュッセイア』では、専門家であるアオイドスのペミオス（I, 153 sqq., 325sqq.; XXII, 330-356）、デモドコス（VIII, 43 sqq.; XIII, 27-28）、そしてメネラオスの王宮に属するが無名のアオイドス（IV, 17）が明らかにされている。[5] ペミオスが、自分は αὐτοδίδακτος「独習者」であること、すなわち自分は別の詩人から習ったのではなく、神がさまざまな歌を自分に吹き込んだのだと強調するとき（Od. XXII, 347-348）、これは、年長のアオイドスから若いアオイドスへ技術を伝えるという慣行を『オデュッセイア』の聴衆がよく知っていた場合にだけ意味を持つ。おそらく『オデュッセイア』の作者は、アオイドス――叙事詩で歌われている出来事の同時代人――がそれらの出来事に関する歌を神の助け、とりわけムーサイの助けを得て書いたが、[6] 後の世代のアオイドスは前任者から技能を学び彼らから歌を借用したというように、事態を描こうとしているのであろう。[7]

もちろん『イリアス』と『オデュッセイア』の間の差異は、叙事詩の作者・歌い手の専門化のプロセスが両詩の創作の時期に生じたということでは説明されない。『イリアス』と『オデュッセイア』の創作時期の間隔がそのためにはあまりにも短いからである。問題はもちろん詩のテーマにあり、また、叙事詩の擬古化における『イリアス』のよく知られた大きな一貫性にある。それにもかかわらず、すでにホメロス時代にギリシア人は、作者と歌い手の技能の向上における専門化の役割を理解している。この意味では、たとえば『オデュッセイア』で、語り手としてのオデュッセウスの技能に魅了されたアルキノオスとエウマイオスが、それをアオイドスの技術になぞらえていることは示唆的である（XI, 368; XVII, 517-521）。ギリシア文化の形成におけるアゴーン原理、競争原理の役割に関する考え方を詳細に展開したブルクハルトは、それがギリシア叙事詩の生成における重要な要因であったと指摘した。[8]

専門化は語り手の間での競争の発展を促進した。しかも、この現象は多くの民族で見られる。たとえばチュルク民族やブリヤート人で、[9][10]叙事詩の創作者と歌い手の制度化された競争が見られる。歌い手――リシの間での競争の古い慣行は、リグ・ヴェーダ讃歌に反映されている（VI, 9; X, 71）。[11]歌い手の競争は『カレワラ』でも言及されている（ルナⅢ、二九五行以下）。

ギリシアでは、制度化されたアオイドスのアゴーンは前文字時代に遡る。[12]我々にとって特に興味深い詩歌アゴーンも含めて、ギリシア文学でしばしば見られる神話的な登場人物の間のアゴーンは、[13]明らかに現実の競争の慣行の反映である。[14]すでにホメロスで我々は、たとえムーサイ自身が歌うとも自分は勝ってみせると断言したアオイドスのタミュリスの物語を見出す（Il. II, 594-600）。この物語は、明らかにアオイドスの競争の慣行を暗示している。[15]『仕事と日々』でヘシオドスは、おそらく自分たちが作った賛歌を朗唱したアオイドスのアゴーンについて直接述べている。このアゴーンでヘシオドスは勝利し、褒美に三脚台をもらった。そして、彼はそれをヘリコン山のムーサイに捧げた（Op. 650-660）[16]。

後代の『ホメロスとヘシオドスのアゴーン』と、おそらくヘシオドスの断片（fr. 265 Rz =357 M. - W.）が我々に提示する、ホメロスとヘシオドスの競争という伝承の古さの程度を評価するのは難しい。研究者の大多数は、この伝承は古典期に遡るが[17]、これは古代ギリシアの叙事詩の形成における競争原理の意義を正当に反映しているかも知れないと考えている[18]。

デロスのアポロン賛歌（v. 173）にある、τοῦ περ καὶ μετόπισθεν ἀριστεύουσιν ἀοιδοί ――「アオイドスたちは後にはこれも競い合うであろう」――という表現は、前の箇所でデロスにおける運動競技や詩歌の競演が言及されている（ibid. 149-150）だけになおさら、アオイドスの競争を言おうとしていると考えられる。アフロディテのためのホメロスの短い賛歌――我々の編集の第六賛歌――も競争のために作られた（19-20行参照）[19]。その後の伝承は、ホメロスの詩篇やおそらく叙事詩圏の詩篇を朗誦したラプソドス［吟遊詩人］のアゴーンに関する多くの証拠を含んでいる。

ペイシストラトスの息子ヒッパルコスは、パンアテナイア祭のためにホメロスを朗誦するラプソドスのアゴーンを制定し、兄弟のヒッピアスとともに自ら競技の実施に関与した（Thuc. VI, 57; Arist. Ath. Pol. 18; [Pl.] Hipparch. 228 b）[20]。ヘロドトスは、シキュオンの僭主クレイステネス（前六世紀初め）が、それまでシキュオンで催されていたホメロスの詩を歌うラプソドスのアゴーンを禁止したと伝えている（v. 67）。

古代ギリシアの叙事詩における競争原理は、叙事詩の発達に対して特に有益な影響をあたえることができた。なぜならばアオイドスは概して、特定の宮廷、特定の高貴な主人に縛られておらず、新しい聴衆を求めて自由に動き回ることができたからである[21]。全体として我々の前に現れているのは、古代ギリシアの叙事詩を創り出した社会層の間の、前文字時代に淵源を有する初期の制度化されたアゴーンの印象深い光景である。しかし我々が有している証拠は、生まれつつあるギリシア文学の実にさまざまなジャンルへのアゴーンの早くからの浸透を物語る。

二人の占い師――モプソスとカルカス――のアゴーンが、ヘシオドスの叙事詩に記されている（fr. 160 Rz ＝278 M. - W.）。すでに前八世紀の壺には、音楽家の競争が描かれており、[22]周知のようにギリシアでは、非常に早い時期には音楽は詩のテクストを離れて演奏されることはなかった。コリントスのエウメロスがコロス用の韻律法をそのために書いた、メッセニア人やデロス島での詩歌のアゴーンについて、パウサニアスが証言している（IV, 4, 1; 33, 2）。最も古い伝承によれば、スパルタではアポロンを称えるカルネイア祭において、詩歌のアゴーンが[23]前六七六年から催されるようになった。本来、このアゴーンは全ギリシア的な意義を持ち、最初の勝利者はテルパンドロスであった。[24]アルクマンのルーブル・パルテネイオン［乙女歌］のテクスト、[25]特に μάχονται（「戦い合っている」）という表現のある六三行は、おそらく乙女の演奏者が参加した何らかの競争を暗示している。D・ペイジは乙女たちは競走していると考えたが、[26]B・スネルとM・ウェストは彼女たちは美人コンテストに参加していると考え、[27]M・バウラとD・ケンプベルは、乙女たちはこの競争で歌と踊りの技能も実演して見せたに違いない、と推測した。[28]

ピュテイア競技会は、初めは純粋に詩歌の競演会であり（Strab. IX, p. 421）、デルポイは最も重要な詩歌のアゴーンの場所として永久に残った。[29]ペイシストラトス一族の治世にアテナイで、ディテュランボス［バッコス神への賛歌］のアゴーンが組織された（Suid. s. v. Λᾶσος）。パロスの年代記は、アテナイにおける男性コロスの競演の始まりを第六八オリュンピア紀の第一年すなわち前五〇八年に年代決定し、優勝者としてカルキス出身のヒュポデイコスを挙げている（Marm. Par. Ol. 68, 1）。アルキロコスの詩の一節さえ、同じくアゴーンで歌われたらしい（ヘラクレイトス、22 B 42 DK）。アテナイにおける演劇――一方では悲劇とサテュロス劇、他方では喜劇――の上演は詩人のアゴーンとして確立され、いずれにしても前四世紀まで機能し続けた。[30]

詩歌のアゴーンにおける一般的な褒賞は三脚台であった。確かにそれは物的財貨でもあったが、そうしたものとしてそれを使うことは著しく礼儀にもとることであった。それは神に奉納すべきものと定められており、勝利者の奉納碑銘は彼の名を高めるのに役立った。ハリカルナッソス人のアガシクレスがこの三脚台を横領した時、都市全体が小アジアのドーリス人の植民地の主要な聖域、ゼウス・トリオピオスの神域での儀式から締め出された（Hdt. I, 144）。

このように、叙事詩や合唱抒情詩のジャンルで創作した詩人を除外すれば――彼らの多くにとって、詩のジャンルでの同業者との競争での成功は、基本的な生活費をあたえた――[31]、アゴーンでの勝利を求めることは、内的な創作意欲と並んで、彼らの詩作活動の重要な補足的・外的動機となったに違いない。アテナイでは、そしておそらく他のいくつかのギリシア都市でも、自分の費用で合唱隊を準備する裕福な市民層、いわゆるコレーゴスは、詩人の競演に積極的に加わった。自分がその上演に関与した詩人が勝利すれば、コレーゴスは勝利者の一員として常に名前を宣言された。

体育のアゴーンと同様、詩歌のアゴーンにおける勝利者の栄誉の裏面は、敗北を被った者に対する嘲笑であった。アゴノテタイ――ピュテイア競技会の主催者――が、キタロイドス［竪琴奏者］の競演の参加者を、技能がきわめて低い水準であった場合は鞭打ちに処して追放した、という伝承さえ存在している。シュバリスではあるとき、キタロイドスの競演が聴衆をあまりにも興奮させたので、競演者の一人は、彼が庇護を求めたヘラの祭壇のそばで即座に殺されてしまった（Ael. VH III, 43）。

フォークロアから古代ギリシア文学がその中で発達を遂げた競争とアゴーンの状況は、第一章で言及したさまざまな生活分野における個人的創意への広く普及した志向と結合して、ギリシア文学では文学的記念物の創作者の著作先取権を早くから発達させた。

口承文学にとっては文学的記念物の匿名性は当然のことであり、存在する例外[32]はその原則を裏づけるに過ぎない。

古代の近西アジアやインドの文学的記念物の創作者に著作先取権の観念が欠如していることは、すでに指摘したところである。しかし、『イリアス』と『オデュッセイア』の匿名性は、古い伝統の機械的な現れではない。M・ドゥランテは、この匿名性は叙事詩の文体的な志向と関係があると指摘しているが、それはまったく正しい。[33] 叙事詩における匿名性から作者の名誉に対する要求への移行は、すでにデロスのアポロンへのホメロス風賛歌の結末に見られる（vv. 166-176)。作者は、自らをキオス出身の盲人と特徴づけて作品への死後の名誉を予言し、またおそらく、そうすることによって自分の歌を自分についての追憶と結びつけようと思っているが、自分の名前を直接挙げることには踏み切れないでいる。

教訓的叙事詩という同種のジャンルでは、ずっと前にヘシオドスがこれをやっており、ヘシオドス以来、ギリシアの詩人は、次いで散文作者も、自分自身の名前で語っている。[34] 我々は先に、著作先取権がいわゆる σφραγίς（押印）——作品のテクストの中での作者名の記載——の形でその正式な表現を得ることを指摘した。ギリシア文学では、本当の盗作者や架空の盗作者に対するクレームは非常に早くから現れている。アルキロコスはプロスペネスの息子ソスペウス某を、永遠の名誉を得ようとして自分の詩を剽窃したとして非難している（fr. 51, p. IV Diehl)。

ギリシア文学の創作者は自分が作者であることを不滅のものにしようと努めているという、存在する一般原則の例外が偶然のものではないということは、興味深い。たとえば碑銘は長い間作者が欠けていたが、[35] このことは碑銘の実用的な用途と明らかに関連がある。すなわち碑銘の最も一般的なタイプは墓碑であった。古代ギリシア文学全体にとって最も重要な特質は実用的な使命からの離脱であり、この原則に従わない文学ジャンルは、他の特徴から見ても基本線から外れている。

文化革命の時代、論争は精神的生活のすべての領域にとって特徴的なものであった。文学では、文学的議論と呼ぶことができるであろう特別なタイプの古い文学作品が、形式的には同僚の文学者との論争の先駆けである。シュメール文学はすでにそれを知っていた。家畜の神と穀物の神との間の議論、夏と冬との議論、牧夫と農民との議論がそれである。[36] ここでの議論の対象となるのは、人間の生活にとって論争する両者に相対的な価値のあることであった。前二千年紀末に、いわゆる「バビロンの神義論」——生活の不公正をかこつ苦悩する人と、彼を慰める友人との議論——が創作された。[37] 古代ギリシアで我々は、シュメールの文学的議論を想起させる古文書に出会う。たとえばアッティカをめぐるポセイドンとアテナの議論がそれである。[38] ボイオティアの女詩人コリンナはヘリコン山とキュタイロン山に歌比べをさせており、カリマコスでは月桂樹とオリーブ樹が争っている。[39]

しかし、すでにヘシオドスからギリシア文学では言葉の本来の意味での論争が始まっていた。すなわち、一人の作者のもとで登場人物が論争するのではなく、異なる作者が互いに論争するのである。もちろん、ヘシオドスの全作品がホメロスとの競争で貫かれているとするムンディングの見解[40]は明らかに誇張である。しかし、『神統記』の序文（二七—二八行）のムーサの有名な言葉、

> 我々は、まったく汚れていない真実の代わりに多くの嘘を語ることができます、
> しかし、もし望むならば、真実を語ることもできるのです！
>
> （B・ヴェレサーエフ訳）

について提起された解釈のあらゆる相違にもかかわらず、この一節に関心を向けた研究者の大多数は、ここに何らかの論争が存在することを認めている。[41] ヘシオドスがここでホメロスの叙事詩を考慮に入れることはあり得なかった、と証明しようとするコーンフォルドとウェストの反論[42]は、説得力がない。ヘシオドスは（そして後にはクセノパネス、ピンダロス、あるいは、プラトンも）ホメロスの叙事詩は「基本的にフィクション（substantially fiction——

ウェスト)」であるとは、決して主張していないからである。おそらく『神統記』の作者は、ホメロスの詩篇には虚偽があり、自分はこれをその重要な欠点とみなす、と言おうとしているだけであろう。

W・ネストールは、ヘシオドスの論争的な悪口の対象として『オデュッセイア』第一九歌二〇三行の詩を直接指摘さえした[43]。そして実際、ヘシオドスの言葉と『オデュッセイア』の当該箇所との何らかの関係は、疑いないように見える。逆に、ヴィラモヴィッツに従って『オデュッセイア』のこの行をヘシオドスの『神統記』への反駁と見るならば[44]、自己の作品においてホメロスの叙事詩を最終的に完成させた後期のアオイドスたちは論争と自分自身の見解の堅持という新しい風潮の影響をすでに受けていたと考えるべきであろうし[45]、このことは我々が描いた状況の特に明瞭な確証となるであろう。

アリストパネスは、ペイシストラトス家の治世に起きたヘルミオネ出身のラソスとケオスのシモニデスとの競争のことを漠然と語っており(Vesp. 1410-1411)、その後の伝承はラソスをエリスティコス――論争術の発明者と認めた[46]。人間は何歳生きるに値するか、ということについてソロンはミムネルモスと論争している(Sol. fr. 26 G. - P.; cf. Mimn. fr. 11 G.-P.)[47]。シモニデスとロドスのティモクレオンとの悪意ある論争の痕跡がわれわれに伝わっている[48]。シモニデスはリンドス出身のクレオブロスとも論争した(fr. 76 Page)。クセノパネスはシモニデスをけちん坊と非難した(21 B 21 DK)。

すでに古代では、ピンダロスのバッキュリデスに対する論争[49]、同じくピンダロスのシモニデスとバッキュリデスに対する論争(Ol. II, 82 sqq. c. Schol.)という事実が指摘されていた。確かにB・スネルも、この論争は内容を考慮しているのであって、芸術上の形式を言おうとしているのではないと考えてはいるが[50]、ピンダロスの敵対者と不快な声をあたえられた鳥――カラス(Ol. II, 87)、コクマルカラス(Nem. III, 82)――との比較は、明らかにこれと反対のことを語っている。ピンダロスはイストミア第二歌で、詩歌を買収されやすい性質ゆえにシモニデスを非難して、鋭い批判的攻撃さえしているようである（vv. 1 sqq. c. Schol.）[51]。アリストパネスの『蛙』ではアイスキュロスとエウリピデスが、まず第一に自己の悲劇の思想的内容と教育的価値について論争しているが、喜劇作家はこれらの悲劇作家たちに詩的形式の完全性についても論争させている[52]。

文化革命の過程で、社会の詩人に対する態度が変化する。我々は、すでに『イリアス』から『オデュッセイア』へ移行の際、自分たちの活動の重要性に対するアオイドスの意識がどのように高まったかを知っている[53]。『オデュッセイア』では、アオイドスの技能は神的な起源をもつものとされ、アオイドスは人間のためだけでなく神のためにも歌う（XVII, 518-519; XXII, 346-347）[54]。ヘシオドスの『神統記』でも、アオイドスとキタロイドスの技能は神的な起源（アポロンとムーサからの）を持つものとされている（九四—九五行）。彼らは、ゼウスに由来する権力をもつ王と並ぶ位置に置かれている。ヘシオドスの詩では、神話的な歌い手であるキタロイドスのリノスはありとあらゆる英知を持つ者とされている（fr. 193 Rz）[55]。

しかし我々は、これらすべての詩的な才能の特徴づけがアオイドス自身から生じていることも考慮に入れるべきである。これらの声明がホメロス時代のギリシア人の間に広まっていた観念をどれくらい反映しているのか、判断することは非常に難しい[56]。確かに詩篇では詩的な才能が神に由来するものであることが多く述べられているけれども[57]、客観的にはアオイドスは、社会的地位の低い段階の一つに位置を占めている。アオイドスの社会的身分が低いことを示す重要なことは、多くの場合彼が盲目であることである。たとえば、『オデュッセイア』ではパイエケス人のアオイドスのデモドコスは盲目である（VIII, 63 sqq.）。デロスのアポロンへのホメロス風賛歌では、「アオイドスの中で最も優れた者、キオス島に住む盲目の男」が挙げられており（vv. 169-173）、後代の伝承はそれをホメロス自身と見なしていた。他の多くの民族における類似の事態もこのことを示唆するように、何よりもまず肉体的な欠陥とりわけ盲目のため、戦争にゆき農耕仕事をすること、すなわち男子にとって当然の仕事と思われることができなかった者がアオイドスになった[58]。

ヘシオドスの社会はまったく別の、独自の状況にあった。それゆえ我々は、文学的創作活動をしている人々の中に、半ば乞食のヒッポナクスからソロンや僭主ペイシストラトスの息子ヒッパルコスまで、自由人の文字通りすべての層の代表者を見出す。何が彼らの創作活動の動機であったか？　すでに我々は、古代ギリシアにおける精神的な創作活動の誘因となる動機の中で社会的な認知と名誉を求める志向が占める重要な役割を物語る、多くの証拠を挙げた。ここでは、このような期待が十分現実的な先例に立脚していたことを物語る事実について詳述しよう。

たとえばホメロスの名誉は、結局のところ彼の神格化という形をとった。アリストパネス（Ran. 1034）から始まって、ホメロスは常に θεῖος ――「神の」と呼ばれている[59]。スミュルナにはホメロスの神殿が存在し（Strab. XIV, 1, 37, p. 646）、この都市が発行した銅貨の一つはホメリコスと呼ばれた（ibid.）[60]。スミュルナでは、ホメロスはムーサイと踊ったある神から生まれたと言われた（Arist. fr. 76 Rose）。アルゴス人は、国家のあらゆる犠牲式にアポロンと並んでホメロスを招いた。プトレマイオス・フィロパトルはホメロスのために神殿を建てた。そして、その神殿の中ではホメロスの彫像が、彼の故国であるとの名誉をかけて争った七つの都市の画像で囲まれていた（Ael. VH XIII, 22）。「ホメロスの神化」は、プリエネ出身のアルケラオスの有名なレリーフのテーマであった[61]。ホメロスは、ローマ時代の石棺にディオニュソスやヘラクレスと並んで不死の象徴として描かれた[62]。

ヘシオドスに関しては、カラスがオルコメノスの住民に彼の墓を教えたと言われている（Paus. v, 21, 17）。別の伝説によれば、イルカがヘシオドスの遺骸をリオンの陸地に運んだ（Plut. Conv. sept. sap. 19 = Mor. 162 DE）。キタロイドスで詩人のアリオンについては、彼の技能に魅了されたイルカが彼を海から運び出したという伝説が創られた（Hdt. I, 24）。スパルタでは詩人アルクマンのために、彼がそのパルテネイオンで触れた（fr. 1 Page）ヒッポコオン一族の英雄廟と隣り合って、墓碑が建立された（Paus. III, 15, 1, 2）。イビュコスに関する伝説によれば、鶴が彼の殺害者を見つけて、罰するのを手伝った（Anth. Pal. VII, 745; Suid. s. v. Ἴβυκος）。イビュコス自身、詩の中で僭主ポリュクラテスに呼びかけて、ポリュクラテスの栄誉は自分の歌と詩的名誉次第であると言い（fr. 3 Diehl = fr. 282 Page）[63]、こうして、自らを僭主と同等の地位に置いている。シモニデスについては、おそらく、彼の話をもとにして、彼が倒れかかったスコパスの家の下敷きになって死ぬところを、彼に賛美されたディオスクーロイが救ったと言われており（Cic. De orat. II, 86）[64]、一般に彼は、前四七六年にシラクサイとアクラガスとの平和の締結の際に仲介するほど権威をもっていた（Diod. XIII, 86）。

神殿を閉鎖する前にデルポイのアポロンの神官は、ピンダロスを神の食卓に招待し、アポロンに捧げられたあらゆる初物からの取り分を彼に分けあたえた（Paus. IX, 23, 3; Vit. Pind. Ambr. 5）。伝説によれば、アルゴスの劇場でのアゴーンの時、神々は彼に幸福な死を贈った。マケドニアのアレクサンドロスはテーバイを破壊させた時、ピンダロスの家だけはそのままにしておくよう命じた（Plin. HN VII, 29; Arr. An. I, 9）[65]。カメレオンとイストロスという名の伝記的伝承は、ピンダロスの才能が超自然的に現れたものであることについての物語を残した。すなわち、ヘリコン山のミツバチが彼の唇に蜜房を作った（Vit. Pind. Ambr. 2）。

ピンダロスは、神々の特別な寵愛を得たとされていた。彼が書いた賛歌はまるでパン神自身が歌ったかのようであり（ibid. 4）、デメテルは彼に自分を称える詩を書いてくれるよう求めた（ibid.）。死後、ピンダロスが地下の王国でペルセポネの前に出頭するや否や、彼女は自分を称える賛歌を書くよう手配した（Paus. IX, 23, 3-4）。伝承は、それと対応させて自分が創った賛歌をアポロンへの慣例の犠牲と同等視する金言を書いたのはピンダロスであるとした（Pind. Sent. Ambr. 2）。注文主と自己との関係をピンダロスは、贈り物を交換するクセノイ――友人の関係とみなした。すなわち、詩人は詩を贈り、自身は贈り物を受け取るのである。ここで注文主と対等な社会的地位を求めていることは明白である[66]。

レスボスではサッポーの図像のある貨幣が発行され（Ath. 601d）、後世の諷刺詩詩人たちは彼女を一〇番目のムーサと呼んだ。一般に認められた行動規範に意識的に挑戦したアルキロコスに対してさえ、死後にパロス人はアルキロケイオンという神域を設け、彼を英雄として尊敬することを定めた[67]。アリストパネスは『蛙』の中でアイスキュロスの作品を、アテナイ国家にとって死活にかかわるほど重要なものとして描いている。シシリアのゲラでは、アイスキュロスが死んだ場所で英雄たる彼のために犠牲が捧げられ、その後で悲劇が上演された。

ソポクレスはサモスとの戦争の時（前四四一—四三九年）、アテナイ人によって将軍に選出された。しかも伝承は、この選出をまさに彼の悲劇詩人としての栄誉のゆえとしている（Argum. Antigonae）。前四四三—四四二年、彼はアテナイ海上同盟の会計主任の地位に就いた（IG I, 237）。プルタルコスは、ソポクレスが後にもう一度将軍に選出されたと述べている（Nic. 15）。前四一一年、寡頭派革命の時、ソポクレスはプロブーロイ［一〇人委員会］の役人団の一員であった（Arist. Rhet. III, 18）。死後、民会決議によって彼を英雄として崇敬することが定められた（Vit. Soph.; Et. Magn. s. v. Δεξίων, p. 256, 6）[68]。この種の例の数は増やすことができるであろうが、とりわけ示唆的なのは、『崇高について』という論考の著者が、彼の時代までにすでに伝統化していた文学作品に対する見方をまとめて、傑出した作家を「死すべき運命にある人間たちの上に」置いていることである［ἐπάνω τῶν θνητῶν: [Long.] De subl. 36, 1］。

今度は、文化革命が始まりつつある時期にすでにフォークロアから生まれていた古代ギリシア文学の本質自体に対して、我々が検討してきた外的刺激がどのように影響をおよぼしたか、という問題を詳細に検討しよう。

第二節　ギリシア文学における美的価値への志向

文化革命の全般的な状況と、発達した叙事詩の存在は、ギリシア文学の芸術的完成を決定づけて共同して作用した。芸術的創作の才能の解放は、古代オリエントの文学あるいは記述・口承文学と比較して、本質的に別の範疇の現象としてのギリシア文学を形成した。古代ギリシア文学は人間の歴史で初めて、文学的記念物の、それが生まれた状況による苛酷な必然性の呪縛からようやく抜け出すが、このことはギリシア文学における記述の役割と、文学に関する書物すなわち文学理論――詩学と修辞学――の出現に明瞭に現れている。[69]

ギリシア文学作品の著者たちがどのような当面の目的を立てようとも、彼らは皆――おそらくクレオンの政治的生命を失墜させるという目的を立てていたアリストパネスでさえも――、考慮に入れていた実際的な目的が余すところなく実現された場合ですら、自分の作品が価値を維持し、自己への関心を起こさせるように記述した。[70]

世界のすべての文学、とりわけ一九世紀―二〇世紀のヨーロッパ文学の経験が教えてくれるように、一方における社会の切実な問題によるその必然性と他方における美的な独自的価値との文学作品における有機的結合は、その最高の芸術的有意義性の担保である。苛酷な状況の必然性が文学的記念物から高い意味で文学の一つに加えられる権利を奪うのと同様に、美的価値のみを求める偏向的志向も衰退の兆候である。[71] 古代ギリシアでは、このような「文学のための文学」の形成への傾向はカリマコスと彼の同時代人の作品で完成を見る。[72]

何らかの高い尺度によって近東の「記述・口承文学」と比較してギリシア文学とその後継の文学の優越性を主張する権利を我々は持っていない、という点ではC・C・アヴェリンツェフに同意することができる。[73] 同時に我々は、人類の前進的発展の過程で古代ギリシア文学の伝統が近代ヨーロッパの文学の仲介を通して全世界に広まり、今や別の古代の伝統――近東、古代インド、古代中国など――に起源を有するすべての形態の記述・口承文学作品に対して決定的に、また至るところで優位を占めているという事実を、偶然のこととかここで検討している問題と関係がないとみなす権利も持っていない。

ギリシア文学の苛酷な状況の必然性からの離脱、独立した美的機能の解放は、まったく前例のない現象ではない。

独立した美的機能は、大昔から多くのフォークロアのジャンルに特有なものである。作品の制作が、美的な満足ないし娯楽のほかに直接に実際的な目的を追求するジャンル（呪文、さまざまなジャンルの儀礼的フォークロア、労働歌）と並んで、美的感化がその存在する唯一の価値であるような、非儀礼的で単一の機能をもつフォークロア形態も存在していた。[74]

ある民族のフォークロア的伝統が、形成されつつある文学に影響を及ぼしたことは、一般に認められた疑いのない事実である。より早く生まれた他の文学の影響なしに、独立的に発展しつつある文学にとって、とりわけギリシア文学にとっては、フォークロアの特に重要なものとなり得たに違いない。同時にその場合、この役割の解明は特別な困難にぶつかる。すなわち、後になって独立的に文学を創り出した民族の前文字時代のフォークロアは、直接に研究することが決して容易ではない。そもそも自然の成行きからして、それが記述されることはあり得なかったからである。我々は、それを基盤にして生まれた文学の記念物の中にあるその痕跡にもとづいて、ある程度の蓋然性をもってそれを復元することができるだけである。この種の研究の行く手に立ちはだかる困難は明らかである。それでも、この方向をとってすでに達成された成果は、この試みが見通しのないものではないということを示している。

（特に非儀式的なジャンルにおける）特定の状況に苛酷に縛られず、その担い手に個人的創意の自由な活動の場を与える大きな変化の可能性という特徴をもつジャンルにおける豊かな伝統がしかるべき民族のフォークロアの中に存在することが、言葉の本来の意味での文学の形成にとって好都合な要因になり得たに違いない。[75]

そこで我々は、すべてから判断して、アルファベット文字が出現する以前に英雄叙事詩が古代ギリシアのフォークロアの中で占めていた支配的な地位を、文化革命期のギリシア文学の開花の重要な前提条件と考えるのである。実際、フォークロアのジャンルの世界的なレパートリーの中で自己の存在を確保する可能性すなわち専門化の可能性が、創作の自由とこれ程までに調和したジャンルは、英雄叙事詩以外にはない。さまざまな昔話のジャンルも創意の大きな自由を与えるが、[76]それらの存続の条件は、まず第一に、自分たちの扶養も引き受けてくれる氏族貴族の要求に応じる英雄叙事詩の語り手——作者と歌い手——におけるような専門化の可能性を、昔話の語り手には与えない。[77]昔話の話し手に対する「支払能力の裏づけのある需要」が、英雄叙事詩の歌い手——語り手に対する「支払能力の裏づけのある需要」と肩を並べるということは、あり得ないであろう。

確かに、古代から葬式の哀歌の歌い手（あるいは女の歌い手）、神官、魔法使い——神への賛歌や呪文の歌い手——に専門化の可能性はあったが、彼らが独立して創作活動をする余地ははるかに狭かった。すなわち純粋に美的目的は、関係あるジャンルの口碑文学には現れなかった。

多くの民族において、国家と文字の発生の直前に形成された氏族貴族は英雄叙事詩の創作者に対して、彼らの創作活動の全般的な傾向だけを統制して、日々の糧のことを心配せずに詩の創作活動に没頭できるようにした。[78]とりわけギリシアでは、歌い手は全体として貴族層のイデオロギー規範に縛られながら、「それでもやはり、社会における自分たち自身の地位の見地から、ある物事を見た」。[79]たとえば『イリアス』で詩人は、臆病なエウリュステウスの伝令であった取るに足りないコプロスに、「あらゆる英雄的行為で自分の父親よりも優れている息子ペリペテスが」生まれた（XV, 638-644）と、喜びをむき出して言っている。

叙事詩では、ジャンルの本来の性質からして創造の要素がきわめて重要である。[80]A・H・ヴェセロフスキーは一八八三年の連続講義で、「民族の叙事詩の創作にとって不可欠な第二の条件は、伝説に対する民衆の理解によって制約された芸術的自由である」と述べた。さらに彼は、「叙事詩の出現は、個人の創造活動の発展への第一歩である」と述べている。[81]

それにより著しい変化の可能性が英雄叙事詩全般に固有なものとなる一般的な法則性は、古代ギリシアの叙事詩にとっても正しい。いずれにしても、テレマコスが『オデュッセイア』(I, 351-352)で、人々はさらに新しい作品を聞くことを求めているのだと語るとき、彼はおそらく叙事詩的な歌に対する広く見られる態度を述べているのである。

τὴν γὰρ ἀοιδὴν μᾶλλον ἐπικλείουσ᾽ ἄνθρωποι
ἥ τις ἀκουόντεσσι νεωτάτη ἀμφιπέληται

人々は、聞き手にとって一番新しい歌をもっと聞きたがるものだからです。(82)

同じく『オデュッセイア』では、アオイドスが内的な衝動のままに歌うということが二度直接的に述べられている(I, 347; 問題となっているのが歌のテーマの選択であることは、文脈から明らかである。VIII, 45と比較せよ)。叙事詩の歌は独自の価値をもつという主張はホメロスでは非常に深く浸透しているので、アルキノオスは、まるで神々がトロイア戦争を、将来の世代にそれについて歌わせるために起こしたようだ、とさえ主張している(Od. VIII, 579-580)。

このように、『イリアス』と『オデュッセウス』の創作時の古代ギリシアの英雄叙事詩にとって、とりわけホメロスの叙事詩そのものにとって、美的機能の優勢さは明らかである。(83) もっとも、教訓的な志向の役割を過大視する試みが再三行われたのも事実である。この種の試みの一つは、最近ヴェルデニウスによってなされ、(84) 彼の著書に対するフンケの書評で説得力のある反論を招いた。(85)

ホメロスの詩篇の作者における教訓的志向の意義に反対する重要な論拠は、特に、これらの詩篇の中で神々がどのように描かれているかということである。神々自身も人間にとっての道徳的模範ではないし、悪人を罰し、善人に報いる方策も講じていない。P・マゾンは、「『イリアス』よりも宗教的でない詩など、まったくなかった」とさえ主張し[86]、G・マレーは、いわゆる「ホメロス的宗教」はまったく宗教ではない、と述べた[87]。M・バウラは、ホメロスの神を「詩人の魅惑的で楽しい発明品」と考え[88]、W・シュミットは自己のギリシア文学史の中で、ホメロスの神の観念は宗教的と呼ぶことはできないと書いた[89]。神の倫理的概念がすでに『イリアス』に存在することを証拠立てようとするH・ロイド‐ジョーンズの試みは[90]、W・クラウスの正当な反論を受けた[91]。

ホメロスの詩篇が創られつつあった時代にすでにギリシア人は、演説の仕方、何よりもまず公共の問題に関する演説の仕方を重要視していた。『イリアス』でアキレウスの養育者ポイニクスは、自分の任務を次のように特徴づけている（IX, 442-443）。

……だから私はあなたにすべてを教えた、
あなたが演説で雄弁家になり、立派なことをする人になるようにと。

（H・И・グネーディチ訳[92]）

従って、重要な問題が審議される兵員集会 ἀγορή は κυδιάνειρα、すなわち、「男に誉れをもたらすもの」と呼ばれている（Il. I. 490）。もちろん、これは集会でうまく演説する者にとってである。ヘシオドスでは、雄弁の才能は王にとってさえも大切なムーサの贈物として取り上げられている（Th. 80 sqq.）。

結局、叙事詩の創作活動の時期に、散文の言葉でも詩の言葉でも、美的な喜びが実用第一主義的機能を後回しにすることができるようになったとき、おそらく弁論家や詩人の技能に恍惚となる雰囲気ができ上がり始める。記述文学の最初の記念物であり、この時期に生まれた『イリアス』と『オデュッセイア』は、第一に作者が実に並外れた詩的才能をもっていたがゆえに、また直接的な実用第一主義の役目から自由であったゆえに、古代ギリシア文学の全発展に決定的な影響を与えることができた。

文化革命という状況の中で、文学の開花は起こるべくして起こった。しかし、古代ギリシア文学がこの時期に展開した方向は、他の全ジャンルに影響を与えた最初のジャンルが、フォークロアを記述文学から離脱させる歴史のはざまですでに前例を見ないほど開花を遂げていた叙事詩であったということによって、多くの点で決定された。

英雄叙事詩と並行しておそらく、すでに前文字時代に、(後にヘシオドスの叙事詩として登場する) 教訓的な叙事詩が、そして特に世界の始まり、神々とその素性、最初の人間と文明の誕生について物語る叙事詩が発達した。ジャンルのきまりのゆえに叙事詩のこの変型は、大きな変化の可能性を特徴としていたはずはなく、従って、我々がヘシオドスの『神統記』で著者の恣意を見出すとすれば、その著者に対するホメロスあるいはその先行者の影響の可能性という問題が当然に生ずる。

ギリシアの子供たちは『イリアス』によって読み方を習った。ギリシア人自身しばしば、喜んで全ギリシア文化の源としてのホメロスの詩を語った。いくつかの例だけ挙げよう。クセノパネスは、すべての人がホメロスから学んだと述べた (fr. 14 G. - P.)。ヘロドトスは、ヘシオドスとホメロスはギリシア人にとって神々についての彼らの観念の源であると主張している (II. 53)。ギリシア文化におけるホメロスの詩篇の最も輝かしい役割を強調しているのは、その観点からみれば有害なその影響力を非常に恐れたプラトンかも知れない。[93] 帝政期になってもまだパウサニアスにとっては、さまざまな地方的伝承に対抗して、叙事詩は英雄の系譜に関する最も信頼できる情報源である (Paus. I. 38, 7)。ポリュビオス、ディオドロス、ストラボン、プルタルコス、ガレノスのような作家たちは、ホメロスを単に「詩人」と呼んでいる。[94]

ギリシアの抒情詩は、(生活手段の獲得の意味で)非職業的なものも職業的なものも、早くから専門化された叙事詩の成果に頼っている。ギリシアの抒情詩の形成にとってのホメロスの詩篇の意義を過小評価し、その起源を地方的フォークロアのほかさらに何か別の伝統に探し求めるすべての試みは誤りであると、我々は考える。

たとえば、H・C・グリンバウムは、

「ホメロスの詩篇と合唱詩の共通の〈…〉言語的特徴は、この二つのジャンルが共通の源から出ているものであることによって説明される。叙事詩にも抒情詩にも反映されたミケーネ期または先ミケーネ期の標準語が、この共通の源になり得た」[95]

と推測し、ピンダロスの言葉の多くの特徴をミケーネ方言の特徴と機械的に対比している。[96] H・A・チスチャコーヴァは、最古の韻文の碑文、まず第一にピテクサイ出土の「ネストールの酒杯」に刻まれた碑文の起源を、「非常に古く、広範に普及し、その後の全ギリシア文学に反映された、『非ホメロス的』な口碑詩的伝統」に求める。[97] しかし一方、すでに最古のエピグラムがホメロスの詩篇に依存していたことは、だいぶ前から説得的に証明されており、ごく最近H・B・シェバリーンの学位論文はこの依存関係に新たな補足的裏づけを加えた。[98] 我々としては、創作されたばかりの『イリアス』が「ネストールの酒杯」の碑文にあたえた直接的影響を証明する論拠を専門論文で挙げる。[99]

我々に伝わったカリノスのエレゲイアの重要な断片(fr. 1 G. - P.)は、ホメロスの詩篇のモチーフとそれらが表現される形式とを広く利用しており、[100] それゆえ学術的研究ではこの影響の具体的形態が議論されているだけである。[101]『オデュッセイア』(I. 32-43)の神義論の性格を有するゼウスの言葉に依拠して、ソロンは、時代精神に貫かれ、ギリシアの倫理的政治的イデオロギーの発展における一段階を画する、内在的正義の全能について自己の見解を述べている（fr. 3 G. - P.）。[102] ステシコロスがホメロスの作品を目標としていたことについては、すでに古代人が書いていた（[Long.] De subl. 13, 3）。ステシコロスの作品のパピルス断片が公刊された後、我々は、彼がホメロスの手本を利用したことを具体的な資料にもとづいて研究できるようになった。その際ステシコロスがホメロスの詩風の全成果を利用しつつ、同時に叙事詩の主題を自由奔放に使いこなしているのには驚かされる。[103]

全ギリシア文学に対する叙事詩の巨大な影響の裏面は、古拙期の文学、第一に抒情詩の典型的な特徴である、叙事詩を生み出した社会のイデオロギーの窮屈な枠からだけではなく、叙事詩の伝統によって課せられた制限からも抜け出そうとする欲求である。[104] 芸術的表現の特殊叙事詩的な形態の影響からの詩的伝統の解放も、B・スネルと彼の同調者が「精神の発見」[105] と考えているプロセスの真の本質である。

抒情詩にとって特徴的なのは、詩人が自らの個人的な創意を強調する執拗さであり、[106] その最初の例としてアルクマン（fr. 39 Page）を挙げることができる。[107] 作詩の契機とその性格の要求次第でアルクマンは、あるときはムーサイが彼に教えたと主張し（fr. 4. 5 Page）、またあるときは自己の創作活動の独創性を宣言している（fr. 39 Page）。このような自由奔放さは、アオイドスやラプソドスが自己の才能の神的性格を執拗に強調している大きな原因が自己の権威を高めようとする彼らの欲求にあるという、我々の推測の正しさを遡って証明してくれるように思われる。

革新運動への傾向は、祭祀のジャンルにも波及した。詩人が昔から祝われてきた祝祭で上演するため新しい聖歌を創作するとき、多くの場合、詩人の間の競争によって昂進する客観的な事態そのものは、もちろん伝統的な枠内で、形式的にも内容的にも革新の方向へ進ませた。[108] 当然ながら、その際には伝統によって縛られることがさらに少ない他の詩歌のジャンルの経験が利用された。

ムーサの啓示や助けを持ち出すことは、ずっと古代ギリシア、ローマ、ヨーロッパの詩歌の恒常的なモチーフであり続けるが、我々はピンダロスで、詩的創作活動は労苦を伴う探求であるという主張にも出会う（Paean. VII, b 18-22）[109]。第七賛歌でピンダロスは、「踏み均されたホメロスの道」の後をついて行く自己の不本意さを述べている（Paean. VII, b 11）。彼は「ヘラクレスの地獄下り」というディテュランボスを、自己の詩的手法を以前の詩人の創作活動と批判的に対比することから始めている（Dith. II, 1-4 Snell-Maehler）。

昔は、ディテュランボスは曳綱で延ばされ、そして、まがい物の「シグマ」が人間の唇から飛び出した。

（M・Л・ガスパロフ訳）〔内田次信訳『ピンダロス　祝勝歌集／断片集』京都大学学術出版会、二〇〇一年、四〇一頁参照〕

この種の例は容易に増やすことができるであろうし、一般的に古拙期および古典期の古代ギリシア文学史全体にとって、各作家にとってのアゴーン原理の役割と自己確立への志向、内容における伝統的価値と形式における伝統的規範への反発、ホメロスの影響力とその克服、美的要素の意義を指摘しつつ、体系的に叙述する上で役立ち得るであろう。しかし、引用された少数の例だけでも、伝統と実際的課題に沿う方針に縛られた前三千—前二千年紀の記述・口承文学と古代ギリシア文学との根本的相違と、文化革命の雰囲気全般がこの新しい特質を呼び起こす必然性を、十分明確に示してくれる。

注

（1）これについては、Wilamowitz-Moellendorff U. von. Griechische Verskunst. Berlin, 1925. S. 34 参照。

（2）А・И・ザーイツェフ「前文学的叙事詩の伝統における古代ギリシア文学の革新的傾向の形成」『伝統と革新』二二一—二九頁と

比較せよ。

（3）『モンゴル・オイロートの英雄叙事詩』翻訳、序文、注、B・Я・ヴラディミルツェフ、ペテルブルク、一九二三年、三〇頁以下；A・H・ヴェセロフスキー『歴史的詩文学』レニングラード、一九四〇年、三一八頁；Kirk G. S. The songs of Homer. Cambridge, 1962. P. 62; П・A・グリンツェル「古代世界の叙事文学」『類型と相関』一二四―二〇五頁（一三八頁、ギリシアとインド、参照）；E・C・コトルヤール『アフリカの神話と民話』モスクワ、一九七五年、一五四頁。

（4）Sauer A. Über Aöden und Rhapsoden: Eine literarhistorische Studie: Progr. Schotten in Wien, 1891; Nilsson M. P. Homer and Mycenae. London, 1933; Schadewaldt W. Von Homers Welt und Werk. 2. Aufl. Stuttgart, 1951. S. 38ff., 70ff.; トルストイ『アオイダイ』七頁以下；Pagliaro A. Aedi e rapsodi// Saggi di critica semantica. 2-a ed. Messina; Firenze, 1960. P. 1-62. アオイダイに関する最近の証拠は、W・シャデヴァルトによって集められている（Schadewaldt. Von Homers Welt und Werk. S. 54ff.）。

（5）『オデュッセイア』（III. 267-271）で我々は、意外な、我々にはまったく分からない役割でのアオイドスにぶつかる。――アガメムノンは、トロイアへ出発するとき、「妻（すなわちクリュタイムネストレ）を守るため」アオイドスを残した。それゆえ、アイギストスは邪魔されずに彼女を誘惑するために、まずアオイドスを殺さなければならなかった。この物語は、叙事詩の作者が自分の職業に補足的な重要性をもたせようと努めているという印象をあたえる。D・ペイジの解釈は説得力がない（Page D. L. The mistery of ministrel at the court of Agamemnon// Studi in onore di Q. Cataudela. Catania, 1972. P. 127-131）。

（6）まさにペミオスとデモドコスは、まったく最近のトロイア戦争の諸事件を歌っている（Od. I, 325-327; VIII, 73-83, 486-521）。

（7）Fränkel. Dichtung und Philosophie. S. 21. Anm. 27. Cp.: Bassett S. E. The poetry of Homer. Berkeley, 1938. P. 22.

（8）Burckhardt. Op. cit. Bd. 2. S. 35. ギリシアの叙事詩の形成におけるアゴーンの特殊な役割を認めつつ、我々は同時に、詩はあらかじめ定められたテーマでの競演で創られたラプソドスの歌から発生し、それゆえに、各競演者は先行の物語を引き継いだというG・ブロキア（A・パリヤロに続いて）の描く『イリアス』の形成の状況を説得力のあるものとは思わない（Broccia G. 1）La forma poetica dell'Iliade e la genesi dell'epos omerico. Messina, 1967; 2）La questione omerica. Firenze, 1979）。

（9）E・イスマイロフ『アクィヌィ』アルマ・アタ、一九五七年、M・アウエーゾフ『異なる年の思想』アルマ・アタ、一九五九年、三一八―三五九頁、B・M・ジルムンスキー「中央アジアの民話の語り手」『B・M・ジルムンスキー――チュルク人の英雄叙事詩』レニングラード、一九七四年、六二二―六三三頁。

（10）А・И・ウラーノフ『ブリヤートのウリゲールイ』ウラン・ウデ、一九六九年、一七頁。
（11）Kuiper F. B. J. The ancient Aryan verbal contest// IIJ. 1960. Vol. 4. P. 217-281;『リグ・ヴェーダ賛歌選集』翻訳、注釈、序言、Т・Я・エリザレンコボフ、モスクワ、一九七二年、一〇四―一〇五頁、二四六―二四八頁；Dunkel G. Fighting words: Alcman. Partheneion 63 μάχονται// JIES. 1979. Vol. 7. P. 249-272（本書の著者は、その十分な根拠もなしに、ヴェーダとギリシアの詩歌アゴーンに原初インド・ヨーロッパの競争的伝統の反映を見出している）。
（12）Bethe E. Homer: Dichtung und Sage. Bd. 1. Leipzig, 1914. S. 12 ff.; Broccia. La questione omerica.
（13）Weiler. Op. cit. S. 37-128 参照。
（14）このことにはすでにブルクハルトが気づいていた（Burckhardt. Op. cit. Bd. 4. S. 90）。
（15）Lesky A. Die Maske des Thamyris// AAWW. 1951. N8; Otto W. F. Die Musen und der göttliche Ursprung des Singens und Sagens. Darmstadt. 1961. S. 47ff.; Schadewaldt. Von Homers Welt und Werk. S. 64; Weiler. Op. cit. S. 66-72; Р・В・ゴルデジアーニ『ホメロスの叙事詩の諸問題』トビリシ、一九七八年、三四四頁。
（16）我々がすでに古代に表明されたこの詩句の真正への疑念に同意するとしても、本質的にはあまり変わらない（Plut. Ap. Procl. in Hes. Op. ad loc.; cf. Plut. Quaest. conv. V, 5 = Mor. 674 E sq.）。それが書入れであるとしても、書入れは早期の、アオイダイがその中で創作をした、状況についての追憶がまだ残り得た時代になされたものである。
（17）Allen T. Homer: The origins and the transmission. Oxford, 1924. P. 27; Vogt F. Op. cit.; Falus R. L'art poétique d'Hésiode// AUB（Class）. 1977-1978. T. 5-6. P. 5.
（18）Lesky. Homeros. Sp. 689 と比較せよ。
（19）Koller S. H. Das kitharodische Proemium// Philologos. 1956. Bd. 100. S. 179.
（20）Cp.: Johansen K. F. Iliaden I tidlig graesk kunst. København, 1934. S. 136ff.
（21）アオイドスの状態は、多分、ホメロスの遍歴についてのその後の物語が全体的に正しく描いている（Schadewaldt W. Legende von Homer, dem fahrenden Sänger. Potsdam, 1942）。
（22）Corpus Vasorum Antiquorum. Danemark, Museé National de Copenhague/ Par Ch. Blinkenberg et K. F. Johansen. Copenhague, 1926. Fasc. 2. Pl. 73, 5 74, 2; Corolla Ludwig Curtius zum 60. Geburtstag dargebracht. Stuttgart, 1937. Taf. 42-43;

Schadewaldt W. Homer und sein Jahrhundert// Das neue Bild der Antike. Bd. 1. Leipzig, 1942. S. 80. Abb. 4-5.

（23）スパルタにおける詩歌の競演については、Bölte F. Zu lakonischen Festen// RhM. 1929. Bd. 78. S. 124-143.

（24）Ath. 635 e. ヘラニコスとソシビオスの引用と共に。パロスの年代記は、テルパンドロスを前六四五年と年代づけ、エウセビオスを前六三五年と年代づけている。

（25）Jaeger. Paideia. Bd. 1. S. 139.

（26）Page. Alcman. P. 54-56, 80.

（27）West M. L. Alcmanica// CQ. 1965. Vol. 15. P. 196-198; Snell. Dichtung und Gesellschaft. S. 154.

（28）Bowra C. M. Greek lyric poetry: From Alcman to Simonides. 2nd ed. Oxford, 1961. P. 58ff.; Campbell D. Greek lyric poetry. London, 1967. P. 196, 205; 更に Stoessl. Op. cit.; Dunkel. Op. cit. P. 249-272 と比較せよ。

（29）そこでテルパンドロスが四回勝利を収めたという伝承が存在するが（[Plut.] De Mus. 4 = Mor. 1132 E）、このことは、伝承の彼の生存の年代づけに合わせて、前七世紀でのみあり得た。

（30）Pickard-Cambridge A. W. the dramatic festivals of Athens. Oxford, 1953.

（31）Maehler H. Die Auffassung des Dichterberufs im frühen Griechentum bis zur Zeit Pindars. Göttingen, 1963. S. 71ff., 96f.; Snell. Dichtung und Gesellschaft. S. 126f. ——最近発見されたパピルス（Pap. Michigan inv. 25）では、フルート奏者たちの間のプロ的競演のことをほのめかしている金言を哲学者アリスティッポ（前四世紀）の作なりとしている。

（32）伝承は、ガト・アヴェスターの作者名——ゾロアスターを保存した（それは口碑的詩歌として創作されたけれども）。古代スカンジナヴィアの吟唱詩人たちの口碑的詩歌も個人作者が創作したものであった。

（33）Durante M. Il nome di Omero// RAL. 1957. Vol. 12. P. 94-111.

（34）Kranz W. Das Verhältnis des Schöpfers zu seinem Werk in der althellenischen Literatur// Jahrb. 1924. Bd. 1. S. 65-86; Gundert H. Pindar und sein Dichterberuf. Frankfurt am Main, 1935; Jaeger. Paideia. Bd. 1. S. 162ff.; Tsagarakis. Op. cit.（著者はきわめて該博な資料をあたえてくれるが、その結論にはわれわれは同調できない。）

（35）H・A・チスチヤコーヴァ『前八―前三世紀のギリシアのエピグラム』レニングラード、一九八三年、一一頁、六九頁以下。

（36）クレーマー、前掲書、一三四―一三六頁、一六一―一六八頁；Dijk J. J. A. van. La sagesse suméro-accadienne. Leyden, 1953. P.

29 sv.

（37）『古代東方史選文集』モスクワ、一九八〇年、一八五—一九〇頁（И・K・クロチコフ訳）。

（38）Nilsson M. P. Die Anfänge der Göttin Athena. Kopenhagen, 1921.

（39）Diels H. Orientalische Fabeln in griechischen Gewande// IW. 1910. Bd. 4. S. 993-1002 参照。

（40）Munding H. Heiods Erga in ihrem Verhältnis zur Ilias. Frankfurt am Main, 1959. ——Neitzel H. Homer-Rezeption bei Hesiod; Interpretation ausgewählter Passagen. Bonn, 1975 の著書もこの傾向のある論証不十分な主張を含んでいる。

（41）Luther W. 1) Wahrheit und Lüge im ältesten Griechentum. Leipzig, 1935. S. 125-126; 2) Wahrheit, Licht und Erkenntnis in der griechischen Philosophie bis Demokrit. Monn, 1966. S. 41ff.; Diller H. Hesiod und die Anfänge der griechischen Philosophie// A&A. 1946. Bd. 2. S. 140-151（=Diller H. Kleine Schriften. München, 1971）; Latte K. Hesiods Dichterweihe// Ibid. S. 152-163; Mehmel F. Homer und die Grichen// A&A. 1954. Bd. 4. S. 18; Snell. Entdeckung. S. 187; Jaeger. Paideia. Bd. 1. S. 112; Fritz K. von. Das Hesiodische in den Werken Hesiods// Entreitiens sur l'antiquité classique. T. 7. Vandoeuvres; Genève, 1962. P. 27-28; Maehler. Op. cit. S. 41; Kambylis A. Die Dichterweihe und ihre Symbolik. Heidelberg, 1965. S. 63; Neitzel. Op. cit. S. 16ff.; Falus. Op. cit. P. 3-26; Minton W. W. [Rec.] Pucci P. Hesiod and the language of poetry// AJP. 1978. Vol. 99. P. 391-392; アヴェリンツェフ『ギリシア「文学」……』二二頁。

（42）Cornford F. M. Principium sapientiae. Cambridge, 1952. P. 104; West. Hesiod. P. 163; Thalmann W. G. Convention of form and thought in early Greek epic poetry. Baltimore, 1984. P. 146ff.

（43）Nestle. Mythos. S. 44f.

（44）Wilamowitz-Moellendorff U. von. Die Heimkehr des Odysseus. Berlin, 1927. S. 49; cp.: West. Hesiod, ad. Loc.

（45）反駁の論争的性格をヴィラモヴィッツは気づかなかった。

（46）H・A・チスチヤコーヴァ「サテュロスの諷刺詩の起こり」『トビリシ大学紀要』一九七八年、一八三分冊、六七—六八頁。——たぶん、シモニデスの諷刺詩は、ラソスへの非難であったであろう。

（47）ドヴァトゥール『ソロンとミムネルモス』五五—六二頁。

（48）Plut. Them. 21, 22; Simon. Ep. XXXVII; Timocreon. PMG 730; Anth. Pal. XIII, 30, 32; VII, 348）. チスチヤコーヴァ(1)「……起こり」

六八―七〇頁：(2)『ギリシアのエピグラム』八二―八六頁参照。

(49) Pyth. II, 53 sqq. c. schol., 72 sqq. c. schol.; 88 sqq. c. schol.; Nem. III, 82 sqq. c. schol.

(50) Snell. Dichtung und Gesellschaft. S. 132; Willcock M. M. Second reading of Pindar: The fourth Nemean// G&R. 1982. Vol. 29. P. 8f. 参照。

(51) ピンダロスとコリンナとの衝突および彼の詩の中での彼女への攻撃についての伝承（Ael. VH, 25）は、あまり確かなものではない。Rose H. J. Pindar and Korinna// CR. 1934. Vol. 48.P. 8; Goosens R. Pindare et Corinne// RBPh. 1935. T. XIV. P. 85-89; Bowra C. M. Pindar. Oxford, 1964. P. 279. 参照。

(52) たとえば、Verdenius W. J. [Rec.] Dalfen J. Polis und Poesis. Die Auseinandersetzung mit der Dichtung bei Platon und seinen Zeitgenossen// Gnomon. 1978. Bd. 50. H. 4.S. 335-341（S. 336 参照）.

(53) Maehler. Op. cit. S. 22.

(54) Marg W. Der Charakter in der Sprache der frühgriechischen Dichtung: Semonides, Homer, Pindar. Würzburg, 1938. S. 60ff.; MacKay L. A. The wrath of Homer. London, 1948. P. 50; Dodds. P. 10, 80ff. 参照。

(55) アオイドスに対する θεῖος「神的な」という形容語の適用（Od. I, 336 ほか）は、あまり特徴的なものではない。θεῖος はホメロスではオデュッセウスにも（Od. XV, 554; Il. II, 335）、オイレウスにも（Il. XIII, 694）、伝令タルテュピオス（Il. IV, 192）およびエウメデス（Il. X, 314）にも適用されている修飾形容語であるからであり、そして、同様な δῖος が豚群の牧夫エウマイオス（Od. XV, 301; XVI, 1）の形容語であるからである。

(56) ドッズはそれに重要な意味を与えたがっている（Dodds. Greeks. P. 80）。

(57) 同様な主張は、フォークロアや多くの民族の古代の詩歌で見られる。たとえば、『初等エッダ』の言によれば、オーディンは「詩歌の蜜蜂」を手に入れ、それを民衆に譲った（М・И・ステブリン - カメンスキー『古代スカンディナ文学』モスクワ、一九七九年、一六頁；Meissner R. Kenningar der Skalden. Bonn, 1921. S. 363 ff., 427 ff. と比較せよ。他の民族の同様な観念については、また、В・Г・ボゴラズ「旧シベリア諸族の民衆文学」『東方文学』論文集、第一分冊、ペテルブルク、一九一九年；Chadwick H. M., Chadwick N. K. The growth of literature. Vol. 3. Cambridge, 1940. P. 182; Chadwick N. K. Poetry and prophecy. Cambridge, 1942; В・М・ジルムンスキー「歌い手の天分に関する伝説」В・М・ジルムンスキー『比較文芸学　東洋と西洋』レニングラード、一九七九年、三九七—四〇七頁参照。

(58) Drerup E. Das Homerproblem in der Gegenwart. Würzburg, 1921. S. 49, 57; アヴェリンツェフ『ギリシア「文学」……』二一一頁以下。

(59) たぶん、すでにアルキダマスに知られていたホメロスのエピグラム（Cert. Hom. et Hesiod. v. 345 Rz³.）と比較せよ。

(60) Heyman C. Homer on coins from Smyrna// Studia Paulo Naster oblata. Vol. 1. Leuven. 1982. P. 161-173.

(61) ホメロスおよびその詩に対するギリシア人（およびローマ人）の態度に関する広範な資料は、И・B・シターリ『ホメロスの叙事詩の芸術的世界』モスクワ、一九八三年、一五一—二一七頁参照。

(62) Cumont Fr. Recherches sur le symbolisme funéraire des Romains. Paris, 1942. P. 313-315.

(63) Snell. Dichtung und Gesellschaft. S. 119-122.

(64) Slater W. J. Simonides' house// Phoenix. 1972. Vol. 26. P. 232-240 と比較せよ。

(65) その後、同様な行動方法をスパルタの軍司令官パウサニアスがとったとされた（Vit. Pind. Ambr. 5)。

(66) Fränkel. Dichtung und Philosophie. S. 491f.; Snell. Dichtung und Gesellschaft. S. 120. ——バキュリデスが「ムーサイの神的預言者」（Μουσᾶν ‹...› θεῖος προφ[άτ]ας : 9, 3）と自己を評していることは、本質的に、この発言がすでに叙事詩の中でアオイドスが自己について述べていることの範囲を出ないゆえに、さらに詩人が高い社会的地位を要求しているものではない。Snell. Dichtung und Gesellschaft. S. 130-133 と比較せよ。

(67) Degani E. Note sulla fortuna di Archiloco e di Ipponatte in epoca ellenistica// CUCC. 1973. N 16. P. 79-103; Rankin H. D. Archilochus' chronology and some possible events of his life// Eos. 1977. Vol. 65. P. 5-15.

(68) この決議の採択の際にソポクレスがアテナイでのアスクレピオスの国家的祭祀の制定に参加したことが重要な役割を果した（碑文：Körte A. Die Ausgrabungen am Westabhange der Akropolis. IV; Das Heiligtum des Amynos// Athen. Mitt. 1896. Bd. 21. S. 296-298; Φ. Φ. ゼリンスキー「ソポクレス——医者について」『国民教育省雑誌』四月号、第五部、二八—四八頁；五月号、第五部、四九—六二頁と比較せよ)。Ehrenberg V. Sophokles und Perikles. München, 1956 と比較せよ。

(69) アヴェリンツェフ『ギリシア「文学」……』二〇六頁以下参照。

(70) まさにΠ・ヴァプネフスキーは、作品が言葉の本来の意味での文学に属する規準をそのように要約している（Wapnewski P.

Literatur heute// Universitas. 1977. Bd. 32. H. 3. S. 271-280）。

（71）B・スネルもこの判断をまったく明確に支持している（Snell. Dichtung und Gesellschaft. S. 192-193）。

（72）Snell B. 1) Über das spielerische bei Kallimachos// Entdeckung. S. 356-365; 2) Dichtung und Gesellschaft. S. 182ff.

（73）アヴェリンツェフ『ギリシア「文学」……』二〇八頁。

（74）北カフカスの民族のナールトの叙事詩では神話さえ特に美的機能を果たしている（У・Б・ダルガト「ナールトの叙事詩の標準的特徴」『民族叙事詩の類型学』モスクワ、一九七五年、二二三―二三四頁：二二六頁参照）。

（75）Jech J. Variabilität und Stabilität in den einzelnen Kategorien der Volksprosa// Fabula. 1967. Bd. 9. S. 55-62; П・Г・ボガティリョフ「民族の作品における伝統と即興詩」『П・Г・ボガティリョフ民族芸術理論の諸問題』モスクワ、一九七一年、三九三―四〇〇頁と比較せよ。

（76）A・M・アスターホヴァ「ロシアのフォークロアにおける即興詩――さまざまなジャンルにおけるその形態と限界」『ロシアのフォークロア』一九六六年、第一〇巻、六三―七八頁。

（77）ロシアの語り手における専門化の傾向については、H・Л・ブロードスキー「語り手の専門化の痕跡」『民族誌学論評』一九〇四年、第二号、一―一八頁：C・B・サヴチェンコ『ロシア民話――採録と研究の歴史』キエフ、一九一四年、二五―二九頁、四七―四八頁参照。

（78）グリンツェル、前掲書、一三八頁。

（79）Kulturgeschichte der Antike. Bd. 1. S. 67.

（80）Fränkel. Dichtung und Philosophie. 17-18; Horálek K. Folk poetry: History and typology// CTL. 1974. Vol. 12. P. 762.

（81）「A・H・ヴェセロフスキーの叙事詩の歴史に関する講義から」『民族叙事詩の類型学』モスクワ、一九七五年、二九五頁。

（82）Maehler. Op. cit. S. 72; Snell. Dichtung und Gesellschaft. S. 127 参照。『オデュッセイア』の作者の語るこれらの言葉は、その詩の新しさと独創性に注意することを促しているようにも感じられたに違いないというナグの推測はかなり蓋然性がある。Nagy G. Comparative studies in Greek and Indic meter. Cambridge（Mass.）, 1974. P. 12.

（83）Drerup. Op. cit. S. 453. 一般的意見は、前ホメロス的叙事詩における範例的要素の大きな意義という見解の正しさを示す。

（84）Verdenius W. J. Homer the educator of the Greeks. Amsterdam; London, 1970. P. 20-27.

（85）Funke H. [Rec.] // Gnomon. 1977. Bd. 49. H. 2. S. 204-206.

（86）Mazon P., Chantraine P., Collart P., Langumier R. Introduction à l'Iliade. Paris, 1942. P. 294.

（87）Murray. Op. cit. 265.

（88）Bowra M. Tradition and design in the Iliad. Oxford, 1958. P. 265.

（89）Schmid, Stählin. Op. cit. Bd. 1. S. 112f.; Adkins. Homeric gods. P. 1f. と比較せよ。

（90）Lloyd-Jones. Op. cit. P. VII-XI, 1-27.

（91）Kraus. Op. cit. S. 241-249.

（92）Jaeger. Paodeia. Bd. 1. S. 30f.; Snell. Gesammelte Schriften. S. 39-40 と比較せよ。

（93）Havelock E. A. Preface to Plato. Cambridge（Mass.）, 1963.

（94）Harmon A. M. The poet κατ᾽ ἐξοχήν// CPh. 1903. Vol. 18. P. 35ff.; Lalarbe J. L'Homère de Platon. Liège, 1949. P. 44-45.

（95）H・C・グリンバウム『古代ギリシアの合唱用抒情詩　ピンダロス』キシニョフ、一九七三年、九―一〇頁（一二頁、一八頁と比較せよ）; H・C・グリンバウム「ピンダロスの言語の方言的基礎」『古典古代社会』モスクワ、一九六七年、二六六―二七四頁と比較せよ。

（96）H・C・グリンバウム(1)「ミケーネのコイネーと古代ギリシアの合唱用抒情詩の形成の諸問題」Atti e memorie del Primo Congresso Internazionale di Micenologia. Vol. 3. Roma, 1967. P. 64-75; (2)「クレタ・ミケーネテクストと古代ギリシアの合唱用抒情詩　ピンダロス」Studia Mycenaea. Brno, 1968. P. 75-86; (3)『標準語の初期形（古代ギリシア）』レニングラード、一九八四年、九五頁。

（97）チスチヤコーヴァ『ギリシアのエピグラム』三一―四〇頁。

（98）H・B・シェバリーン『古代ギリシアの韻律碑文の起源』修士論文レジュメ、モスクワ、一九八一年。

（99）A・И・ザーイツェフ「ピクテル出土『ネストルの酒杯』の碑文の語彙-文体的特色」『古典古代文学の記念物の言語および文体』レニングラード、一九八七年、五九―六四頁。

（100）たとえば、出版された Poetarum Elegicorum testimonia et fragmenta/ Ed. Br. Gentili, C. Prato. Leipzig, 1979. Pars 1 の中のホメロスからの類似の個所の選択を参照。

（101）最新の著作のうち、Verdenius W. J. Callinus fr. 1: A commentary// Mnemosyne. 1972. Vol. 25. P. 1-8; Matsen P. P. Social status in Callinus// CJ. 1973. Vol. 69. P. 57-59; Latacz J. Kampfparänese, Kampfdarstellung und Kampfwirklichkeit in der Ilias, bei Kallinos und Tyrtaios. München, 1977; Adkins A. W. H. Callinus and Tyrtaeus 10 poetry// HSCPh. 1977. Vol. 81. P. 59-97; Leimbach R. Kallinos und die Polis// Hermes. 1978. Bd. 108. S. 265ff.; Krischer T. Die Elegie des Kallinos// Hermes. 1979. Bd. 107. S. 385-389.

(102) Jaeger W. Solons Eunomie// SBBerl. 1926. Bd. 11. S. 69-85; cp.: Wilamowitz-Moellendorff U. von. Aristoteles und Athen. Bd. 2. Berlin, 1893. S. 305ff.

(103) H・H・カザンスキー1(1)「ステシコロスの詩『トロイアの崩壊』の始め」『レニングラード大学報知』一九七六年、第二号、一〇〇―一〇七頁；(2)『ステシコロス　断片集』二二四頁；Maingon A. D. Epic convention in Stesichorus《Geryoneis》: SLG S 15// Phoenix. 1980. Vol. 34. P. 99-107.

(104) 第一章第二節と比較せよ。

(105) Snell. Entdeckung.

(106) Snell. Dichtung und Gesellschaft. S. 127 ff.

(107) アルキロコスにおける同様な傾向については、我々はすでに第一章第二節で述べた。

(108) Snell. Dichtung und Gesellschaft. S. 127.

(109) πόνον: Nem. III, 12と比較せよ。Snell. Dichtung und Gesellschaft. S. 134 f. 参照。

第五章　科学の誕生

第一節　演繹的数学の発生

我々はすでに（第三章第一節）、バビロニア人の数学的知識について、またギリシア人が踏み出した最初の第一歩とバビロニア数学との根本的な相違について述べた。エジプトとバビロニアの数学のテクストは、証明をまったく含んでいない。我々の前にあるのは問題とその解法であり、この点に古代オリエントの諸民族の数学的知識とギリシアの数学との根本的相違がある。[1] エジプトの数学のテクストには、バビロニアのそれと違って、実用的な要求からは直接出て来なかったであろう問題さえもない。[2]

従って、科学としての数学はギリシアでのみ現れることを立証する人々は正しいと我々は考える。[3] 儀式に従って正確な祭壇を建設するために必要な幾何学的図形の作図法に、我々がインドのアーパスタムバおよびバウダーヤナの『シュルヴァスートラ』で見出す方法に演繹的方法を見つけようとするザイデンベルグの試みはまったく説得的ではなく、しかもこれらの古文書の年代決定にも議論の余地が残っている。[4]

数学的命題、この場合幾何学的定理の人類史上最初の証明を、初期ギリシア数学史に関する最も信頼できる史料——アリストテレスの弟子、ロードスのエウデモス——はタレスに帰している。あらゆることから判断するに、エウデモスは自分自身も数学に取り組んだソフィストのヒッピアスの最も古い学説史的著作を利用した[5]。エウデモスが主張するように、タレスは次のような定理を証明した。

1　円は直径によって二等分される。
2　二等辺三角形の両底角は相等しい。
3　底辺とその辺に接する二角とが相等しい三角形は合同である。

(11 A 20 DK = Eud. fr. 134 Wehrli)

同じエウデモスの言によれば、タレスは——その証明はエウクレイデスによってのみなされたが、——対頂角の相等しいことも明らかにした (11 A 20 DK = Eud. fr. 135 Wehrli)。またパンピレの証言によれば、タレスは初めて直角三角形を円に内接させた (D. L. I, 24)。

人間の思惟におけるこの革命を成し遂げたのがまさにタレスであったということを疑う十分な根拠を、我々は持っていない[6]。特に、他の懐疑論者よりもさらに一貫してタレスに関する伝承の信頼性を失墜させることを目的とする論拠を拾い集めたディックスの論証は、説得力がない[7]。とりわけ、プロクロスがロードスのエウデモスの著作を直接利用した可能性に反対するディックスの全般的な考察は不完全である[8]。いずれにしても、シンプリキオスは数学史に関するエウデモスの著作、とりわけキオスのヒッポクラテスによる半月形の求積法に関する『幾何学史』の大断片 (fr. 140 Wehrli) を度々引用した。ディックスによって反論されているタレスの数学的発見が、後代の資料を介して我々に知られているのであれば、プロクロスやシンプリキオス型の著作家が、とにもかくにもエウクレイデス以前のギリシア数学史に関する基本的な直接的資料であることを思い起こすべきである。

ディックスは、タレスに関する初期（前三二〇年以前）の伝承は彼を何よりもまず《practical man of affairs》（実際的な実務家）として描いていると主張して、一面的に特徴づけている。[9] ディールス‐クランツの選集にそれが欠如していることにディックスが不満を述べているアリストパネスの証言自体は、タレスを単に賢くて、いつも金に口うるさいとはかぎらない人間と特徴づけているだけではない。[10] アリストパネスは、アテナイの劇場の観客に呼びかけながら、彼らがタレスの名前と幾何学的な思考体系とを結びつけることを明らかに期待している（Nub. 177-180; Av. 999-1009）。

タレスは何も書かなかったので、エウデモスはある場合にはタレスの業績の復元に頼らざるを得なくされたと言うとき、ディックスは正しい。[11] しかし、このことはまだ、エウデモスがタレスの定理に関する信頼できる伝承を使うことができなかったということを証明しない。[12] タレスに帰せられている諸定理の内的な結びつきという、O・ベッカーによって指摘された事実も伝承の裏づけとなる。すなわち、円に内接する長方形を作図し、その頂点を対角線で結ぶならば、それらの定理はすべて容易に証明される（ベッカーは、この作図を「タレスの基本図形」と呼んでいる[13]）。

タレスが上述の幾何学的な推論を述べ、その後の伝承がその証明を彼に帰した、ということもまったく問題にならない。実際、タレスによって公式化された三角形の合同の特徴は、まったく明らかな真理に属しており、従って、問題になるのはタレスによるその証明の発見だけである。[14] 直径は円を二等分するという定理の場合もそうである。[15] 円の直径を底辺とする角は、必ず直角であるという定理に関しては、この幾何学的事実自体、当然ながら、まさにしかるべき証明の結果知られるようになったのである。[16]

そもそも、エウデモスによってタレスに帰せられた定理の証明なしには、その後の幾何学の構築が不可能であることを忘れないことも必要である。エウデモスの情報を論駁しようとするすべての試みは、伝承に反して、最初の定理の証明がピュタゴラスによるものか、あるいはピュタゴラスの非常に近い弟子によるものか、あるいはエウデモスが探し出せなかった名もないピュタゴラスの先駆者によるものかを仮定することを必要ならしめる。

このように、タレスは人間の認識形態における真の革命を成し遂げた。しかもこの革命は二重の革命であった。第一に、これらの自明と思われる幾何学的命題を証明する必要があること、あるいは少なくともそれが望ましいことを、彼は認識していた。そして第二に、たとえエウクレイデスのような厳密さは伴わなかったとしても、彼はこれらの証明を行った。[17]

最初の数学的証明は、新しい真理の発見が直接的な満足感を与えるだけでなく、名誉をもたらすこともできた社会状況の当然の所産であった、と思われる。このような状況では、証明によって裏づけられた数学的真理がとりわけ魅力的な探求の対象となったことは、まったく明らかである。なぜならば、他のあらゆる学問分野での業績が通常反駁され得たのに対して、発見された申し分のない証明は通常、広く一般に認められることを期待することができたからである。

タレスの証明は、たとえそれが後代の幾何学の発展の見地からみればさほど厳密でない手法を使っているとしても、オリエントの数学と比較すれば根本的に新しい一歩であり、ピュタゴラス派の人たちの数学はこの最初の一歩の次の発展であったという事実を無視して、Π・Π・ガイデーンコは、ピュタゴラス派の人たちのアリスモロギー的思弁――これは、ピュタゴラス派の人たち自身にとってはいかに重要であろうとも、数学の発展過程にとっては末梢的なことである――に、オリエントの処方箋的数学とギリシアの演繹的数学との中間の輪という、あり得ない役割を帰している。[18] 実際には、古代オリエントの数学的知識とギリシア数学との境にあるのはタレスの証明である。

ピュタゴラスと彼の学派が関係するのは、古代ギリシア数学の次の発展段階である。[19] ここで、ピュタゴラスのすべての学問研究を全体として否定しようとする、今日非常に広まっている傾向に対して、断固として反論しなければばならない。この傾向の最も権威ある代表者は、ワルター・ブルケルトとその著書『初期ピュタゴラス主義における英知と科学』である。[20]

ピュタゴラスの学派から伝わる伝承が著しく不確かな状況では、ピュタゴラスの同時代人の現存する数少ない証言は特別な意義をもつ。ブルケルトも含めて、ピュタゴラスの後輩の同時代人であるヘラクレイトスの次の断片が特別な注意を惹いているのは当然なことである。

πολυμαθίη νόον ἔχειν οὐ διδάσκει· Ἡσίοδον γὰρ ἂν ἐδίδαξε καὶ Πυθαγόρην αὖτίς τε Ξενοφάνεά τε καὶ Ἑκαταῖον

――「博学は知性を持つことを教えはしない。もしそうだったら、それはヘシオドスにもピュタゴラスにも、さらにまたクセノパネスにも、ヘカタイオスにも教えたはずだから」

（22 B 40 DK）［山本光雄訳編『初期ギリシア哲学者断片集』岩波書店、一九五八年、一六頁］。

これら四人の高名なギリシア人に対するヘラクレイトスの不満は十分明らかである。すなわち、彼らはみな理性を持っていない。なぜならば、彼らは唯一正しいヘラクレイトスの教えである理性に従っていないからである。[21] このことを断片B 41が、そしてさらに明白に断片B 57が述べている。後者でヘラクレイトスはヘシオドスを、昼と夜が同一のものであることを知らないと非難している。四人すべてが博識――πολυμαθίη であるとされ、そのことがだいぶ以前に研究者たちを困惑させていることは、はるかに興味深いものがある。ピュタゴラスについては、我々はあまりよく知らないが、ヘシオドスの学識とヘカタイオスとクセノパネスの学識をある一つのカテゴリーにまとめることは容易ではなく、そのことが困難を招く。そのため、ヘラクレイトスのブラックリストに人為的な対比を持ち込み、ヘシオドスとピュタゴラスを宗教的世界観の持主として一つにまとめ、彼らを経験論者のヘカタイオスおよびクセノパネスと対比しようという試みが企てられている。こうして、二つの方向での論争がヘラクレイトスに帰されている。[22]

断片にはこのようなものは何もないが、博識はヘシオドスをヘカタイオスと、さらに彼を通してクセノパネスとをうまく一つにする。確かにヘラクレイトスは断片57と断片106でそれぞれ『神統記』と『仕事と日々』を非難しているが、ヘラクレイトスにとってはヘシオドスは決してこれらの作品で全部なのではないことを我々は忘れてはならない。量的には現存する二つの詩をはるかに凌駕する系譜的詩篇『女の系譜』がヘシオドスの作であることはヘラクレイトスの時代には誰も疑わなかった。このような詩篇に対してヘラクレイトスは、明確に否定的な態度をとることができなかった。――彼の氏族はその出自を神話的なアテナイ王コドロスに、そして彼を通して神に求めた。ヘシオドスの作とされているこの著作こそが、『世界周遊 Γῆς περίοδος』だけでなく『系譜 Γενεαλογίαι』でも現れているヘカタイオスの博識に非常に近い、典型的な「博識」の手本なのであった。

このようにして、ヘラクレイトスは十分明確に多くの知識の蓄積をピュタゴラスに帰している。ヘラクレイトスはピュタゴラスに会ったことがなかったし、ピュタゴラスは何も記述しなかったので、ヘラクレイトスにとってピュタゴラスについて判断する資料となり得たのは、ピュタゴラス派の著作、あるいは彼らの外界向けの口頭での教えであった。こうした初期ピュタゴラス的教説は、前五世紀前半のエペソスでよく知られていたに違いない。――そうでなければ、その著作を誰でも見られるヘシオドス、クセノパネス、ヘカタイオスと並んで、ピュタゴラスがヘラクレイトスの断片に現れていることが説明できない。[23]

従って、最も初期のピュタゴラス的著作としては、宗教的・倫理的内容と並んで、何らかの具体的情報の豊富さが確証されている。[24] ピュタゴラスの活動を非常に美化したその後の伝承が、初期ピュタゴラス派の人たちの何らかの研究部門を忘れたと推測することは難しい。ピュタゴラスの博識は、数学、天文学、音響学と、あるいは少なくともこれらの学問領域の一部と関係を持っていたに違いない。

もちろん、この博識の陰に何が隠されているか、解明することは容易ではない。しかし、ギリシア数学の領域では我々はこのためのいくつかの可能性を持っている。最近B・L・ヴァン・デル・ヴァルデンは、少なくともエウクレイデスの『原論』I, 1-12とI, 22-23の命題はキオスのヒッポクラテス（前四四〇年頃）の『原論』に起源を持っていることを説得的に教えてくれたが、[25]合同の定理を含むこれらの章の一連の定理は、ロードスのエウデモスが当然知っていたに違いないピュタゴラス派の人たちの匿名の著作ですでに証明されていた。エウクレイデスの公理1-3と7-8も彼らによって定式化された。[26]同じくエウデモスはピュタゴラスの幾何学の研究について直接証言しているが（fr. 133 Wehrli）、彼は今日の我々と比較にならないほど良い資料を持っていたゆえに、我々は彼の証言をまったく真剣に受け入れるべきである。

数学の歴史におけるピュタゴラスの役割をバビロニア数学と初期ギリシア数学との仲介者の役割のみに帰そうとするヴァン・デル・ヴァルデンの試みは説得力がない。[27]O・ノイゲバウアーによって指摘された、バビロニアの二次方程式の解答方法とギリシアの面積への応用との内的類似性[28]は争う余地がないが、デカルト以前に誰かがこの類似性を理解することができたのかどうか、さらに、すでに前六―前五世紀に代数学の用語から幾何学の用語への意識的な翻訳が存在し得たのかどうか、という問題が生ずる。ここでは並行的な発展の方がはるかに自然であるように思われる。

今述べたピュタゴラスの数学の大要はキオスのヒッポクラテスに先行する世代の活動の成果であり、従って前五世紀前半のものとすべきである。ピュタゴラスの世代は、タレスの最初の一歩とピュタゴラス的教科書の体系的構築の間の連結環であったことになる。ピュタゴラスの時代に数学的問題に取り組んだのはピュタゴラスの取り巻きの人たちだけであって、彼自身はそれに取り組まなかったのにすべてが彼に帰せられてしまったにすぎない、と考えることは理にかなっているであろうか。[29]ピュタゴラスが彼の名を冠する定理を最初に証明したということは、きわめて蓋然性が高く、[30]その場合この証明の意義は、しかるべき数的比率や作図の規則に関する情報をオリエントから借用した可能性によっていささかも低下しない。[31]

伝承によってメタポンティオン出身のヒッパソスに帰されている、[32]前五世紀前半のピュタゴラス学派における通約不能な数字の発見にしてからが、この発見が正方形の対角線を用いてなされたのか、正五角形を用いてなされたのか、それとも計算用の小石、プセフォスを使った非常に原始的な手段によってなされたのかに関係なく、[33]多段階の証明の助けなしには不可能であった。ギリシア数学は、この発見によってナイーブな自明性と決定的に断絶した。幾何学に関する第二の手引書は、キオスのヒッポクラテスによって作成された。半月形の求積法に関する現存の彼の論考の断片は、彼が自己の『原論』をすでに相互に関係のある定理の体系として[34]——すなわち前三〇〇年頃にエウクレイデスの『原論』も構築されたように——構築していたことを教えてくれる。[35]

ピュタゴラス派の人たちの宗教的新体制と政治的活動は、本来政治史と宗教史に属する。ここでは、ピュタゴラス派の人たちの研究が我々の前に登場する特別なコンテクストにだけ触れる必要がある。預言者と為政者の役割の結合は実に多様な社会構造の下で現れ、とりわけオリエントで鉄の普及のすぐ後に続いた改革と革命の時代には、それは珍しいことではなかった。おそらく孔子がこうした役割の結合の最も明瞭な例であるが、ゾロアスター、多くのヨーロッパの予言者たち、そしてある意味ではアショカ王などもここに入る。

このようにして、オルフェウス教と秘儀的な祭祀がその典型的な現象であったギリシアの宗教的運動が、オリエントにおけるほぼ同時期の「基軸時代」の革命と実際に並行していたならば、この運動の軌道に、政治的活動と宗教的活動が結合したピュタゴラス的結社が出現したことも驚くべきことではない。さらに、復活した原始的で野蛮な迷信（左足よりも先に右足に靴を履かなければならない、肉のほか豆も食べることは禁止されるなど）と伝統的宗教の道徳的浄化の試みとの奇妙な結合も、このような運動にとってはほとんど規則的なものである。

宗教的信念ないし迷信と科学的研究との結合の中にも、説明を必要とする不可解事はなかった。もちろん一般に科学的認識は、自然界、そして社会生活でも、精神生活でも容易に究明されない一定の境界領域では、法則性が支配しているからこそ可能であるにすぎない。しかし、この法則性を完全に首尾一貫して認めることは、科学的活動にとって決して義務ではない。今日でも、奇跡への宗教的信仰を告白する学者もいれば、降神術的霊媒の仲介を通じて精神の超自然的作用を認める学者もいる。自然における普遍的な法則性はある程度まで擬人神的に考えることができる神を拠り所にしているというさまざまな形態の信念に関しては、とりわけアリストテレスの例が明らかにしているように、このような観念は具体的な科学の発展と一層容易に両立可能である。

実際、自分とその結社は人々に彼らの生活で最も重要なもの――救済宗教をもたらさなければならないという固い信念をもったピュタゴラスが、それでもやはり、この基本的な目標の達成のため明瞭な利益を約束しない方向で、具体的研究のための関心と精力を自覚していたのは驚くべきことである。しかし、問題はピュタゴラスとピュタゴラス派の人たちの個人的な資質にあるのではない。前述で特徴づけた、科学を出現させた精神的雰囲気だけが、ピュタゴラスにおけるように、個性の中核がまったく別の人生の目標に向けられていた場合ですら、理路整然とした思惟の能力を付与された賢明な人を苦難に満ちた研究の道へと促すことができたのである。

しかし閉鎖的な宗教的共同体の中では、宗教に直接関係のない何らかの活動が熱心に行われるとき、通常こうした活動は宗教的な是認を得る。それゆえイアンブリコスが、理論的知識はピュタゴラスにとってかくも望まれる浄化作用を霊魂に及ぼすとする教えをピュタゴラスに帰しているのは驚くに当たらない(36)。この観念がピュタゴラス自身から出ているものかどうか、真正な資料が十分でないので述べることはできない。しかしおそらく、イアンブリコスによって挙げられている動機づけはすでに初期ピュタゴラス派の人たちに影響を及ぼしており、プラトンのアカデメイアにとってこのような動機づけは、いずれにしても疑念を抱かせない。[37] その反響は、アリストテレスが与えた瞑想的生活を望ましいとする選択の根拠にも現れている（第三章第二節参照）。

数学の権威を宗教的・哲学的に高め、他の学問分野の中でそれを際立たせることは、プラトンでは、生得のイデアという特別な観念形態をとる。これは『メノン』（81c 以下）でとりわけ明瞭に現れている。この教説によれば、すべての数学は、生まれる前にそのより完全な状態にある魂がイデアの世界で観照した、至高の真理を想起したものにすぎない。プロクロスは、この理論はピュタゴラス的であり、ピュタゴラス自身に起源を持つと主張している。[38] しかし、このような観念が実際に数学的思考の発達を助けることができたかどうかは、疑問である。

いずれにしても、ピュタゴラス派において数学は演繹法を用いた知識の体系にまとめられたのであり、それは今日存在し発達し続けている知識の体系と根本的に異なっていない。もちろんこのことは、数学的知識の本質に対するギリシア人の見方が現代のものと同じようなものであったということを意味しない。我々は、ギリシア人において、数学は多少とも任意に選ばれた公理の体系にもとづいて自己の結論を引き出すという認識の痕跡すら見出せない。ギリシアの幾何学は、直接に目に見える、動かすことのできない真理とみなされていた公理と公準にもとづいて組み立てられた。おそらく、導出の諸規則も唯一可能なものとして受け入れられていた。

しかし、最初の一歩では、やっとでき上がったばかりの証明の手順が絶対に信頼できるものとして受け取られていたかどうかを知ることは、非常に興味深いことであったであろう。一般的な考察や、幾何学を学び始めた生徒の観察は、最初の頃は直接に測定して証明の正しさを「確かめる」試みが行われたに違いないと考えざるを得なくさせる。

エウクレイデスの『原論』はこのようなナイーブさとまったく縁がないが、もしこのような実践が実際に行われたとすれば、それは、天文学分野におけるその後の検証を伴う幾何学的な理論構築へのブリッジとして大きな意義を持ち得た。天文学では、まさにこうした手順が天体の運動の科学的解明を生む基礎となったのである。実験による検証の対象となる科学としての幾何学に対するこのようなナイーブなアプローチこそ、科学的方法論の枠内でその第三と第四の基本的な構成部分——仮説からの検証可能な結論の演繹的導出と検証それ自体——を結合させるのに役立つことができた（第三章第一節参照）。

第二節　ギリシア数学と理論的論証の方法の形成

周知のように、『オルガノン』という共通の表題の下に統合されたアリストテレスの諸論文は、現存の実相から補足的な検証を必要としない新しい実相を得る方法を体系的に叙述している。『オルガノン』は論理的論証の方法のきわめて完成された研究を与えてくれたので、一九世紀後半までヨーロッパにおける論理学のその後の発展は、すでにアリストテレスによって行われた解釈の細部ないし係争点に触れるだけであった[39]。ディオゲネス・ラエルティオスは我々に、プロタゴラスは「最初に議論で論拠を利用し始めた」と伝えている（IX. 51）。おそらくこれは自己の論拠を、たとえばそれを個々の構成部分に分けるなどして、以前よりももっと明瞭な形で論述することを意味しているに違いない。アリストテレスは、デモクリトスは概念の定義に取り組んだ最初の人であると主張している（fr. 99 Luria = 68 A 36 DK）。そのほか、エレアのゼノンをアリストテレスは弁証法の考案者とみなした（fr. 65 Rose = D. L. VIII, 57）。——アリストテレスがしばしば取り組んでいる有名なゼノンのアポリアは、その手本となり得る。

もちろん人は大昔から十分論理的に結論を導き出すことができた。とりわけギリシア人について、我々はすでにホメロスの詩篇にかなり複雑な推論の手本を持っている。すなわち『オデュッセイア』第八歌一五九 - 一六五では、オデュッセウスがパイエケス人の競技会に参加することを拒否した時、パイエケス人の一人エウリュアロスは、彼は商人だという推測を述べる。エウリュアロスの思考の過程は明らかであり、それを詳細な形で示すことができたであろう。

二つのカテゴリーの人間が海の旅をする。戦士と商人である（どちらも海賊行為を働くことがあるが、ここではそれは本質的なことではない）。

オデュッセウスは海から到着した。従って、彼は戦士か商人である。

戦士は喜んで運動競技の試合に参加するが、オデュッセウスはそれに参加することを望まない。従って、彼は戦士ではなく商人である。

正しく判断する自然発生的な能力と、アリストテレスによって創り出された論理的導出の理論との中間の環となったのは、推論の受入れ可能な前提、中間の段階、最後の結論がまったくはっきり述べられた三段論法の鎖の形で構築された、詳細な推論を導く実践であったに違いない、ということは明らかである。このような例を我々はプラトンおよび現存するソフィストの断片で豊富に見出す[40]。

しかし、我々がこのタイプの推論すなわち論理的作業を明白な形で表現する試みに最初に出会うのは、パルメニデスにおいてである。先程指摘したように、アリストテレスがパルメニデスの弟子で後継者のゼノンを弁証法——この語でまさに我々が今検討している形態の哲学的概念や推論の利用をほのめかしながら——の考案者と呼んでいたゆえに、パルメニデスによって着手されゼノンによって発展せしめられた哲学的問題における明白な形での論理的論証の試みは、彼らの新機軸であったと考えるべきである[41]。

この点最も特徴的なパルメニデスの断片を検討しよう。

そこで私は汝に語ろう（注意して終わりまで言うことを聴くように）、
どのような探求の道が考えられるかを。
第一の道。存在はあるが、非存在は決してないということ。
そこには真実性への道があり、それは真実へ近づけさせる。
別の道。非存在があり、非存在は必然的であるということ。
この道は知識を与えない。このことを私は汝に明言しておく。
非存在は何を知ることも――理解し難くて！――汝はできない、
言い表すこともできない。

（28 B 2 DK; M・A・ドィーンニク訳）
［山本光雄、前掲訳編、三九頁参照］

我々の前にあるのは、選言的な三段論法の構築の試みであり、[42] これはホメロスの英雄がまったく自由に操作しているものに類似しているが、ただし歴然たる形でのそれである。「存在がある」または「非存在がある」という二つの可能な主張が提起されている。そして「存在はある」という主張は即座に真理であるとされているけれども、このことは「非存在がある」という対立する主張の誤りを即座に引合いに出すことによって裏づけられている。

パルメニデスの推論は、おそらく、不十分であるということに我々は直ちに気づくであろう。前五世紀後半にデモクリトスは独自の存在論を発展させている。それに対応して存在―アトムも、無、非存在―空虚も存在する。非存在の概念の空虚な空間および状態に関する問題は今日でも物理学者および哲学者によって議論されているが、これらの問題が演繹的推論の方法で解決できないことは、まったく明らかである。

パルメニデスの弟子ゼノンのアポリアは確かに問題の奥深さを教えてくれるが、運動があり得ないことを証明するという考え自体が破綻しているがゆえに、不十分である。

プラトンの証明法は不十分である。ロビンソンの著作で明確に指摘されているように、プラトンの証明法は、決して明瞭な前提ではないが、その議論の余地が結論の議論の余地ほどには目につかないような前提にもとづいて、はなはだ議論の余地のある（しかも常に完璧なものとはかぎらない）哲学的結論へ導く。[43] それどころか、このことは新プラトン派のプロクロスの『神学の本質』の演繹的な思考体系の形で表現された形而上学的・神学的思弁に関しても妥当する。

一般に、古典古代から残っているすべての論理的証明は（後述する数学的推論は別として）、求められたことを証明していないがゆえに不十分であるか、あるいは、たとえば「ソクラテスは人間である」と「ソクラテスには足が二本ある」から「ソクラテスは足が二本ある人間である」が結果として出てくる推論（Arist. De interpret. 21 a24）のように、陳腐なものである。このことはすでに遠い昔に気づかれており、論理学に対する懐疑論的な論難となって現れた。これについては我々はまず第一に、セクストス・エンペイリコス（Adv. Math. VIII, 300 sqq.）から知っている。近代の哲学では、この論難はフランシス・ベーコンによって彼の『新オルガノン』で詳細に述べられた。

推論が実際に効果的であり必須の結論をもたらす場合には、昔もそうであったように、それは三段論法の連鎖を用いて結論の厳正さを強調するいかなる試みもなしに提示されるのは興味深い。まったく三段論法を組み立てる気がなかったトゥキュディデスについては述べないことにしよう。プラトン自身は、当然の結論が実際に可能であるところでは複雑な議論を始めなかった。『ティマイオス』はソクラテスの次のような言葉で始まっている。

「一人、二人、三人――ねえ、ティマイオスさん、昨日は私たちのお客さんで、今日は私たちに宴会を催して下さることになっていた方々のうちの四人目の方はどこにおられますか？」

（17 a; C・C・アヴェリンツェフ訳）

〔種山恭子訳『ティマイオス』『プラトン全集』第一二巻、岩波書店、一九七五年、四頁参照〕

ソクラテスは、「昨日あなた方は四人だった。今日あなた方は三人だけだ。しかもあなた方はみな昨日の客の中に入っていた。従って、昨日の客のうち一人、一人だけが姿を現さなかった」と事細かに述べていない。哲学に関係のない争う余地のない推論は、省略三段論法の形で提示される。

我々はパラドックス的な状況に直面する。実際に法則にかなった推論は伝統的な省略三段論法の形で我々の前に現れるが、議論の余地のある前提から生じてほとんど常に論理的に誤った推論は、やっと生まれたばかりの論理学の規則を利用して三段論法の連鎖の形で提示される。

論証できない事柄を証明しようというこの志向はどこから生ずるのか？　確かに、パルメニデス、ゼノンそして彼らのエピゴーネンのメリッソス[44]には実際に後継者はおらず、一方、プラトン主義の歴史は、プラトンの後継者でさえ、任意の考えに影響されて――彼らがプラトン的演繹法の強制力を認めたからだけでなく――そのような者になったことを教えてくれる。絶えず失敗が生じたにもかかわらず、どのようにして三段論法の方法がギリシアにおいてまったく役に立たない素材の上で展開され、何度も何度もそれに適用され得たのか？

哲学の歴史が我々に答えを示唆してくれる。『神学の本質』における新プラトン派のプロクロス[45]、近代ではデカルト、スピノザ、ライプニッツとその後継者のこのような試みの分析、そしてカントが取り組んだ行詰りの批判的克服の探求の分析は、単純明快な結論へ導いてくれる。哲学における演繹的方法の威力への牢固たる信念の根本的源泉となったのは、数学におけるその適用の輝かしい結果であった。

これらの考え方は多くの研究者に、演繹的推論の方法は古代ギリシアの数学で形成され、非常に疑わしい成果を伴って、哲学的思考体系の領域へ移されただけだという見解を生じさせたようである。この見解を最初に述べたのは、多分Th・ゴンペルツである。[46] 同様の見解をA・レイ、F・コーンフォードおよびH・チェルニス、数学者K・ライデマイスターが述べたが、[47] 彼らのうちの誰もこの見解を詳細に根拠づけることは試みなかった。F・ソルムセンはこれを拒否し、[48] A・サボーは逆のこと――エレア派の哲学における三段論法の誕生と、生まれつつあるギリシア数学によるその方法の借用――を証明しようと試みている。[49]

法廷弁論の領域における帰謬法による証明法の発生と、その方法のエレア学派の哲学、さらに数学への浸透という構想をC・Я・ルリエーが述べた。[50] 多くの研究者が、論理的論証法の形成における決定的役割を法廷弁論と政治演説に帰している。[51]

しかし、検討されている問題が聴衆にとって無関心でいられないすべての場合（まさに法廷弁論と政治演説では事態はいつもそういう状況にあった）でどのような推論的論証ももつ非実効性は、弁論家自身にとってはみんな知っていることであり、現代にとっては実験的な研究で裏づけられており、[52] すでにギリシア人も演説の成功が実際にそのこと次第であることははっきり認識していた。

コラクスとテイシアスの時代以来ギリシアの弁論術は、演説者に課せられた課題に応じて適当な発端の諸論点を、それに基づいて論証するために選び出すことを教えた（Pl. Phaedr. 273a-b; Arist. Rhet. 1402a16 sqq.）。アリストテレス自身『弁論術』において、状況に応じて、あるときはある基本的な原理に訴えることを、またあるときはそれと対立する別の原理に訴えることを勧めて（1375a21 sqq.）、事実上人間の所業においては論理的論証はあらゆる観点の裏づけのために使えることを認めている。[53]

論理的証明の方法が公開演説で形成されたと仮定することは、論理が我々の知識の真の充実を我々に与えてくれるところでそれを用いるよりも前に、人々が論理を操作することを習得していたと認めることを意味する。形成されつつあるポリスなかんずく民主政ポリスにおいて促進された議論好き、自己の見解に有利なできるだけ多くの論拠を挙げようとする意欲は、おそらく弁論術や修辞学を生んだ土台であっただけではなく哲学、数学および自然科学の誕生も促進した。[54] それにもかかわらず、固有の推論的な論証形式は私的な懇談でもアゴラでも、法廷でも生まれることはできなかった。

間接証明の試みが、ギリシア数学における帰謬法による証明よりもずっと早くパルメニデス、続いてゼノンで見られることをサボーが引証していることは、[55] 何も証明しない。なぜならば、この論拠が単にリスクを伴うだけでなく、明らかに許容できないような資料を用いていて、argumentum ex silentio［沈黙による論証］であるからである。我々の資料は断片的なだけでなく、哲学と数学を不均等に描き出す。現存する最初の数学の著作――ピタネ出身のアウトリュコスの論考――は、前四世紀のものである。完全に残った最初の数学的内容をもつ断片は、キオスのヒッポクラテス（前五世紀半ば）のものであり、我々が利用できる前五世紀の数学的断片の量は、前六～前五世紀の哲学的テクストの量の十分の一でしかない。このような状況では、数学的な間接証明を我々がピロラオス――前五世紀末のピュタゴラス派の人――の断片（44 B 2 DK）で初めて見出すことはいかなる意味も持たない。[56]

実際、帰謬法による証明はギリシアの数学者たちによって、幾何学の最初の一歩から利用されており、比較的後代の資料、まず第一にエウクレイデスの『原論』を分析すれば、このことを確信することができる。上述したように最近ヴァン・デル・ヴァルデンは、定理 I, 1-12, 22-23 の定式化における特徴はそれらがキオスのヒッポクラテスの『原論』に起源を持つことを示し、そして合同の定理も含めてこれらの章の多くの定理が作者不明のピュタゴラス派の幾何学概要ですでに証明されていたことを教えてくれた（第五章第一節参照[57]）。

ともかく「三角形の二角が互いに等しければ、等しい二角を結ぶ二辺も等しい」という、キオスのヒッポクラテスの『原論』に入っていた定理（I. 6）に注目しよう。我々の前にあるのは、タレスによって証明された二等辺三角形の両底角は等しいという定理を逆にした定理である。正の定理も逆の定理もその真実性は一目瞭然に明らかであるゆえに、逆の定理を証明する必要性は、タレスによる正の定理の証明の後、直ちに現れたに違いない。

この早い必要性は、このような証明法の早い可能性にも応ずるものである。エウクレイデスが挙げている証明は、明白な公理と作図法のほかには、もう一つの定理——一つの角とそれに接する二つの辺が等しい場合の三角形の合同に関する定理——だけ利用している。このタイプの定理はヴァン・デル・ヴァルデンによって初期ピュタゴラス派の概要のためにすでに復元されており、三角形の合同に関するもう一つの定理（一辺とそれに接する二角による合同の定理）に関してはタレスがすでにそれを証明していたことが知られている。

従って、『原論』I. 6の定理は幾何学者の第一世代ないし第二世代においてすでに証明が可能であった定理の中に入っており、タレスによる正の定理の証明後、直ちにその証明の探求が始められたに違いない。しかしながら幾何学の最初の形成段階に属すこの定理は、エウクレイデスでは直接的方法でなく帰謬法によって証明されている[58]。I. 6の命題に対する古典古代の別の証明法は現代まで伝わっておらず、同じくらい基礎的な諸定理を直接的方法によって証明することの要請は、明瞭なあるいは不明瞭な形で補足的公理の導入を求めて、幾何学に対する真の攻撃となったであろう（このような操作は一七世紀にオザナムによってなされた）。我々はこのような危険について少しは知っているつもりであり、それゆえすべてから判断して、エウクレイデスによって導入されている証明法はその形成の時からギリシア幾何学の財産であり[59]、それは、パルメニデスがその影響を受けて哲学的問題の解決へしかるべき方法を移すべく試みようと決意することができた、帰謬法による証明の手本となり得るのである[60]。

サボーが数学の証明と関係のある基本的な用語は哲学的弁証法に由来することを証拠立てようと試みているのは

正しくない。αἴτημα, ἀξίωμα, ὁμολόγημα（公準、公理、合意）という用語について我々は、哲学的対談からも数学の教授からも、同程度にうまく出所を推測することができる。なぜならば、教わる者の見地を考慮に入れた数学の教授という状況の中でのこのような用語の形成について、アリストテレスが直接証言しているからである（An. Post. 76 b 25 sqq.）[61]。θεώρημα（文字通りには「目に見える」）という用語に関しては、数学におけるその意味は、明らかに哲学的弁証法にではなく、図面を利用した幾何学的証明の実物教授に出所を有している。結局、αἴτημα, ἀξίωμα[62] ὁμολόγημα という語の用語としての数学内の発展も、よりもっともらしいものになる。

パルメニデスがピュタゴラスおよび初期ピュタゴラス派の人たちの学説に精通していたことは、彼の基本的理念に対するその影響力に関してはさまざまな見解があるけれども[63]、反駁できない。初期ピュタゴラス派を継承したことは、パルメニデスに関する伝記的伝承でも受け入れられている（D. L. IX, 21）。従って、初期ピュタゴラスの数学で用いられた証明法のパルメニデスへの影響を真実らしくないとみなす根拠は我々にはない。

エレア学派からアリストテレスまで、論理的論証方法の完成化の幹線がソフィストたち、ソクラテスそしてプラトンへと貫かれていた。プラトンに対する彼と同時代の数学の影響はよく知られているが、他方、数学への彼の影響は疑わしい[64]。次に我々は、我々が知っている大多数のソフィストたちと彼らの時代の数学の発展との関連性についてのデータを引証し、資料が影響の方向を判断させてくれそうな場合には、影響が数学からソフィストたちへという方向を取ることを明らかにすることを試みよう。

プロタゴラスは、数学者たちによって提起された接線の定義に反論して、接線は円周に一点だけで接するのではないことを証明した（68 B 7 DK）[65]。彼は球と平面に関してもおそらく同様の主張を提起した（Sext. Emp. Adv. math. III, 27）[66]。プロタゴラスがこのような問題にどれほど広く取り組んでいたか、述べることは難しい。Th・ゴンペルツはプロタゴラスが数学的概念を体系的に検討したと考え[67]、ヴィルヘルム・ネストレは、我々はここでプロタゴラスの唯一の批判的攻撃とかかわっていると考えた[68]。

プラトンは『プロタゴラス』(318e)でプロタゴラスに、ヒッピアスに目を向けながら、若者に計算、天文学、幾何学および音楽を教える人たちに対して反対意見を述べさせている。これらの学問分野について書いた人たちとの論争は、プロタゴラスの著作の中で重要な位置を占めたようである。いずれにしてもプラトンが『テアイテトス』(152a, 153c-d, 161b, 164e, 169a, 183b-c)で、キュレネの数学者テオドロスとプロタゴラスとの友好について、そしてテオドロスがプロタゴラスのところで修業したことについて書いているからといって、プロタゴラスが彼に数学を教えたということには決してならない[69]。

ソフィストのヒッピアスについてすでに我々は、彼が最も古い学説史的著作の著者であったことを述べた(第五章第一節参照)。この著作で彼は、いずれにしても、タレスと、詩人ステシコロスの兄弟マメルコスを挙げて、最も古い数学者にもスペースを割いた(fr. 133 Wehrli = 86 B 12)。ヒッピアスの天文学の研究がどれくらい真剣で独創的であったのか、判断する能力は我々にはないが(86 A 11; B 13 DK)、数学の分野では優れた成果が彼に帰せられている。それはいわゆる平面曲線(二次曲線)の導入であり、これを使って彼は角を三つに、そして一般に任意の数の等しい部分に分けるという課題を解決した(86 B 21 DK)[70]。ヒッピアスとマグナ・グレキアおよびシシリアとの関係は、彼に対してピュタゴラス数学が直接的影響があったと考えさせてくれる[71]。

ソフィストのアンティポンも数学に取り組んだ。我々の資料は、辺の数の増加により内接された多角形の面積の極限として円と等面積の正方形を描く法を見つけようと試みたのはアンティポンであるとしている(87 B 13 DK)。これはアリストテレスによって争論的試みと特徴づけられている(Arist. Soph. El. 172 a 7 sqq.; Phys. 185 a 17 sqq.)[72]。アンティポンのパピルス断片の公刊後間もなく、H・ディールスはアンティポンの哲学的著作 Ἀλήθεια(『真理』)の叙述形式に対する彼の数学的研究の影響を、スピノザやホッブスの手法と比較しながら指摘した[73]。アンテイポンの弁論『ヘロデス殺害について』の中の、叙述の形式の点で数学と似ている個所（43-44, 57-59節）を、この弁論の作者で政治家であるラムヌース区のアンティポンとソフィストのアンティポンとの同一性を断固として否定するC・Я・ルリエーが指摘しているのは、とりわけ興味深い。[74]

数学用語の影響は、ソフィストのアルキダマスでも顕著である（Soph. 23 = v. 2, p. 164 Baiter-Saupe）。[75] 叙事詩圏［キュクロス］は決して幾何学的図形ではないということを指摘するアリストテレスは、詭弁を組み立てるために数学用語を利用する何らかの試みを示唆しているようである（An. Post. 77b32)。アリストテレスの言によれば、カイネウス（アンティパネスの喜劇の登場人物？）は、火は急速に増大し等比級数も急速に増大する、従って火は等比級数で増大すると述べた（ibid. 77 b43-78 a5)。おそらくここで我々の前にあるのは、数学的類似を悪用するソフィストたちのパロディーである。

実際は、自身は数学に内心愛着を感じていなかったアリストテレスでさえ、「人間が学んだすべてのことのうちで、証明は数学にだけ存在する」[76]と認めていた状況の中では、知識や文化のさまざまな領域に対するギリシア数学の影響の大きさと深さに我々は驚くべきではない。

第三節　天文学の誕生と物理的現象の説明のための科学的方法の適用の最初の試み

自然科学の全部門のうちギリシアで科学的水準に達したのは天文学だけであった。古代ギリシアの自然科学の形成過程は、しばしば「神話からロゴスへ」の移行の様相の一つと特徴づけられている。[77] 真の事態は神話の排除、日常的経験および一目瞭然な自明性から生まれてその自明性を乗り越える知識との神話の交代、という簡潔な表現によってはるかに正確に特徴づけることができると思われる。[78]

科学の誕生のために絶対不可欠な体系化への強い傾向と結合して宇宙を説明する志向が前八―前七世紀のギリシア人に固有なものであったことについては、著者の個性の明白な痕跡があるものの明らかに時代の要請にも応えている。[80]ヘシオドスの『神統記』が明確に物語る。一一六―一三三行に含まれている宇宙発生論は、とりわけ教訓的である。[81]カオス、闇、夜、オケアノス［大洋］、天空、大地が、宇宙の発生を説明すべき系譜的図式を構成する。しかし、擬人化は天空（ウラノス）と大地（ガイア）のペアからのみ始まる。まさにこのことによって最初の――擬人化されない――系譜図の構成者たちは宇宙の神話的状況の枠内で自然の基礎要素（元素）という、イオニアの哲学者たちにとって中心的な概念を準備していたのである。[82]

ヘシオドスでは宇宙はカオスから生まれる。多くの民族は、宇宙が原初の水から生まれることを物語る天地創造神話を持っていた。アッカドの天地創造の神話『エヌマ・エリシュ』では、初めにアプス――男性の淡水とティアマト――海の塩水、女性の原理が現れる。[83]我々は多くのエジプトの宇宙発生論を持っており、しかもこれらすべての宇宙発生論では宇宙は水から生まれている。しかし最近公刊された紀元一世紀ないし紀元二世紀のエスナの宇宙発生論では、[84]最古のヘリオポリスの宇宙発生論におけるとまったく同じく、水はヌン神として擬人化されている。すなわちエジプト人はそこで停止してしまったのである。[85]

同様の観念はホメロス時代のギリシア人にも存在していた。すなわち『イリアス』では世界の流れのオケアノスが「すべてのものが生まれるところ」と呼ばれている。[86]しかしタレスはすでに大きく前進している（第五章第一節と比較せよ）。タレスもすべてのものの原理および基礎として水を仮定するが、それにもかかわらず、それを擬人化していない。[87]タレスの水は神話的な連想から解放されており、おそらく彼は日常的な経験を援用して宇宙における水の役割を明らかにしようと試みたのであろう（11 A 12 DK）。伝統的な知恵や神話へのタレスの親近性を過大視する試み[88]と対峙するのは、何よりもまず、タレスと彼に続いて「原理」を探求した哲学者たちを最古の人々にはっきり対置したアリストテレスの証言である（Met. 983a7-33）。アリストテレスにはタレスに関する記述伝承がなかったと主張する時、ディスクは正しくない[89]。スネルとクラッセンが教えてくれたように、アリストテレスは多くのばらばらな情報のほかにヒッピアスの学説史的著作を利用できた（第五章第一節と比較せよ）[90]。もちろんアリストテレスは、自己の先駆者たちの理論を自分自身の哲学的問題の観点から理解していた[91]。しかし、アリストテレスは（そして彼に続いてテオフラストスも）ソクラテス以前の人々について述べながら彼らの主導的な神話的モチーフに触れることをいつも避けていたとかいう、タレスおよび他のソクラテス以前の人々を「神話化する」すべての試みの根底にある仮説は、まったく信じられそうもない[92]。

科学の誕生の歴史にとってとりわけ重要なのは、存在の基礎としての水についてのタレスの観念の哲学的様相ではなく、宇宙論的様相である。すなわち、大地は水の表面に木材の一片のように浮かんでいるのである。その際アリストテレスは、タレスが自己の仮説を万人周知の現象との類推によって根拠づけようと試みたことに賛成する形でタレスの見解を伝えている（11 A 14 DK）[93]。タレスは天空を凹んだ半球と考えた。タレスが前五八五年の日蝕を予測したという伝承（11 A 5 DK）は、依然として謎のままである。タレスの予測はヘロドトス（I, 74）だけでなく、時代的にタレスに近いクセノパネスとヘラクレイトス（D. L. I 23）によっても裏づけられていることを考慮するならば、この予測の伝承の歴史的正確さに異議を唱えるノイゲバウアーにはまったく同意することができない[94]。タレスはバビロニアの経験則に則って[95]日蝕が起りそうな年を告げることができたと推測するよりも良い解決法は我々にはない[96]。それが実際に起こり、小アジアで見られたということは、もちろんまったくの偶然であった[97]。なぜならば、日蝕が見られる地域はアレクサンドリアの天文学者たちをも含めて地球上の誰も算出できなかったからである。

科学としての天文学の形成過程は、アナクシマンドロスから始まる。

自然科学、とりわけ天文学の形成の前提条件の一つは、自然界の諸現象の規則的な交替と反復性についての知識が、どんなに漠然としたものであれ存在することである。H・ロイド‐ジョーンズは、宇宙で起こることの法則性を知覚することは、すでにホメロスの叙事詩に反映されていると正しく指摘している。[98] そのためには最初に「宇宙の実体的な一体性を仮定する」ことが必要であるが、「それはミレトスの思想家たちのみがなし得た」[99]と主張する時W・クラウスは明らかに正しくない。ここではまさに知覚から理論的な公準へというのが自然的な発展順序なのである。

宇宙を支配する法則性という観念の形成の特に明らかな証拠となるのは、ソロンのムーサイのためのエレゲイアである（fr. 1 G.-P.）。[100] 宇宙を説明する科学的体系の形成に必要なもう一つの前提条件となるのは、バビロニア人がやったように、自分たちが関心を持っている天空の諸現象を予測するため経験的な公式を探し出すことで満足せず（第三章第一節参照）、可視の限度を越えて宇宙の真の構造を解明したいという願望である。

我々の資料がタレスの弟子と特徴づけているミレトス出身のアナクシマンドロスは、後に『自然について』という表題を付けられた著書で、宇宙に関する自分自身の見解をそれに関心を持つすべての人の討議のために提起した、地球上の最初の人間であった。[101] 伝承によれば、彼はバビロニアでは古くから知られていたグノーモン［立てた棒の太陽の影の長さにより時間を測る日時計］をギリシアで常用させた最初の人であったが（12 A 1, 4 DK: Hdt. II, 109と比較せよ）[102]、このことは、天空の最も簡単な観測にある程度習熟していなければ不可能であったであろう。それと同時にアナクシマンドロスは、宇宙の構造と起源の問題に自分なりに答えるために自己の観測を利用しようと試みた。彼の宇宙論は、いくつかの恣意的な仮説にもかかわらず、科学性の方向への巨大な前進を示すものである。[103] アナクシマンドロスは太陽の昼間の円弧運行と他の天体の夜間の円弧運行を大胆に推定し、それらの円弧運行を公準として立て、そうすることによって可視の天空から半分が不可視の天球を得たのであった。[104]

おそらくアナクシマンドロスは、黄道帯圏が天空の直径に対して斜めに位置していることを最初に発見した。[105] アナクシマンドロスは、彼の時代において最も自然な方法で、天体の円運動を――中心にある地球を廻る天空の車輪の回転として、そして天体自体は――天空の火がそれを通して光を発する穴として、説明した（12 A 18, 21-22 DK）[106]。タレスではまだ水面に浮かんでいる大地は、アナクシマンドロスでは、大地は実際に完全に同等な方向のうちのいずれかの方向に動くいかなる起因もないので、下方へ落下しない（12 A 26 DK）[107]。まさにそうすることによってアナクシマンドロスは、自己の宇宙モデルの一貫性のために、日常の観察を総合して重い物体はすべて自然に下方へ落下すると結論するいわゆる常識を犠牲にしている[108]。この大胆な仮説は、科学的方法の発展にとって特別な意義を持っていた。科学的説明は日常の経験と絶えず矛盾するようになるからである[109]。

日輪の大地からの距離をアナクシマンドロスは、地球の半径の二七倍と算定した。非常にもっともらしいΠ・タンネリの復元によれば[110]、月までの距離は地球の半径の一八倍、他の天体までの距離はおそらく九倍以内に違いないであろう（12 A 11, 18, 21-22 DK）。多分アナクシマンドロスは、より強い光を発する物体はコスモス［宇宙］の火の外辺部に近いところにあるに違いないと考えた[111]。彼は太陽の大きさを、またしても視覚的な印象に逆らって、地球の大きさに等しいと想像した（12 A 21 DK）。日常生活から知られている遠近法的な省略の現象をコスモスに多少とも意識的に移してそれを説明することは最も自然であるが、幾何学的相似に関する教えは必ずしもアナクシマンドロスの知識が始まりなのではない[112]。地球自体をアナクシマンドロスは、円柱型のものと想像していた（12 B 5 DK）[113]。人間が住んでいる円柱の上の面に彼はギリシアで最初の世界地図を描こうと試みた（12 A 6 DK）。

アナクシマンドロスは独自の宇宙進化論も創り出した。しかしそれは、宇宙の現状態に関する彼の知識よりもさらに断片的にしか我々には知られていない。唯一残ったアナクシマンドロスの逐語的な断片（12 B 1 DK）における発言の形式は、法意識を十分に持つ人間社会の語の用法の強い影響を受けている。社会との類推がどの程度彼の思考過程に影響を与えたかを明確にすることはかなり難しい[114]。彼の世界観の全体的外観は、それが古典古代の伝承の中で我々の前に現れているところでは、そのような影響が決定的なものであるという考えに不利である。私はアナクシマンドロスで見られる神話的観念の反響の意義を過大評価する傾向にも与しない[115]。

三人目のミレトスの哲学者アナクシメネスの学説は、アナクシマンドロスの理論体系と比較して歴然とした進歩がない[116]。確かにアナクシメネスは、月は太陽から受けた光線を反射することを理解し、月蝕の原因を発見し（13 A 16 DK）、全体として虹を正しく説明したが（13 A 18 DK）、彼は、地球は支えを必要としないというアナクシマンドロスの独創的な考えを退けて、空気のクッションに乗った平板な地球を想像した（13 A 6, 7 DK）。しかし、ミレトスのすべての哲学者たちと同様に、彼が根拠のない推量にもとづいて自己の理論を構築したのではなく、日常的な経験によってそれを裏づけたということは重要である[117]。たとえばアナクシメネスは、自己の素朴な理論のために、静かに吐き出せば温かく感じられ、力を入れて吹けば冷たく感じられるという空気に対するまったく正しい観察を利用している（13 B 1 DK）。

ギリシアで広く知られたコロポン出身のクセノパネスによる擬人観的宗教の批判は、おそらく科学的説明がギリシア的な宇宙の描写でその地位を獲得するのを少なからず促進したであろう（21 B 23, 24, 25, 26 DK）。

ギリシアの自然科学のその後の進歩は、ピュタゴラスおよびその学派と結びついていた。視覚による自明性とははなはだしく矛盾する仮説である、地球が球形であることを発見したのはピュタゴラス自身であるとされている（D. L. VIII, 48）。しかし、他の証拠によれば（28 A 1, 44 DK）、この発見をしたのはパルメニデス（遅くとも前五一五年に生まれた）とされている[118]。

もしそれがパルメニデスであったならば、彼がこの考えに到達したのは、経験から出る論拠にもとづいてではなく（たとえば、月蝕の時の地球の円い影の形のような）[119]、自己の形而上学的な球形の宇宙との類推によるものではないか、という疑念が当然に生ずる。しかし、地球を人が住む地帯と人が住まない地帯に区分するパルメニデスの試み

（28 A 44a DK）は、金星、太陽および星の地球からの相対的距離についての彼の推測（28 A 40a DK）と同様に、彼にとっては事実に立脚した判断が決定的であったことを示している。

月蝕だけでなく日蝕も、大体において、正しい説明はアナクサゴラスに帰せられている（59 A 42, 49 DK）。同じく彼は、後にデモクリトスによって認められた、ミレトスの自然哲学者たち以来のギリシア科学の共通の指導原理――ὄψις ἀδήλων τὰ φαινόμενα.「現象は隠れたものの外観である」（59 B 21a DK）［「眼に見えるものは眼に見えないものの視覚像である」山本光雄、前掲訳編、六九頁と比較せよ］――を定式化した。[120]

すでに我々が部分的に言及した前五世紀頃のギリシアの天文学および宇宙構造論の成果は巨大なものであり、他の古代民族が達成したすべてのものをはるかに凌駕した。しかし、その後の進歩は、太陽系のいかなるモデル（模型）が天体の目に見える運行を出現させることができるか、という正確な計算の方向でのみ可能であった。そのためには、まさにこの時期に――部分的には天文学の要請と直接関連して――ギリシア数学が急速に獲得した幾何学的な知識が必要であった。ギリシア数学がバビロニア数学と違って代数学的方向ではなく、惑星の運行の理論の構築を助けた幾何学的方向をとったことは、天文学の発展にとって好都合であった。[121]

ピュタゴラスの地球中心の宇宙体系に関するシンプリキオスの伝え（In Arist. De Coelo, p. 512, 9 sqq.）は、その起源は非常に古いものであり得たが、きわめて漠然としたものである。[122]残念ながら、ピュタゴラス派のピロラオス（前五世紀後半―前四世紀初め）の宇宙のモデルについても我々は僅かのことしか知らない。それは、地球、ピロラオスによって仮定された対地星、そして、太陽を含めた残りのすべての天体がその周囲を回転しなければならなかった、中心火を持つ（44 A 16, 17; 58 B 37-37a DK）。確かに天文学の形成にとって必要な幾何学はこの時代にすでに主としてピュタゴラス派の人たちの間で発展していたけれども、とりわけ天体の運行に関する当時の知識と一致させて自己のモデルを導くという真剣な試みがピロラオスによって着手されたと確言することはできない。地球と中心火に関してはこのような一致はいずれにしてもあり得ないであろう。天体相互の軌道の距離もピュタゴラス派の人たちは思弁的に——音の高さの和声音程との類推によって——明らかにしようと試みていた。

それでもやはりピロラオスの地球の回転は、天球の昼夜の回転を説明する十分に合理的な試み、目に見える運行と真の運行とのあり得る不一致という重要な原則にもとづく試みに思われる。[123] ピロラオスの地球が自らの軸の周りを回転することが出来ず、別の中心の周りを軌道に沿って運行しなければならなかったことは、円軌道に沿った運行は北の天空の極の周りを回る星の回転を観察しながら直接に見ることができるのに対して、自己の軸を回る回転は観察することが不可能であり、経験データにもとづいて想像することが困難であったことによって説明できるかも知れない。

回転するとき地球が中心火に対して常に同一面を向けていることも、おそらくまったく根拠のない仮定ではなかった。この考えは、地球に対する月の動きとの類推により生じ得たものである。[124] 中心火が存在するという主張自体でさえ、まったく思弁的に根拠づけられたものではないかも知れない。新月になる前の月輪全体の灰色がかった青白い色の弱い発光は、太陽以外の別の発光源を求めさせる可能性があった。[125]

このように、ピロラオスの体系は独自の性格の点で科学的仮説の状態に近づいていたように我々には思える。[126] 同じピュタゴラス派の潮流に属するヒケタスとエクパントスが中心火を否認し、自己の軸の周りを回転する地球を持つ地球中心説、すなわちこの点ではプトレマイオスの体系より優る体系に到達したときの容易さも、このことを物語っている（50 A 1; 51 A DK）。

最も偉大なギリシアの数学者で科学的天文学の創始者であるクニドスのエウドクソス（前三九〇—前三三七年頃）は、ピュタゴラス派のタラスのアルキュタス（プラトンと同時代人）の弟子であった。[127] ロドスのエウデモスの伝えに依拠したのかも知れないシンプリキオスの言によれば、プラトンはエウドクソスに天体の運行の幾何学的モデルを作らせようと促した（Eud. fr. 148 Wehrli）。真の運行は等速の円運動でなければならなかった。このような完全な運行だけをプラトンは天体の神的本質にふさわしいと考えていたからである[128]。エウドクソスは異なる軸の周りを回転する二七の同心球からなるこのようなモデル、その後の証拠にもとづいてイタリアの天文学者スキアパレッリによって復元されたモデルを構築した[129]。

最近O・ノイゲバウアーによって強調された[130]重大な欠陥で、観察できる機会さえあれば当時でも容易に分かる重大な欠陥があるにもかかわらず、全体的に科学の全方法が、模範的な形でエウドクソスによって提起された天体の運行の理論として示されている。まさに理論家エウドクソスがギリシアで初めて天文学の発展にとって必要な組織的観測をキュジコスで行ったことも偶然ではない。

周知のようにプラトンは、天体の等速な円運動に関する自己の理解を神学的に根拠づけたが、この仮定は偏った考えを持たずに問題を考察することによって、他のことよりも早く生まれる。実際すでにアナクシマンドロスは、天体の運行をまったく神の干渉に頼らずに車輪の回転によって説明していた。円運動は、最も単純な曲線運動であり、すでに古代でも至るところで、特に最も簡単なさまざまな機械装置で観察することができた[131]。円運動の組み合わせさえも、円に沿って動く馬車の車輪の回転の例で観察することができる。逆に楕円運動や放物線運動は、一般に日常の観察ができるものは存在せず、これらの曲線の幾何学的理論――円錐曲線に関する学説――は、後代のペルゲ出身のアポロニオス（前三世紀）によってようやく創り出された。

それゆえ、どの程度エウドクソスがプラトンの思弁的な前提条件に同調したか、どの程度彼にとって天体の円運動が、すでにスキアパレッリが考えたように、まったく最も自然的な仮説であったか、という問題に答えることは容易ではない[132]。いずれにしても、すでに前五世紀に準備されていた仮説的・演繹的段階すなわち科学的段階への飛躍的移行は、まさにエウドクソスの天文学的モデルにおいて成し遂げられたのである。

エウドクソスに始まってギリシアの天文学者たちが、目に見える天体の運行を計算するために効果的なモデルを、そのモデルが実際の現実を反映しているかということには配慮せずに構築しようと努めていた（バビロニア人と同様に）だけであるかのように説く試みがこれまで行われ、行われ続けている[133]。しかし、エウドクソスの天文学に関する我々の資料が非常に断片的であるにもかかわらず、彼のモデルの性格自体、それを現象論的に解釈することが誤りであることを証明している[134]。

Ｐ・デューヘムの論証および関係テクストを詳細に検討してＧ・ロイドが説得的に教えてくれたように[135]、その後の天文学者たち——ヒッパルコス、プトレマイオス、そして、古典古代後期の編纂家や注釈家たち——にも、現象論的アプローチを帰する根拠を我々は持っていない。バビロニア人と違ってギリシア人は、すでにアナクシマンドロスという人に代表されて、天体の真の配置と真の運行がどのようなものであるかを解明しようと試みるようになり、その結果科学的な天文学を創り出した[136]。ギリシアの天文学とバビロニアの天文学も含めた、その先行者との間のこの差異は、すでにギリシア人自身が指摘していた。

スミュルナのテオンは、明らかにより後代の著作家たちに依拠して、ギリシアの天文学の方法をその先行者たちの形式的なやり方と明確に区別している。後者は、

「（現象）の本質の研究に頼らず、自分たちの方法を自ら不完全なものにしてしまった。これらの事柄（すなわち、天空の現象）は、それらの（真の）本質の視点から観察されなければならないからである。そのことこそ天文学に取り組んだギリシア人たちが行おうと努めたことなのである」（Exp., p. 177. 20 sqq.）。

ピュタゴラス派では、音響現象の基礎的な理論も生まれた。後に我々に知られた最初の物理器具である一弦器が発明された[137]。この器具を用いて、何らかの直接に役立つ結果ではなく、自然の諸現象の経過の中の法則性と因果関係の解明を目的とした、体系的な実験が初めて行われた。換言すれば、この実験は科学的実験の端緒となった[138]。一弦器を用いて、弦の長さと音楽的な音の高さとの間の驚くべき相関関係が明らかにされた。そして原始的観念からの独自の基本原理と、ピュタゴラス派の人たちによって思弁的に発展せしめられた数の神秘は、自然界全体における物理的法則の表現である規則正しい数的相関関係の支配に関する独創的な洞察と奇妙にからみ合った。それにもかかわらず、ピュタゴラス派の人たちによる音響の法則性の発見は、経験的なものにすぎなかった。振動運動の複雑さのために、聴覚器官の機能が精神物理学的な理論的説明を必要とすることはもちろんのこと、これらの現象を説明する合理的な仮説は古代では不可能であり、その結果音響理論への道は閉ざされた。

最後に、ギリシアの科学の形成過程における古代ギリシアの医学の役割について手短かに述べなければならない。人体の病的変化の真のメカニズムに関する知識にもとづいた科学的医学は、化学と生理学の発達を基礎としてのみ可能であった。ギリシア医学は科学性の敷居に近づくことさえできなかった。医学がそれをまたいだのはようやく一九世紀になってからである。質的な進歩を遂げたギリシアの数学や天文学と違ってギリシア医学は、両河地方特にエジプトですでにでき上がっていた体系的な経験第一主義の伝統を発展させることができただけであった。まさにそれゆえに、ギリシア医学の方法はどれくらい革新的であったか、というようなことに関する論争が行われているのである[139]。

それと同時に、ギリシアの文学、哲学および科学に対するギリシアの医学の絶大な影響は、何らの疑いも呼び起こさない。トゥキュディデスやエウリピデスに対するギリシアの医者の影響は疑う余地がない。ヘロドトスによって述べられている諸見解は、ヒッポクラテスの全集で類似したものが見られる。アリストテレスの科学的な関心の中には、彼の父親が医者であったことの影響の痕跡がかなり多く見られる(140)。これらの一連の問題を取り上げた膨大な研究のうち異なる傾向を持つ三人の研究者、M・ポーレンツ、W・イェーガー、F・コーンフォードの著作だけを挙げよう(141)。

研究者たちが認めているように、超自然力の干渉に関わる信仰と人間の権威への畏敬から解放された体系的な経験第一主義がギリシアの医学で発達したことが、哲学と科学に対するギリシアの医学の深い影響の根幹を成していた。同じ体系的な経験第一主義が多様な種類の手工業生産の基礎を成していたとしても、手工業の内部で形成された技能は、卑しいもの βάναυσοι とみなされていたすべての手工業と手工業者に対する強固にでき上がっていた軽蔑的態度のゆえに、文化革命では自己の役割を果たすことはできなかった。

ギリシア世界で形成されたイデオロギーのゆえに、実際的な成功の必要性が体系的な経験第一主義的アプローチを生じさせたすべての職業のうちで、肉体労働に従事する人への軽蔑的態度が及ばなかったギリシアの医者だけが、非常に早く専門的著作を書いて文化革命全体に貢献することができ、とりわけ、生まれつつあるギリシア科学に体系的な実験と観察の方法を導入することができたのである。

注

（1）ノイゲバウアー『精密科学』五九頁；von Fritz. Grundprobleme. S. 1ff.

（2）Reineke W. F. Mathematik und Gesellschaft im Alten Ägypten// Acts of the 1st Intern. Congress of Egyptology. Berlin, 1979. P. 543-551. ——猫とねずみについての滑稽な問題（M・Я・ヴィゴドスキー『古代世界における算数と代数学』モスクワ、一九六七年、五九頁）は、もちろん、反対のことを証明できない。

（3）たとえば、von Fritz. Grundprobleme. S. 335 ff. 参照。国内の最新の著作のうち、ヤーグロム、前掲書、一九頁以下参照。

（4）Seidenberg A. 1) The ritual origin of mathematics// AHES. 1978. Vol. 18. N 4. P. 301-342; cp.: 2) Did Euclid's Elements, Book

I. develop geometry axiomatically?// Ibid. 1975. Vol. 14. N. 4. P. 286ff. ——ギリシアの数学の資料がヴェーダ時代のインドの数学に似ているというザイデンベルグの、それ自体としても論拠が薄弱な仮説は、ギリシアにおける演繹的数学の出現に関する問題の解決のためには価値を持ち得ない。

（5）Snell B. Die Nachrichten Über die Lehrens des Thales und die Anfänge der griechischen Philosophie- und Literaturgeschichte// Gesammelte Schriften. S. 119-128; Classen C. J. Zu zwei griechischen Philosophiehistorikern: Hippias// Philologus. 1965. Bd. 109. S. 175-178.

（6）Б・Л・ヴァン・デル・ヴァルデン『甦る科学』モスクワ、一九五九年、一二一—一二五頁；von Fritz. Grundprobleme. S. 14 ff., 407 ff.

（7）Dicks D. R. Thales// CQ. 1959. Vol. 9. P. 294-309 参照。

（8）Ibid. P. 302.

（9）Ibid. P. 297: ロジァーンスキー『……学者像の進化』三〇—三七頁と比較せよ。

（10）Dicks. Thales. P. 297.

（11）Ibid. P. 303. たとえば、Eud. fr. 134 Wehrli 参照。

（12）スネルとクラッセンは、おそらくヒッピアスがタレスとエウデモスの間の連結環であったと説得的に教えてくれた。また Patzer A. Der Sophist Hippias als Philosophiehistoriker. Freiburg, 1986 参照。

（13）Becker O. Das mathematische Denken der Antike. Göttingen, 1957. S. 37-38.

（14）Stenius E. Foundations of mathematics: Ancient Greek and modern// Dialectica. 1978. Vol. 32. P. 258.

（15）ヤーグロム『数学的構造……』二一頁。

（16）Stenius. Op. cit. P. 258.

（17）E・ノイエンシュバンデルは、タレスによって提起された二等辺三角形の底辺に接する両角は等しいという定理の証明——混合角を利用する証明をアリストテレス（An. Pr. 41b13-22）が我々のため保存してくれたという説に有利な説得力のある証拠を引用している（Neuenschwander E. Die ersten vier Bücher der Elemente Euclids// AHES. 1973. Vol. 9 N 4-5. P. 326-380）。

（18）ガイデーンコ、前掲書、二七頁以下。

（19）さしあたり Zhmud' L. Pythagoras as a mathematician// HM. 1989. Vol. 16. P. 249-268; Л・Я・ジムディ『初期ピュタゴラス主義における科学、哲学および宗教』サンクト・ペテルブルク、一九九四年、参照。

（20）Burkert. Lore and science. ——彼の先駆者のうちエリック・フランク（Frank E. Plato und die sogenannten Pythagoreer. Halle a. Saale, 1923）が最も学識があった。

（21）ピュタゴラス自身は数学的研究に従事せず、バビロニアの代数学の手法を習得して弟子たちに伝えたにすぎないゆえにヘラクレイトスは彼を攻撃したというヴァン・デル・ヴァルデンの推測は不自然である（van der Waerden. Pythagoreer. S. 36-43）。そのためには、ピュタゴラスの最初の作品の中にオリエントの資料の引用が含まれているか、または、ヘラクレイトスが、最初のピュタゴラス派の人たちによって論証されたエウクレイデスの第二書の五、六、九および一〇の定理をその資料の中で推量できたほどバビロニアの代数学をよく知っていたことが必要であったであろう。両方の推測はまったくあり得ないことである。

（22）Burkert. Lore and science. P. 210.

（23）A・レーベデフ（「タレスとクセノパネス」）が引用しているクセノパネスの嘲笑的な『諷刺詩』は、ピュタゴラスについての十分な情報源となり得ない。

（24）Jaeger. Paideia. Bd. 1. S. 221 と比較せよ。——ピュタゴラスがヘラクレイトスのところにいた環境は、Г・ディリスがやっていたように（Г・ディリス『古典古代の技術』モスクワ、レニングラード、一九三四年、一九頁）、彼の「博学」とサモス島での技術の実用的な成果を結びつける可能性を排除しない。

（25）この中には帰謬法をもつ『原論』I, 6 の公理も含まれる。

（26）Waerden B. L. van der 1) Die Postulate und Konstruktionen in der frühgriechischen Geometrie// AHES. 1978. Vol. 18. N4. P. 343-357; 2) Pythagoreer. S. 337ff.; cp. уже: Tannery P. La géometrie grecque. Paris, 1887. P. 81 sv.; Michel P.-H. De Pythagore à Euclide. Paris, 1950. P. 203.

（27）Van der Waerden. Pythagoreer. S. 36-43.

（28）ノイゲバウアー『精密科学』一五二頁以下。

（29）ピュタゴラスの科学的活動に対する過激な懐疑的態度に特に反論しているのは、Sarton. Ancient science. P. 203 ff.; Kulturgeschichte der Antike. Bd. I. S. 152, 230 である。

（30）Sarton. Ancient science. P. 210 f. と比較せよ。

（31）ノイゲバウアー『精密科学』五〇頁以下。

（32）von Fritz. Grundprobleme. S. 545 ff. 参照。

（33）Becker. Mathematisches Denken. S. 51.

（34）ヴァン・デル・ヴァルデン、前掲書、一八八―一九〇頁。

（35）Reidemeister K. Das exakte Denken der Griechen. Hamburg. 1949 と比較せよ。

（36）Iambl. De comm. math. sc., p. 55, 69, 84 Festa.

（37）たとえば、Pl. Res. 522c sqq. 参照。

（38）この可能性にJ・バーネット（Burnet J. Early Greek philosophy: Thales to Plato. 4th ed. London, 1945. P. 190）およびW・ブルケルト（Burkert. Lore and science. P. 213-215）が反論している。Kulturgeschichte der Antike. Bd. 1. S. 152-153 と比較せよ。

（39）Я・ルカセヴィチ『現代の形式論理学の見地からのアリストテレスの三段論法論』モスクワ、一九五九年；А・Л・スボーチン『伝統的形式論理学と現代形式論理学』モスクワ、一九六九年。

（40）Stenzel J. Studien zur Entwicklung der Platonischen Dialektik von Sokrates zu Aristoteles. 2. Aufl. Leipzig, 1931; Robinson R. Plato's earlier dielectic. 2nd ed. Oxford, 1953.

（41）Mansfeld J. Die Offenbarung des Parmenides und die menschliche Welt. Assen, 1964. S. 42ff.; Jürss Fr. Zum Erkenntnisproblem bei den frühgriechischen Denken. Berlin, 1976. S. 49ff.

（42）Mansfeld. Op. cit. S. 56ff.; Parmenides. Vom Wesen des Seienden: Die Fragmente/ Griechisch und Deutsch hrsg., übers. und erläut. Von U. Hölscher. Frankfurt am Main, 1969. S. 83f.; Klowski J. 1) Zum Entstehen der logischen Argumentation// RhM. 1970. Bd. 113. S. 113ff.; 2) Parmenides' Grundlegung seiner Seinslehre// Ibid. 1977. Bd. 120. S. 97-137（特にS. 98ff. を参照）；しかし、Heitsch E. [Rec.:] Jürss Fr. Zum Erkenntnisproblem bei den frühgriechischen Denkern. Berlin, 1976// Gnomon. 1978. Bd. 50. H. 3. S. 301-304 と比較せよ。

（43）Robinson. Plato's earlier dielectic.

（44）アリストテレスの正しい批判（Soph. El. 167b13 sqq., 168b35 sqq., 181a27-30; Phys. 185a32 sqq.）と比較せよ。

（45）Michel. Op. cit. P. 87と比較せよ。——エウクレイデスの『原論』第一書の注釈もプロクロスに帰せられている。

（46）Gomperz Th. Griechische Denker. 4. Aufl. Bd. 1. Berlin, 1922. S. 139.

（47）Rey A. La jeunesse de la science grecque. Paris, 1933. P. 202-203; Cornford. Op. cit. P. 117; Cherniss. Characteristics and effects. P. 319ff; Reidemeister. Op. cit. S. 10.

（48）Solmsen F. Intellectual experiments of the Greek enlightenment. Princeton, 1975. P. 18.

（49）A・ボー「数学の演繹的科学への変化およびその論拠の基礎」『数学研究所　研究論文集』第一二分冊、モスクワ、一九五九年、三二一—三九二頁；Szabó A. 1）Anfänge der griechischen Mathematik. Budapest, 1969. S. 289ff., 328ff.; 2）Greek dialectic and Euclid's axiomatics// Problems in the philosophy of mathematics. Amsterdam, 1967.

（50）ルリエー⑴『……無限小の理論』一六〇—一六二頁；⑵『アルキメデス』二四頁。

（51）Solmsen F. Die Entwicklung der aristotelischen Logik und Rhetorik. Berlin, 1929; Kapp E. 1）Der Ursprung der Logik bei den Griechen. Göttingen, 1965; 2）Syllogistik// Kapp E. Ausgewählte Schriften. Berlin, 1968. S. 234-257; Vernant. Origines. P. 45 sv.

（52）Eysenck H. L. Psychological defences against conclusive evidence// Br. J. Soc. 1951. Vol. 2-3. P. 189-209; Evans J. St. ［e. a.］ On the conflict between logic and belief in syllogistic reasoning// Memory and cognition. 1983. Vol. 11. P. 295-306.

（53）Skemp J. B. Plato's statesman. London, 1952. P. 198; Guthrie. History. Vol. 3. P. 124-125と比較せよ。

（54）アリストテレスは、根拠もなしに弁論術の発生とシシリアでの僭主たちの追放を結びつけたようである（Cic. Brut. 12, 46参照）。

（55）Szabó. Anfänge. S. 289ff., 328ff.

（56）E・フランクは、このような論証方法はプラトンの弁証法に始まるということを拠り所にして、この断片は本物でないと反論に努めていた（Frank. Op. cit. S. 306）。

（57）Van der Waerden. Postulate und Konstruktionen.

（58）エウデモスがタレスに帰している『原論』I, 26（fr. 134 Wehrli）は、I, 6のように、帰謬的に証明されている。

（59）ハンケルに続いてツェイテンは、間接的論証の数学への導入を直接にピュタゴラスに帰そうとした（Zeuthen H. G. Sur l'origine historique de la connaissance des quantités irrationnelles// Oversigt over det Kgl. Danske Videnskabernes Selskabs Forhandlinger. 1915. P. 333-362; P. 357を参照）.

（60）また、Zhmud. Op. cit. P. 252 ff. 参照。

（61）Stenius. Op. cit. P. 273, 283 f. と比較せよ。

（62）アリストテレスは、τὰ ἐν τοῖς μαθήμασι καλούμενα ἀξιώματα（「いわゆる数学における公理」（Met. 1005a20）について、このようにして哲学的概念 τὸ ἀξίωμα を数学に起源を求めて、はっきり述べている（Jaeger. Paideia. Bd. 3. S. 314）。イェーガーは、プラトンの『法律』の中で支配と服従の「公理」が正確に番号をつけられていることも（690a-c）τὸ ἀξίωμα という語の哲学的意味の数学的起源の正しさを認めていると考えている。

（63）Raven J. E. Pythagoreans and Eleatics. Cambridge, 1948; Reich K. Parmenides und die Pythagoreer// Hermes. 1954. Bd. 82. S. 287ff. を参照。

（64）Brumbaugh R. S. Plato's mathematical imagination. Bloomington, 1954; Solmsen F. Platos Einfluß auf die Bildung der mathematischen Methode// Q&S. 1929. Bd. 1. S. 93ff. ――プラトンによって利用されている ἐξ ὑποθέσεως（「仮説にもとづいて」）という判断方法の数学的起源を、特にイェーガー（Jaeger. Paideia. Bd. 3. S. 155）が認めている。

（65）Gomperz Th. Griechische Denker. Bd. 1. S. 376 ff. ――デモクリトスもこれに関心を持っていた（ルリエー『……無限小の理論』三八―四〇頁）。

（66）Appelt O. Beiträge zur Geschichte der griechischen Philosophie. Leipzig. 1899. S. 263; ルリエー『……無限小の理論』三九―四〇頁参照。しかし、Plut. De comm. Not. 40, 1 = Mor. 1081 B と比較せよ。そこでは、ルリエーによれば、似たような判断がアカデメイアの資料に起源を持つ。

（67）Gomperz Th. Griechische Denker. Bd. 1. S. 365.

（68）Nestle. Mythos. S. 302.

（69）Vogt H. Die Entdeckungsgeschichte des Irrationalen nach Plato und anderen Quellen des 4. Jh. s// Bibl. Math. 1909-1910. Bd. 10. S. 129 ff.; ルリエー『……無限小の理論』三八頁注39。

（70）Tannery P. Pour l'histoire des lignes et surfaces courbes// Tannery P. Mémoires scientifiques. T. 2. Toulouse; Paris, 1912. P. 1-47（P. 1-9 参照）; Heiberg J. L. Naturwissenschaften und Mathematik im klassischen Altertum. Berlin, 1912. S. 22; Björnbo. Hippias（13）// RE. 1913. Bd. 8. Sp. 1707-1711; Frank. Op. cit. S. 205, 236. この見解は大分前に反論され、特にディールスは、断片

二一を疑わしいと考えた。

（71）Nestle. Mythos. S. 366.

（72）Rudio F. Der Bericht des Simplicius über die Quadratur des Antiphon und Hippokrates. Berlin, 1907. S. 11; さらにルリエー『……無限小の理論』一四〇—一五七頁；Cherniss H. Aristotle's criticism of Presocratic philosophy. Baltimore, 1935. P. 340 参照。

（73）Diels H. Ein antikes System des Naturrechts// IM. 1917. Bd. 11. S. 82-102（S. 99 参照）.

（74）ルリエー『アンティポン……』; Luria S. Antiphon der Sophist// Eos. 1963. T. 53. S. 63-67: しかし、Morrison J. S. 1）Antiphon// PCPhS. 1961. Vol. 7. P. 49-58; 2）The《Truth》of Antiphon// Phronesis. 1963. P. 35-49 と比較せよ。

（75）Franciosi F. Die Entdeckung der mathematischen Irrationalität// AantHung. 1976. T. 24. P. 183-203（P. 198 参照）.

（76）Iambl. De comm. math. sc., p. 78, 8 f. Festa 参照。ブルクハルトは、この簡潔な表現はアリストテレスに遡ると説得的に教えてくれる（Burkert. Lore and science. P. 447 f.）。

（77）B・ネストール『神話からロゴスへ』という著書の題名も参照。

（78）Burnet J. L'aurore de la philosophie grecque. Paris, 1919. P. 49-50.

（79）ロジァーンスキー『……自然科学の発展』一二五頁；Falus. Op. cit. 参照。

（80）Sellschopp I. Stilistische Untersuchungen zu Hesiod. Hamburg. 1934. S. 43 と比較せよ。

（81）Gigon O. Der Ursprung der griechischen Philosophie, von Hesiod bis Parmenides. Basel, 1945. Kap. 1; Vernant. Origines. P. 116 sv. と比較せよ。

（82）Wilamowitz-Moellendorff U. von. Hesiods Erga. Berlin, 1928. S. 156f.; Nilsson. Geschichte. Bd. 1. S. 620f. と比較せよ。Schelling F. W. J. Einleitung in die Philosophie der Mythologie. Stuttgart, 1856, S. 43ff. 参照。

（83）Ancient Near Eastern texts Relating to the Old Testament/ Ed. By J. B. Pritchard. 2nd ed. Princeton, 1955. P. 331-334.

（84）Sauneron S. Les fêtes religieuses d'Esna aux derniers siècles du paganisme. Le Caire, 1962. P. 253 sv.

（85）Morenz S. Ägyptische Religion. Stuttgart, 1960. S. 169-191; M・A・コロストーフツェフ『古代エジプトの宗教』モスクワ、一九七六年、九九—一〇二頁。

（86）γένεσις πάντεσσι（Il. XIV, 246）. ホルシェルはここでエジプトからの借用を見出しているが（Hölscher U. Anfängliches Fragen.

Göttingen, 1968. S. 42 f.)、すでに古代でそのように思われていた（Plut. De Iside et Osir. 34 = Mor. 314 C)。そのほか、Buffière. Op. cit. P. 86-89; Rudhardt J. Le thème de l'eau primordiale dans mythologie grecque. Berne, 1971と比較せよ。

（87）おそらく、タレスの神々も自然の力であろう（11 A 22-23 DK)。

（88）A・B・レーベデフ⑴ τὴν ἀρχὴν ὕδωρ εἶναι というタレスの伝統的テーゼの当初からの表現について」『Balcanica: 言語学的研究』モスクワ、一九七九年、一六七—一七六頁；⑵「タレスにおけるデーミウルゴス　テクスト」『記号論と構造』モスクワ、一九八三年、五一—六六頁。レーベデフは、たぶん、タレスは水に対して ἀρχή という語を使わなかったと考えて、やはり正しい。

（89）Dicks. Thales. P. 298. N. 4.

（90）特に、Classen. Op. cit. S. 175. Anm. 2参照。

（91）Cherniss. Aristotle's criticism. P. 347 ff.

（92）Guthrie W. K. Ch. 1) Aristotle as a historian of philosophy// JHS. 1957. Vol. 77. P. 35-41; 2) History. Vol. 1. P. 40-43参照。

（93）タレスが何らかの方法で先刻挙げたギリシアの、そして多分オリエントの宇宙発生の思想を視野に入れることができたことによって事態は変わらない。また、Whitley Ch. F. The pattern of creation in《Genesis》: Chap. 1// JNES. 1958. Vol. 17. P. 35と比較せよ。

（94）ノイゲバウアー『精密科学』一四四—一四五頁。Guthrie. History. Vol. 1. P. 46-49; Kahn Ch. H. On early Greek astronomy// JHS. 1970. Vol. 90. P. 99-116（特に、P. 115 ff. 参照）参照。

（95）特に、バビロニア人が月蝕の予報のため一八年周期を利用していたことが我々に知られている。

（96）タレスは、前五八五年のちょうど一八年前すなわち前六〇三年に、エジプトで見られ、タレスがそのことを知ることができた、日蝕が起こったという状況に依拠することができた。

（97）Robin Op. cit. P. 45; Waerden B. L. van der 1) Die Voraussage von Finsternissen bei den Babyloniern// BSGW. 1940. Bd. 92. S. 113. Anm. 2; 2) Anfänge der Astronomie. S. 121f. Dicks D. R. Early Greek astronomy. London, 1970. P. 43ff., 174と比較せよ。

（98）Lloyd-Jones. Op. cit. P. 80-81. ——ゼウスへの権力の集中を伴うギリシアの宗教において発達しつつある一神教の要素が、この印象の強化を促し得たという彼の考えに反論することは難しい。

（99）Kraus. Op. cit. S. 245.

(100) Vlastos G. Solonian justice// CPh. 1946. Vol. 41. P. 65-83; Dodds. Greeks. P. 42; Snell. Entdeckung. S. 282 f.; Guthrie. History. Vol. 3. P. 125-126 と比較せよ。

(101) 前六世紀では図書はまだ表題をもっていなかった。表題につけられた Περὶ φύσεως は、作の最初の出だしの文句から選び出されたようである。

(102) すでに『オデュッセイア』(XV. 403) では、シュロス島にあるいわゆるヘリオトロープ、すなわち、二つの固定された、目立つ目印に触れている。それは、これら二つの固定された地点を通る直線と交差するところに位置する水平線上の地点で日至の時に太陽が昇るように選定されたものである。そのほか、van der Waerden. Anfänge der Astronomie. S. 80 ff.; Kahn. Early Greek astronomy; Szabó A. Anaximander und der Gnomon// AAntHung. 1977. T. 25. P. 341-357 と比較せよ。

(103) Kahn. Early Greek astronomy. von Fritz. Grundprobleme. S. 142 ff. ——特にカーンはディクス (Dicks D. R. Solstices, equinoxes and the Presocratics// JHS. 1966. Vol. 86. P. 26-40) に正しく反論している。ディクスは、一方では、アナクシマンドロスとグノーモンとを結びつける証拠について、アナクシマンドロスに関する全伝承の真実性を損ねる矛盾をそこで見つけるために言及し、他方では、まったく真実らしくないであろう、彼のグノーモンを用いた仕事には反論しないが、しかし、同時に、アナクシマンドロスの天文学的理論と観察との結合について当然な結論を述べていない。アナクシマンドロスの体系の形成における観察の役割は、J.P. ヴェルナン (Vernant. Origines. P. 120 sv.) も過小評価している。

(104) Schottländer R. Früheste Grundsätze der Wissenschaft bei den Griechen. Berlin, 1964. S. 20.

(105) Kahn. Early Greek astronomy; Szabó. Anaximander. S. 341-357.

(106) ウエスト (West. Early Greek philosophy. P. 88) が強調するエゼキエル書の中の輪を持つケルビム (智天使) との類似は、アナクシマンドロスがオリエントから借用したと考えるためには、あまりにもわずかな類似である。

(107) すでにホメロスは世界を球状のものと想像し、タレスは上下対称的な天の下半分であると想像したというА・Ф・ローセフによって擁護された古い推測は受け入れることができない (А・Ф・ローセフ『古典古代美学史　初期古』モスクワ、一九六三年、一七〇—一七一頁)。前文字時代にとっては「上方へ」と「下方へ」という方向の同等が前代未聞のものであることも、天空と対置される闇の王国としてのタルタロスの特徴づけも (Il. VIII. 480)、この仮説が間違っていることを証明する。А・Ф・ローセフに対してИ・Д・ロジャーンスキーがまったく正しく反論している (ロジャーンスキー『自然科学の発展』一一八—一一九頁、一二三頁)。

(108) アナクシマンドロスは、個々の星は、地球の周りに釣り合いよく配置されて、常に安定した状態にあり得るので、個々の星の代わりに輪を仮定したというI・ボドナールの推測は、きわめて魅力的である(Bodnar I. Anaximander's rings// CQ. 1988. Vol. 38. P. 49-50)。

(109) Kahn Ch. H. Anaximander and the origins of Greek cosmology. New York, 1960. P. 76-82と比較せよ。

(110) П・タンネリ『古代ギリシア科学の第一歩』サンクト・ペテルブルク、一九〇二年、九五—九六頁。

(111) Diels H. Über Anaximanders Kosmos// AGPh. 1897. Bd. 10. S. 220-237; Kahn. Anaximander. P. 90. ——W・ブルケルト(Burkert W. Iranisches bei Anaximander// RhM. 1963. Bd. 100. S. 97-134)、M・ウエスト(West. Esrly Greek philosophy. P. 89 f.)およびИ・Д・ロジァーンスキー(『……自然科学の発展』五二—五三頁、一五〇頁)がとるイラン人の観念からの借用という考えは、証明不可能な余計な仮説である。イラン学者ドュシェン-グィエメン(Duchesne-Guillemin J. D'Anaximandre à Empédocle: Contacts Greco-Iraniens// La Persia e il mondo Greco-Romano. Roma, 1966. P. 423-431)および古典学者キルク(Kirk G. S. [Rec.] West M. L. Early Greek philosophy// CR. 1974. Vol. 24. P. 82-86)は、その仮説を受け入れない。アナクシマンドロスの正確な数字は、もちろん、思弁的に出たものである。

(112) Burkert. Lore and science. P. 310と比較せよ。

(113) アナクシマンドロスは、彼には地球の安定した平衡を保障するように思われたので、円盤状-円柱状の地球の直径を高さより三倍大きく想像したというTh・ゴムペルツの推測は説得力がありそうである(Gomperz Th. Griechische Denker. Bd. 1. S. 43)。

(114) Vlastos G. Equality and justice in early Greek cosmologies// CPh. 1947. Vol. 42. P. 156-178; Jaeger W. The theology of early Greek philosophers. Oxford, 1947. P. 35; Vernant J.-P. 1) Structures géométriques et notions politiques dans la cosmologie d' Anaximandre// Eirene. 1968. Voil. 7. P. 5-23; 2) Origines. P. 121-123.

(115) 我々が考えるように、次の図書がこのような過大評価に陥っている。Rivaud A. Le problème du devenir et la notion de la matière dans la pilosophie grecque depuis les origines jusqu'à Theophraste. Paris, 1906. P. 93 sv.; Solmsen F. Chaos and《apeiron》// SIFC. 1950. Vol. 24. P. 235-248; Cornford. Op. cit. P. 139ff.; Hölscher. Anfängliches Fragen. S. 87f.; Jürss. Von Thales zu Demokrit. S. 33; A・B・レーベデフ「Τὸ ἄπειρον: アナクシマンドロスでなく、プラトンおよびアリストテレス」『古代史通報』

一九七八年、第一号、三九—五四頁；第二号、四三—五八頁。

(116) すでにJ・バーネットがより断定的に結論を出した（Burnet J. Early Greek philosophy. 3rd ed. London, 1920. P. 25）。

(117) Guthrie. Op. cit. Vol. 1. P. 124 ff.; ロジァーンスキー『……自然科学の発展』一五九頁以下。

(118) Kahn. Anaximander. P. 115-118; Burkert. Lore and science. P. 303-306参照。ピュタゴラスが先鞭をつけたという説の正しさを認めるのは、Heidel W. A. The Pythagoreans and Greek mathematics// AJP. 1940. Vol. 62. P. 1-33; Guthrie. Op. Cit. Vol. 1. P. 294.

(119) アリストテレスによってとられたこの論拠も完全に反駁の余地のないものではない。Neugebauer O. A history of ancient mathematical astronomy. Part 3. Berlin; New York, 1975. P. 1093-1094.

(120) Regenbogen O. Eine Forschungsmethode antiker Naturwissenschaft// Q&S. 1930. Bd. 1. S. 147ff.; Diller H. Ὄψις ἀδήλων τὰ φαινόμενα// Hermes. 1932. Bd. 67. S. 14-42.

(121) ギリシア人は通約不可能な線分および実数の理論の構築の不可能を発見した結果、この道をとったと普通考えられている(ヴァン・デル・ヴァルデン、前掲書、一七四—一七五頁)。

(122) ロジァーンスキー『……自然科学の発展』二四三—二四五頁；van der Waerden. Pytagoreer. S. 427-454.

(123) ヴァン・デル・ヴァルデンは、この考えをピュタゴラス派のヒケテスに帰している（van der Waerden. Pythagoreer. S. 462-464）。

(124) Dreyer J. L. E. A history of astronomy from to Kepler. 2nd. ed. New York, 1953. P. 41.

(125) Ibid. P. 46.

(126) たとえば、ブルケルト（Burkert. Lore and science. P. 337-350）とヴァン・デル・ヴァルデン（van der Waerden. Pythagoreer. S. 455-464）がこれに異議を唱えている。ピロラオスの体系の科学的性格をSt・ツェピイ（Zeppi St. Studi nel pensiero dell' età sofistica-socratica. Roma, 1977. P. 8）が認めている。我々がそのほかピロラオスから得ていることは、むしろ彼への信頼を失墜させかねない。たとえば、Hübner W. Die geometrische Theologie des Philolaos// Philologus. 1980. Bd. 124. S. 18-32; van der Waerden. Pythagoreer. S. 385 ff. 参照。しかし、最新書、Huffman C. A. Philolaus of Croton. Pythagorean and Presocratic. Cambridge, 1993と比較せよ。

(127) ロジァーンスキー『……自然科学の発展』三九頁。

(128) Simpl. In Arist. De caelo. P. 488; Krafft F. Physikalische Realität oder mathematische Hypothese?// PhN. 1973. Bd. 14. S. 243ff.; van der Waerden. Pythagoreer. S. 247-251 と比較せよ。

(129) Schiaparelli G.-V. Le sfere omocentrice di Eudosso, di Calippo e di Aristotele. Milano, 1875; Tannery P. 1) Note sur le Système astronomique d'Eudoxe// Tannery P. Mémoires scientifiques. T. 1. P. 1-11; 2) Seconde note sur la Système astronomique d' Eudoxe// Ibid. P. 317-338.

(130) Neugebauer. Mathematical astronomy. Part 2. P. 677-685.

(131) プラトンは、回転運動を特徴づけるために、それを τῶν ἐντόρνων ‹. . .› μίμημά τι κύκλων すなわち、ある機械装置のまねと言っている（Leg. 898a-b）。

(132) プラトンは『ティマイオス』（40d）で複雑な天体の運行を理解することを助けてくれることができる ο δίοψις ‹. . .› τῶν μιμημάτων について述べている。プラトンの眼前に現れた立体幾何学への彼の熱中（Leg. 819e sqq.）を考慮に入れるならば、C・C・アヴェリンツェフの、多分空間的モデル（模型）を意味すると了解すべきである「視覚的形像」という翻訳（『プラトン全集』第三版、第三巻、第一分冊、モスクワ、一九七一年、四八〇頁）はもっともらしいものになる。プラトンがこのようなモデルを知る機会があったとすれば、エウドクソスはそれなしで済ますことはできなかったであろう（ロジァーンスキー『……自然科学の発展』二五八頁）。プルタルコスは、いずれにしても、エウドクソスは幾何学的問題を解決するため機械モデルを利用したと主張している（Marc. 14）。J・ミッテルストラシュは、プラトンによってエウドクソスの前に提起された課題についての伝承を全体として否定し、エウドクソス自身を彼が取り組んだ試みの主唱者と考えている（Mittelstraß J. Die Rettung der Phänomene: Ursprung und Geschichte eines antiken Forschungsprinzips. Berlin, 1962. S. 140 ff.）。また、Dicks. Early Greek astronomy. P. 176 参照。

(133) Dryer. Op. cit. P. 196-210; Duhem J. P. 1) Σῴζειν τὰ φαινόμενα// AnPhC. 1908. T. 6. P. 113-139, 277-302, 352-377, 482-514, 561-592; 2) Le système du monde. 2-e éd. T. 1. Paris, 1954（1913）. P.104; Wasserstein A. Greek scientific thought// PCPhS. 1962. N. S. Vol. 8. P. 51-63. ——デュヘムは、ケプラーの現実主義にそれを対置させて、自分はこのような方法を適応したものと考えると率直に述べている。

(134) Toulmin S., Goodfield J. Modelle des Kosmos. München, 1970. S. 84 f.; Wright L. The astronomy of Eudoxus: geometry of physics?// SHPS. 1973-1974. Vol. 4. P. 165-172. また、A・И・ザーイツェフ「古代ギリシアの天文学の形成におけるクニドスのエ

ウドクソスの役割」『古典古代科学の若干の諸問題』レニングラード、一九八九年、一一六―一二〇頁参照。

（135）Lloyd G. E. R. Saving the appearances// CQ. 1978. Vol. 28. P. 202-222; また、Geschichte des wissenschaftlichen Denkens. S. 548-553（D. Ehlers）参照。

（136）Sarton. Ancient science. P. 120.

（137）ヴァン・デル・ヴァルデン（前掲書、四一〇頁）は、以前は一弦器の発明としかるべき測定を前三〇〇年後の時代のこととしていたが、今はピュタゴラス自身の一弦器の実験さえ認めており（van der Waerden. Pythagoreer. S. 368 ff.）、このことは古典古代の伝承が証明する（D. L. VIII, 12）。

（138）プラトンは、ピュタゴラス派の人たちは弦を拷問にかけていると述べている（Res. 531b）。Regenbogen. Forschungsmethode. S. 153; von Fritz. Grundprobleme. S. 545 ff. 参照。

（139）諸文献の批判的概観は、Harig G., Kollesch J. Neue Tendenzen in der Forschung zur Geschichte der antiken Medizin und Wissenschaft// Philologus. 1977. Bd. 121. S. 114-136 参照。

（140）Fiedler W. Analogiemodelle bei Aristoteles. Amsterdam, 1978.

（141）Pohlenz. Hippokrates; Jaeger. Paideia. Bd. 2. S. 11-58; Cornford. Op. cit. P. 31 ff.

結論

総括しよう。このようなわけで古代ギリシアの文化革命は、ギリシアから中国まで前一千年紀の文明世界の大部分に広がった思想的進歩の連鎖の一環である。

この進歩は、ギリシア以外では至るところで宗教的革命ないし宗教哲学的革命という性格をとった。中国における儒教と道教、インドにおける仏教と再生ヒンズー教、ペルシアにおけるゾロアスター教の発生、イスラエル人とユダヤ人の種族宗教を根本的に改革した予言者たちの活動がこのようなものである。古代ギリシアの宗教でも同様な性格をもつ改革がかすかに認められたが、それは後景に退いた。上述の東洋の諸民族と違って、ギリシアでは根本的な進歩が文化のすべての面に及んだ。とりわけヨーロッパの哲学的および文学的伝統の基礎となった科学、哲学および文学が生まれた。ギリシアの造形芸術では、世界の芸術の歴史における一つの節目となる革命が起こった。全体としてこれらすべてのことはE・ルナンの時代以来、「ギリシアの奇跡」について語らざるを得なくさせている。

鉄の普及と、その結果生じた社会的大変動が、実にさまざまな社会におけるほぼ同時期的な思想的進歩の共通の原因であった。

ギリシアにおいて鉄の普及の結果生じた思想的進歩の特殊な性格は、多くの好適な要因の作用によって説明される。

ポリス——市民集団内部の土地所有の独占、基本的軍事力としての市民軍、そして完全な権利を持つ市民の制度化された国政への参加という特徴を持つ特殊な都市国家形態——が、ギリシアにおける（古代イタリアでもそうであったように）基本的な政治機構形態であった。ポリスは市民の社会的な積極的活動を促進し、集団の各成員は他の成員に見られていた。

古拙期のギリシアでは、文化におけるあらゆる新しい試みにブレーキをかけてきた伝統的生活規範の崩壊過程が急速に進行した。この伝統的基盤の崩壊過程は、衰退および外からの文化的影響への従属という状況の中ではなく、技術的進歩、経済的発展および領土的拡大という状況の中で生じた。それゆえ古代オリエントの諸民族と違ってギリシア人の間では、人間は自らの活力と独創力によって自己の生存条件を本質的に改善することができるという確信が大きく広がる。さまざまな民族との文化的接触を活気づけた高度な水平的および垂直的な社会的可動性が伝統的制度の崩壊の兆候であり、同時にこの過程の手段であった。

独立した諸ポリスの社会制度の多様性の中に独自の文化的統一をもたらした、政治的中央集権化が存在しなかったことが、ギリシア世界における文化的進歩の重要な要因であった。圧倒的多数のギリシア都市では、統治形態とは関係なく、市民の私的生活に干渉した古代東洋の諸国家におけるよりは、伝統ができ上がることははるかに少なかった。他方、内部的価値観の掟ではなく、自己の模範的グループの評価を得ることを目標とすることが、ギリシア人の行動の主要な調節器であった。ホメロス時代には、貴族階級の支配が社会全体における貴族的価値体系の優位を招いた。

ギリシアの貴族階級にとっては、さまざまな形態での誇示的な消費への傾向が特に特徴的である。同時に初期ギリシア社会は、競争社会のタイプに属した。これと関連して、訓練と競争に消費することができる余暇と、賞品に費やされる豊富な資産が貴族階級にあることを誇示することを目的とした、おそらく昔から誇示的消費の形態の一つとして行われてきた運動競技のアゴーンが、いわゆる「アゴーン心」を主導的に発揮するものになった。競争で他人を越えようと努めること、力と機敏さで自己の優越を誇示しようと努めることは、社会の最重要な要求に応えるものではなかったとしても、古拙期および古典期では報酬よりも、むしろ追加出費を伴ったにもかかわらず、勝利者の栄誉を獲得しようと努めることは、ギリシア人の生活におけるきわめて独特な特徴となった。

前七―前六世紀の社会的大変動の過程で、ギリシアの貴族階級はほとんど至るところで政治的支配を失った。彼らの経済的地位は失墜した。彼らに取って代わった新しい支配層は、氏族貴族が享有していた権威をも獲得する可能性を追求した。前五世紀まで運動競技における最高の業績、とりわけオリュンピアやその他の全ギリシア的競技会での勝利を貴族階級がほとんど完全に独占し続けていたことが、この権威の最も重要な根源の一つであった。貴族階級の手からこの独占権をもぎ取ることは容易ではなく、新しい支配層のイデオロギーの代弁者たちは、新しい価値観のヒエラルヒーを擁護するために立ち上がり始めた。

ギリシアのアゴーン制度の発展は、とりわけ好敵手との競争で獲得されたあらゆる成果は――この成果を実際に利用できるかに関係なく――社会的価値をもたらすという思想を当たり前のものにする。新しい状況の中で、自らの知性や創造的想像力の非凡な力によって何かを達成した人間は、運動競技の勝利者に少しも劣らず好評や栄誉に値すると声高く言明するクセノパネスやピュタゴラスのタイプの人々が現れる。

文学と音楽ではアゴーンは、すでにホメロス時代に制度化されていたが、生まれつつある哲学と科学に関しては、アゴーンしかも制度化されていないアゴーンについては前六世紀から語ることができる。解放された創意あふれる雰囲気の中で、アゴーン心は文学作品の美的価値を求める志向の発展を促した。まさにこの方向を目指して、聴衆、観衆および読者の前での競争は進展した。全ギリシア文学が、ギリシアの叙事詩の支配的な影響を受けて形成されつつあったことがここで重大な役割を演じた。叙事詩では、アゴーンと美的作用への志向が前文学の時代、フォークロアの段階ででき上がっていたのである。

運動競技から知的分野へ移ったアゴーン心はギリシア科学、とりわけ、しばしば神話の枠内に閉じ込められた知識が集積された前科学の時代と、科学にとって特徴的な仮説 - 演繹的方法が利用され始める時代とを分ける境界を最初に越えた、数学と天文学の発生に最も明瞭に現れた。数学の分野では、明白と思われた幾何学的命題の証明の必要性を初めて認識し、いくつかの定理を証明したタレスによって決定的な一歩が踏み出された。キオスのヒッポクラテスの幾何学概要では、幾何学の原理がすでに演繹的な方法の形をとって叙述された。

数学における演繹法の成功は、パルメニデスをして哲学的問題の解決のためにそれを応用することを試みさせるに至らせた。このような試みはすべて、自然の成行き自体からしても肯定的結果を与えることはできなかったけれども、古典古代にアリストテレスの著作でその完成が見られる独立の知識部門としての論理学の形成は、これらの粘り強い試みの結果であった。

天文学の分野では、すでにアナクシマンドロスが、神話的宇宙創造の伝統とも、天空の可視の天体の運行を予測することだけを目的としたバビロニアの天文学とも決別し、代わりに、宇宙の中心に地球を持つ太陽系の最初の仮説的モデル（模型）を提案した。前四世紀における天文学の急速な進歩の結果、同心の天球に基づく、クニドスのエウドクソスのはるかにより完全なモデルが現れた。このモデルはすでに、可視の天体の位置の大雑把な計算を可能にし、科学性の規準を満たしていた。

急速に発展しつつあったギリシアの医学も、ギリシアの科学の形成において重要な役割を演じた。その対象の複雑さゆえに、医学は古代では科学性の水準まで達することはできなかったけれども、ギリシア医学は、古代オリエントですでにでき上がっていた体系的な経験第一主義の伝統を、それによってさまざまな知識分野における実験の経験的要素の発展を促進しつつ、借用し、発展させた。

結局、前四世紀頃にギリシアでは、全人類の発展における歴史的大飛躍が完遂された。固有な知識形態としての科学が初めて生まれたのである。この過程は、民主制的統治形態の発生、哲学と文学の形成、造形芸術における革新と結合し、そのことこそが古拙期ギリシアにおいて成し遂げられた全人類的な文化革命について述べさせてくれるのである。

【付録1】

いわゆる「ギリシアの奇跡」の問題

国立レニングラード大学古典文献学講座での講演

多くの科学および科学一般の発生。

民主制統治形態の発生。

ヨーロッパ的文学の出現(インドおよび中国と並行して)。

ヨーロッパ的哲学の出現(インドおよび、おそらく中国と並行して)。

造形芸術における革命。

哲学者バートランド・ラッセルあるいはマックス・ボルンのような、過去を理想化する傾向を持たない思想家たちの見解によってさえ、全人類史における最も偉大で驚嘆すべき事件。


問題の所在と説得力のある説明の欠如は一般に認められているところである。問題は、解決の方向へ何らかの目に見える一歩を踏み出すことができるかどうかということである。私は三〇年以上このことを深く考えてきたが、何らかの一般的意義のある結論が得られる可能性について真剣に考えたことは一度もなかった。窮地に立って私は、私自身驚いたことだが、解決に近づくことができるという確信に達して、古典古代世界に関する諸科学も含む多くの学問分野の成果に基づいた、諸事件の図式的説明を提示することを決意するに至った。

まず第一に、ギリシアの文化革命を類似の諸事件と並べて、次にその中で普遍的なものと、ギリシアに固有な特殊的なものとを探し求めなければならない。前一千年紀中頃、多くの民族のイデオロギーに決定的な進歩が生ずる。イスラエル王国とユダヤ王国における預言者の活動と旧約聖書的宗教の変容。ペルシアにおけるゾロアスター教の出現。仏教の出現とヴェーダ宗教の改革。中国における儒教と道教の出現。東方の宗教革命に似たギリシアの同様なものとしての秘儀とオルフェウス教。

共通の原則。人は、自己自身の創意に基づいて、伝統によって守られてきたのではない行動をとって、自己の運命を根本的に改良することができるということ。

当時の文化的世界に選択的に引入れ。その影響を受けなかった最も顕著な例——崩壊に瀕していた最古の文明であるエジプトとバビロニア。それゆえ革命への参加が原則で、不参加は例外。こうして、大ギリシア（マグナ・グレキア）から中国まで共通の過程。

思想の借用はありそうもないこと。伝統のかくも多様な諸文化における時代の偶然の一致の不可能。時代の一致は、外的で、無機的な、大雑把なものにすぎない共通の原因——鉄の普及を求めさせる。経済革命。直接的な需要の充足と関係のない活動に従事する可能性の急激な増大。社会的軋轢の急激な先鋭化。

ギリシアの思想革命における宗教的要素の二次的な役割。全文化的世界にとって共通な要因、鉄の影響と、（エジプトやバビロニアのように）それに抵抗する要因の欠如との、ならびに、解明しなければならない、何らかのギリシアの特殊な諸条件との結合。縦に類例——ヨーロッパのルネサンス、特にイタリアにおける文芸復興は、類似の原因の影響を推測させる本質的な共通性である。

時代的に近い東方における運動とギリシアにおける文化革命との一般的な相違——緯度、直接的な需要からの、物質的な面でも宗教・道徳的な面でも自己の生活設計への直接的配慮からの分離。

科学——古典期ギリシアにおける実用的目的のための最小限の利用。文学——記述・口承文学の状態から、生活状況との直接的結合からの離脱（C・C・アヴェーリンツェフ）。

この離脱の原因、多方面にわたる創造活動の突然の開花の原因。

理論上可能な逸脱。新機軸——有用なものおよび有害なもの——を求める傾向とそれを行う能力は、遺伝的に一定パーセントの人々にプログラミングされている。今日存在しているさまざまな民族の研究は、この分野では著しい量的差異を見せない。この状況は、遺伝学の基本的諸規定と結合して、人間の種族は、少なくとも上位旧石器時代以来、現在のパーセンテージに近い潜在的な革新者を自己の構成メンバーの中に持っていたと推測させる。

天賦の才に恵まれた人を探し出し、その活動を促進するために特別な手段がとられる今日でさえ、彼らのうちのほんの僅かな部分だけが自己の可能性を実現するに過ぎない。人間の歴史における進歩の著しい不均等、ほとんど完全な沈滞の長い期間は、常に人間の創造的潜在能力がごく僅かにしか、そして著しく不均等にしか利用されなかったことを物語る。

外見上の障害（たとえば教養や経験を得るための手段の欠如、異端審問の活動）は、創造活動の個々の傾向においてのみ停滞によって説明できる。外的な刺激、新機軸に対する報いの欠如も停滞を説明することはできない。創造的傾向の特徴は、何よりもまず、内的需要の充足のように自然発生的に現れるという点に「帰せられる」のである。このことから次のような基本的な仮定が生ずる。ほとんど至るところでの一定の心理的要因の抑制作用が、紀元一五世紀以前の世界の諸民族にとってあれほど普通であった「停滞」の直接的原因であった。「ここに」ギリシアの奇跡の核心がある！

人間の文化の歴史は、この心理的抑制となったものが常に、力の緊張状態によって縛られたあらゆる活動の直接的な実用的有用性を目指す志向、あらゆる個人主義の発現が全種族を滅亡させる危険がある非常に困難な状況における原始人の数万年、数十万年の生存を背景にした当然の志向、であったことを教えてくれる。

この実用的価値への志向の抑制的作用は、ギリシアと対照的に古代東方諸国の例で明確に見られる。文学でも、造形芸術でもそれは探し出せるであろうが、それが最も明瞭に見られるのは、ギリシアにおける科学の発生過程、とりわけすでにギリシアで十分に形成された数学と天文学においてである。

エジプトの数学と天文学の弱点。ギリシアの数学と天文学の先駆者としてのバビロニアの数学と天文学。計算技術の非常に高度な水準。数百年後にアレクサンドリアの天文学者たちがそれを利用する。経済の必要が生じさせた解き方、具体的な問題の集成としての数学。まったく役に立たぬ証明の試み！　まったく役に立たぬ定理！　不自然な方法で二次方程式、高次方程式のいくつかの特殊なケースが解かれる。等式の基本的な特徴のまったく役に立たぬ知識の痕跡。数および測量仕事も含めて、実用的な要求によって生じせしめられたようなタイプの問題。でき上がったタイプの範囲内で、通常、簡単な解答が得られるように前提条件が人為的に選び出される。しばしば前提条件は、問題があらゆる実際的な意義を失うほど、大きく手直しされたが、しかし、やはりこれらの手直しは新しいタイプの問題を創り出さない。実用的要求からの脱却は、前提条件の機械的な手直しに止まる。

バビロニアの天文学では、正確な暦の必要性と、そして、より後には占星術と結びついた天空の太陽、月、惑星の運行のための最も正確な公式があった。これらの公式は、観察および係数の選択によって導き出された、純粋に経験的なものである。バビロニア人は、天体の真の運行、それらの地球からの距離およびそれら相互間の距離、運行における異常の原因に関心をもっていたが、バビロニア天文学の最盛期頃には、それは完全に失われた。誰かに天体の本質に関する疑問が生じたとしても、神話がそれへの答えを与えた。

ギリシア数学との対照。ギリシア人は、実地に調べて利用できる公式を発見するだけでは満足しない。証明の理念が根底にある。外見上明白な命題でさえ証明することができ、また証明する必要があった。少数の最初の原理―

—公理にもとづいて構築された数学の体系。実用的目的からの離脱。(教育を受けた技術者でさえ、自分たちが利用している公式の証明法を覚えていない。) 線分の通約不能の発見。思考の一貫性のための、感覚的な自明性からの離脱。ギリシアの天文学。アナクシマンドロスは実用的な諸問題に取り組み、日時計(バビロニアから借用された)を据え付けるが、しかし、彼にとって一番大切なことは宇宙の描写である。神話の代わりに、ナイーブな形ではあるが、目に見えるものを目には見えないが実在しているものによって説明することを目的とした仮説が提起される。天体群によって天空に描かれる半円は、完全な円になるまで補足される。天体は、彼には回転するぼんやりとした輪の中の火の穴に思われている。このようにして、回転運動の最も単純な形態が、目に見えることを説明するために天空に移すことができた。ここでも直接的な自明性からの離脱。天体群は地球から異なる距離にあり、地球自体は宇宙の中心にあって、どこにも落下しない。なぜならば、落下する真の原因がないからである。〈…〉クニドスのエウドクソスの同心球の体系は、真実の運動に基づいて目に見える運動を数学的に計算する可能性をすでに考慮に入れていたので、この体系はまったく科学的体系とみなすことができる。おそらくアリスタルコスの太陽中心説的体系もこのようなものであった。ヒッパルコスとプトレマイオスのアレクサンドリア的な地球中心説的天文学は無条件に科学的なものであり、ようやく今度それは重要な実用的利益をもたらすようになる(ソーシゲネス、プトレマイオスの地図)。

功利性からの離脱は、ギリシア人に特徴的なものである。アリストテレスとテオフラストスは、有益な動物や植物の研究ではまったく満足しない。もちろん、解剖学と生理学原理は、大体において医師の領分であり、医療の実用的要求と関連がある。しかしアリストテレスは、自己の発生学的研究においてそのような要求を乗り越えて先に進む。一方エジプト人は、確かにギリシア人よりも千年も前に人工孵化器で雛鳥を孵化させたが、決して発生学的研究には取り組まなかった。

文学の同様な発展。すべての二次的な目的——同胞市民の闘争心ないし市民意識の維持、僭主・注文主の賛美、または、憎むべきソフィストへの嘲笑、作品による名誉の獲得あるいは生活の資の獲得——すべてこれらの二次的な目的は一般に、美的価値の芸術的形象で支えられ、聴衆、観衆、読者の共感と想像力に訴える作品の多少とも自覚的な創造を通じて達成される。

造形芸術も功利的目的と断絶する。

哲学もこのようにして発生する。

ギリシアにおける文化革命の特徴は、まったく実用主義的な被制約性から離脱させる、伝統とのこの断絶にある。

〈…〉

論理的思考は、アゴラで生まれて科学や哲学へ移ったのではなかった。実際、論理的論証は、人々の利害関係に触れるところで生活に関連する問題における目標を達成することは決してない。論理的論証は、人々が最初の前提を共有するところでは適合的だが、政治的問題を決める時にはそれは決して生じない。私の知る限りでは、読者を納得させることができる説得力のある論理的論証の例が一つも我々に伝わらなかったのは偶然ではない。その代わりに、こうした議論の試みが導く多くの逆説の事例と、論理の悪用の事例の大量の寄せ集めがある。

「犬は自分の子犬の母親である」からには、同時に「君のもの」である（すなわち君の所有物である）という議論、すべては変化し、時が経てば別の人間になるから、借金を払わないことができるという理由、Δισσοὶ λόγοι［二通りの言論］、そして、超悪人ブシリスへのイソクラテスの賛辞——これらはこの種の少数例にすぎない。しかし、エレア派の最後の人メリッサの学説について我々が知っていることのほとんどすべては、このようなすり替えから成っている。プラトン自身の対話は、論理に対する誤謬で満ちている。『国家』でプラトンは、罰を受けずに悪事をなす人間は誰でもひどく不幸な人だ、という注目すべき見解を提起している。もちろんこの見解は、真の内面的な幸福と偽りの外面的でしかない幸福との相違に立脚している。しかし、それは明らかな誤りを伴う論理構成、いわゆる quaternio terminorum の形態をとって表現されている。

論理的論証の手法を本来の目的ではないものに利用するこの絶えまない試みは、どこから来るのか？　この手法は広く拡大することが可能になる前に、すでにどこかで正当な存在権を獲得していたに違いない。大分以前に答えは推測の形で述べられたが、これまでのところ広範に認められていなかった。それは、論理的論証の手法は生まれつつあるギリシア数学で作り上げられたということである。まさにそこで効果的な帰謬法が可能となったのである。まさに数学に取り組むことでギリシア人は、他の分野では陳腐に見える排中律を初めて定式化することができたのである。

コーンフォードが、パルメニデスとゼノンの存在論的論証の数学的起源を指摘した。プラトンの証明の手法、特に帰謬法は、彼が使用する術語でさえ数学から出たものであることを示していることを、ライデルマイステルが教えてくれた。〈…〉アリストテレスが『オルガノン』で、数学的応用と最も密接に関連する論理学の部門を避けていることはよく知られている。しかし、我々は今はただアリストテレス自身は現実の事態を理解していたと確信したく思う。ヴァルター・ブルケルトは最近、τὰ μαθήματα μόνον εἶχεν ἀποδείξεις, μετεχειρίζοντο ἄνθρωποι（「人間が取り組んだすべての事の中で数学的命題だけが証明法を持っていた」）というイアンブリコスの簡潔な表現（De comm. Math. sc. p. 78, 8 ff. Festa）に注目した。アリストテレスの引用文があるイアンブリコスの相似の個所とそれを比較してブルケルトは、引用された表現が、明らかにされているように論理の適用の真の領域を明確に理解していたアリストテレスまで遡ることを説得的に教えてくれる。

確かに、論理的論証の数学的起源という仮説は、これまで年代的な反論にぶつかってきた。実際、ピュタゴラス的数学の一派の最盛期は、数学において形成されつつあった方法論の哲学および修辞学への浸透をそれと関係づけるには、いずれにしても、遅かった。ピュタゴラスについて我々が確実に知っていることは少ないが、やはり彼が生きていた時代はあまりにも遅かった。

エウクレイデス以前の古代の数学者の著作が、ソクラテス以前の哲学者や古拙期の抒情詩の詩人よりも、さらに一層悪い状態で我々に伝わったという不幸。しかし、弓月形の求積法に関するキオスのヒッポクラテスの論考の小断片に対する分析と、遅くとも前五世紀初めの通約不能な存在の考えられ得る証明方法の復元は、すでに前五世紀に、幾何学が公理から導き出され次第に複雑化する定理の体系としてギリシア人によって構築されたことを、教えてくれた。前五世紀頃ギリシア人が個々の定理を知っていただけでなく、すでに演繹的証明法も持っていたことが分かっている。

これらの考えにもとづいてフォン・フリッツとヴァン・デル・ヴァルデンは、ミレトスのタレスが、円は直径により二つの等しい部分に分割される、二等辺三角形の底辺に接する角は相等しい、一辺とそれに接する二つの角とが等しい三角形は合同であるという定理を証明したという、ギリシアの数学史に関する最も信頼できる資料であるロードスのエウデモスの証言に対する支配的な懐疑的見方を再検討した。

おそらくタレスは、数学的命題を証明する必要性を理解し、それを行うことができた、この世で最初の人であった。このことによって年代的障害は除去され、さらに、数学の領域における最初の論理的論証の出現とその第二次的な普及という基本的な考えが確証されるように思われる。

ギリシアにおいて文化革命を呼び起こした原因の問題へ移ろう。

個人的自由の決定的役割（ある程度民主政と結合した）。個人の自由の未曾有のレベル（東方には比較できるものは皆無）。

第一に、国家の抑圧からの自由。前五世紀のアテナイではどうであったかは、トゥキュディデスが、ペリクレスの有名な演説によって最もよく特徴づけている。しかし、我々が初期の僭主について知っていることも同様な状況を示す。いずれにしても、ペイシストラトスに関しては伝承はかなり明確である。彼は明らかに、人々が彼の統治の妨げにならないように、彼らに自ら望むように生きる可能性を与えようと努めた。(大部分のギリシア都市とスパルタとの完全なコントラスト)。

〔第二に〕、有機的な社会的関係や伝統の枠からの人々の解放は、さらに大きな意義を持っていた。ミケーネ世界の崩壊とともに始まった。ドーリア人の移住。殖民。種族の混合。ファシス川からマッシリアとスペインの殖民市まで拡散したギリシア世界。進取の気性に富む人々にとって選択することのできる多様な法律と慣習。多種多様なバルバロイ種族との衝突。古拙期ギリシアにおける非凡な人々のあらゆる移住の一部として。ヘシオドスの父。ケルソネソスの大ミルティアデス。ピュタゴラスはサモスから、クセノパネスはコロポンから、そして、デモケデスはペルシア王に仕えるためにイタリアから出かける。近西アジアでは、このような人々は法の保護外の状態に陥る。ヒッタイト王国における逃亡者。

行動、慣習、考え方の伝統的形態の弱体化が生ずる。この場合通常生ずる社会の崩壊。ヨーロッパ人と接触した前文字民族――しばしば文化的独立を喪失、キリスト教の受容(アイスランド、ハワイ諸島)、あるいはイスラム教の受容。エジプトと両河地方ではニヒリズム的な二者択一。

近代ヨーロッパ民族を除いて、伝統的関係の崩壊は通常経済的衰退、政治的危機、それと結びついた精神的生活の全体的圧迫の状況の中で起こった。ギリシアにおける伝統的規範の崩壊――ルネサンス期以前のこの大きな稀有の事件――は、人口の増加、経済的成長、政治的拡大を背景にして進行し、ペルシア人およびカルタゴ人との戦いでの一時的失敗によってのみ中断した。

我々はしばしばギリシア人の楽天主義を過大評価してしまうが、これほどまで人間は現世において、その生活において、ある程度の幸福を自分に保障できると考えた民族を我々は古代世界の民族の中で他に知らない。

このように諸要素の好結合：エネルギーの高揚の状況の中での伝統的規範の崩壊。(N-Achievment)［達成動機］。これにいわゆる「アゴーン心」が加わった。競争は軍事、そしておそらく宗教では必要がなくなった。すでにホメロスでは、それはスポーツである。あらゆる競争での勝利は名誉をもたらし、この名誉のためには困難や犠牲も恐れない。運動競技は、余暇をもつ貴族階級の間で発展する。アゴーン心はアオイドスや音楽家の創造活動にも及んだ（ヘシオドスにおけるアゴーンへの言及、ἀοιδὸς ἐρίζεται）。演劇。

アゴーン心は、たとえそれが直接的利益をもたらさなくとも、さまざまな分野における成果を評価することを人々に教えた。アゴーン心は才能のない人をホメロスにすることはできず、このアゴーン心には、気乗りがしない人を真に尊敬すべき創造活動をする気にさせることはおそらくできなかったであろう。アゴーン心は、人々の中に秘められていた創造的素質に対する伝統的禁制をしばらくの間取り払った。やがてこの素質は知識の分野で、科学と哲学の創造活動の第一歩で自己の力量を発揮し始めた。創造活動の本当の喜びがあまりなかった人が、今やどんなことであれ首位の座につけば獲得することができた名誉から補足的刺激を受けた。タレスは、誰かが彼の発見を彼から知って、タレスが発明者であることを示して第三者に伝えてくれるのであれば、それが自分にとって最高の褒賞であると思っていた。詩人たちは、自己の作品に σφραγίδες を挿入する。

おそらく、ラプソドスの技能によって他国での自己の生活をうまく確保したクセノパネスは、伝統的宗教を自由に嘲笑できることで満足せず、オリュンピアやその他の競技会での勝利者が、賢明さを持っている人（彼および、たぶんタレスのような。ピュタゴラスを彼はこのような者とは認めていなかった）よりも高く評価されていると、公然と非難した。

近東ではまったくない科学的論争が発展する。

【付録2】

文化革命の歴史的原因

国立レニングラード大学古代ギリシア・ローマ史講座での講演

条件付きでギリシアの文化革命について述べるとき、私が言おうとしているのは、しばしばいまだに「ギリシアの奇跡」と呼ばれている諸事件のことである。

このような事態に対する一般的な考え方次第で研究者たちは、ギリシアで初めて科学が発生したとか、あるいはギリシア人は古代東方の科学を根本的に改造したと述べている。ギリシア人は初めて哲学一般を、あるいは西欧的哲学すなわちその主導的な種類の哲学を創り出した。古代東方では口碑文学が特徴的なものであったのに対して、ギリシア人は芸術的文学を創り出した(C・C・アヴェーリンツェフ)。あるいは、ギリシア人は文学を根本的に改革した。ギリシア人は造形芸術に革命をもたらした。ギリシア人はまったく新しい政治制度を創り出した。

私は今はこれらの改革の本質に触れるつもりはない。ここには多くの議論の余地があるが、根本的な進歩の事実そのものには誰も異論を唱えない。ここに一つの問題、解答を必要とする問題が存在するということには誰も疑念をもたない。すなわち、三〇〇—四〇〇年という歴史的規模としては短い期間の間に、なぜすべてが正にギリシアで起こっているのか? たとえば、ギリシアで初めて出現したのは演繹的に構成された理論と経験にもとづく検証を伴う科学だけであったとしても、このことはすでに、なぜそれがまさにギリシアで、そしてまさに前八世紀から起こったのか?という問題を必然的なものにするであろう。しかし多くの多様な事件が同時に集中しているとすれば、実際に「奇跡」の説明を追求しなければならない。

このことは大分前からなされており、おそらくグローバルなスケールでの文化史に関心を示した人でこの解答を追求しなかった人を見つけることは難しいであろう。実にさまざまな答えが出されているが、私はそれらを総括的に検討するつもりもない。

好都合な地理的位置を引合いに出すことに対して私は、この恒常的な要因が、急速に増大した発展力と、ヘレニズム時代における同様に急速な低下の説明としては、役に立たないということだけ注意を促したい。

ヘレネス人種とは言わないが、学術的に遺伝子型の諸特徴にもとづいた説明は不十分である。なぜならば、それはこの発展が短期であったことを説明しないだけでなく、しばしば同一の種族として隣り合って大勢住んでいる、さまざまなポリスにおけるこの発展の著しく不均等な性格も説明しないからである。

諸事実は明らかに、特別な歴史的説明、一定の時期頃にでき上がり後に活動をやめた何らかの要因による説明を求める。このタイプの説明は、大分前から提起されてきた。最も多く重要視されているのは、ギリシアにおける民主政の出現である。Ю・Ｂ・アンドレーエフは、自著の中でそう書いている。ギリシア史に関して講義しなければならない、ここにおられるほとんどすべての方が、このような調子で意見を述べられるであろうと私は思う。実を言うと、すでにアテナイ人がそのように考えていた。トゥキュディデスは、アテナイ民主政への賞賛をペリクレスに言わせている。そして彼は、アテナイの社会体制の当然の結果として、次のような結論を述べている。τὴν πᾶσαν πόλιν τῆς Ἑλλάδος παίδευσιν εἶναι［ポリス全体がギリシアの学校である。］

同時に私は、この説明は全体として正しい方向へ導くと考えるが、修正する必要があると言いたい。実際、この説明を一本調子に適用すれば、直ちに抑えきれない困難にぶつかる。第一に、すでにホメロスの叙事詩は他のすべての民族の叙事詩とははっきり異なっており、ギリシア文化はその形成の時期にすでに独自の発展過程に立っていたという疑いのない証跡を持っている。芸術学者たちは、いわゆる幾何学文の時期の芸術も、ミケーネの芸術と違って、次の古典期のギリシア芸術の特徴を、その萌芽の形ですでに示していると主張している。

しかしながら、ホメロスの叙事詩と幾何学文の芸術の形成期には、民主政的制度のことは問題にもならない。こうして最大の文化的進歩の歴史的前提の問題は、明らかに正確化が必要である。そのためには我々はまず第一に民主政一般についての、従って古典古代世界の民主政についての、かなり曖昧な通常の観念で満足してはならない。第一に、すでにジョン・スチュアート・ミルが『自由について（On Liberty）』（一八五九年）という著書で、通常、民主政的な理想の一般的な描写では、その本質において種々の、決して常に互いに伴うことがない諸特質が一緒にされていると指摘したことを考慮に入れる必要がある。まさに国事の遂行への市民大衆の決定的な参加としての民主政は、所与の社会にいわゆる個人的自由があること、すなわち各市民が自分が送りたいと望む生活様式を自主的に自己のため選ぶ権利を持っていることと同一ではない。何らかの形態でのこの相違は、政治理論の専門家、社会学者、法学者の間で誰でも知っていることとされており、アイザイア・バーリンの小著『自由の二つの概念（Two concepts of Liberty）』（Oxford, 一九五八年）が、かなりの程度このことを扱っている。

この区別が現実と合致していることは、史料的に我々が古典古代よりもよく知っている時代の例で最も理解できる。たとえば、カルヴァン以後のジュネーヴ、また、新アメリカの長老教会派が、「民主的専制君主政」、国家統治への市民団の関与の下での個人的自由の完全な欠如の最も顕著な例である。逆にたとえばフリードリヒ大王の、いわゆる「啓蒙的絶対主義」は、国家機構に影響を及ぼすいかなる可能性も持たない平民のためにはるかに広い範囲で生活方法を選ぶことを許した例を我々に与えてくれる。

国事の決定への大衆の参加と、自分の仕事を自分の好きなように片づける個々人の権利との間のこのギャップの可能性は、古典古代世界でも探し出せる。我々が知る限りでは、古典古代世界の国家の中で、スパルタにおけるように、市民がその人生をほとんど完全にあらかじめ決めるような多数の禁止や命令によって拘束されたところは、ひとつもない。一方、現代の用語で表現するならば、この全人生を「プログラム化された」ὁμοῖοι（ホモイオイ）は、まず第一に、選ばれたエフォロイ［監督官］を通してスパルタの全政策に重大な影響を及ぼした。我々はこの影響力の範囲を正確に特徴づけることができるだけではなく、アリストテレスはスパルタの国制における民主制的要素を明確に認めていた。

似たようなことは、たとえば、前三―前二世紀のローマでも生じた。市民大衆の国事への影響力は、たとえば、平民が自分たちの中から執政官（コンスル）の一人を持つ権利を得たということからだけでも明白である。Senatus consultum de Bacchanalibus［バッコス神信徒団に関する元老院議決］、ギリシアの哲学者やラテン語の弁論家に対する方策、元老院議員の商業活動の制限ならびに多くの類似の事実は、この当時のローマ市民には、直接に自分のために正しいことよりも、国家における影響力の方が「大きい」ものであったことを示す。同様な種類の多くの事実は、かつてフェステル・ドゥ・クーランジュによって収集された。

さて我々が、たとえば紀元二世紀の任意のギリシア都市を例にとるならば、我々はまったく正反対の状況に気づくであろう。国務への参加は問題にもならない。実際にすべての国事は、皇帝と彼の官吏によって決定される。しかし自分のため選択する可能性は、古典古代時代にとって、もちろん自由人にとって異例のことである。移動の自由、軍務や国務からの解放、哲学体系間の自由な選択、公に迫害されるキリスト教のそれほどの危険を伴わない受け入れも含めて、イシスかミトラか、古い伝統にもとづいてアポロンかという崇拝の自由な選択。

以上述べたことは、積極的な政治的活動の権利と、個人的生活で主導権を持つ権利は、古典古代においても決して常に揃って進んだのではないことを説明するのに十分であると、私は考える。

先に提起した区別の見地から「ヘレネスの奇跡」を観察すれば、我々は、文化革命の最初の段階と民主政治とを結合させることはまったくできないことに、ただちに気づく。アテナイでペイシストラトス家の打倒後に民主政的統治形態が形成された前六世紀頃には（そしてごく少数のポリスがアテナイに先んじた）、文化革命の特徴はすでに完全にその真価を発揮していた。ピュタゴラス派ではすでに、数学における演繹的方法と音の振動の経験的研究ができ上がっていた。叙事詩だけでなく抒情詩もすでに最盛期を経験し、イオニアの散文の最初の記念的作品が現れ（シロスのペレキュデス）、哲学はミレトスの自然哲学、ピュタゴラス派とエレア派によって代表され、造形芸術の最高の黄金時代が近づきつつある。最後に、特に科学の誕生と市民の国事への参加との直接的関係がどのようにあり得たかは、まったく理論的にもよく分らない。

ギリシアにおける文化革命を民主政の第二の伝統的局面すなわち個人的自由の程度と結びつけようと試みるならば、我々はまったく別の状況を見出すであろう。ただ最初から考慮に入れなければならないことは、ここで言う自由は、国家の過度な干渉からの自由だけではなく、スパルタ国家に劣らず効果的に人の生活を従属させることができる、しばしば不文の伝統からの自由も意味するものでなければならないということである。

形成されつつあるギリシアの諸ポリスにおける個人の主導権を拘束する伝統的生活規範の急速な崩壊は、我々が検討している文化革命の最も重要な前提の一つであったと私は主張したい。圧倒的多数の前文字の前国家的社会においては、これらの伝統的諸規範は非常に苛酷なものがある。それらの規範はすでに子供が誕生した時に社会における、社会的分業における彼の将来の地位を決定し、彼の将来の家族の性格を彼に指示し、世界、自分に似たような者、そして、超自然力に対する見方を指図する。これらの規範から逸脱すれば、違反者は即座に社会との絆を失うか、あるいは直接に制裁さえ受ける脅威にさらされ、それゆえこうした逸脱はすべて例外としてのみあり得る。

一般に国家と文字の発生は、伝統的な、しばしば氏族制的な規範の打破を伴う。伝統的な行為形態の維持に関する機能のある部分は国家が引き受け、規範のある部分は共同体ないし家族の権威によって維持されるが、古い規制の多くは一般に失われる。

いわゆる「暗黒時代」および古拙期のギリシアでも、このようなことが起こった。次々に起こったミケーネ諸国家の崩壊とドーリア人の移住、その後波状的に押し寄せた殖民の波——その結果大量の人々の移住が生じた——、種族共同体の崩壊と必ずしも同種の種族的構成を持つとは限らない新しい共同体の創設、非ギリシア出身者のこの共同体への侵入——すべてこれらの過程は、伝統的規範のきわめて深く進行した崩壊をもたらしたに違いない。

諸々の事実がこれを裏づける。ホメロスの叙事詩は、イオニアで始まった伝統的宗教観の崩壊を示唆している。ヘパイストスとアレス、アプロディテとヘルメス、ゼウスとヘラ自身たちは、ホメロスでは聴衆を楽しませることができるエピソードにだけ登場する。背徳行為をしたのはヘレネだとステシコロスが言ったので、ヘレネが罰として彼を失明させたというステシコロスについてのより後代の伝説は、神々に対して許されることと許されないことについてのより古い観念、つい近頃ギリシア本土からイオニアへ移住したホメロスの聴衆がすでに捨ててしまった観念を実際に反映している。ホメロスの叙事詩が軍事的貴族階級を対象としていることは、その作者たちに増大しつつある伝統的信仰の崩壊を完全に描き出させた。この影響は軍事的貴族階級をゆさぶったが、通常最初にゆさぶられるのは彼らである。

社会における人々の伝統的な行動規範、上層の人々と下層の人々との伝統的な関係については、状況は別である。ここではホメロスの叙事詩はやむを得ず保守的にならざるを得なかった。なぜならば、現世の諸関係の伝統的ヒエラルヒーの合法性に対する疑念はどんなものでも、宴席や祝祭でアオイドスがその前で歌った人々にとっては、不快極まることであったからである。大きな議論を巻き起こしたテルシテスに関するエピソードは、とりわけ示唆的である。いずれにしても、それは社会的な抗議という事実自体の存在だけでなく、抗議する者によって非常に的確で明快な慣用的表現がすでに作り上げられていたということも示唆している。同じこの慣用的表現を、最も有力な英雄、『イリアス』第一歌でアガメムノンを罵る堂々たるアキレウスがさせられていることは、さらに興味深い。また、軽蔑すべき「糞尿運搬人」コプロスの息子であった、臆病者のエウリュステウスの使者ミケーネ人ペリペテス［Il. XV. 639］の最も良い面を特徴づけてホメロスが、明らかに喜んで τοῦ γένετ' ἐκ πατρὸς πολὺ χείρονος υἱὸς ἀμείνων「このはるかに劣る父親から最高の息子が生まれた」と言っているのは非常に興味深い。

ペリペテスはヘクトールに殺されるために現れたエピソード的な人物である。このような戦士は『イリアス』の作者の創作的空想の産物であり、ペリペテスは、勇敢さと徳の継承という貴族階級の伝統的ドグマ、テオグニスやピンダロスが歴史の歩みに逆らってなおも熱心に擁護するドグマを拒否する理由を得るために、作者のところに姿を見せているのである。したがって我々にとっては、ホメロスでさえ社会に対する伝統的な見方の崩壊の証人である。たぶん、伝統の精神で、あえてさまざまな信心深い推論を述べてはいるが、宗教の領域ではより一層保守的であったヘシオドスは、社会的諸関係の領域ではよく知られた危機の状況を描いている。これについては詳述するまでもない。

アルキロコスは、そうすることによって戦士の勇敢さという伝統的規範を踏みにじって、命を守るために自分が楯を捨てたことを自慢している。礼儀正しさという伝統的規範は、確かに我々のそれとは異なるがギリシア人に存在していた。それは叙事詩から、そして伝統と結びついた多くの詩のジャンルから十分明瞭に見て取れる。すでに以前から知られているアルキロコスの断片は、礼儀正しさと思われていたことの枠を超えていた。新しいパピルス断片は、前七世紀にイオニアの詩人が勝手に振舞うことができたことを強調するだけである。

そのほか、我々にとって最も興味深い最後の人。ピュタゴラスは祖国サモスを捨て、アカイア人の中に移住したイオニア人であるが、彼は異国で政治的最高位に就く権利を要求し、そして十分成功した。その上、彼は力には頼らず、これもまたギリシアでは異例のことであったが、新しい宗教的理念に頼っただけではなく、知的活動における成果にも頼った。これは前例のないことであった。

私が言いたいのは、我々が十分な情報を持っている古代東洋のどの国においても、氏族的ないし共同体的生活形態から国家的生活形態への移行の際に伝統的規範の崩壊がこれほど急速に起こったことはなかった、ということである。もちろん、このことは東洋学者の解決にまたなければならないが、一般的な印象はこのようなものである。

さらに我々は、コルキスからスペインまで広範に及んだギリシア世界におけるこの伝統の崩壊の著しい不均等を確認すべきである。両極端として、一方ではイオニアが、他方では、トゥキュディデスが彼の「考古学」を書いた時期にまだ種族制に則って生活していた、北西ギリシアが登場する。考古学的資料とアルクマンの作品から判断して、伝統的価値から離脱の過程に入りかけたが、特殊な歴史的条件のため古い伝統の保存と復古の道へ移ったスパルタも、この極端に近いところにある。

伝統的体制の崩壊の速さと、任意のギリシア国家の文化革命への参加の程度を比較するとき、我々の資料の不足にもかかわらず、これが可能な限りでは、我々は両者の相関の非常に明確な様相を得る。特に、我々が最もよく知っているアテナイ、伝統的イデオロギーの崩壊がイオニアと比べてずっと緩慢にしか進まず、激しい抵抗――ソクラテスの死刑がその最も明白な例である――に繰り返しぶっかったアテナイ、まさにこのアテナイが文化革命の道を歩み始めたのは一番最初でなく、しかもアテナイの文化生活における指導的役割が長い間外来者に属していたということは、非常に示唆的である。

私は、伝統的な生活形態の崩壊、個人の主導権に対する苛酷な制約の緩和は、文化革命の必須条件であったと言うことができると思う。しかし、必須条件はまだ十分な条件ではなく、我々はこの十分な条件を解明することを試みなければならないであろう。しかし最初に私は、我々の考察対象となっている過程においてギリシアの僭主政が果たした役割を、簡潔に述べたい。もちろんここで問題となるのは、前七世紀―前五世紀初めの初期僭主政のことである。一方では、僭主政の役割は明確ではっきりしている。それは、恒久的とみなされた生活規範に依拠する伝統的な貴族的体制の権威を払いのけ、すでにそのこと自体によって、代々受け継がれてきたすべての行動のステレオタイプを動揺させた。財産の没収と再分割が実際に行われたところでは、人の運命はその誕生の時には決してまだ定まっていないという確信が強固にならざるを得なかった。さらに、僭主という手本自体が、生まれつき創意に富んだ人を同じように自分自身の力で、しかも必ずしも僭主の品行を模倣せずに、自分の身の振り方を決めることを試みさせずにはおかなかった。(「製粉所」というよく知られた歌の断片は、人々が僭主ピッタコスの姿に目を向けて、自分のためにも何か希望を汲み取ろうと努めたことを教える。ピュタゴラスが自分の人生を、ある程度ポリュクラテスの方向に対立するものとして選択することができたということは、推測だけにとどめる。)

結局のところ僭主の活動の前述の側面は疑念を起こさせないが、もう一つの問題は相当に議論の余地がある。すなわち、たとえ僭主たちが伝統の足枷を破壊して精神的な解放を促進することができたとしても、彼らは権威主義的体制を創り出し、不満を抑圧する手段としてテロを実行し、「ギリシアの奇跡」の実現の障害になったに違いない——伝統による規制に代わる——新たな足枷を持ち込まなかっただろうか? この種の否定的な影響は生じたと考えなければならない。物語的伝説(Hdt. V. 92)は、最良の穂が畑で高く立つように他の人々よりも高く立つ市民を殺害せよというコリントスの僭主ペリアンドロスに与えられたらしい助言を、ミレトスの僭主トラシュブロスに帰している。僭主たちの行動を、彼らの同時代人ではないとしても、いずれにしても最も近い世代の人々は、そのように受け取ることができた。まさに我々にとってそれが重要なのはこのことであって、ペリアンドロスがどれくらいの数の人々を、いかなる動機から実際に処刑したのかということではない。権力のメカニズムに関するこのような観念は、精神的発達に重くのしかからざるを得なかった。

それでもやはり我々の断片的な史料は、全体としてやや異なる状況を描き出す。すべての初期僭主のうちで我々が最も多くの情報を持っているのは、当然、アテナイの僭主に関するものであり、全体として我々は、ヘロドトス（I, 59）とアリストテレス（Ath. Pol. 16, 7）の要約された考えを実際の事態に近いものとみなさなければならない。彼らの考えは次のようにまとめられる。ペイシストラトスは、必要もないのに市民を刺激しないようにと、余計な争いを回避するためにできることをすべて行った。我々の伝承がペイシストラトス家に最大の有害行為の帰すのは、ようやくヒッパルコスが殺害されてからである。

　しかし、ヘレネス文化の形成に対する直接的な促進作用を僭主に帰す、はるかにより明確な伝承が、事態をいちだんと明確にしてくれる。伝承が僭主の館で生活していたと言っている多数の詩人、音楽家、哲学者を列挙するまでもない。我々にとって最も興味深い事実だけを指摘したい。ピンダロスとバッキュリデスはヒエロンを称える祝勝歌を書き、ピンダロスは自己の作品の中でバッキュリデスに対してかなりあからさまな論争的攻撃を敢えて行っている。このことからは、僭主の政策が詩歌の伝統的なステレオタイプを擁護したかどうかはまったく明らかではない。伝承はホメロスの詩篇の朗誦を整理し、しかもパンアテナイア祭の根本的な変形と関連して行ったのは、ペイシストラトスであるとしている。このことは古い伝統のうわべだけの維持という表現には決して収まらない。ヘロドトスは、シキュオンの僭主クレイステネスに、我々にはまったく明瞭ではない τραγικοῖσι χοροῖσι［悲劇的歌舞］によって行われる儀式の改革を帰している［Hdt. V, 64］。正に改革であって保存ではない。こうした例は増やそうと思えばいくらでも増やすことができるであろう。私はもう一つだけ、やや別の種類の、より有名ではない例を挙げたい。すなわち、ポリュクラテスの治世にサモスで長いトンネルが掘られた。地下の方向は、生まれたばかりの科学的な幾何学の最新の成果を利用して、非常に正確に保たれた。生まれつつある科学の成果を実用目的のために利用した、大体において非常に稀なこのケースは（医学は除外する）、国家が何らかの方法で関与する建設工事で生じた。

これで十分であると私は考える。ちなみに、どこでも一世代以上統治する王朝を築くことができなかった僭主は、新しい峻厳な規範を創り出せる状況にないか、あるいは単に創り出そうと努めず、全体として伝統的なステレオタイプの崩壊を早めた。

しかし、伝統的規範の崩壊そのものは、我々がギリシアで観察するような文化的隆盛を説明することができない。氏族・種族制的体制の急速な崩壊過程は、一八―二〇世紀に人種誌学者たちによってしばしば観察されており、その中にはヨーロッパ人の直接的介入から比較的自由な状況下で起こったものも含まれている。興味深い資料がアーノルド・トインビーの有名な大著の中で拾い集められている。ハワイ諸島における伝統的社会の滅亡の状況は、特に示唆的である。しかし、このような状況にあるいかなるところでも我々は、ギリシア史から我々が知っている文化的隆盛にかすかに似たものすら、まったく見出せない。よりしばしば我々はこのような状況では、一時的で部分的なものにせよ、文化的退歩の兆候と関わり合う。私は、ここでは次のような単純な要因が役割を演じたのだと思う。すなわち、ギリシア人にあっては氏族制の崩壊は、技術革命、経済的隆盛、政治的拡張という状況の中で進行したのである。

ギリシア人における種族制的生活形態の崩壊（ミケーネ国家滅亡後の第二の崩壊）は、鉄器の普及という状況の中で起こった。これは、専門家の見解によれば、青銅器の普及よりもはるかに重大な結果をもたらした技術的進歩であった。鉄器の使用方法を学びとって、ギリシア人は新しい生活形態、未曾有の急速な経済的隆盛という状況にある国家での生活を創り出した。その当時の地中海の政治地理は、最も広範な政治的拡張を彼らに可能ならしめた。その結果、すでに前六世紀にギリシア人は、文化的一体性を維持しつつ、生活条件と文化的交流をかつてなかったほど多様化させて、広大な領域にわたって植民市に移住した。このことは、我々がすでに述べた伝統的生活形態を動揺させただけではなく、新しい生活形態の組織的追求のための刺激ともなった。このような状況の中でギリシア人の間に、古代東洋の民族にとってはまったく特徴的なものではない、知的傾向が生じたのは当然であると私は思う。

古代ギリシア人の楽観主義と悲観主義については非常に多くのことが議論できるが、今我々にとっては、この問題に対する部分的な解答で十分である。古拙期の記念作品では（古典期と同様に）、具体的問題の解決可能性、一定の限られた目的を達成する可能性という見地から、人生に対する楽観的な態度が優勢であると私は主張したい。ソポクレスの『アンチゴネ』の次の第一スタシモンの有名な詩句は、世界観の支配的方針を鮮やかに示している。

この世には不思議なものが沢山ある、
その中で最も不思議なものは、人間だ［332-333］、

と、第一スタシモンの結末の詩句、

彼の考え――それは風よりも速い、
彼自身が自らの言葉を覚えた。
彼は城市を築き、矢を避ける、
厳しい寒さも激しい雨も。
彼はすべてをすることができる。あらゆる災難を避ける
確かな方法を彼は自分で見つけた、
病気を治す手段を彼は知っている、

しかし、彼はハデスが近いことだけは感知している、
どんなに助けを呼んでも無駄だと［352-363］。

今我々が関心を持つのは結末ではない。今我々にあるのは現世の利害関係である。古拙期および古典期のギリシア人の限定的な、実利主義的な楽観主義の形態を理解するにはそれで十分である。

私が今しがた述べたことには、証明するのがまったく難しい、多くの主観的なことがある。いわゆる内容分析［kontent analysis］の方法で古拙期の遺物を研究してアメリカの学者たちが同様の結論に達した。これがどのようなものであるかは、Γ・K・プージコフの論考「アリストテレス『政治学』の論証（内容分析の試み）」（『古代史通報』一九七七年、第三号、一一―三四頁）から容易に理解できる。統計学的作業にとって不可欠の偶然的なサンプルではない断片的資料にもとづいてこの方法で得られる諸結果をいくらかでも説得力があるとは思わないが、それでもやはりそれらはこの時期の遺物の直接的な読み込みの結果と一致することを指摘したい。アメリカ人によって導き出されたA-Achivement［達成動機］すなわち成功目標設定指数は、非常に高い結果となった。結局のところ、鉄器の普及と関連した急速な技術的‐経済的進歩、政治的拡張の成功、そして結合した限定的な実用主義的な楽観主義は、文化革命の第二の不可欠の前提条件とみなされると思う。

しかし、これらすべてもまだ不十分である。問題は科学史の分野で最もはっきり現れる。古くからバビロニア人に知られていて、容易に測量によって検査でき、一連の考察によって根拠づける欲求をその時まで誰にも呼び起こすことがなかった幾何学的比率を、ミレトスのタレスが論証しようとしたことに対して、これらすべてはどのような関係を持つことができるのか？　確かに社会的に役に立つ日時計の設置にも取り組んでいたとはいえ、なぜアナクシマンドロスは、暦をきちんと維持するためにも航海のためにも明らかに不必要であった太陽系の機械的モデル

を作ろうと試みたのか？　この行動形態は、伝統的な規範や信仰の崩壊からも、経済的隆盛からも、実用主義的な楽観主義からも決して出てこない。

我々が関心を持っている諸事件を呼び起こした第三の歴史的要因へ移ろう。すでにホメロスの詩篇は、おそらくミケーネ起源さらにはミノア起源さえ持つ、運動競技の十分に完成された伝統を我々に誇示する。そこには戦士の訓練に際して運動競技を多少とも役立つものにする要素が存在するが、決定的な地位を占めたのは直接的な功利主義的目的を持たない種類の競争、まず第一に戦車競走であった。これは、ミケーネ時代以後は一般に戦争では利用されていなかった。しかしながらホメロスの描くパトロクロスの追悼の催しでは、陶器画の記念物におけるように、戦車競走はまさに葬送競技会の中心的事件として登場する。

明らかに、我々の前にあるのは一九世紀にトルスティン・ヴェブレンによって指摘された、全社会的現象の出現形態の一つである。すなわち、多くの自由時間を持つ階級ないし社会層が社会の中で優勢なところでは、このような社会集団はいわゆる誇示的な消費を実地に応用する傾向を見せる。そのすべての特徴が、幾何学文期－ホメロス時代のギリシアで揃った。豪華な墓、食料品の中で最も高価な肉が食される、ホメロスによって描写された大宴会、祝宴で歌うアオイドス。競技会の開催は、比較資料が証明するように、こうした生活様式でよく見られる要素である。トレーニングのための余暇や他の好条件を持つ社会集団は、こうした手段によっても自己の優越性を誇示したのである。

しかしこれらの競技会と、ホメロス時代のギリシア人がそれに与えた意義は、一方では誇示的な消費の要素であったが、他方ではギリシアの貴族階級の間で支配的であったアゴーン心、単に誇示的な消費においてだけではなく生活活動の最も重要な領域においても存在した競争心を反映していた。この志向はブルクハルトによってもイェーガーによっても詳細に描写されたが、よく知られていることである。ここでギリシアの貴族階級の本当の心理を反映するホメロスの英雄は、戦闘で（戦争は彼の主要な仕事である）勇敢であろうと努めているだけではない。彼は自分に似た人たちを勇敢さで凌駕しようと努めているのである。彼は戦利品のうちの正当な取り分を手に入れるが、もし彼の権利が否定されるならば、そのために存在そのものが危険にさらされる。なぜならば彼の名誉、彼の同等者たちの発言の中での彼の比重が傷つけられるからである（侮辱されたアキレウスの怒り、アカイア人指揮者たちの決定によってアキレウスの甲冑の遺産をアイアスではなくオデュッセウスが受け取ったときの、『小イリアス』の中のアイアスの狂気を思い出そう）。ホメロスの英雄は、石投げから良識ある助言を与える能力まで、彼のグループでふさわしいとみなされるなら、どんなことであろうとも自分と似た人たちから取り残されないよう全力を傾け、潜在的な競争相手と彼の属する集団の意見をいつも氣にしながら慎重に行動する。トロイアへ出発するアキレウスに父親は、αἰὲν ἀριστεύειν καὶ ὑπείροχον ἔμμεναι ἄλλων［常に衆に抜きんでて最高の手柄をたてよ］（VI, 208）と命じている。同じ決まり文句が、グラウコスに関しても繰り返される。このように、そうする決まりになっているすべてのことでἀριστεύειν が必要であり、この決まりになっていることは、すでにホメロス社会では実利的に有益なことの限度を越えている。

古拙期の間に、新しい社会勢力がギリシアの貴族階級をその支配的地位から押し退ける。この過程は大分前から研究者の視野の中にあり、史料の状態が許す限りで、我々に知られている。新しい階級が権力を得ると、彼らは新しい理想、社会学者の言う新しい価値観をもたらす。しかし、それらは決して絶対的に新しい何かとはならず、古いものの抽象的な否定のようなものとはならなかった。新しいモラル、新しいセンスは、概して古いものと新しいものとの奇妙な結合となる。いかにしてブルジョアジーが、でき上がっていた貴族的価値体系を否定もし、作り直しもし、猿真似もしたか、我々はよく知っている。

同様の過程は、いわゆるポリス革命の時期にも起こり、その反響は少なからず現在まで残っている。我々の視点から最も興味深いことだけを指摘しよう。運動競技の競争の慣例は、維持されているだけでなく、人間の歴史においてかつてない最盛期を経験する。有名なオリュンピア競技会を含む全ギリシア的なアゴーンが生まれる。オリュムピア競技会での勝利は、若者たちが獲得しようと努めることができる人生の最高の業績の一つになった。今や、全ヘラスの考えがこのようなものである。無数の都市の圧倒的多数の市民が、オリュムピアの勝利者を前にして歓喜を分かち合っているのは明らかである。この点で全ギリシア世界は全体として貴族的な価値観を受け入れたのである。

実際、前五世紀初めになってもまだ、とりわけピンダロスとバッキュリデスの祝勝歌から判断すれば、古い貴族階級の末裔が競技会で最もしばしば勝利した。運動競技の成績への高い評価を受け入れることは、このことで実際の成功を勝ち取ることよりもずっとたやすいことであった。ここには、日常生活上の理由からも、心理的な理由からも受け入れを妨げられていた、骨身惜しまぬ長年のトレーニングという多年の伝統が、まだ非常に長い間影響を及ぼしていたに違いない。

しかし、伝統は借用されるだけでなく、創り直されもする。すでにホメロスでは、英雄たちはお互いの様子を見ながら慎重に行動し、知的な資質も評価する能力ももっている。ホメロスによれば、タミュリスがムーサたち自身と歌で競い合おうと決心したのであれば[II. II. 593]、このことは、アゴーン心がホメロス時代のアオイドスにも無縁でなかったことを意味している。

私は、新しい社会的勢力によるアゴーン心の普遍化が文化革命の歴史における最も重要な契機であったと断言する。貴族とのその伝統的な職務での競争のむずかしさ、武人の勇敢さや運動競技での競争のむずかしさは、すべての人に等しく好適な条件が存在した新しい分野へ競争が移ることを促進した。人間的な精神に適した分野での人間の積極的活動の急激な発達も、ここに端を発している。これらの心理的前提条件は、そのためのかなり重要な外的条件が現れた、まさにその時に満たされた。エジプトからは安価で使い易い書き材料、パピルスが入るようになった。フェニキア人からはアルファベット文字体系を借用することに成功した。これは人間の歴史で初めて、エリートの狭い集団ではなく、広範な住民層に、しばしば、おそらくすでに古拙期に市民団の男性部分の半数以上に読み書き能力への道を開いた。

〈…〉

【付録3】

文化革命期の古代ギリシアにおける科学の誕生の全歴史的意義

人類の文化的発展は、社会的存在および文化的伝統の保持者としての人間の形成の時から飛躍的に生ずる。たとえば、いわゆる「新石器革命」や都市革命のような最も古い時期の文化革命は直接的な研究が不可能であり、その過程は考古学的および人種誌学的資料によって復元され得るだけである。近東領域、シュメールとエジプトにおける青銅器の習得、最初の国家と文字文化の創造が、過程そのものではないとしても、その直接的な結果が文書に記録されている最初のこのような大きな飛躍であった。しかし古代ギリシアにおける文化革命と、ルネサンス期に始まって地球全体に広まり現在もなお続いているヨーロッパにおける急激な文化的発展だけが、我々がその内部すなわちその過程自体の中で研究できる人類文化の二つの飛躍である。すでに古代ギリシアにおける特有の文化的発展は、十分に文書によって裏づけられている。確かに乏しいとはいえ我々は、この革命が始まる前の状況を反映するミケーネ時代の文書、革命の始まりそのものを反映するホメロスの詩篇、続いて、しばしば断片的ではあるがほとんど例外なく主要な革命家から出ている、十分雄弁に述べられたテクストを持っている。ルネサンス期と近代の文化的発展は、はるかに良好に文書によって裏づけられている。結局大きな文化的飛躍の一般的法則性は、基本的にはいわゆる「ギリシアの奇跡」とヨーロッパのルネサンスとを比較して、部分的には国家と文字文化の創造を以って終わる青銅器時代の革命について我々が知っていることを活用して、研究しなければならない。

古代ギリシアの文化革命とヨーロッパのルネサンスの共通点は、まず第一に経済的隆盛であった。これはギリシアでは第一に鉄器の習得の革命的な影響力によってもたらされ、ヨーロッパでは中世末に独自のより複雑な諸原因を持っていた。伝統的な生活形態――ギリシアでは原始共同体的な、中世後期のヨーロッパでは封建的・キリスト教的イデオロギーによって押しつけられた――の崩壊は共通していた。古代ギリシアにおいてもルネサンス期においても、いわゆる「アゴーン的文明」すなわち単に競争的な（成功を目指す競争や戦いが一般に通用する行動規範であったような）文明ではなく、直接的な利益――単純な需要の充足および財産の蓄積――と結びつかない活動範囲に競争原理を広めた文明の特徴の発展が、我々の見るところでは――問題は残っているが――J・ブルクハルトによって指摘された非常に重要な要因であった[1]。古拙期ギリシアにとっては運動競技の最盛期が出発点であり、中世後期とルネサンスにとっては歩兵隊で使用される火器が実際的な意義を獲得するようになったまさにその時期に騎士の馬上試合が普及したことが、文明のアゴーン的性格の特徴的な現れであった。古代ギリシアにとっては、古代東方では前例のない、文化的価値の創造における論争と競争の発達が特徴である。中世後期に我々は、ルネサンス期には熱気溢れる競争に変わる大学の公開論争、代数学の三次方程式の解法をめぐるカルダノ［Girolamo Cardano］とタルタリア［Nicolo Tartaglia］の衝突[2]、あるいはガリレオ［Galileo Galilei］とアリストテレス学者との論争がその例となり得る、教養人グループに影響を及ぼした論争のますます発展する慣行を見出す。

文化的飛躍の時代の決定的な特徴的兆候と思えるのは、精神的活動でのあらゆる成功――新しい定理、強い感銘を与える詩、絵画――を、それらがいかなる利用を考え出し得るかということとは関係なく、たとえ一時的にせよ、社会にとってそれらが起こし得る高揚と損害を捨象して奨励する世論の形成である。このような状況は、別の時代では決して無条件に社会によって奨励されることはなかった、人々の中に植えつけられている芸術的創作活動に対する直接的な認識的関心や能力を解き放った。

人間の知性の最新の発見を賛美したマルシリオ・フィチーノ［Marsilio Ficino］からジャン・ボデル［Jean Bodel］まで、ルネサンス期の活動家が一斉に挙げた真の声が、(3) まさにアルキメデスあるいはヒッパルコスの発見に関する古代人の歓喜を想起させるのは偶然ではない。

二つの文化革命――「ギリシアの奇跡」とヨーロッパのルネサンス――が異なる社会‐経済的発展段階の枠の中で実現されたにもかかわらず、両革命の準備や経過のメカニズムの共通性は明らかであるように思われる。我々の考えるところ両者の違いは、ギリシア人が前文字社会の民族や古代東方の民族の知識、技能、文化と比較して目覚しい前進を自ら成し遂げたのに対して、ルネサンスと近代はギリシア人が達成した根本的な成功を復活させ、発展させたことにある。文学と芸術の分野では万人に受け入れられる基準を見つけることは難しいが、ギルガメシュ叙事詩からたとえばソポクレスの『アンティゴネ』までの距離が、『アンティゴネ』から『戦争と平和』までの距離よりも長いことは明白だと思われる。人間の知識の発展に関しては、まさにギリシア人は、我々に自然の法則の知識を与える唯一の方法である、仮説的‐演繹的方法によって特徴づけられる、体系化された知識の特殊な形態としての科学を創り出した。ルネサンスの偉大な識者は、ギリシア人によって基礎を置かれた科学的方法の根本原理を意識的に論拠とした。コペルニクスは、プトレマイオスの方法とサモスのアリスタルコスの考え方にもとづいて、プトレマイオスを乗り越えた。ガリレオはアルキメデスの著作を論拠とした。知的分野におけるギリシア人の業績の恒久的な現実性は、特に天体の目に見える運動をその真の運動の結果として説明しようと試みたギリシアの天文学と目に見える運動の記述で満足したバビロニア天文学との対立が、現在科学のほとんどすべての分野でどのように独特の仕方で現れているかということに帰せられる。すなわちギリシアから発して、原因‐結果を説明する伝統は、前ギリシア的とりわけバビロニアの伝統を復活させる、我々の知識の対象の記述もしくは無駄のない記述の支持者たちの強まりゆく声と対立しているのである。

しかし、古代ギリシアにおける科学の誕生の特別な意義（我々の考えでは、科学の内的な歴史の視点から明白な）は、科学を外から検討するとき、古代社会の生活における科学の位置、経済的・社会的発展そして精神的進歩における科学の比重を検討するとき、それほど明らかではないと言わねばならない。実際、科学が社会的発展の重要な要因へと変化する過程は、ヨーロッパでは一七、一八、一九世紀という年月がかかった。

ギリシア・ローマ世界における振動するような比較的緩慢な技術的進歩は、大体において、手の力と純粋に実用的な目的を追求する人々の知恵によって実現され、すでに生まれていた科学は活気を与えるような影響力を味わうことはなく、その活動家たちを動かすことができたのは認識的関心だけであった。事態は全体として、セネカがルキリウスに宛てた第九〇書簡で描いている状況に近かったであろう。自己の発明の才の力を財貨の生産に役立つ改善に費やす人々に対するセネカの軽蔑は、彼の観察眼を鋭敏にし、問題点を正しく評価することを可能ならしめた。アルキメデスの活動は、むしろ原則を確証する例外である。[4] 結局生産力と科学の発展は、それぞれがそれなりに古典古代社会に影響を与える独立した要因であって、しかも生産力の「目に見えない」発展は古典古代社会の将来において、生まれたばかりの科学よりもはるかに大きな役割を演じたのである。

同じセネカのルキリウス宛第八八書簡は、「賢人」の「正しい」世界観の形成における、科学的知識も含めた具体的な知識の役割に関する古典古代の思索の結論を我々に与えてくれる。この結論は科学にとってははなはだ悲観的なものである。セネカにとって最も心配なことは、余計な知識を身につけた哲学が駄目にならないかということらしい。そしてこのような見方は、おそらくヘレニズム時代には次第に優勢になっていった。しかし、より早い文化時代では事情は別であり、精神的生活に対する科学の影響は、しばしば考えられているように、消滅しつつあるほど小さくはなかった。とりわけすでに我々は、特別な学問分野としての論理学の起源は最初のギリシアの幾何学者たちによって作り上げられた論証の手法にあるという、ずっと前から言われてきた推測を裏づけようと試みた。[5]

アリストパネスがミレトスのタレスに頻繁に言及していることは、タレスの名が一般のアテナイ人の観客にもかなりよく知られていたことを物語っており、これらの言及の特徴は、タレスがその哲学的理念との関連でよりも、誕生したギリシア科学において彼によって成し遂げられた第一歩との関連で、広く知られていたことを証明する。(6)

古代ギリシア科学の意義を低く見ようとするかそもそもその存在を否定しようとする人は、実験と自然現象の数学的理論の創出による自然の体系的研究を排除するかのような、古典古代の世界観をしばしば引証する。しかし、古代ギリシアまたは古典古代全般の世界観のしかるべき特徴を裏づけるためには通常、現在まで残っていない古代ギリシアの哲学者たちの著作が引証される。しかしながら、科学について述べて支配的な哲学的理論を引証することはできない。

このことは、断片的な資料しか残っていない古典古代世界に関してとりわけ有害である。古典期の哲学は科学よりもずっとよく我々のテクストで現れるが、その哲学からも、科学的研究により調和した傾向を持っていた可能性のあるデモクリトスの著作は、現在残されていないのである。

プラトンやアリストテレスの哲学は科学の発展方向を決定したと考えることができるであろうか？　そうは考えられない。ヘーゲルまたはカント、ベーコン、ロックまたはコントの哲学が近代科学の発展過程を決定せず、むしろ彼ら自身が自分と同時代の科学の影響を被ったのと同じように、彼ら［プラトンやアリストテレス］の哲学も科学の発展方向を決定しなかった。我々がエウドクソスの天文学とプラトンの哲学との関係で推測できるように、影響は、他に手段のない場合には相互的であり得た。

ギリシア人は科学の基本的な手法すなわち実験を利用しなかったという理由で古代ギリシア人の自然研究者の科学性の地位を否定しようとすることも根拠がない。弦の長さと音の高さとの相関関係はすでに初期ピュタゴラス派により実験によって明らかにされており、幼稚で簡単なものとはいえ物理学の器具である一弦器を用いて研究された。ランプサコス出身のストラトンの著作は失われたが、残されている証拠は、彼が物理的現象の実験的研究に取り組んでいたことを物語っている。アルキメデスは理論力学の分野での自己の業績を演繹的思考体系の形で叙述したが、彼は証明される法則性、とりわけ初期の著作『平面板の平衡または平面板の重心について』で展開された静力学の基本問題をもちろん実験によって発見した。

梃子の理論の仮定の一つ（第六番）「一定の距離にあって、二つの重量が互いに釣り合うならば、同じ距離にあって、それらに等しい［第三の］重量も互いに釣り合うであろう」［三田博雄訳「アルキメデスの科学」田村松平編『ギリシアの科学』（『世界の名著』9、中央公論社、一九八〇年）三九一頁参照］（現代の表現で言えば、梃子の腕の一方の荷重を、質量ではそれと等しく同じ頂点に重心を持つもう一方の荷重で置き換えるならば、平衡は破られないであろう）でさえ、入念な検証の後でなければ、アルキメデスによって受け入れられることはなかった。すなわち、それは決して自明なことの中に入らない。現存していない『反射光学』でその結果が叙述された、アルキメデスの光学的研究も実験にもとづいていた(7)。

ようやくひとり立ちしたばかりのギリシア科学の発展過程は後に近代科学が前進した過程に基本的には似ていたが、ギリシア科学の発展は、ヘレニズム期における社会状況の急激な変化によって阻止された。「文化革命」時代の終焉が訪れ、ギリシア科学は科学の発展をある程度促進し得たであろう技術との結合に達することはなかった。それが科学の運命であった。

一体、科学の誕生の世界史的意義とはどのようなものであろうか？　それをより明瞭に想像するために我々は思考実験をさせて頂く。すなわち、もしギリシアの「文化革命」の過程で仮説‐論証の方法を伴う科学――自然の法則の体系的な認識の唯一の方法である科学――が誕生しなかったとすれば、人類はどのように発達し得たであろうかと自問してみよう。古典古代世界の運命は、外見はあまり変わらなかったかも知れない。中世は実際にそうであったとほぼ同じように始まって、そして終わったかも知れない。社会の発展の法則は、遅かれ早かれ新しい経済的隆盛をもたらしたに違いなく、中世でも完全には停止しなかった技術的進歩は速度が速まったに違いない。

しかし近代の技術的進歩の運命は、もし精密科学の成果がそれを促進しなかったとすればどのようなものになっていたであろうか？　もし古代ギリシア人が、一六—一七世紀の科学の大家たちに古代人の肩の上に立ってこの方向で大飛躍を遂げる可能性を与えた基本的な科学的方法を習得しなかったなら、もし近代ヨーロッパで自然の法則の理論的認識を奨励する知的な環境が創り出されず、すべてのエネルギーが実用的に有益な機械装置の発明と改良に直接向けられるだけであったとすれば、一体何が起こっていただろうか？

この問いに対して説得力ある回答をするためには近代の科学と技術の歴史に関する専門家の具体的な研究が必要であるが、いくつかの一般的な推測的考えはおのずと出てくる。私もそれを述べたく思う。

おそらく蒸気の力の習得と、不完全になされたものであったとしても蒸気機関の製作は、自然の法則の研究なしでも可能であった。蒸気によって始動させられる各種の機械や機関の多数のセットである蒸気機関車や蒸気船の製作も可能であった。

実際にも蒸気機関の理論はサディ・カルノー［Nicolas Leonard Sadi Carnot］（一七九六—一八三二年）[8]によって、言ってみれば蒸気機関がすでに広く利用されてしばらく経って創り出された。したがって、人々の宇宙に関する観念がたとえばアリストテレス的な物理学と宇宙論の水準で停滞したとしても、一八世紀の産業革命は一般的には実現され、どのようにも広範に広がることが可能であった。

自然の法則への無知と関心の欠如は、一九世紀半ばと比較して質的に新しい水準にある技術の発展にとってのみ克服し難い障害となったであろうと考えなければならない。すべてから判断して、新しい飛躍は電気エネルギーの習得なしには起こり得ず、そのことはまた、電気の予備的研究と理論の創造なしには起こり得なかったであろう。

科学的方法なしには、技術は全体として一九世紀半ばの水準に止まることが必至であったであろう。

現代において最も大きく聞こえるのは、科学は人類を宿命的な袋小路へ導いた、今人類がその存在自体を脅かす解決できない諸問題に直面しているのはまさに学者の責任だと主張する声である。これについて、我々がここで示した思考実験の観点から、何が言えるであろうか？ もちろん、科学がなければ人類は決して原子エネルギーにも熱核融合エネルギーにも習熟しなかったであろうし、したがって核戦争の結果滅亡する危険にさらされることも決してなかったであろう。人類に差し迫った第二の恐るべき危険すなわちエコロジー的危険の恐怖は、科学によって引き起こされたのではない。人間の間での自然の破壊は、少なくとも新石器時代に原始的な農業の出現とともに始まった。人口の増加につれて、科学の欠如という条件の中で人間の手に技術的手段が緩慢に蓄積されるにつれて、自然に対する破壊的作用はますます激しくなったであろう。もちろんこの過程は現在よりもゆっくり進行したかも知れないが、いずれにせよそれはどちらも同じように進行したであろう。今日、物理的法則の認識にもとづいて科学的方法を作り上げて、人類がそれを社会の機能化の法則の研究に応用することに多少とも成功しているのであれば、自然の法則を知らない人類は自分たち自身の生活をコントロールする法則性を決して理解することはできないであろうと我々は確信できる。

今日、経済危機や人間の活動から生じているその他の諸問題に直面している我々は、自己回復のための手段を理性的に探すことができる。科学を持たない人類は遅かれ早かれ地球の天然資源を使い果たして、おそらく窮地に陥るであろう。タレス、エウドクソス、アルキメデスから科学的方法を受け継いだ我々は、その中に単に危険の源だけでなく、それを克服するための方法を発見する手段も持っているのである。

（1）Burckhardt J. Die Kultur der Renaissance in Italien. 10. Aufl. Bd. 2. Leipzig. 1908. S. 142ff. , 152ff., 173ff., 222ff.
（2）Р・С・グトレル、Ю・Л・ポルノフ『ジロラモ・カルダノ』モスクワ、一九八〇年、八四頁以下。
（3）А・Х・ゴルフーンケリ『イタリア・ルネサンスのヒューマニズムと自然哲学』モスクワ、一九七七年、一七―二一頁。
（4）Lloyd G. E. R. Saving the appearances// CQ. 1978. Vol. 28. P. 202-222.
（5）А・И・ザーイツェフ『前八―前五世紀の古代ギリシアの文化革命』レニングラード、一九八五年、一八〇―一九〇頁。
（6）アリストパネス『雲』一七七―一八〇；『鳥』九九九―一〇〇九。
（7）С・Я・ルリエー『アルキメデス』モスクワ、レニングラード、一九四五年、八三―八四頁、二一一―二一二頁。
（8）たとえば、К・А・プチーロフ『物理学教程』第一〇版、第一巻、モスクワ、一九六二年、三九八頁以下参照。

【付録4】

「ギリシアの奇跡」とヘレニズム時代におけるその成就

ここで簡単に述べられる私の考察は、現在ドイツ語版でも公刊された拙著で研究した「ギリシアの奇跡」というテーマと関連がある。なぜまさにギリシア人がこのような大いなる前方突破を実現し、その結果全西洋の文明と文化の創始者になったのかという疑問は、大昔から提起されてきた。すでにローマ人がこのことについて深く考察したようである。しかし驚くべきことに、この問題を方法論的に検討する試みは今まで一つもなかった。私は自分の研究論文（注1参照）でこの欠落を埋めようと試みたが、そこで述べられた見解も拙著への不可欠な補足と考えている。

その際、創造的な潜在能力を持っているだけでなく、それを現実化しようと努める精神的に創造的な人間がすべての文化で現れるという、社会学や社会心理学によってその明白さが裏づけられている観察が、私の全思考体系の一般的な前提条件である。しかし、これに反して、多少とも正常に機能している社会はすべて、何らかの実際に役立つ目的と関係のないどのような精神的創造活動も妨害し、そうすることによって文化の発展を妨害する。この理由によって文化の完全な開花が生ずることはきわめてまれであり、正にそれゆえに、それは、あまりにも急速な刷新から社会を保護するシステムの一時的な弱化といつも相関関係になければならない。ギリシアではこのような弱化は、多分ミケーネ文化の崩壊後、いわゆる「暗黒時代」に続いて生じた。

我々はすでにホメロスにおいて、各人の顕著な成果がそれを凌駕したいという欲求を起こさせるが、その成果または他のあらゆる成果が社会にもたらすであろう利益の問題がまったく提起されないアゴーン的文明（ヤーコブ・ブルクハルトによって導入された概念[2]）の状態にあるギリシア人を見出す。このようなアゴーンへの愛着は、まず第一に運動競技の未曾有の発展と、とりわけ全ヘラス的競技会に現れた。この傾向は非常に急速に、考えられ得るすべての精神的創造活動分野、すなわち、詩、哲学、造形芸術、そして生まれつつある科学において顕著となる。この傾向は、厳密な証明方法をその基本としてどのような実用的応用という考えも否定する幾何学の形成において、特に明瞭に現れた。従って、「ギリシアの奇跡」を出現させた原因の中で私は、ギリシアにおけるアゴーン的社会の発達を第一位に置くつもりである。

もちろん、アゴーンが何の顕著な成果を生み出すこともできない低級でくだらない仕事に堕落することは、もしその参加者がそのような顕著な成果への内的志向を自ら発展させることができなければ、もとより十分にあり得ることである。しかし、古拙期および古典期のギリシア人の基本的志向は、やはりここにあった。フリードリッヒ・ニーチェ、ヤーコプ・ブルクハルト、アーヴィン・ロードによって彼らに帰されている「形而上学的な悲観主義」にもかかわらず彼らギリシア人には、人間は hic et nunc［ここに、そして、今］すなわち自分の人生で、どんなに大きな偉業でも為すことができるという深い信念があった――ソポクレスのコロスが歌うように、人間は死だけは逃れることができない（Ant. 332-375）。

現在の私の問題理解に基づいて、私はまさにこの相対的な楽観主義を、ギリシアにおける文化革命の第二の前提条件とみなすよう提言する。もちろんそれは先行する経済的隆盛と領土的拡大なしには考えられなかった（これについては、後述参照）。拙著ではまだ、私はこの現象について満足のいく判断を述べることができなかった。ギリシア文化の最盛期の最後の段階について考察して、私は根本的に新しい判断に達した。実際、文化革命を活動させる原因とそのメカニズムの問題は、その衰退の原因に関する答えも含んでいるように思われる。なぜならば、一体何が古典期以後のギリシア人が創造力を発揮するのを妨げたのかを究明することは同時に、なぜもっと前の時代にはこの創造力が解き放たれ得たのかを解明することをも意味するからである。(3)

このような問題の提起はすでにそれ自体、急速に発展していった古代ギリシアと、深刻な沈滞に陥ってしまったソ連邦とに関する史料に対する私の観察の間の著しい対照を明瞭にした。ヘレニズム時代に発生した文化の停滞状況の記述を踏まえて、ソビエト・ロシアにおける類似の状況との連想、全体主義体制の下では許し難いこととみなされていた連想が直ちに浮かぶであろう。それゆえ今初めて私は、ある程度自分の以前の研究に加えて、ギリシアの最盛期の最終段階を私の理論構成に組み入れ、それによってこの現象の最も首尾一貫した説明を提起することに取りかかる。(4)

しかし、最初に文化の停滞について手短に述べたい。実際にそれは生じたのであろうか?「ギリシアの奇跡」自体によって生み出された精密科学のような、累積的に発達する文化内部の部門から始めなければならない。(5)アルキメデスとペルガのアポロニオス以後の数学では、偉大なディオファントスという孤立的な大物でさえ止めることができなかった、創造力の突然の枯渇が見られる。ヒッパルコスから天文学は沈滞状態になり、分類学者プトレマイオスはいかなる実際的に新しい原理もそこに入れなかった。ペリパトス学派のランプサコスのストラトンによる計画的な物理学の実験への最初のアプローチは、その最も初歩の段階で停止した。記述的な自然科学においては、テオフラストスとアリストテレスの基本的論点が以前同様に効力を持ち続けていた。それゆえ、財産目録がしばしば真の「認識」に取って代わったというカール・シュナイダーの断定は、(6)生じつつあった状況を正しく確認している。

人間と社会に関する創造的な思考は、パナイテイオス、ポセイドニオス、ポリュビオスの著作で終わる。確かに前三世紀初めに主要な哲学の学派の形成後新プラトン主義に至るまで、すなわち五〇〇年の間、いかなる新しい思潮も発生していないことは疑いないように思われるが、哲学について判断することははるかに難しい。文学と造形芸術の発達に関しては、あらゆる理論的な疑念にもかかわらず、おそらく別の判断をすることはできないであろう。ヴィラモヴィッツによれば、ヘレニズム詩文学の悪化は前三世紀頃に訪れた。(7) これについては、彼の時代に知られていたエウフォリオンないしヘルメシアナクスの断片と、ロドスのアポロニオス、メナンドロス、テオクリトス、カリマコスの作品とを比較するだけで十分である。およそ前二五〇年頃からの、詩文学に属するパピルスの発見もあまり期待できるようなものではない。(8) おそらく文学は自己の可能性を使い果たしたのである。前四世紀以降、彫刻と絵画では有名人は姿を消す。従って、私の考えでは、ヘレニズム時代には文化の沈滞を語ることができる。

もっとも、我々はこのことに驚くべきではない。いずれの国におけるいずれの文化的最盛期も時間的な枠で制限されており、無限に続くことはなかった。(9)

前三〇〇〇年頃の近東における画期的な文化革命も、「ギリシアの奇跡」と同じく間もなく沈滞に変わった。イタリア・ルネサンスで始まった近代ヨーロッパ文化の最盛期は、我々から見ればおそらくその終末に近づいている。ヨーロッパのたそがれについてのオズワルド・シュペングラーの哲学的思弁は、自明である事実に明らかに依拠している。しかし、文化的沈滞へ導くメカニズムは、それ自身の固有の動きによっても進展したに違いない。「ギリシアの奇跡」の終焉を検討しつつ、私はこの動きの法則性を見つけることを試みたい。

拙著で私は、「ギリシアの奇跡」の発展において最も決定的な役割を果たしたのはギリシア人のアゴーン心と、運動競技から精神的分野へのその移行であると述べた。しかしアゴーン心は、ヘレニズム時代およびローマ時代のギリシア文化でも支配的であった。後期の哲学者や弁論家の論争がこのことを雄弁に物語る。キケロの的確な指摘によれば、ギリシア人は「真理に関わる問題で自分と同意見でないすべての人を躊躇なく罵る」(De fin. II, 25, 8)。キケロの公正な断言は手厳しい —— in levitate perversitas(「軽薄さに堕落あり」)。

結局、アゴーン心は残されたが、以前はそれが持っていた創造的要素は跡形もなく消える。一体、何が失われたのか？ もちろん、大部分のギリシア都市の独立の喪失は影響を及ぼしたに違いない。しかし、創造力の衰退はローマの征服以前のマグナ・グレキアでも、シシリアでも感じられる（アルキメデスは幸せな例外にすぎなかった）が、他方でプトレマイオス朝治下のアレクサンドリアは、衰微しつつある創造的活動の最も主要な中心地の一つになった。

世界の至るところで、文化の発展にとっては政治的決定への参加の権利よりも、むしろ市民の個人的自由が不可欠であるように思われる。そうでなければ、エリザベス期のイギリスあるいはルイ一四世のフランスにおける文化の最盛期はあり得なかったであろう。ハドリアヌスの時代のアテナイ人は、ペリクレスの時代におけるよりもはるかに大きな個人的自由を獲得したが、創造的活動の能力を失った。

「ギリシアの奇跡」の衰滅において決定的な役割を演じたのは、「原則的に自分にとって達成可能であることを自分自身の努力で達成することができる人間への確信」の喪失であったと私は考える。換言すれば、ギリシア人は常に「形而上学的な悲観論者」であったが、古拙期および古典期には（おそらくミケーネ時代にも）、彼らは日常生活の具体的な状況を、大部分楽観主義の目で見ていたのである。拙著で挙げたテーゼの根拠に、私はトゥキュディデスの中のペリクレスの演説の一箇所（II, 42, 4）だけ補足する。そこでは、最も重要なことがペリクレス自身によって述べられるのではなく、自明の理のようなものと考えられている。——πενίας ἐλπίδι, ὡς κἂν ἔτι διαφυγὼν αὐτὴν πλουτήσειεν［貧しさから抜け出して豊かになることを望んで］. このようにしてペリクレスは、貧乏人の実現し得る致富の可能性への期待を広く普及している事実として語っているのである。ヘレニズム時代には、この限定的な楽天的志向はごく僅かしか残らなかった。多くのことが、自分自身の力へのこの信念の枯渇を示唆する。ここではまず第一に、テュケー（運命、偶然の女神）の祭祀のヘレニズムにおける普及を例に挙げることができる。ヘルヴィック・

ケンネルが、L・ラデルマヘルに続いて、ヘレニズム時代にはそれ以前よりもはるかに頻繁に苦悩が描かれたという結論に達しているが、この結論も私の見地を確証してくれる。[10] ヘレニズム時代の多数の子供の図像とりわけテラコッタの小像の中で、疲れ果ててほとんど老人のようであり、年齢的には成熟せず知恵の浅い子供の顔にかなりしばしば出会うのは、決して偶然ではない。[11]

時代精神の変化は、放浪と冒険のギリシアの叙事詩の二人の英雄、オデュッセウスとイアソンを正反対の人として検討するならば、彼らの人物像に明瞭に現れている。オデュッセウスは独力で行動する、精力的で決断力のある人物として我々の前に現れる。神々の干渉は、所与の状況の中で彼が自己の性格に従って自身も行ったであろうことをまさにアテナが助言するように設定されている。イアソンは、ロドスのアポロニオスでは（しかし、神話においてではない）無力であり、神々の導きだけではなく、メデイアの助力にも頼っている。

個人の行動と努力の結果としての成功に対する確信の弱化は、政治制度の発展でも見られる。大部分のポリスでは形式的な民主制的制度の下で、あらゆる顕職を獲得した人々による実際の支配が発展する。どのようにしてこれが可能となったのか？　国政が最も富裕な人々、余暇を持っている市民の手に移ったのに対して、民衆の政治への参加は後退した。このようにして、民主政の反対者アリストテレスがさまざまな技巧的施策を用いて実施するよう勧めたことが次第に実現された。

アテナイで我々は、この変化をすでに前四世紀に見出すことができる。戦後の初期にイギリスの歴史家A・H・M・ジョーンズは、前四世紀のアテナイの弁論家あるいは弁論家によって書かれた弁論を持って出廷した彼らの依頼人が、貧乏人のことを軽蔑しつつ語っていることを指摘した。このような行動様式は、主として裕福な中産階級に属する陪審員の前でのみ有効であった。ここから我々は、この時期頃に貧しいアテナイ人は陪審員として裁判に関与する自己の権利を行使したがらなかったと結論しなければならない。おそらく民会でも事態は同じだったであろう。[12]

最近、ジョーンズの結論に反駁する試みが企てられた。[13] その際それは、アテナイの貧しい市民は中産階級の人生観を受け入れ、一方、弁論家はこの基本的な志向に迎合したという推論に立脚した。この結論に同意することは難しい。なぜならば、上述の仮説は最も単純な人生経験と矛盾するからである。貧しい人々は、富、教養、貴族出身に対する肯定的評価を受け入れることはできるが、このような人々が常に内心抵抗感を持って聞く一つのことが存在する。それは、デモステネスがそのことでアイスキネスを非難した（Dem. XVIII, 258-262）、貧乏で過した幼年時代に対するあらゆる嘲笑である。人々に何を話してよいかという感情を持っていたことはペリクレスにも、デモステネスにもまったく否定できない。前者が、恥ずべきは貧困ではなく怠惰であるという主張を述べ、後者が貧困に対して軽蔑的な態度をとったことは、明らかに、このことは彼らが異なる社会層に属する異なる人々を前にして演説したということを意味する。従って、正しい見地に立っているのはジョーンズであって、彼の批判者ではない。アテナイの貧しい住民層の間での社会的‐政治的活動への関心は、おそらくすでに前四世紀には減少しつつある。ヘレニズム期に特徴的なこの傾向はおそらく前四世紀に発生する。

この過程は社会学ないし社会心理学の最も一般的な視点からも効果的に観察できると思う。アメリカの学者デヴィド・マックレランドと彼の門下生たちは、個々の人間の成功への志向を測定するのに役立つ方法論を創り出した。彼らは関係のある指標をN‐Achivement［達成動機］と名づけた。このN‐Achivementないしその平均値は、文字で書かれたテクストへの内容分析の適用と芸術記念作品の研究によって過去の文化についても十分確実に算出することができる。[14] 私が直感的に推定しようと試みた古拙期および古典期のギリシア人の現実認識の中の人生肯定的な基盤は、このN‐Achivementの基礎をなす志向に非常に近いように私には思える。

マックレランドと彼の門下生たちは、多くの国々と区切られた時期に関してN‐Achivementを算出しており、前九〇〇年から前一〇〇年までのギリシアも彼らの研究対象であった。最も高いＮ - Achivementは、古拙期（マックレランドでは、前四七五年まで）に属しており、前四七五年と前三六二年の間に、その値は減少し、その後さらに大きく低下するようになる。マックレランドでは、高いＮ - Achivementに続いて経済的隆盛が生ずるが、他方、文化的発展については何も述べられていない。古代ギリシアについて知っていることに基づいて私は、文化的最盛期は経済的上昇期にアゴーン的社会が形成されたところで生じたと言うことができる。この最盛期は、社会がアゴーン的で、相対的に楽観主義的であり続けている限り、すなわち高いＮ - Achivementを誇示する限り存続する。この二つの要素のうちの一方が消えたならば、文化の発展は停滞に変わる。前三世紀でも似たようなことが起こった。社会はアゴーン的であり続けたが、人々は自分自身の力に対する確信を失い、そして「ギリシアの奇跡」はその衰滅の段階に入った。

注

（1）Zajcev A. Das griechische Wunder. Die Entstehung der griechischen Zivilisation. Konstanz, 1993.

（2）Burckhardt J. Griechische Kulturgeschichte. 2. Aufl. Bd. 4. Berlin; Stuttgart, 1909. S. 61 ff.

（3）拙著で私が二つの理由によってこれらの考えを述べることができなかったことを言わせていただきたい。それは、第一に、私自身この問題総体について明白な知識をもっていなかったことであり、第二に、当時のソ同盟（一九八五年）における具体的な政治的状況が公にそのような考えを述べさせてくれなかったことである。

（4）拙著の公刊自体でさえその完成をさらに遅い時期に延期せざるを得なくされた。

（5）Preaux C. Sur la stagnation de la pensée scientifique a l'epoque hellenistique// Essays in honor of C. Bradford Welles (American Studies in Papyrology. 1). New Haven, 1966. P. 235-250.

（6）Schneider C. Kulturgeschichte des Hellenismus. Bd. I. München 1967. S. 2-28（I. Vorhellenistischer Hellenismus. Die griechische Kultur am Vorabend des Hellenismus).

(7) Wilamowitz-Moellendorff U. von. Hellenistische Dichtung in der Zeit des Kallimachos. Bd. 1. Berlin, 1924. S. 221 ff.

(8) Cf. Supplementum Hellenisticum.

(9) Kroeber A. L. Configurations of culture growth. Berkeley, 1944; Graeve H. Gesellschaft und Kreativität: Entstehung, Aufbau und Gestalt der Kulturblüten. München, 1977.

(10) Kenner H. Weinen und Lachen in der griechischen Kunst// SBWien. 1960.

(11) Schneider. Op. cit. S. 69.

(12) Jones A. H. M. Athenian Democracy. Oxford, 1957. P. 35-37, 50, 109, 124.

(13) Markle M. M. Jury pay and assembly pay at Athens// Crux. Essays in Greek history presented to G. E. M. de Ste Croix on his 75th birthday/ Ed. By P. A. Cartledge and F. D. Harvey. Duckworth, 1985. P. 265-297; Todd St. C. 《Lady Chatterley's Lover》 and Attic Orators: the social composition of the Athenian jury// JHS. 1990. Vol. 110. P. 146-173.

(14) McClelland D. C. The achieving society. Princeton, 1961; Aronson E. 《The need for achievement as measured by graphic expression》 // Motives in fantasy, action and society/ Ed. by J. W. Atkinson. New York, 1958.

【付録５】

拙著『文化革命』について

コンスタンツ大学での講演

一九八五年にロシア語で公刊された「ギリシアの奇跡」に関する拙著は、この度Ｖ・シュッラー教授のご厚意とご尽力のおかげで、若干改訳されたドイツ語版でも《Xenia. Konstanzer althistorische Vortrage und Forschungen》のシリーズで刊行された。

もちろん、この間私は常に自著で提起した問題を熟考し続けて、今では私は、ギリシア文化の最盛期の多くの側面を、私がこの本を書いた一五年前よりもずっとよく理解していると思っている。また私は、拙著が――それが構想されて執筆されたように――その本来の性質上、ギリシアにおける文化革命の過程のいかなる全面的説明も与えることができなかったことも、より明白に知っている。本日私は、この考察、私の δεύτεραι φροντίδες［第二の考え］を同僚諸氏の討議に提出したいと思う。しかし、最初に私は拙著の基本的な考えを手短に述べたい。

私の全思考体系の一般的前提となったのは、精神的な創造活動への才能に恵まれそれを実現しようと努める人々があらゆる文化で至るところで見られるという、社会学および社会心理学によって裏づけられた明瞭な観察であった。しかし、これに反してすべてのいわば正常な社会は、実用的な目的と結びつかないあらゆる精神的創造活動を妨害し、そうすることによって文化の発展にブレーキをかけている。この理由から文化の最盛期は生ずることが稀であり、まさにそれゆえ文化の最盛期は常に、あまりにも急激な改新から社会を予防するシステムの一時的弱化によって説明される必要がある。ギリシアではこのシステムの弱化は、ミケーネ文明の崩壊後、いわゆる「暗黒時代」の時期に訪れたに違いない。

ホメロスにおいて我々は、すでにギリシア人がヤーコプ・ブルクハルトが定義したようなアゴーン的文明の状態にあるのに気づく。そこでは各人の顕著な成果は、それが所与の人間や彼の生活している社会、ポリスに何か利益をもたらすかどうかに関係なく、それを手本にしたいという欲求を起こさせる。このアゴーン的傾向はまず第一に運動競技、特に全ヘラス的な競技会の未曾有の発展に現れ、精神的な創造活動の考えられ得るすべての分野すなわち詩文学、哲学、造形芸術、生まれつつある科学に急速に広まった。とりわけ特徴的なのは幾何学の発達であった。そこでは最も重要なのは厳密な論証の体系であり、実用的な応用という考えはすべて拒否された。したがって私は、拙著でも述べたようにギリシアにおけるアゴーン的社会の発展を「ギリシアの奇跡」の最初の原因と考えている。——拙著でもそのよう述べた。しかし、私の δεύτεραι φροντίδες は、正にここに始まるのである。

アゴーンそれ自体は、参加者がそもそも実際に偉大な成果を求める気がなければ、取るに足らない、くだらぬ暇つぶしに堕するおそれがある。古拙期および古典期のギリシア人はまさにそのような気持ちを持っていたのである。フリードリヒ・ニーチェ、ヤーコプ・ブルクハルト、エルヴィン・ロードによって彼らが持っていたとされるいわゆる形而上学的悲観主義にもかかわらず、彼らにあって、人間は hic et nunc［ここに、そして今］すなわちこの世において最も偉大な偉業を達成するできるということへの確信が支配的である。——ソポクレスのコロスが歌っているように、人間は死だけは逃れることができない（Ant. 332-375）。

現在私は、ギリシアにおける文化的最盛期の第二の重要な条件は、先行する経済的隆盛や領土的拡大と何らかの関係がある、この限定的な楽天主義であったと考えている。拙著では、この第二の条件がそのように要約されてはいるが、その頃はまだその説明の機が完全に熟していなかった。しかしながら、我々がヘレニズム時代における「ギリシアの奇跡」の衰滅の原因に目を向ければ、このことはまったく明瞭となる。これについて私は、本年三月にベルリンで行われた、ヘレニズムに関するドイツ・ロシア学術報告会（コロキウム）で述べたが、この報告のテクストは来年コロキウムの資料の中で見られるはずである。(1)

文化の最盛期の説明のためには、社会のアゴーン的タイプそれ自体では不十分であることは、またさまざまな民族の歴史の比較的研究からも明らかである。すでにプラハにある当時のドイツ大学で亡命生活を送っていたヴィクトル・エーレンベルクは、個人的体験からバルカンの国々と民族についてすぐれた知識を持っていた同僚のスラヴ学者G・ゲゼマンと古代ギリシア人のアゴーン的性格について議論した。そこでゲゼマンは彼に、モンテネグロでは第一次世界大戦前に、典型的なアゴーン的社会が形成されたと断言した。たぶん彼は正しかったであろう。しかし我々は、いかなる文化的最盛期の痕跡もモンテネグロにはないことを知っている。実際この原因は私が先刻述べた、そして社会心理学の方法によって測定することさえ可能な、実際的な楽天主義の不足にあると私は考える。

私の提起する「ギリシアの奇跡」の図式的な説明の中で、さらにどのような不足を見つけることができるであろうか？　文化史において原因‐結果関係のいかなる探求も認めず、解釈学的研究だけを適切と考える人によって私の全構想が完全に拒否されるであろうことは当然である。このことについて論争することは無駄であるが、私自身は、確かにすべての歴史的諸事件の厳密な因果性のある相互関係は信じ難いけれども、歴史においては、文化史においてさえも、いくつかの現象は互いに原因‐結果の関係にあり、この関係は好条件の下では明らかにされ得るという確信を拠り所にしている。

このような説明は、一般に、現代のさまざまな社会および人々の研究の過程で明らかにされる社会学的および社会心理学的諸法則を、我々の史料に適用することによってのみ可能である。それらの諸法則のみが直接的観察が可能だからである。この方法は、古代に適用される時には、したがって、次の前提を拠り所とする。すなわち、どのような法則または法則性でも、アメリカ人とロシア人、アメリカ・インディアンとアフリカの黒人にとって正当なものであるならば、それはギリシア人とローマ人にとっても正当なものでなければならない。拙著はこのことを根拠とするものである。その中心的な考えはドイツの学問的伝統（ブルクハルト、エーレンベルク、ポーレンツ）に遡るけれども、その研究方法から見れば、それは英語で言う case study ——すでにある程度まで認められた一般的法則性を一定の資料に適用する試みである。このような研究は、基本的にはアングロ・サクソンの学問的伝統に属する。

私のギリシア文化の最盛期の説明は、完全な、完成したものではない。私も完全性を求めなかった。なぜならば、私は実際に科学的な説明をしようと試みたが、科学的な説明は常に完全なものではなく、それが所与のタイプの人物に適する神話的または哲学的説明をすることができるようには、それは好奇心を完全に満足させることはできないからである。たとえばある自然現象は、光の速さが一般に最大限に予想され得るものであるということで説明される。しかし現在支配的な相対性理論は、なぜ光の速さが最大限に予想され得るものなのかという問いには答えてくれない。歴史においても事態は同じである。

私の場合、なぜアゴーン的志向がまさに古拙期のギリシア人で発達したのかという問いに対する答えが何度も私に求められた。私の同僚のペテルブルグの印欧比較言語学者たちは、ギリシア人のアゴーン的社会はインド・ヨーロッパ的過去の遺産ではなかったか、という問いを執拗に提起した。しかし私は、本来資料の不足のゆえにこの問いに答えることができない。ホメロス自身の見聞により彼に知られた社会、前八世紀のイオニアは、明白にアゴーン的社会である。このことはブルクハルトが書いており、私も自著の中でこの十分な確証を挙げているが、しかしミケーネ時代についてはこのことを推定できるか？　ミケーネの芸術は明らかに軍事貴族的であり、そこではϜάνακες、王の支配の下で、貴族階級が当時重要な役割を果たしていたに違いない。このような貴族階級は通常アンペティティヴ［competitive］であり、コンペティティヴ志向はおそらくミケーネ諸国家では支配的であったに違いない。しかし、人々が一般に認められた財貨をめぐって競い合うコンペティティヴ社会、競争社会は、人が文字通りあらゆることで隣人を追い抜こうと努めるアゴーン的社会とはまだ非常に隔たりがある。確かに我々は、ミケーネのギリシア人がすでにアゴーン的志向をもっていたかどうかは知らないし、ギリシア人がいつこのアゴーン的志向を学び取ったのかも知らない。それどころか我々は、なぜ彼らがそのような者になったのかを知らない。しかし、この知らないということは、アゴーン主義がギリシア文化の最盛期に重要な役割を果たしたという、私の基本的仮説の価値を低下させるものではない。

今のところ私が推察するように、私の図式が文化におけるギリシア人の業績の内容豊富な側面を説明していないという、拙著の主要な欠点について手短に述べたい。私が念頭に置いていることを直ちに説明しよう。たとえば、アゴーン的傾向と限定的な楽天主義によって私は、なぜギリシア人は方法論通りに証明される諸命題の体系としての真の数学的な科学を世界で最初に創り出したのかを説明したい。しかし私は、なぜギリシア数学が代数学ではなく幾何学の形態をとったのかという問題を解決できるほど、十分に精通しているという感じはもっていない。おそらく、数学的知識の本質自体からして代数学よりも幾何学の方が公理的な構成を実現するのが容易であるという単純な理由からであろう。拙著で展開される仮説はこれについて何も述べていないが、この問題はおそらく数学を専攻した人がずっとうまく解決するであろう。

もう一つの例はさらに明瞭であるかも知れない。ギリシア文学は世界で最初の文学である。私は拙著の第四章でこの状況も自分の方法で説明しようと試みている。しかしなぜ、ギリシア文学は悲劇のジャンルやたとえば哲学的対話で他に類を見ない傑作を創ったのに、他方で、ギリシアのロマーンと呼ばれるものは非常に月並みな作品であり、本来、全世界で主要な文学ジャンルとなったヨーロッパのロマーンの先駆者では全然ないのか？

私の理論はこれについて何も述べておらず、この当然起こってくる問いに対しては、文学の歴史が答えてくれるに違いない。

私が選んだ説明方法が最初から負わされている制限は多分このようなものであろう。しかし、この制限の内部にも今私が自覚しているある困難がある。ホメロス社会は明らかにアゴーン的であり、これには αἰὲν ἀριστεύειν καὶ ὑπείροχον ἔμμεναι ἄλλων（Il. VI, 208）［「常に勇戦して功を立て、他の者らに抜きん出よ」（呉茂一訳、ホメロス『イーリアス』上巻、岩波文庫、一九七七年、二一七頁）］という決まり文句が実にうまく合っている。しかし、これについて判断できる限りでは、運動競技（賞は、ホメロスの βασιλῆες にとっては多少とも重要な役割を果たすことはない）がアゴーン的競争の領域であり、そのほかのことでは人々は戦場で互いに名誉、戦利品および権力のために競い合う。その後古典期にアゴーン的競争性は、詩人や哲学者の競争主義からヘロストラトスの功名心まで拡大して、普遍的な性格を得る。このアゴーン心の領域の拡大はどのようにして生じたか？　自著で私は、最初運動競技の成果は富裕な貴族層の手に独占されており、そのため歴史の舞台に登場した新しい社会層は運動競技では貴族層と競争することができず、自己のアゴーン的志向を精神的分野へ移したと書いている。これは疑わしく思われる。ソロン、アルカイオス、サッポー、テオグニス、ピュタゴラスは明らかに、自己の創造力を詩歌や哲学に注ぎ込んだ貴族であった。我々は、別の説明を探さなければならない。

ホメロスの詩篇とホメロス自身の人格が獲得した大きな名声が、アゴーン的志向の拡大の出発点となったのかも知れない。最初からアオイドスという職業が非常に尊敬されていたのではなかった。それ以外の仕方では自分が食べていくことができなかった盲人がしばしばその仕事に就いていたからである。ホメロスで我々は、たとえば、θεῖος ἀοιδός［神のような歌い手］という表現で歌い手を賞賛しているのに出会うが、それはある程度詩人の自賛である。しかし、ホメロス自身の名声は、非常に早く、信じられないほどの大きいものになったに違いない。テュレニア海の孤島イスキアでは、すでに前八世紀の第３四半期に、あるラプソドス［吟遊詩人］が粘土製容器に『イリアス』を示唆するものを含む銘文を刻んでいる（少なくとも、私はこの銘文をこのように理解する）[2]。まもなく、ホメロスが神の出であるという伝説が創り出された。ホメロスの詩篇の形式そして一部はその内容も、ギリシアの全詩歌に強力な影響を与えたことは周知のことである。ホメロスの名声も、その後の世代をさまざまな種類の精神的な創造活動へ誘い込むに当たって、その決定的な役割を果たしたかも知れない。

拙著でしばしばマルクスとエンゲルスからの引用が挙げられている。ゴルバチョフ以前のロシアでは普通のことであったように、部分的にはそれらは党首脳部の要請に条件づけられたものであるが（ドイツ語版のために私は根本的にテクストを改作することを望まなかった）、それらの引用のうちのいくつかは実際に適切なものである。たとえば、近代の科学と違ってギリシアの科学は技術的進歩のためには利用されず、したがって技術的・経済的発展の必要性によって刺激を与えられることはなかった。カール・マルクスは、全体としていわゆる生産力を全歴史的発展のprimum movens［主動因］とみなしていたが、彼がすでに一五〇年前にこの状況を指摘して、認めていたのは驚くべきことである[3]。自己の自決権のため、土地所有の独占のため、免税のため、そして可能なところでは国家の側からの支払いを獲得するため常に戦う準備ができている、武装土地所有者たちの共同体としてのポリスというマルクスの規定[4]も適切なものと思われる。

これらの見解の出所はいかなるものであろうか？　それはおそらくフュステル・ドゥ・クーランジュから出ているものであろう。学術的な文献、まず第一にドイツの文献では、私から見ればまったく当を得たこれらの諸意見の原資料はすでに究明されているかも知れないが、私にはこれまでのところこの問題に取り組む機会がなかった。

拙著に関する私自身の考えのうちのいくつかはこのようなものである。私は、更なる研究へと私を駆り立ててくれるような何かを皆さんから聞かせてもらうことを期待している。ドイツ語版への書評も私は首を長くして待っている。

注

（1）前の講演参照——編者注。

（2）А・И・ザーイツェフ「ピュティクス出土《ネストールの脚付き大盃》の碑文の用語——文体の特徴」『古典古代文学遺物の言語と文体』レニングラード、一九八七年、五九—六五頁——編者注。

（3）『マルクス＝エンゲルス全集』第八巻、五六七頁、第二六巻、第二分冊、五八七頁——編者注。

（4）同上、第四六巻、第一分冊、四六五頁——編者注。

【付録6】

歴史的過程の理論と文化的爆発

一九八一年六月二六日

ブロニスロー・マリノフスキーの機能学派の反歴史主義の克服。動態的機能主義。

進歩の要因としての社会的分解。

社会的分解の「プラスの兆候」としての進歩

「ギリシアの奇跡」：両面的な「ブレーキの解除」

（1）独創的な考え方に対する制限の解除、

（2）役に立たない考え方に対する禁止の解除。

一九八一年八月一日

進化の諸段階

（1）後期旧石器時代— homo sapien. すべての初歩的な精神的過程が生ずる。

（2）新石器革命—都市革命—前七千年紀（「偉大な千年間」—B・M・マッソン[1]）

（3）青銅器―前三〇〇〇年頃：「歴史はシュメールに始まる」。

（4）鉄器：「基軸の時代」：ギリシアの奇跡。

キリスト教、イスラム教

（5）ルネサンス―果学の発達―産業革命。

最初の草案

文明の水準を特徴づけるためにきわめて重要な三つのパラメーター（特性指数）は、人類の発達の間不断の成長を見せる。(1)人間の数―人口[2]、(2)経済的水準、これはおそらく、自己のものとされる自然の産物と、新たに生産される生産物の人口一人当たりの量によって測定することができる。(3)人類が持つ知識の総体。

これらのパラメーターが互いに無関係のものではないことはまったく明らかである。経済的水準は知識の総体と特に密接に結びついているが、それでもやはり三つのバロメーターのそれぞれは、おそらくある期間、ほかとはかかわりなく、独立して増大することが可能であった。

これらの指数の増加のテンポは、異なる地域および異なる時代によってきわめて不均等である。異なるパラメーターそれぞれに逆の発達、退歩も起こった。このことと関連して、このような退歩がどのように極端に走ったかが重要である。とりわけ、中世ヨーロッパで三つのパラメーターすべてにそれぞれ退歩が起こったかどうか、いわゆる前文字時代の退化では、たとえば民族学者が退歩の兆候をその文化で見つけたオーストラリア人では、それが起こったかどうか？

測定可能で一般に増大してゆく三つのパラメーターとは対照的に、社会的・政治的制度、芸術的創造活動は、一面的な発達を示さない。すでに前文字社会では、細分化（アトム化）された社会に至るまで、実にさまざまな段階の社会的組織が看取される。

政治的進化にサイクルが存在することは、すでにアリストテレスがその『政治学』で指摘しており、ポリビオスがこれについて書いている。

造形芸術の分野では発達は、おそらく、ウェルフリン［Heinrich Wolfflin］のサイクルに沿って進行し、それゆえ、すでに後期新石器時代は芸術の発展の頂点の一つであり、古代ギリシアはある意味では比べるもののない頂点である（マルクス）。ルネサンス期の絵画は、ギリシアと対比が可能ではあるが、同一の尺度では測れない新しい頂点である。文学も事態は同じである。

次のような法則性が明らかになる。三つのパラメーターが急激に増大する所と時に、文化的創造活動の爆発がやってくる可能性がある（やってこない可能性もある）。それは古代ギリシアで起こり――「ギリシアの奇跡」――、はるかに小規模でローマで起こった。それはヨーロッパのルネサンスで明瞭に現れ、二〇世紀までヨーロッパではっきり認められた。一八～一九世紀のアメリカでは、三つのパラメーターすべてがそれぞれ急激に上昇したにもかかわらず、この文化的爆発は起こらなかった。

国家の発生の時期から最もしばしば君主制の形で現れる権威主義的な支配形態が、一般史的な規模で最も安定した、最も普通の支配形態である。

人間の能力における差異は、社会と国家の内部において責務の分担の基である不平等を生み出す。あらゆる普通の人間が持つ子孫への当然の配慮は、この不平等を固定化し、階級、社会層、世襲の権力を発生させる。

世襲の権力は、すべての支配形態が必然的に志向する、最も「自然な」形態である。[3] 世襲の権力、そして、一般的に厳格な社会的階級制度は、国家機構を独占しているエリートに抵抗する可能性が大衆に生まれるところで排除される。[4]

人間の歴史におけるこのような事例は、地中海における「鉄器時代」の到来と、「ホプリテス〔重装歩兵〕民主政」を基礎とする古典古代的ポリスの形成と結びついていた(5)。全体としてこれらの民主的形成物は、前七世紀から前一世紀のローマによる地中海の征服までもちこたえた。

＊＊＊

中世。普通は奴隷所有者であったポリスの市民と比較して、中世の大衆の代表者すなわちまず第一に農民は、より貧困である。馬と騎士の甲冑は、ホプリテスの武器よりも高価である。軍事技術の習得は多くの自由時間を必要とする。多くの農民の蜂起が示したように、農民軍は騎士部隊に対抗できなかった。このため中世では民主政はあり得なかった。

＊＊＊

民主的統治形態が広範に出現する第二の事例は、ルネサンス期と近代のヨーロッパである。今やこの形態を全世界に広める試みがなされている。ごく普通の市民でも手に入る手動式の火器の発明が、もはやポリス的でも奴隷制的でもない、この民主政の復活の基本的な前提であった。市民軍を前にして騎士部隊は無力になった（エンゲルス）。軍事技術の発達にもかかわらず、さまざまな種類の大型武器（戦車、飛行機、原子兵器）が武装大衆を支配するようになった二〇世紀半ばまで状況は根本的にはずっと変わらない。一九一七〜一九一八年の事件――ロシア、ドイツ、オーストリア＝ハンガリーにおける君主政の滅亡――は、おそらく、武装した非組織的勢力の最後の大きな躍動であった。

数十年前に人類は、少数が多数に対して権威主義的な支配を実現できる時代に入ったが、この視点から未来は今のロシア[6]と中国の政治制度にかかっている。

西欧諸国は、民主主義的体制を除く他の体制は工業国では打倒され得る時代を無気力に生きている。議会制度は、個人的利害のとりこになった市民の無関心のため次第に意義を失ってゆく。

技術の発達を可能にしたが、熱核戦争と相互絶滅の危険性は、むしろ連合方式による地球の政治的統合を常に求める。時代遅れの形態にしがみついている西欧の弱さは、地球の統合という歴史的使命をロシアの手に預ける。〔さらに〕この使命を引き受けることを試みるのが可能であろう唯一の国は、中国である。このような統合の結果がロシア連邦の諸民族、まず第一にロシア民族にとって生死にかかわるものであろうことは言うまでもない。

最も発達した国々における経済的発展は、現在速度が緩くなっている。人口が減り、容易に手に入る資源の貯えは使い果たされ、エコロジー的危機が生じつつある。民主的統治形態は、急激な進歩（特に、三つのパラメーターそれぞれ）の時期と結合した、一時的な現象とみなさなければならない。人類の経済的安定化は、権威主義的統治形態の支配をもたらすに違いない。

科学的進歩の可能性は、完全には使い果たされていない。とりわけ遺伝学は、おそらく人間の個性、才能、気質の遺伝的要素の制御において間もなく一定の成功を収めるであろう。

この発達は、君主制の統治のアキレス腱——聡明で善良な君主に無能で取柄のない後継者が現れる可能性——を取り除くことを可能にする。遺伝学と教育学が一つになり、君主の権力だけではなく、職務の世襲の原則を非常に広範な規模で遂行することを可能にする。

このような状況の中では、時代遅れになったヨーロッパ的自由主義の幻想を追跡することではなく、二つの文化的爆発のこの上なく貴重な遺産から、新しい状況の中で保存することが可能であり、また保存すべきである、すべての貴重なものを保存するための粘り強い活動が、良識ある人の課題である。

この課題は、中世社会の形成期におけるカッシオドロスやボエティウスの活動を、ある程度思い出させる。

＊＊＊

倫理的－宗教的体系の影響力の復活を期待しなければならない。前世紀の間に、以前は個人の行動を封じ込めていた枠が崩れたために、そうした体系は広範な大衆の意識の中から絶えず押し出されてきた。伝統的な倫理的規範に従うことを望まず、人々は人間にいかなる要求も突きつけない迷信（降神術、占星術、オカルト的な医学）にしばしば飛びついて、これらの規範が認可している信仰を捨てた。新しい苛酷な社会構造の形成は、宗教体系――道徳的原理の担い手の復活の基盤も作り出す。

進歩の価値

不安定な状況の中での急激な進歩は、常に無数の苦痛と、広範な大衆の道徳的退廃をもたらす。産業革命期の苦痛は、マルクスとエンゲルスによって叙述されている。ヨーロッパ文明と衝突した際に前文字的民族に降りかかる苦難はよく知られている。二〇世紀のロシアにおける破滅的な諸事件もこれに属する。

不安定の二つの時期――トインビーの図式

三つのパラメーターそれぞれにおける急激な進歩と結合した二つの大きな不安定の時期の状況がくっきり現れる。この不安定のサイクル自体をＡ・トインビーは、ヘレネス文明とヨーロッパ文明の有機的な発達、衰退、滅亡として叙述している。人類の発展にとって他の文明における類似の現象が（もしそれらが生じたとしても）このような重要性を持たなかったことは、まったく明らかである。しかし、類似の過程は、他の文明においては、実際どの程度生じたであろうか？

トインビーは、発達は文明の歴史の一定の時期における常態であり、ヘレネス文明とヨーロッパ文明の大飛躍は、この正常な発達の特殊な場合であると考えた。

我々には、三つのパラメーターそれぞれにおけるゆっくりとした発達が普遍的な常態であり、飛躍は常に特別な原因を持つ現象であると思われる。

主要なポイント、問題の本質自体は、急激な発展もその中で実現される、〈HP36〉社会の出現にある。三つのパラメーターそれぞれにおける上昇という状況の中では、それはさらにギリシア・ローマ世界と近代ヨーロッパ以外にどこかで出現したであろうか？　明らかに、否である。それゆえに、そこではそれほど急激な進歩もなかった。

いずれにしても、トインビーはヨーロッパ文明に関して universal state［世界国家］の展望を正しく描いた。しかし彼は、他の歴史哲学者たちと同様に、支配形態の軍事的‐技術的決定子を理解しなかった。

エンゲルス

エンゲルスはそれを感じ取っていたという印象を受ける。彼はマルクスとともにプロレタリア革命、国家の死滅、普遍的平等を予言した。軍事技術の発達は、この発展のコースを未然に防止したが、このことも予見され得たであろう。これに気づいて、彼は『反デューリング論』で、まるで軍事技術は彼の時代にすでにその限界に達したかのように、ばかげたことを書いている。(7) wishful thinking［希望的観測］の明らかな例である。自己欺瞞なやり方で彼は自分の理想を守っている。

マックス・ヴェーバー

支配の官僚化（専門化）への傾向は、正しく気づいていた。大衆に対する軍事的、行政的コントロールの技術における進歩は、交替するエリートの一人が権力を確保する可能性を保証して、共和政・民主政的な支配形態を不可能にする。

官僚制の客観的な必要性は、相対的に安定したエリートたちが権力を確保することを社会にとって有益なことにする。(8)

道徳性の発展

ルソーが否定的な答えを与えた、ディジョン・アカデミーによって提起された問題、文明の発達が道徳の改善を促進したかどうかという問題は、今なお解答されないままである。二〇世紀の諸事件は、まったく非人間的な行動形態に走る人間の能力を特に明瞭に見せつけている。

これには客観的な諸原因がある。最も重要な要因――人口の増加――は、今まで国家収入を追い越す傾向を持っていた。生残りのための闘争が残され、地球のかなりの部分では、現在もなおそれは人間の行動を規定する基本的要因である。

現在、地球規模での出生率の安定化という展望が描かれている。個々の地域ではそれでもやはり危機的状況が起こり得るけれども、これはグローバルな要因としての生残りのための闘争をなくすであろう（経済システムの崩壊が起こらないならば）。

このことは道徳的進歩の展望をどの程度改善するであろうか？　この瞬間まで破滅的な事件たとえば大規模なジ

ェノサイドあるいは人口のかなりの部分の生物学的な価値の喪失が起こり、その結果道徳的進歩の観念はその緊要性を失うであろうか？

注

（1）『古代東方と世界文化』И・M・ディヤーコノフ編集、モスクワ、一九八一年、一八頁。
（2）この要素はマクシム・コヴァレフスキーが非常に重要視した（H・Д・コンドラーティエフ「M・M・コヴァレフスキーの学説における社会-経済的発展の要素としての人口の増大」M・M・コヴァレフスキー『学者、政治家、社会活動家、市民』論文集、ペテルブルグ、一九一七年）。
（3）社会的階級制度のある程度の可動性は、たぶん、不可避であり、特にヴィリフレッド・パレトによって分析された。
（4）政権の座にあるエリートの一度だけの退廃ならば、大衆による権力の奪取でなく、統治するエリートの交替をもたらす。
（5）A・И・ザーイツェフ『前八—前五世紀の古代ギリシアにおける文化革命』〈レニングラード、一九八五年〉。
（6）より大きい政治的賢明さがロシア帝国の維持を保障し得たであろうように思われる。すなわち、軍事技術および軍事組織が、王朝にとってでないとしても、できていた社会的階級制度にとって堅固な土台を築いたであろう時期は、すでに近かった。
（7）『マルクス＝エンゲルス全集』第二〇巻、一七四頁——編集者注。
（8）歴史的過程の理論の発展における諸段階としてのマルクス、V・パレト、M・ヴェーバー（M・コヴァレフスキー？）の学説。

RBN	Revue Belge de numismatique
RBPH	Revue Belge de philology et d'histoire
RRH	Revue Roumaine d'histoire
RTK	Roczniki teologiczno-kanoniczne
SBBerl	Sitzungsberichte der Preußischen Akademie der Wissenschaften zu Berlin, Philosophisch-historische Klasse
SBHeid	Sitzungsberichte der Heidelberger Akademie der Wissenschaften, Philosophisch-historische Klasse
SBMün	Sitzungsberichte der Bayerischen Akademie der Wissenschaften, München, Philosophisch-historische Klasse
SBWien	Sitzungsberichte der Akademie der Wissenschaften in Wien
Z. Ethn.	Zeitschrift für Ethnographie

〈編纂資料〉

CAF	Comicorum Atticorum Fragmenta. 3vol. / Ed. T. Kock. Lipsiae, 1886-1888.
Diehl	Anthologia lyrica greca/Ed. E. Diehl. 2. Aufl. Lipsiae, 1942.
DK	Die Fragmente der Vorsokratiker / Hrsg. Von H. Diehls, W. Kranz. 6. Aufl. Bd. Ⅰ - Ⅲ. Zürich, 1959.
FGrHist	Die Fragmente der griechischen Historiker / Hrsg. von F. Jacoby. Leiden 1923-.
G.-P.	Poetarum Elegicorum testimonia et fragmenta / Ed. Br. Gentili, C. Prato. Leipzig, 1979. Pars 1.
IG	Inscriptiones Graecae.
L.-P.	Poetarum Lesbiorum Fragmenta / Ed. E. Lobel, D. Page. Oxonii, 1955.
M.-W.	Fragmenta Hesiodea / Ed. R. Merkelbach, M. L. West. Oxonii, 1967.
N^2	Tragicorum graecorum fragmenta. 2 ed. Rec. A. Nauck. Lipsiae, 1889.
Page	Poetae melici Graeci / Ed. D. L. Page. Oxonii, 1962.
Rz	Hesiodus / Ed. A. Rzach. 3 ed. Lipsiae, 1913.
SIG^3	Sylloge inscriptionum Graecarum. 3 ed. / Ed. W. Dittenberger. Lipsiae, 1915-1924.
SVF	Stoicorum veterum fragmenta / Ed. H. von Arnim. Vol. 1-4. Lipsiae, 1903-1924.

(1) この一覧には、国際年報 L'annee philolohique 中に掲載されていないか、または、その中で採用されているものとは異なる略語のみを載せている。
古典古代の著者名と出身地名の略語は、英語・ギリシア語辞典 Liddell-Scott-Jones の書式に従っている。

略語一覧 (1)

〈雑誌〉

AATorino	Atti della Accademia di scienze di Torino
Am. Anthr.	American Anthropologist
Am. J. Arch.	American Journal of Archaeology
Am. J. Phys. Anthr.	American Journal of Physical Anthropology
Am. Nat.	Amercan Naturalist
Am. Soc. Rev.	American Sociological Review
Ann. géogr.	Annales de géographie
APhC	Annales de philosophie chrétienne
ArB	Archiv für Begriffsgeschichte
ArPsych	Archivum Psychologicum
Athen. Mitt.	Athenische Mitteilungen
Bibl. Math.	Bibliotheca Mathematica
BrJPs	British Journal of Psychology
BSGW	Berichte der Sächsischen Gesellschaft der Wissenschaften zu Leipzig
CIW	Classical Weekly
CTL	Current Trends in Liguistics
Cur. Anth.	Current Anthropology
Enseign. Math.	Enseignement Mathematique
GPsM	Genetical Psychology Monographs
IIJ	Indo-Iranian Journal
J. Pers. Soc. Ps.	Journal of Personality and Social Psychology
JAbnSoPs	Journal for Abnormal and Social Psychology
JCB	Journal of Creative Behavior
JCPs	Journal of Comparative Psychology
JCS	Journal of Cuneiform Studies
JGPs	Journal of Genetical Psychology
JIES	Journal of Indo-European Studies
JNES	Journal of Near Eastern Studies
JPs	Journal of Psychology
MIL	Memorie dell Istituto Lombardo
NGWG	Nachrichten der Gesellschaft der Wissenschaften zu Göttingen
Ps. Mon.	Psychological Monthly
Q&S	Quellen und Studien zur Geschichte der Mathematik
Q&SN	Quellen und Studien zur Geschichte der Naturwissenschaften und der Medizin
Quart. Rev. Biol.	Quarterly Review of Biology

参考文献選（本書で一回以上引用されたもののみ収録）

〔ロシア語文献〕

С・С・アヴェーリンツェフ「ギリシアの『文学』と近東の『文芸』」『古代世界文学の類型と相関』モスクワ、一九七一年、二〇六—二六六頁。

同上「二〇世紀の西欧文学における古典古代像——若干のコメント」『現代古典文献学における新しきもの』モスクワ、一九七九年、V—四〇頁。

Ю・В・アンドレーエフ「古典古代的ポリスと東方の都市国家」『古典古代的ポリス』Ⅷ—二七頁。

同上『初期ギリシアのポリス　ホメロス時代』レニングラード、一九七六年。

同上「ギリシアのポリス形成の初期段階」『古代社会における都市と国家』レニングラード、一九八二年、一六—四五頁。

Б・Л・ヴァン・デル・ヴァルデン『目覚めつつある科学』モスクワ、一九五九年。

Th・ヴェブレン『有閑階級論』モスクワ、一九八四年。

С・Л・ウーツェンコ『ローマ共和国の危機と衰退』モスクワ、一九六五年。

П・П・ガイデーンコ『科学の概念の進化』モスクワ、一九八〇年。

П・А・グリンツェル「古代世界の叙事文学」『類型と相関』一三四—二〇五頁。

С・Н・クレマー『歴史はシュメールに始まる』モスクワ、一九六五年。

『現代心理学における科学的創造活動の諸問題』モスクワ、一九七一年。

Г・А・コシェレーンコ『ヘレニズム期東方におけるギリシア的ポリス』モスクワ、一九七九年。

『古代社会における都市と国家』レニングラード、一九八二年。

『古代世界文学の類型および相関』モスクワ、一九七一年。

『古代東方の詩と散文』モスクワ、一九七三年。

『古代東洋史選文集』モスクワ、一九六三年。

同上、モスクワ、一九八〇年、一—二巻。

『古典古代的ポリス』レニングラード、一九七九年。

「古典古代の歴史と文化の諸問題」『第一四回「エイレネ」國際会議報告集』エレヴァン、一九七九年、I—II巻。

『古典古代文学における伝統と革新』レニングラード、一九八二年。

『古典古代文化と現代科学』モスクワ、一九八五年。

M・A・コロストーフツェフ『古代エジプトの宗教』モスクワ、一九七六年。

A・И・ザーイツェフ「ペリクレスとその後継者たち——古代における政治的指導の方法に関する問題によせて」『古典古代、中世、近代の政治家たち』レニングラード、一九八三年、二一三—二一八頁。

同上「ピテクス出土『ネストルの脚付き大杯』の碑文の用語‐文体的特徴」『古典古代文学記念物の言語と文体』レニングラード、一九八七年、五九—六四頁。

同上「神話　宗教および詩的虚構」『古典古代における神話の活動』モスクワ、一九八八年、二七六—二八六頁。

同上「古典古代における科学と哲学の相互関係」『自然科学と技術の歴史の諸問題』一九八八年、第四号、一六四—一六八頁。

同上「前文学的叙事詩の伝統における古代ギリシア文学の革新的傾向の形成」『伝統と革新』二二一—二二九頁。

E・M・シタエルマーン「現代西欧の歴史哲学理論における古典古代」『古代史通報』一九六七年、第三号、III—二四頁。

Ю・B・シャーニン「前七—前六世紀のギリシア詩におけるアゴーン制度的制約批判」『古典古代の歴史と文化の諸問題』第二巻、一八〇—一八六頁。

同上『オリュンピア競技会とギリシア人の詩歌——ホメロスと前八—前五世紀の古典的抒情詩』キエフ、一九八〇年。

「ステシコロス断片集　N・N・カザーンスキーの古代ギリシア語からの翻訳および注釈」『古代史通報』一九八五年、第二号、二一七—二三七頁。

H・A・チストヤコーヴァ「サティルス諷刺詩の起源」『トビリシ大学紀要』一九七八年、第一八三分冊、六七—六八頁。

同上『前八—前三世紀のギリシアの諷刺詩』レニングラード、一九八三年。

A・И・テュメーネフ「前方東方と古典古代（社会‐経済的発展の特徴）」『歴史の諸問題』一九五七年、第六号、五〇—七〇頁。

同上「前方東方と古典古代——ヘレニズム時代およびローマ時代における河川文化諸国（両河地方およびエジプト）」『歴史の諸問題』一九五七年、第九号、三七—五六頁。

А・И・ドヴァートゥル『アリストテレスの『政治学』と『政治』』モスクワ、一九六五年。

同上「ソロンとミムネルモス　異なる生活感覚に関する詩的論争」『伝統と革新』五五—六二頁。

И・И・トルストイ『アオイダイ——古典古代の作家たちと古代ギリシア叙事詩の担い手たち』モスクワ、一九五八年。

О・ノイゲバウアー『古代における精密科学』モスクワ、一九六八年。

Э・Д・フロローフ『プロメテウスの火——古典古代社会思想概説』モスクワ、一九八一年。

『北部および東部地中海沿岸地方のギリシア殖民の諸問題』トビリシ、一九七九年。

А・ボナール『ギリシア文明』全三巻、モスクワ、一九五八—一九五九年。

В・П・ヤイレンコ『前八—前三世紀のギリシアの殖民』モスクワ、一九八二年。

И・М・ヤグローム『数学的構造と数学的モデル化』モスクワ、一九八〇年。

М・Г・ヤロシェフスキー「心理学的研究の対象としての科学」『現代心理学における科学的創造活動の諸問題』モスクワ、一九七一年、七—四五頁。

同上「科学的創造活動の外的および内的動機について」『科学的創造活動の諸問題』二〇四—二二三頁。

А・И・ラキートフ『科学の哲学的諸問題　体系的方法』モスクワ、一九七七年。

В・М・ルサロフ『個人心理的相違の生物学的基礎』モスクワ、一九七九年。

С・Я・ルリエー『アンティポン——最古のアナーキー的制度の創始者』モスクワ、一九二五年。

同上『古典古代社会思想史』モスクワ、一九二九年。

同上『古代原子論者における無限小の理論』モスクワ、一九三五年。

同上『アルキメデス』モスクワ、レニングラード、一九四五年。

同上『ヘロドトス』モスクワ、レニングラード、一九四七年。

同上『古典古代科学史概説』モスクワ、レニングラード、一九四七年。

同上『デモクリトス』レニングラード、一九七〇年。

М・レイリ「人種と文化」『人種問題と社会』フランス語からの翻訳、モスクワ、一九五七年、一九—七五頁。

А・В・レーベデフ「タレスとクセノパネス」『ブルジョア的学者たちの解釈における古典古代の哲学』モスクワ、一九八一年、Ｉ

—一六頁。

И・Д・ロジャーンスキー『アナクサゴラス——古典古代科学の源にて』モスクワ、一九七二年。

同上『古典古代期における自然科学の発達——「自然」に関する初期ギリシア科学』モスクワ、一九七九年。

同上「古代ギリシアにおける学者像の進化」『自然科学と技術の歴史の諸問題』一九八〇年、第一号、三〇—三八頁。

〔その他の欧文文献〕

A source book for creative thinking. New York, 1962.

Adkins A. W. H. Homeric gods and the values of Homeric society// JHS. 1972. Vol. 92. P. 1-14.

—— Merit and responsibility: A study in Greek values. Oxford, 1962.

Altorientalische Literaturen. Wiesbaden, 1978.

Anastasi H. Differential psychology. 3rd ed. New York, 1958.

Angel J.-L. A racial analysis oof the Ancient Greeks: An essay on the use of morphological types// Am. J. Anthr. 1944. Vol. 2. P. 329-376.

—— Social biology of Greek cultural growth// Am. Anthr. 1946. Vol. 48. P. 493-533.

—— Physical and Psychical factors in culture growth// Men and cultures. Philadelphia, 1960. P. 665-670.

Barker Ed. [Trans.]. Aristotle. The Politics. Oxford, 1946.

Barron J. P. The sixth-century tyranny at Samos// CQ. 1964. Vol. 14. P. 216-229.

Becker O. Das mathematische Denken der Antike. Göttingen, 1957.

Beloch K. J. Griechische Geschichte. 2. Aufl. Bd. 1-2. Straßburg, 1912.

Berlin I. Two concepts of liberty. Oxford, 1958.

Berve H. Das Alexanderreich auf prosopographischer Grundlage. Bd. 2. München, 1926.

—— Griechische Geschichte. 2. Aufl. Bd. 1-2. Freiburg im Br., 1951.

—— Gestaltende Kräfte der Antike. 2. Aufl. München, 1966.

——— Die Tyrannis bei den Griechen. Bd. 1-2. München, 1967.

Bilinski B. Antyczni krytyci antycznego sportu// Meander. 1956. T. 11. S. 286-308.

——— L'agonistica sportiva nella Grecia antica: Aspetti sociali e ispirazioni letterarie. Roma, 1959.

Boas Fr. The mind of primitive man. New York, 1938.

Boer W. den. Progress in the Greece of Thucydides. Amsterdam, 1977.

Bolgar R. R. [Ed.]. Classical influences on Western thought: A. D. 1650-1870. Cambridge, 1979.

Boll F. Vita contemplativa// SBHeid. 1920. H. 8.

Bourriot E. Recherches sur la nature du génos: Diss. T. 1-2. Lille; Paris, 1976.

Bouzek J. Homerisches Griechenland. Praha, 1969.

Bracken H. von. Humangenetische Psychologie// Humangenetik: Ein kurzes Handbuch in fünf Bänden. Bd. 1-2. Stuttgart, 1969. S. 416-453.

Broccia G. La questione omerica. Firenze, 1979.

Brunner-Traut E. Die altägyptische Literatur// Altorientalische Literaturen. S. 25-99.

Buffière F. Les mythes d'Homére et la pensée grecque. Paris, 1956.

Burckhardt J. Griechische Kulturgeschichte. 3. Aufl. Bd. 1-4. Berlin, 1898-1902.

Burkert W. Lore and science in ancient Pythagoreanism. Cambridge (Mass.), 1972.

Burnet J. Early Greek philosophy. 3rd. ed. London, 1920.

Chadwick J. The Mycenaean world. Cambridge, 1976.

Charles R.-P. Le peuplement de l'Europe méditerranéenne pendant les III et II Millénaires av. J.-C. Paris, 1960.

Cherniss H. Aristotle's criticism of Presocratic philosophy. Baltimore, 1935.

——— The characteristics and effects of Presocratic philosophy// JHI. 1951. Vol. 12. P. 319-345.

Childe V. G. Der Mensch schafft sich selbst/ Übers. von W. Martini. Dresden, 1959.

Classen C. J. Zu zwei griechischen Philosophiehistorikern: Hippias// Philologus. 1965. Bd. 109. S. 175-178.

Constant B. De la liberté des anciens comparée à celle des modernes（1819）// Constant B. Cours de politique constitutionelle. T. 2. Paris, 1861. P. 537-560.

——— De l'ésprit de conquête et l'usurpation（1814）// Ibid. P. 204-207.

Contemporary approaches to creative thinking. New York, 1963.

Contemporary approaches to psychology. Princeton, 1967.

Cook J. M. Ionia and Greece, 800-600 B. C.// JHS. 1946. Vol. 66. P. 67-98.

Cornford F. M. Principium sapientiae. Cambridge, 1952.

Das neue Bild der Antike. Bd. I. Leipzig, 1942.

Dicks D. R. Thales// CQ. 1959. Vol. 9. P. 294-309.

——— Early Greek astronomy. London, 1970.

Diels H. Der Pessimismus// Schule und Leben. Bd. 1. Berlin, 1921.

Dijker H. C., Frijder, H. C. National character and national stereotypes. Vol. 1. Amsterdam, 1960.

Diller A. Race mixture among the Greeks before Alexander. Urbana, 1937.

Dobzhansky Th. Mankind evolving: The evolution of the human species. New Haven, 1962.

Dodds E. R. The Greeks and the irrational. Berkeley, 1951.

——— The ancient concept of progress. Oxford, 1973.

Dress L. Olympia — Götter, Künstler und Athleten. Stuttgart, 1967.

Drerup E. Das Homerproblem in der Gegenwart. Würzburg, 1921.

Dreyer J. L. E. A history of astronomy from Thales to Kepler. 2nd ed. New York, 1953.

Dunbabin T. J. The western Greeks. Oxford, 1948.

Dunkel G. Fighting words: Alcman, Partheneion 63 μάχονται, JIES. 1979. Vol. 7. P.249-272.

Ebert J. Griechische Epigramme auf Sieger an gymnischen und Hippischen Agonen. Berlin, 1972.

——— Olympia —— Olympische Spiele: Zu einigen Aspekten des Sports und des Athletenbildes der Antike// Altertum. 1976. Bd.

22. S. 50-20.

Edelstein L. The idea of progress in classical antiquity. Baltimore, 1967.

Ehrenberg V. Ost und West: Studien zur geschichtlichen Problematik der Antike. Brünn, 1935.

——— Das Agonale// Forschungen und Fortschritte. 1936. Bd. 12. S. 256-257.

——— Der Staat der Griechen. Teil 1. Leipzig, 1957.

Eliade M. Australian religions: An introduction. Ithaca; London, 1973.

Englert L. Die Gymnastik und Agonistik der Griechen als politische Liebeserziehung// Das neue Bild der Antike. S. 218-236.

Falus R. L'art poétique d'Hésiode// AUB (Class). 1977-1978. T. 5-6. P. 3-26.

Finley M. I. Early Greece: The Bronze and Archaic Ages. New York, 1970.

Frank E. Plato und die sogenannten Pythagoreer. Halle a. Saale, 1923.

Fränkel H. Wege und Formen frühgriechischen Denkens. 2. Aufl. München, 1960.

——— Dichtung und Philosophie des frühen Griechentums. 2. Aufl. München, 1969.

Fritz K. von. Grundprobleme der Geschichte der antiken Wissenschaft. Berlin; New York, 1971.

Fuller J. L. Thompson W. R. Behavior genetics. New York; London, 1960.

Gallavotti C. Iscrizioni di Olimpia nel sesto libro di Pausania// BPEC. 1979. Fasc. 27. P. 3-29.

Gardiner E. N. Athletics of the ancient world. 2nd ed. Oxford, 1956.

Genetic diversity and human behavior/ Ed. By J. N. Spuhler. New York, 1967.

Geschichte des wissenschaftlichen Denkens im Altertum. Berlin, 1982.

Gigon O. Der Ursprung der griechischen Philosophie. Basel, 1945.

Glotz G. La citè Grecque. Paris, 1928.

Gomperz Th. Griechische Denker. 4. Aufl. Bd. 1. Berlin, 1922.

Gowan J. C. Olson, M. The society which maximizes creativity// JCB. 1979. Vol. 13. P. 194-210.

Graeve H. Gesellschaft und Kreativität: Entstehung, Aufbau und Gestalt von Kulturblüten, München, 1977.

Grey Ch. E. An analysis of Graeco-Roman development: The epicyclical evolution of Graeco-Roman civilization// Am. Anthr. 1958. Vol. 60. P. 13-31.

Gray Ch. E. A measurement of creativity in Western civilization// Am. Anthr. 1966. Vol. 68. P. 1384-1417.

Greenhalgh P. A. L. Early Greek warfare: Horsemen and chariots in the Homeric and archaic ages. Cambridge, 1973.

Griffin J. The divine audience and the religion of the《Iliad》// CQ. 1978. Vol. 28. P. 1-22.

Gschwantler K. Zeuxis und Parrhasios: Eion Beitrag zur antiken Künstlerbiographie. Wien, 1975.

Guthrie W. K. Ch. A history of Greek philosophy. Vol. 1-5. Cambridge, 1962-1978.

Hammond M. The city in the ancient world. Cambridge（Mass.）, 1972.

Hanfmann G. M. A. Ionia, leader or follower?// HSPh. 1953. Vol. 61. P. 1-37.

Harder R. Eigenart der Griechen: Einführung in die griechische Kultur. Freiburg im Br., 1962.

Harris H. A. Greek athletes and athletics. London, 1964.

Hasebroek J. Griechische Wirtschafts- und Gesellschaftsgeschichte bis zur Perserzeit. Tübingen, 1931.

Havelock E. A. The liberal temper in Greek politics. London, 1957.

——— The Greek concept of justice: From its shadow in Homer to its substance in Plato. Cambridge（Mass.）, 1978.

Heinze R. Anacharsis// Philologus. 1891. Bd. 50. S. 458-468.

Heuß A. Die archaische Zeit Griechenlands als geschichtliche Epoche// A&A. 1946. Bd. 2. S. 26-62.

Hölscher U. Anfängliches Fragen. Göttingen, 1968.

Hönle A. Olympia in der Politik der griechischen Staatenwelt: Von 776 bis zum Ende des 5. Jahrhunderts: Diss. Tübingen, 1968.

Huizinga J. Homo ludens: Versuche einer Bestimmung des Spielelements der Kultur. Amsterdam, 1939（Рус. пер.: Хейзинга Й. Homo ludens. M., 1992）.

Humphrey S. C. Transcendence and intellectual roles: The Ancient Greek case// Daedalus. 1975. Spring. p. 91-118.

Huxley G. L. Simonides and his world. Dublin, 1978.

Jacoby F. Herodotos// RE Suppl. 1913. Bd. 2. Sp. 226-228.

Jaeger W. Ursprung und Kreislauf des philosophischen Lebensideals// SBBerl. 1928. S. 390-421.
——— Aristoteles. 2. Aufl. Berlin, 1955.
——— Paideia: Die Formung des griechischen Menschen. 4. Aufl. Bd. 1-3. Berlin, 1959.
Jardé A. La formation du peuple Grec. Paris, 1923.
Jaspers K. Vom Ursprung und Ziel der Geschichte. 3. Aufl. München, 1952.
Jeffery L. H. Local scripts of Archaic Greece. Oxford, 1961.
——— Archaic Greece: The city states c. 700-500 B.C. London, 1976.
Joel K. Geschichte der antiken Philosophie. Bd. I. Tübingen, 1921.
Jürss Fr.Von Thales zu Demokrit. Leipzig, 1977.
Jüthnr J. Die athletischen Leibesübungen der Griechen/ Hrsg. Von Fr. Brien. Bd. 1. Wien, 1965.
Kahn Ch. H. Anaximander and the origins of Greek cosmology. New York, 1960.
——— On early Greek astronomy// JHS. 1970. Vol. 90. P. 99-116.
Kraus W. [Rec.]// Gnomon. 1977. Bd. 49. H. 3. S. 246-249.
Kroeber A. L. Configurations of culture growth. Berkeley, 1944.
——— Gray's epicyclical evolution// Am. Anthr. 1958. Vol. 60. P. 31-38.
Kublanow M. M. Agone und agonistische Festveranstaltung in den antiken Städten der nördlichen Schwarzmeerküste// Altertum. 1960. Bd. 6. S. 131-148.
Kulturgeschichte der Antike. Bd. 1. Griechenland. Berlin, 1976.
Lämmli Fr. Homo Faber: Triumph, Schuld, Verhängnis? Basel, 1968.
Lazzarini M. L. Neleo a Samo// RFIC. 1978. Vol. 106. P. 179-191.
Lesky A. Homeros// RE Suppl. 1968. Bd. 11. S. 687-846.
Lewis R. W. Creativity: The human resource// JCB. 1979. Vol. 13. P. 75-86.
Lippold G. Siegerstatuen// RE. 1923. Bd. 2 A. Sp. 2265-2274.

Lloyd-Jones H. The justice of Zeus. Berkeley, 1971.
Long A. A. Morals and values in Homer// JHS. 1970. Vol. 90. P. 121-139.
Loraux N., Vidal-Naquet N. La formation de l'Athenes bourgeoise: Essai d'historiographie, 1750-1850// Bolgar. Op. cit. P. 209-216.
Lorenz K. Behind the mirror: A search for a natural history of human knowledge. London 1977 (Рус. пер.: Лоренц К. Оборотная сторона зеркала. Опыт естственной истории человеческого познания. М., 1998).
Lorimer H. L. The hoplite The hoplite phalanx, with special reference to the poems of Archilochus and Tyrtaeus// ABSA. 1977. Vol. P. 76-138.
Mansfeld J. Die Offenbarung des Parmenides und die menshliche Welt. Assen, 1964.
Maehler H. Die Auffassung des Dichterberufs im frühen Griechentum bis zur Zeit Pindars. Göttingen, 1963.
Maslow A. H. The psychology of science. New York; London, 1966.
McClelland D. C. The achieving society. Princeton, 1961.
Mead M. Culture and commitmant: A study of the generation gap. London, 1972.
Meyer Ed. Geschichte des Altertums. 5. Aufl. Bd. 1-4. Bd. 1-4. Stuttgart; Berlin, 1926.
Mezö F. Geschichte der olympischen Spiele. München, 1930.
Michel P.-H. Der pythagore à Euclide. Paris, 1950.
Mittelstraß J. Neuzeit und Aufklärung: Studien zur Entstehung der neuzeitlichen Wissenschaft und Philosophie, Berlin; New York, 1970.
Moretti L. Inscrizionni agonistishe greche. Roma, 1953.
——— Olympionikai, i vincitori negli antichi agoni olimpici. Roma, 1957.
Morrison J. S. The place of Protagoras in Athenian public life (460-415 B. C.)// CQ. 1941. Vol. 35. P. 1-16.
Murphy J. Racial crossing and cultural efflorescene// Man. 1941. Vol. 41. No. 2. P. 6-10.
Murray G. The rise of the Greek epic. 3rd ed. Oxford, 1924.
Muth R. Olympia — Idee und Wirklichkeit// Sera phil. Aenip. 1979. Bd. 3. S. 161-202.

Neitzel H. Homer-Rezeption bei Hesiod: Interpretation ausgewählter Passagen. Bonn, 1975.

Nestle W. Vom Mythos zum Logos. 2. Aufl. Stuttgart, 1942.

Neugebauer O. History of ancient mathematical astronomy. Part. 1-3. Berlin; New York, 1975.

Nilsson M. P. Homer and Mycenae. London, 1933.

——— Opuscula selecta. Vol. 1-3. Lund, 1951-1960.

——— Geschichte der griechischen Religion. 3. Aufl. Bd. 1-2. München, 1967.

Page D. L. Alcman: The Partheneion. Oxford, 1951.

Petre Z. Un âge de la représentation — artifice et image dans la pensée grecque du VI siècle av. n. é.// RRH. 1979. T. 18. P. 245-257.

Pohlenz M. Der Geist der griechischen Wissenschaft// NGWG. 1923. S. 25-48.

——— Hippokrates und die Begründung der wissenschaftlichen Medizin. Berlin, 1938.

——— Der hellenische Mensch. Göttingen, 1947.

Pope A. Die Gymnastik bei Homer und ihre grundlegende Bedeutung für die Gestaltung der späteren Gymnastik: Diss. (Rostock) Rochlitz, 1936.

Popper K. R. The logic of scientific discovery. London, 1959.

Pouilloux J. Recherches sur l'histoire et les cultes de Thasos. T. I-II. Paris, 1954.

Radermacher L. Aristophanes' Frösche: Einleitung, Text und Kommentar. 3. Aufl. Graz, 1967.

Radin P. Primitive man as philosopher. New York; London, 1927.

Regenbogen O. Eine Forschungsmethode antiker Naturwissenschaft, Q&S. 1930. Bd. Bl. S. 131-182.

Reidemeister K. Das exakte Denken der Griechen. Hamburg, 1949.

Reiner E. Die akkadische Literatur// Altorientalische Literaturen. S. 152-201.

Ridley R. T. The hoplite as a citizen// AC. 1979. Vol. 48. P. 508-548.

Ringwood J. C. Agonistic features of local Greek festivals, chiefly from inscriptional evidence: Diss. Poughkeepsie, 1927.

Robert L. Sur les inscriptions d'Éphèse (fêtes, athlètes, empereurs, épigrammes)// RPh. 1967. T. 41. P. 7-84.

Robin L. La pensée grecque et les origines de l'esprit scientifique. Paris, 1923.
Robinson R. Plato's earlier dialectic. 2nd ed. Oxford, 1953.
Roebuck C. Ionian trade and colonization. New York, 1959.
Rohde E. Psyche: Seelenkult und Unsterblichkeitsglaube der Griechen. 3. Aufl. Bd. 1-2. Tübingen, 1903.
Rudolph W. Sportverletzungen und Sportschäden in der Antike// Altertum. 1976. Bd. 22. S. 21-26.
Sarton G. A history of science: Ancient science through the Golden Age of Greece. Cambridge（Mass.）, 1952.
Schachermeyr Fr. Griechische Geschichte. Stuttgart, 1960.
——— Alexander der Große. Wien, 1973.
Schadewalt W. Von Homers Welt und Werk. 2. Aufl. Stuttgart, 1951.
Schaefer H. Staatsform und Politik: Untersuchungen zur griechischen Geschichte des 6. und 5. Jahrhunderts. Leipzig, 1932.
——— Probleme der alten Geschichte. Göttingen, 1963.
Schmid W., Stählin W. Griechische Literaturgeschichte. Bd. 1. München, 1929.
Schröder Br. Der Sport im Altertum. Berlin, 1927.
Snell B. Die Entdeckung des Geistes. 3. Aufl. Hamburg, 1956.
——— Dichtung und Gesellschaft: Studien zum Einfluß der Dichter auf das soziale Denken und Verhalten im alten Griechenland. Hamburg, 1965.
——— Gesammelte Schriften. Göttingen, 1966.
Snodgrass A. M. Barbarian Europe and Early Iron Age in Greece// Proc. Prehist. Soc. 1965. Vol. 31. P. 229-240.
——— The dark Age of Greece. Edinburgh, 1971.
Starr Ch. G. The origins of Greek civilization（1000-650 B.C.）. New York, 1961.
——— The economic and social growth of Early Greece（800-500 B.C.）. New York, 1977.
Stenius E. Foundations of mathematics: Ancient Greek and modern// Dialectica. 1978. Vol. 32. P. 255-290.
Stoessl F. Leben und Dichtung im Sparta des siebenten Jahrhunderts// *Eumusia:* Festgabe für E. Howald. Erlenbach; Zürich 1947.

S. 92-114.

Szabó A. Anfänge der griechischen Mathematik. Budapest, 1969.

——— Anaximander und der Gnomon// AantHung. 1977. T. 25. P. 341-357.

Taine H. Philosophie de l'art en Grece. Paris, 1869.

Tannery P. Pour l'histoire de la science Hellène. Paris, 1887.

——— Mémoires scientifiques. T. I-II. Toulouse; Paris, 1912.

Tax S., Callender Ch. [Ed.]: Evolution after Darwin. Vol. 1-3. Chicago, 1960.

Taylour, Lord W. The Mycenaeans. New York, 1964.

Toynbee A. J. A study of history. Vol. I-XIII. London, 1934-1961.

Tsagarakis O. Self-expression in early Greek lyric, elegiac and iambic poetry. Wiesbaden, 1977.

Uxkull-Gyllenband W.-G. Griechische Kultursentstehungslehren. Berlin, 1924.

Vernant J.-P. Les origines de la pensée grecque. Paris, 1969. (Рус. пер.: Вернан Ж.-П. Происхождение древнегреческой мысли. М., 1988).

Vogt F. Die Schrift vom Wettkampf Homers und Hesiodos// RhM. 1959. Bd. 102. S. 193-221.

Waerden B. L. van der. Die Anfänge der Astronomie, Groningen, 1965 (Рус. пер.: Пробуждающаяся наука II. Рождение астронмии. М., 1991).

——— Die Postulate und Konstruktionen in der frühgriechischen Geometrie// AHES. 1978. Vol. 18. P. 343-357.

——— Die Pythagoreer: Religiöse Bruderschaft und Schule der Wissenschaft. Zürich, 1979.

Wason C. R. Iron and steel// AAntHung. 1978. T. 26. P. 269-274.

Weber A. Kulturgeschichte als Kultursoziologie. Leiden, 1935.

——— Das Tragische und die Geschichte. Hamburg, 1943.

Weil E. What is a breakthrough in history?// Daedalus. 1975. Spring. P. 21-36.

Weiler I. Der Agon im Mythos: Zur Einstellung der Griechen zum Wettkampf. Darmstadt, 1974.

Welskopf E. Ch. Probleme der Muße im alten Hellas. Berlin, 1962.

Wertime Th. A. The beginnings of metallurgy: A new look// Science. 1973. No. 182. P. 875-887.

West M. L. [Ed.]. Hesiod: Theogony. Prolegomena and commentary. Oxford, 1966.

——— Early Greek philosophy and the Orient. Oxford, 1971.

Wilamowitz-Moellendorff U. von. Sappho und Simonides. Berlin, 1913.

——— Platon. 2. Aufl. Bd. 1. Berlin, 1920.

——— Hellenistische Dichtung in der Zeit des Kallimachos. Bd. 1. Berlin, 1924.

Wisdom, Revelation and doubt: Perspectives on the first millenium. Daedalus. 1975. Spring.

Wolf J. H. Der Wille zum Ruhm// Μελήματα: Festschrift für Werner Leibbrand zum 70. Geburtstag. Mannheim, 1967. S. 233-247.

Zeller E. Die Philosophie der Griechen in ihrer geschichtlichen Entwicklung. 5. Aufl. Bd. 1. Leibzig, 1892.

Zgusta L. Kleinasiatische Personennamen. Prag, 1964.

Zhmud' L. Pythagoras as a mathematician// HM. 1989. Vol. 16. P. 249-268.

訳者あとがき

本書はアレクサンドル・イオシフォヴィチ・ザーイツェフ『前八—前五世紀の古代ギリシアにおける文化革命』［Л・Я・ジムーディ編、第二版（改訂、増補）、サンクト・ペテルブルグ国立大学文学部、二〇〇一年］の全訳である。

ザーイツェフの苦難の生立ち、家庭の状況、マルクス主義に批判的な研究活動などについてはЛ・Я・ジムーディが編者まえがきでドラマチックに詳述しているが、読者は、政治犯として投獄されても屈せず、反ソビエト、反スターリンの批判的態度を貫き、個人の尊厳と学問の自由を主張して古代ギリシア史の研究に取り組んだ歴史家がロシアにいたことにまず驚嘆されるであろう。

ザーイツェフは、古代ギリシア人についても自分と同じく彼らが独立して自由に行動していたことを強調し、共感をよせる。このことは、彼の論説「ホメロスの叙事詩における意志の自由と神の導き」（『古代史通報』一九八七年、第三号一三九—一四二頁）でも明瞭である。私はかつて拙著（『古代ギリシア法思想史研究』一九九〇年、御茶の水書房、四一一頁以下）でホメロスの叙事詩における意志の自由の問題も考察した際にこの論説の内容も紹介したが、今読み直してみると翻訳が粗雑であるので、この機会を利用してザーイツェフ自身の見解が主張されているこの論説の後半部分を翻訳し直してここで改めて紹介したい。

「ホメロスの宗教では神々を操ることができるような人物はいない。ところが実際には、人間が神に付与する具体的な諸特徴が常に人間の特性や行動様式を神の世界へ移した結果であることは、全宗教史が我々に教えるところである。このことはギリシア宗教に適用してすでにクセノパネスが理解していたが、同じく彼は、ホメロスの神々の不道徳性について述べて、もちろん、典型的に人間的な、しばしば道徳的意義においては立派とは言えない動機がホメロスの神々の世界に移されていることも知っていた。

人間は意志の自由を持つという感覚がなければ、ギリシア人は、自分勝手に行動する神々も想像することもできなかったであろう。実際に、神々が人間たちを操るという観念は、しかるべき精神的根源を、しかも精神現象のいわゆる分裂の現象（しかし、ジェインズ［J. Jaynes］の考えるように、持続的で、日常的ではなく、一定の時に個々人において現れるところの）として持っていなければならない。自己を制御する力の喪失感、別様にでなく、そのように行動させるある外的な力が存在するという感覚は、一定の状況の中では、たとえば、カンディンスキー－クレランボー症候群で苦しむ病者だけではなく、健康な人をもとらえる。宗教が支配的な時代や民族においては、このような感覚がより頻繁に生じ得たし、神や魂にとりつかれたと感得されて、制度化され得たし、社会にとって何か賞賛すべきこと、有益なこととみなされ得た。たぶん、古代世界ではルカヌス（I, 256）の言う furor Teutonicus［ゲルマニア人的激烈］がこのようなものであろう。ここでのこれらの異常な心的体験の中に、神は人間を制御し、支配することができるという観念の根源を見ることができる。

しかし、この古代の観念はホメロスの叙事詩ではどのように利用されているか？　まず第一に、ホメロスにおける神々の助言が最も多くは、英雄自身が所与の状況の中で、詩人が描くような、すなわち、芸術作品における心理的動機の通常の法則に従って描くような、自己の性格に対応してとるであろうことと合致していることに注意しよう。まったく確信的な性格を『イリアス』の中のヘクトルとパトロクロスが見せる。ホメロスはまったく一貫して『イリアス』の全篇にわたってアキレウスを衝動的に行動しやすい人間として、しかし、彼の中に生ずる強制的行動への衝動に打ち克つことができる人間として、我々に描いて見せる。アキレウスは、特にプリアモスとの対話の中で自己の憤怒を抑えている（Il. XXIV, 559―570）。アガメムノンの侮辱的な話を静かに聞いている剛勇のディオメデスは（Il. IV, 401―418）、アキレウスと比べて対照的な人物の役割で現れる。アキレウスはアガメムノンの迫害をこらえる『イリアス』第一歌（188 sqq.）でも自制し、ここで詩人は、他の場合におけるように、アキレウスの行動の補足的動機――彼を思い止まらせるアテネ女神の干渉を持ち出しているが、その際アテネは、それからアキレウスが自分の主導でどう振舞うかを前以てすでに知っているかのようである（Il. I, 212―214）。

「性格による」通常の動機と並んで補足的な「神的動機」における意義は一体どのようなものか？

神々がホメロスの叙事詩のアキレウス、オデュッセウス、ディオメデスや他の英雄たちに与える配慮と支援は、聴衆の見るところでは、同時代の人々に対しても、平民大衆―英雄時代の一般兵士に対しても彼らの地位を高めるに違いないことはよく知られている。私は、人間を最高権力に直接に近いところに置く神的動機を人間の行為に帰すことも、古代ギリシアの叙事詩においては叙事詩の人物の英雄的理想化を受け入れる方法の一つであったと考える。『イリアス』でテルシテスの行動が描かれていることが（Il. II, 211―277）、そのように断定する理由である。すなわち、テルシテス（兵士）は嫌悪を催させる煽動者、臆病者として現れ、彼が突然ギリシア人たちにトロイア包囲をやめ、家に帰ろうと呼びかけているとき、詩人は、すでにより以前に彼の行状に現れた彼の性格の特性にもとづいて、彼の行為の心理的動機を明確に描いている。我々はここではどのような神の干渉の跡も見出せない。この点ではホメロスはテオプラストスのみならず、たとえば、イアーゴウの現れるシェークスピアよりも少しも時代遅れではない。この場合理由は明らかである。すなわち、テルシテスは叙事詩の英雄ではなく、詩人の見るところでは、神の導きを受けるに値しないエピソード的な否定的人物である。同様にホメロスは、アガメムノンに、自分のひどく有害な行為を弁明する企てとして、ゼウス、モイライ、エリニュエス、彼の理性を奪うアテの干渉を口実に言わせている（Il. XIX, 26-94, 136－137）。他方、メランティオスならびに、オデュッセウスの不貞の女奴隷たちは、自分の行為に対して無条件に報いを受けなければならず、彼らの罪への神々の関与の問題はまったく生じない（Od. XXII, 417-477）。

すべてこれらのことは、神の干渉が、ホメロスの叙事詩の全体的な詩風のルールに従って、叙事詩の英雄たちを大きく高揚するために、一方では、英雄たちと一般人との間の、他方では、よき時代の人々と詩人の同時代人、彼の聴衆との間の大きな格差をつくるのに役立っていると我々に考えさせる」。

ザーイツェフのもう一つの論説「〔原稿空白〕（Il. XXI, 569）」（『古代史通報』一九七六年、第一号、九七―一〇二頁）は、『イリアス』XXI, 569の「生命」か「魂」かで意見が割れている〔原稿空白〕の語に関して自説を述べたものである。まず両説を挙げ、「ひとつの生命（または、魂）」と対峙して存在する「多数の生命（または、魂）」（ヘシキオスの辞典の中の九つの魂を持つ犬、ウエルギリウス『アエネーイス』の中の三つの魂を持つエルルス王、一四のカー（活力）と七つのバー（魂）を持つエジプトのファラオ、男が女より多く魂を持ち、金持やシャーマンが一般人より多く魂を持つとされるギリヤーク人など）を検討して［このような観念はホメロスでも存在し得たが、定着せず、発展もしなかったと言う］、問題の個所は「ひとつの魂」と解釈すべきであると結論する。一根拠としてこう述べている。――問題の個所は、先行詩句［彼の皮膚は鋭い青銅でたやすく傷つけられる］でアキレウスの肉体の表面（〔原稿空白〕、皮膚）が述べられているゆえに、その後の文句〔原稿空白〕［中には］は体の「内部に」としか解釈できず、従って、この場合〔原稿空白〕は多少とも形而下的に考えられる「魂」を当然に意味し、状態としての「生命」にとっては、このような表現は不自然である。ちなみに岩波文庫の邦訳では呉茂一訳も、松平千秋訳も「命」と翻訳している。

前論説でこの別論説についても言及されている。――「Il. XXI, 569で我々は、特に勢威ある人はいくつかの魂をもつことができるという、たぶん、非常に古風な観念の痕跡を見つけ出す」。しかし、それはザーイツェフにとっては「問題を解決しない枝葉末節」にすぎない。彼にとっては、ミケーネ文書の中の共同体に反駁して自己の土地であることを主張する女祭司エリタのような独立して行動する人間の行動心理が「神的動機」よりも重要なことである。ザーイツェフにおいてはギリシア人は単なる神の手中にある「操り人形」（プラトン『法律』644D―645B）ではない。また、人間に干渉する神と、自由に決断し、行動する人間は同時的に並存するものでもない。前掲の拙著で私は、「ザーイツェフの見方は、人間と神の共存、または、一体化を強調するものと言えよう。しかし、それにもかかわらず、神々は不死であり、人間は死すべき者である」と結論したが、本書を読んで、ザーツェフにおいては神ではなく、人間が主役であると言い直したく思う。まさしく創造的能力を持つ独立した諸個人の自由な行動がギリシアの文化革命を成功させたのである。人間は自己の努力によって生存条件を変えることができるという、古代東方の諸民族にはない確信が文化革命を促進したのである（第一章）。この人間の能力への確信の喪失が「ギリシアの奇跡」の衰退の決定的原因となる（付録4）。いずれにしても、ザーイツェフによれば、ギリシアの思想革命では宗教の果す役割は弱い（第一章、付録1）。

個人の創造的素質の発揮を促進したギリシア社会の諸特徴に入れることができる社会的諸現象として本書で、個人的自由、移動の自由、限定された楽天主義、誇示的消費、アゴーン的社会、「恥の文化」と「罪の文化」、名誉欲などが「諸事件の図式的［schematic］な説明」――膨大な資料を駆使しての例証によって、また、遺伝学、心理学、人類学、社会学、自然科学の知識を駆使して展開される。「かくも自己の考えの余すところなき例証の必要はどこにあるのか?」、統計学の知識があれば、いくつかの事例を挙げるだけで済むのではないかと編者も悲鳴を上げているが、膨大な資料による例証が「理論的な性格」を持っているゆえに、読者を飽きさせず、終わりまで引っ張ってゆく魅力を秘めている。

ザーイツェフは鉄の普及を非常に重視している。たとえば、「まえがき」では、「鉄の拡散、鉄器時代への移行が……前一千年紀なかばの新しい思潮を生んだ、社会的大変動の前提条件であった」と述べ、第一章の冒頭では、「古典古代的ポリス形態の国家の形成が、鉄の普及の直接的結果であった」と断言している。これと関連して、マルクス主義を批判しながら編者が述べている個所も印象に残る。「鉄のような荒い物質的産物とギリシア哲学の間に原因‐結果の関連があるという考えは、多くの人によって「マルクス主義にとって」侮辱的なものと思われたであろう」。「鉄は石器時代、青銅器時代、鉄器時代という伝統的な考古学上の区分と同様な関係をマルクス主義に対してもっている。問題になっているのは、遠大な社会的・文化的結果を招来する直接的な科学技術革命のことであるが、しかし、その結果の中にはマルクス主義的図式が求めたもの――「生産様式」の変化は存在しなかった。……技術的‐経済的領域を人類の進化の主体的な要素として認めることを経済決定論と見なしてはならない。……」。ザーイツェフ自身は、本書でマルクス＝エンゲルスからの引用を共産党首脳部から強制された部分もあるが、いくつかの引用部分は適切なものであると淡々と述べている。例として、マルクスはすでに生産力を歴史的発展の「第一動因」と見なしてはいたが、「ギリシアの科学は技術的進歩のためには利用されず、したがって技術的・経済的発展の必要性によって刺激を与えられることはなかった」という状況をすでに一五〇年前に認めていたことを指摘して驚嘆している（付録5参照）。同様な見地に立ってザーイツェフは、実用的目的からの離脱、厳密な論証を求め、実用的な応用を拒否することがエジプトやバビロニアの数学、天文学と異なるギリシアの数学、天文学の特徴であり、それは文学、造形芸術、哲学にも及び、「ギリシアの奇跡」をもたらし、「文化革命」を開花させたという考えを本書の至るところで強調している（簡潔には、付録1参照）。

「まえがき」で注目されるのは、ルネサンスと比較できる「ギリシアの奇跡」を起こさせたのはギリシア人の天賦の才能であり、その遺伝子型は彼らがバルカン半島に到来した時にすでに持っていたという遺伝学的な考えに対する著者の批判であろう。「あらゆる人間社会にとって同程度に有益な資質を確立したに違いなかったほどの、共通の精神的活動の前提条件が、遺伝的に決定されたもの〔なのである〕」。「オーストリア人は、この場合例外ではなかった。多様な革新者的傾向を持つ諸個人は、さまざまな無文字社会で数多く見られるのである」という結言、あるいは、付録1の中の「新機軸……を求める傾向とそれを行う能力は、遺伝的に一定パーセントの人々にプログラミングされている。……人間の種族は、少なくとも上位旧石器時代以来、現在のパーセンテージに近い潜在的な革新者を自己の構成メンバーの中に持っていたと推測〔される〕」という結言が印象に残る。第三章でも同様なことを述べて、潜在的な創造的能力を発揮させるのは、それにより人々の集団の間の顕著な差異をもたらすのは、「何よりもまず歴史的にでき上がった生活条件」であると断言される。

カール・ヤスパースの「基軸時代」やマックレランドのN - Achievement〔達成動機〕(特に、付録4)の積極的な活用も印象に残る。

〔原稿はここで途絶えている。〕

[訳者紹介]

一柳俊夫（いちやなぎ　としお）

1925年松山市に生まれる。

1950年早稲田大学法学部卒業。

元宇都宮大学教授。

2007年逝去。

著書：『古代ギリシア法思想史研究』（御茶の水書房、1990年）。

翻訳：『前資本主義的構成体の諸問題Ｉ』（福富正実と共編訳。未來社、1982年）、З・Л・カザケヴィチ著『古典期アテナイの市民・非市民・奴隷』（御茶の水書房、1995年）、В・П・ゴラン著『ギリシア人の運命意識』（風行社、2002年）。

古代ギリシアの文化革命

2010年9月15日　初版第1刷発行

著　者　А・И・ザーイツェフ
訳　者　一　柳　俊　夫
発行者　犬　塚　　　満
発行所　株式会社 風　行　社
〒101-0052 東京都千代田区神田小川町3－26－20
Tel. & Fax. 03-6672-4001
振替 00190-1-537252
印刷・製本　株式会社シナノ

ISBN978-4-86258-040-5